피터 럭크만의 주석서

창세기 II

피터 럭크만 지음

편 집 부 옮김

말씀보존학회

The Bible Believer's Commentary Series

THE BOOK OF GENESIS

By

Peter S. Ruckman, Ph.D.

Bible Baptist Bookstore

Pensacola, Florida

1996 / Korean by Word of God Preservation Society

Seoul, Korea

피터 럭크만의 주석서

창세기 II

이 책을 내면서

피터 럭크만 박사는 미국 플로리다주 펜사콜라시에 있는 성경침례교회의 목사이며, 미국 펜사콜라성경신학원(Pensacola Bible Institute)의 설립자이다. 그의 사역의 내용과 방향은 〈20세기 순회설교자의 회고록〉이라는 책으로 우리나라 독자들에게 이미 널리 알려져 있다.

피터 럭크만 박사는 2,000년 신약 교회사에서 유일하게 반카톨릭 교회사를 정확하게 썼으며, 필사본 증거와 원문 비평학 분야에서도 그 누구에게 권좌를 내준 적이 없다. 또 그는 1611년판 〈킹제임스성경〉이 얼마만큼 정확한 하나님의 말씀인가를 답변해 줄 수 있는 세계에서 유일한 인물이기도 하다. 긴 설명이 필요 없이 그분의 150여 권의 저작들이 이러한 사실들을 뒷받침해 주고 있다. 특히 그의 성경 주석서들은 존 칼빈 이래 저명하다고 알려진 성경 주석가 500여 명이 쓴 주석서들을 일일이 점검하여 그들이 범한 성경적 오류들을 밝혀 주고 있는 데에 그 가치가 있다.

나는 그의 책들로 공부하면서 만일 피터 럭크만 박사를 하나님께서 쓰시지 않았다면 이 교계는 어떻게 되었을까 하고 자문하곤 한다. 그는 성경의 절대 권위와 절대 진리를 성경으로 뒷받침해 준 탁월한 성경 교사이다. 만일 그가 없었더라면 기독교계는 상대적 진리만으로 누가 옳게 행하는지도 모르며, 서로 잘났다고 자랑하고 있었을 것이기 때문이다.

창세기 주석서는 성경의 기초이기 때문에 그의 주석서 중에서 제일 먼저 나왔어야 했으나, 〈한글킹제임스성경〉의 출간에 따른 분주함과 시급한 교리 서적들의 출간 때문에 조급하게 생각하면서도 이제야 나오게 되었다. 먼저 출간된 그의 요한계시록 주석서로 많은 사람들이 기준 신학을 정립하고 성경의 진수를 터득하게 되었다고 감사의 인사를 전해오고 있다.

주옥같은 럭크만의 주석서로 공부할 때 〈한글킹제임스성경〉의 번역의 정확도도 아울러 점검할 수 있는 좋은 계기가 될 것이다. 본 창세기 주석으로 지금까지 혼미하게 지나쳐 왔던 많은 부분이 바로잡힐 것이며, 독자 여러분 안에 내주하시는 진리의 영께서 이것이 바른 지식이라고 일깨워 주실 것이라고 확신한다.

많은 사람들이 좋은 책을 찾을 수 있는 눈이 없어서 시간과 노력을 허비하며 산다. 이제 좋은 책을 찾은 사람은 복 있는 사람인 것을 알게 될 것이다. 좋은 책을 찾았다고 판단이 되면, 이 책의 지식을 흡수하는 데에 기존 지식이 방해 요소가 되어서는 안 될 것이다. 이전의 지식이 방해가 되는 지식이라고 판단되면 과감히 버려야 올바른 지식으로 물갈이를 쉬이룰 수 있을 것이다. 그 다음에 습득한 지식을 혼자만 지니지 말고 다른 사람들을 가르쳐 주는 데에도 인색하지 말아야 할 것이다(딤후 2:2).

이 주석서로 공부하게 될 때에 저자와 역자와 출판사에게 또 한 번 감사하게 될 것임을 확신한다.

1996년 11월 10일
말씀보존학회 대표
이 송 오 목사

서 문

〈피터 럭크만의 주석서 창세기〉는 다른 주석서에서와 마찬가지로 성경 말씀을 주석하는 것을 목적으로 한다. 성경을 비판하거나, 수정하거나, 판단하는 일들은 다른 주석가들에게 맡기고 우리는 성경이 무엇을 말씀하고 계신가에 주목할 것이다.

〈킹제임스성경〉(1611)은 종교개혁 원문에서 나온 성경으로, 옳지 않다고 입증되기까지는 올바른 것으로 간주되며 우리는 이 성경의 본문을 사용할 것이다. 본 주석의 필자는 20년 동안이나 네슬판 헬라어 신약성서의 비평장치를 충분히 검토했고 구약의 키텔의 비평장치(J.C. Hinrichs, Lipsiae, 1913)도 검토하였으며 A.T. 로버트슨, 로크만(Lockman), 그리스바흐 및 웨스트코트와 홀트가 소위 "70인역"(즉 오리겐, 마르시온, 발렌티우스 및 유세비우스에 의해 구성된 바티칸사본)으로 알려진 필사본을 과대평가하기 위해 만들어 낸 잘못된 이론들도 충분히 검토했다. 미국의 법체계에 따르면 "어떤 사람이 유죄로 증명될 때까지는 무죄"이다. 그럼에도 불구하고 〈킹제임스성경〉을 대적하는 자들(근본주의자들을 포함해서)은 〈킹제임스성경〉에 오류가 있다는 사실을 증명하려는 자유주의자와 카톨릭 학자들의 형편없는 이론들에 동조하고 뜻을 함께하고 있다. 이들이 주장하는 1,500여 개의 "오류의 가능성들"을 구약성경에서 자세히 확인해 본 필자는 〈킹제임스성경〉(1611)의 비평가들 중 80%는 자신들이 말하고 있는 바가 무엇인지조차 모르고 있으며 나머지 20%는 학문적 입장과 견해에 노예가 되었다는 결론을 내릴 수밖에 없었다.

짧은 지면으로 케일, 스타케, 델리취, 레인지, 스콜트만, 게세니우스, 에왈드, 힛직, 칼빈, 타이너, 라쉬, 머피, 로젠뮬러, 반즈, 그로티우스, 하버낙, 슐츠 및 수십 명의 〈킹제임스성경〉 본문에 반대하는 자들이 저질러 놓은 비평들에 대해 자세히 논의하지는 못하겠다.

〈킹제임스성경〉(1611)을 거부하고 로마의 라틴 전통을 따르는 자들은 (혹은 북아프리카의 알렉산드리아 전통) 영어 본문에 대해 올바른 주석을 할 능력이 없다. 따라서 이들은 고려의 대상이 되지 못한다. 다만 지나치게 사적인 해석을 하는 경우는 그것을 가끔씩 지적하고 넘어가는 정도로만 다루도록 하겠다.

〈킹제임스성경〉(1611)의 거부는 17,18,19세기에 걸쳐 소위 "이성의 시대"(즉 계시의 거부), "계몽 시대"(즉 말씀이 빛임을 거부), "고등 비평"(즉 인간이 하나님의 오류를 바로잡겠다는 오만) 등을 내세우며 자행되었다. 일반적으로 알려져 있고 학자들에게는 전통이 되다시피 한 것과는 반대로 이 시기의 대다수의 주석가들은 (전부는 아닐지라도) 로마카톨릭의 사적인 해석에 기울었다. 비록 많은 주석가들이 니케아 신경에 표현되어 있는 "근본적 사항들"에 충실하긴 하지만(이들은 자신들의 책에서 이 사실을 강조한다.) 거의 대부분의 사람들은 성경에 대해 경외심을 갖고 있지 않으며 성경의 예언을 전혀 이해하지 못하고 있는 동시에 배교한 알렉산드리아 학파들이 사용한 로마카톨릭 본문으로 종교개혁 본문(〈킹제임스성경〉)을 대체시키는 데 있어 막무가내이다. 이 카톨릭 본문은 개역본(RV, 1884), 미국표준역본(ASV, 1901), 개역표준역본(RSV, 1952)에 사용된 본문이다.

본 주석서 시리즈는 〈킹제임스성경〉(1611)이 결정적으로 오류가 있다고 입증될 때까지는 하나님의 말씀이라는 전제하에 쓰였다. 이 〈표준원문, Textus Receptus〉은 구약의 정경에서 외경을 삭제한 것으로 하나님께서 보존하시고 축복하셨고 "필라델피아" 교회 시대에 사용하신 그 성경이다. 고포스, 스터드, 리빙스턴, 카트라이트, 선데이, 무디, 에드워드, 존스, 토레이, 부스 장군, 피니, 테일러, 브레이너드, 웨슬리, 휫필드, 루터, 틴데일 및 기타 하나님의 일꾼들의 사역은 바로 이 성경을 손에 들고 이루어진 것이다. 이 성경을 사용한 사람들은 A.D. 180년부터 1995년에 이르기까지 끊이지 않고 이어졌다. 이 성경의 대적자인 히스키안 및 서방계열 본문은 500년 동안도 지속되지 못하고 띄엄띄엄 사용되었고, 또 서로 일치하지 않는 부분이 너무 심해 〈킹제임스성경〉(1611)의 헬라어 본문이 1,500년 동안에 걸쳐 보였던 상이한 부분들보다 그것들이 300년 동안 만들어 낸 상이한 부분들이 훨씬 더 많다.

우리는 창세기에서 〈킹제임스성경〉의 풍성한 진리들을 공부할 것이다. 이 진리는 위클리프, 틴데일, 퓨리탄의 제네바성경, 히브리어 맛소라 원문, 앤트워프와 콤플루텐시안 폴리그롯(1522), 및 〈킹제임스성경〉(1611)을 통해 보존되어 우리에게 전수된 것이다. 역사적 사실과 상식에 입각해서 우리는 히브리어 원문은 유대지방에서(A.D. 70년 이전), 그리고 아라비아에서(A.D. 70년 이후 아브라함의 후손 이스마엘족에 의해, 창 14,15장, 갈 4장 참고) 가장 충실히 보존되었다고 믿는다. 이슬람교도들이 스페인을 정복한 이후 이 원문은 모세 벤 나흐만 같은 성경을 믿는 유대인들에 의해 충실히 보존되어 왔다. 신약성경의 필사본이 보존되어 온 올바른 경로는 이탈리아와는 상관이 없다. 시리아의 비잔틴 계열 필사본들은 안티옥과 콘스탄티노플에서 그리스와 발칸반도로 갔고 결국 독일과 영국으로 건너갔다. 독일과 영국이 이들 원문의 종착역이라는 사실(로마가 아니고)은 원문비평학에 있어 매우 중요하다. 오늘날 학자들은 가장 "권위 있는" 신약 원문들이 북아프리카로부터 로마를 통해 전수되었다는 허황된 이론을 믿고 있기 때문이다(이 허황된 환상은 밥 존스 대학과 테네시 템플 그리고 추기경 대학 및 시카고 대학교의 헬라어 교수들이 유포시킨 것이다).

따라서 우리는 〈킹제임스성경〉(1611)의 비평가들을 다룰 때 〈킹제임스성경〉의 본문이 오늘날 "주석가들"이 사용하는 "성서번역본들"보다 그 출처에 있어 훨씬 더 권위 있고 훨씬 더 역사적 진실성이 있다는 사실을 염두에 두어야 한다. 히브리적(동양) 진리를 찾는 데 있어 올바른 원천은 당연히 유대인이어야 한다. 하나님의 계시가 보존되는 것은 항상 이 원칙에 입각해서 이루어진다. 이는 구원이 유대인에게서 나오기 때문이다(요 4:22). 따라서 올바른 히브리어 원문은 북아프리카로부터 로마를 통해 영국으로 갈 리가 없다(로마인들은 유대인들의 메시아를 십자가에 처형한 사람들이다). 창세기로부터 말라키에 이르는 히브리어 원문은 레위인들의 손에서 보존되며(말 2:7), 유대인들이 메시아를 거부하자 이 원문은 아브라함의 아들인 이스마엘에 의해("이삭"이신 그분이 거부되었기 때문이다. 갈 4장 참고) 유럽으로 가게 된다. 따라서 히브리어 성경은 스페인과 지브랄타 해협을 통해 모슬렘과 유대인들에 의해 유럽으로 전수된다. 그중 가장 최고의 형태로 보존된 것이 히메네스 추기경이 편수한 콤플루텐시안 폴리그롯(1522)이다. 올바른 히브리어 원문은 어거스틴으로부터 로마를 거쳐 유럽으로 오지 않았다. 자유주의자들과 카톨릭 학자들은 "모든 권위 있는 원문들"이 이탈리아로부터 유럽으로 왔다는 사실을 믿게 하기 위해 하나의 이론을 발명해 냈다. 그들의 목적은 바티칸에 있는 종교 지도자들의 "명성"을 두둔하기 위함이었다. 그러나 역사는 그와는 전혀 다른 사실을 우리에게 보여 준다. 이들 종교 지도자들은 헬라어와 히브리어에 관한 학문들이 발전되지 못하도록(500-1546) 온갖 일들을 자행했고, 그러는 동안 히브리어와 헬라어 학자들은 이탈리아를 피해 스페인과 발칸반도로 이주했다. 로마에서 열린 트렌트공회(1546)에서는 단 한 명의 뛰어난 히브리어, 헬라어 학자도 참석하지 않았다.

따라서 우리는 창세기를 주석하는 데 있어서 히브리어 표준원문(the Hebrew Text of the Receptus)을 사용할 것이다. 옛 유대 해석자들(the Karaites)이 믿었던 것처럼, 우리는 소위 "LXX"(70인역)으로 불리는 것이나, 콥틱, 온켈로스의 탈굼, 레닌그라드사본(위조된 첨가 부분이 많이 들어 있음), 미쉬나, 미드라쉬, 탈무드, 혹은 "Tiqqune Sopherim," 혹은 "Itture Sopherim," 필로, 요세푸스, 게마라, 카발라, 타나임, 혹은 아모라임 등에 눈을 돌리지 않고 히브리어 본문에 충실할 것이다. 성경대로 믿는 사람은 구약성경의 원천에 있어서도 그가 신약에 있어 인터프리터즈성경 혹은 벌콥에 관해 갖고 있는 관심을 보일 필요가 있는 것이다. 우리는 "성경이 무엇이라고 말씀하시더냐"라는 원칙에 입각해 성경을 대한다. 우리는 다른 사람이 말하는 바나, 가르치는 바나, 생각하는 바에 전혀 관심이 없다.

창세기의 역사성과 저자에 관해서는 이곳에서 자세히 언급할 수는 없다. 이 문제와 관련된 그라프-벨하우젠 이론 등을 자세히 다룬 존 피터 레인지(John Peter Lange)의 주석을 가지고 논쟁할 필요 없이 차라리 해리 림머(Harry Rimmer)나 로버트 딕 윌슨(Robert Dick Wilson)이 쓴 책 두 권이면 이 문제를 해결하는 데 충분하다고 생각된다. 율리우스 베버(Julius Bewer)는 "성경의 첫 다섯 권에 등장하는 날짜와 숫자는 전부 신뢰할 수 없다."라고 주장했다(그의 책 〈Literature of the Old Testament〉 참고). 하지만 그와 개역표준역본(RSV)을 번역해 낸 그의 동료들은 이 사실을 입증하지 못했으므로 우리는 "교회협의회 지도자들이 쓴 책에 나와 있는 정보를 전부 신뢰할 수 없다."라고 성경대로 믿는 사람들의 입장을 밝혀 둔다(우리나라에서도 장신대의 나채운 교수가 〈목회와 신학〉 94년 9월호에서 성경에는 역사와 과학적 사실에 있어 오류가 있다고 말했다. 한국의 성경대로 믿는 그리스도인들도 이 말은 전혀 신뢰성이 없음을 밝혀 둔다).

월터 러셀 보위(Walter Russell Bowie)라는 개역표준역본(RSV) 번역자는 "아브라함의 이야기는 고대로부터 내려온 것으로 어디까지가 사실이고 어디까지가 전설인지 아무도 딱 잡아 말할 수 없다."라고 말했다. 그러나 우리 주 예수 그리스도께서는 요한복음 8:33-58에서 아브라함의 이야기가 어느 정도 믿을 수 있는지를 보여 주셨고 바울 역시 한 장(로마서 4장) 전체를 이 문제에 할애하였으므로 우리 성경대로 믿는 사람들(Bible Believers)도 보위(Bowie)와 그의 동료들에게 이렇게 답변하고자 한다. "개역표준역본(RSV)은 고대 카톨릭 전통에서 내려온 것으로 어디까지가 성경이고 어디까지가 그리스신화인지 아무도 딱잡아 말할 수 없다"(눅 2장, 요 9장, 눅 18장 등에는 필로와 오리겐에서 유래한 영지주의적 누룩이 들어 있는 것이 사실이다 : 개역한글판도 마찬가지다).

원문비평학과 필사본 증거에 있어서, 우리는 경건주의자 미카엘리스(1668)에게 관심을 갖고 있다. 에비온 학파의 심마쿠스와 테오도티안(200)은 우리의 관심을 끌지 못한다. 우리는 칼레와 티베리아 학파(그들의 맛소라 체계와 더불어)에게 관심을 갖고 있다. 우리는 벤 납탈리는 배제한다. 우리는 바이어와 델리취(1869)가 아닌 모쉐 벤 아세르의 사상을 주의할 것이다. 우리는 또한 야곱 벤 하임의 본문(1524, 봄베르크)을 신뢰할 만한 자료로 받아들인다.

요약하자면, 우리는 성경의 첫 번째 책 창세기는 모세가 성령의 영감하에(벧후 1:20,21, 요 5:36-42; 1:45) 기록하였다는 것을 믿는다. 이 책은 "창세기"(Genesis)로 불리는데 그것은 하늘과 땅, 인간, 죄, 구원, 인종들의 시작을 보여 주고 있기 때문이다. 예수 그리스도 자신이 이 책(막 13:19)과 그 안에 들어 있는 인물들(아브라함, 이삭, 야곱, 노아, 롯, 아담)의 삶의 역사성을 인정하심으로써 고등 비평에 크게 기여하셨다. 이 주석은 〈킹제임스성경〉(1611)을 사용하였다(이 책에서는 이 역본의 번역본인 〈한글킹제임스성경〉을 사용하였다). 이 성경은 예수 그리스도의 신성과 성경의 무오성을 존중하고 있다. 미국표준역본(ASV)은 스카랴 12:10, 요한복음 9:35-38, 이사야 7:14에 대한 각주와 누가복음 2:33, 디모데후서 3:16, 미카 5:2, 이사야 52:15 본문과 전체 혹은 부분이 삭제된 여러 구절들(마 1:25; 6:33; 9:13; 8:29; 12:35; 13:51; 16:3,20; 18:11, 요일 4:19; 5:7, 유 1:25, 계 1:8,9,11; 2:13; 5:14; 6:1; 11:17; 12:12,17; 14:5; 16:7; 20:9, 행 2:30; 7:30,37; 8:37; 9:5,6; 10:6; 16:31; 17:26; 20:25,32; 23:9 및 그 밖의 수십 구절)로 인해 거부되었다.

창세기는 시작의 책이다. 다른 주석서들의 학자들은 이렇게 기도할 것이다. "주여, 우리에게 원어를 해독할 수 있는 능력과 학문을 주셔서 우리의 지성을 보이게 하소서." 그러나 우리는 그렇게 기도하지 않는다. 우리의 기도는 이러하다. 『**주여, 말씀하소서. 주의 종이 듣나이다**』(삼상 3:9). 『**내 눈을 열어 주소서. 그리하시면 내가 주의 법의 경이로운 것들을 보리이다**』(시 119:18).

개 요

창세기는 모세가 썼으며, 일반적으로 "모세의 첫 번째 책"으로 불린다. 창세기는 50장, 1535절로 되어 있으며, 38,267단어(〈킹제임스성경, 1611〉)로 되어 있다. 이 책은 히브리어 정경과 영어 정경의 첫 번째 책이다. "창세기"(Genesis)란 말은 "세대"(generations), "유전자"(genes), "아이를 낳다"(generate)와 같은 어원에서 나온 말이며, 그것은 이 책이 "시작의 책"임을 보여 준다. 이 책은 하늘들, 땅, 인간, 죄, 구속, 인종들, 언약들의 기원을 보여 준다. 이 책의 주요 인물들은 아담과 이브, 카인과 아벨, 에녹, 노아, 롯과 아브라함, 이삭과 이스마엘, 에서와 야곱, 요셉과 유다이다. 이 책에 나오는 예수 그리스도의 예표(유형)는 아담, 아벨, 어린양, 이삭, 방주, 유다, 실로와 요셉이다. 적그리스도의 예표(유형)로는 카인, 함, 님롯, 라반, 이스마엘, 에서, 파라오가 등장한다. 신구약에 나오는 모든 주요 교리는 창세기 1장에서 12장 사이에서 전부 발견되며, 이 책은 계시록의 부록이라고도 할 수 있다. 계시록은 다시 창세기로 이어져 성경은 고갈될 수 없는 풍요함에 있어 시작도 끝도 없는 무한한 순환이 계속된다.

차 례

이 책에 인용된 성경 구절은 〈한글킹제임스성경〉입니다.

창세기 19장

19:1 저녁 때 두 천사가 소돔에 오니, 롯이 소돔 성문에 앉아 있더라.
롯이 그들을 보고 일어나 맞이하고 그가 얼굴을 땅에 대고 절
하며,
2 말하기를 "보소서, 내 주들이여, 간구하오니, 종의 집으로 돌이켜
하룻밤을 묵고, 발을 씻고, 일찍 일어나 길을 떠나소서." 하니, 그
들이 말하기를 "아니라, 우리는 거리에서 밤을 지내리라." 하더라.
3 롯이 강권하니, 그들이 그에게로 돌이켜서 그의 집으로 들어가고,
롯이 그들을 위하여 잔치를 베풀고, 누룩 없는 빵을 구우니, 그들
이 먹으니라.

롯이 손님을 맞이하는 태도나 식사 대접 등은 그가 아브라함의 영적

인 형제임을 시사해 준다. 그는 아브라함처럼(창 18:2) 얼굴을 땅에 대고 절했으며, 아브라함처럼(창 18:4) 손님이 발을 씻도록 했고, 아브라함처럼(창 18:8) 식사를 대접하였다. 성령께서는 롯의 육적인 삶과 영적 생활의 실패에도 불구하고, 롯이 여전히 구약적 의미에서의 성도임을 분명히 하시고자 이렇게 기록하신 것 같다. 베드로후서 2:7에 따르면 롯은 사악한 자들의 음란한 행실로 인하여 고통당하는 의로운 사람이었다.

『**롯이 소돔 성문에 앉아 있더라**』(1절). 이 말로 미루어 롯은 분명 소돔시의 시의회 의원이거나 어쩌면 유언을 검인하는 판사였을지도 모른다(잠 31:23, 룻 4:1,10, 에 2:19,20, 신 25:7). 9절에서 소돔 사람들이 롯에게 악하게 응답할 때 "재판관이 되려 한다"는 표현을 사용한 것을 염두에 두라. 롯도 요나처럼 구원받지 못한 사람들에게 결코 받아들여지지 않았다. 영적인 음행을 저지르는 사람은 두 개의 세상과 두 개의 사랑과 두 마음과 두 주인 사이에서 사는 사람이다(마 6:24, 눅 16:13, 왕하 18:21). 그는 결코 완전히 주님 편도 아니고 완전히 마귀 편도 아니다. 그 결과 롯은 소돔 사람에 의해 일종의 필요악으로서만 받아들여졌던 것이다. 그러나 종국에 가서 그들은 롯을 죽이려 했다(창 19:9). 롯은 미국의 대도시 한복판에 있는 침례교, 장로교, 감리교회의 회원들인 30,000여 명의 기독교 실업인들을 대표한다. 그들은 그들의 부와 영향력을 가지고 미국이 경험한 바 가장 커다란 부흥에 불을 붙일 수는 있었는지 모르지만, 하나님을 위해 그 어떤 영적인 일을 채 해 보기도 전에 세상이 그들을 칭찬하고, 키워서, 결국은 무너뜨리고 말았다. 사도 바울도 『**그러나 부유하게 되고자 하는 자들은... 여러 가지 어리석고 해로운 정욕에 빠지리니**』(딤전 6:9)라고 했다. 실로 많은 기독 실업인들이 그들의 지역 사회에서 하나님을 위해 능력 있는 일꾼이 될 수 있었음에도 불구하고 부의 신 맘몬을 따라가다가 우애 결사 회원들의 회장 노릇이나 하고 만다.

"사회적 이미지"와 "지위"를 보장하기 위해 온갖 클럽들이 등장했다(사교댄스 클럽, 코티용, 가든 클럽, 보이스카우트, 키와니스 클럽, 컨트리 클럽, 라이온스 클럽 등등). 이 모든 "사회봉사" 활동들은 요한이 경고한 바로 그것이다. 『**이는 세상에 있는 모든 것이... 아버지께 속한 것이 아니라 세상에 속한 것이기 때문이라. 세상도, 세상의 정욕도 사라지지만**』(요일 2:16,17). 데마, 롯, 마가 요한, 요나단과 오바댜 등은 (물론 각자 다른 이유에서) "소돔을 향해 장막을 쳤던" 사람들이다. 데마는 로마의 음악, 미술, 문학 및 종교 등에 매료되었다. 롯은 사업에 크게 성공하고 싶었으며, 마가 요한은 선교 생활의 궁핍을 견딜 수가 없었다. 요나단은 다윗보다 그의 아버지를 더 사랑했고, 오바댜는 더 많은 영향력을 행사하기 위해 에큐메니컬 공회에 남아 있다가 박해받는 선지자들에게 도움을 주었다. 그러나 이들 중 그 누구도 그와 동시대 사람들의 마음을 얻을 수가 없었던 것이다. 데마와 바울, 롯과 아브라함, 마가와 바나바, 요나단과 다윗, 그리고 오바댜와 엘리야는 육신적인 성도와 영적인 성도를 잘 대조해 주고 있다.

롯이 포로에서 돌아왔을 때(창 14:15,16) 그를 알던 사람들은 우르르 몰려들어 그에게 물었을 것이다. "롯, 사람이 총 맞는 거 봤어요? 총검이 어떻던가요? 그걸로 사람을 죽여 봤어요?" 아마 어쩌면 몇 년 동안 롯은 자기 마을의 영웅 대접을 받았을 것이고 이런저런 포상과 훈장도 받았을 것이다. 그의 딸들에 대해서는 "오, 그대들이여, 다시 돌아와 줘서 기쁘오, 혹시 당신들의 아저씨 아브라함이란 사람하고 광야에 머물고 안 오는 줄 알았지 뭐야! 금년에 멋진 남성으로 뽑힌 10명의 남자들이 당신들을 파티에 초대하고 싶어 한다오..."와 같은 찬사가 오갔을 것이다. 롯은 수십 차례에 걸쳐 전쟁 이야기를 했을 것이고 그때마다 여기서 조금 저기서 조금 이야기를 덧붙이곤 했을 것이다. 변치 않고 반복되는 이야기라고는 아브라함이 멜키세덱에게 십일조를 바치는 이야기였을 테지만, 그는 그것이 무엇을 의미하는지를 결코 깨닫지 못했을 것이다. 그의 말을 듣는 청중은 항상 그의 말을 받아 주었겠지만, 그들 역시 그것이 무슨 의미인지 깨닫지 못했을 것이다.

결국 그들은 롯을 시의회 의원으로 선출했을 것이고, 여러 개의 위원직을 맡겼을 것이며, 그를 "올해의 소돔인"으로 선정했을지도 모른다. 이와 같은 융숭한 대접을 10여 년 받은 후에는 애쓴 보람도 없이 그리스도인으로서의 간증에 관한 한 완전히 제로 상태가 되어 버렸을 것이다.

두 딸은 성대한 결혼식을 올렸을 것이고, 나머지 어린 두 딸은 풍선껌을 씹으며 만화 영화나 보면서 비틀즈의 곡이나 듣고 있었을 터이고, 성경에 관한 한 완전 무지 상태였을 것이다.

롯은 두 명의 천사가 그를 방문했을 때 여전히 구약 성도들의 외적인 관습을 갖고 있었다. 즉 친절하고, 존경심이 많고, 명예를 존중하고, 음식에 있어서도(누룩 없는 과자) 아무런 흠이 없었다. 그러나 그 다음에 전개되는 내용으로 미루어 롯의 내적인 영적 삶은 완전히 밑바닥을 헤매고 있음을 보게 된다.

19:4 ○ 그러나 그들이 눕기 전에 그 성읍의 사람들, 곧 소돔의 남자들
이 늙고 젊고 간에 그 집을 에워쌌으니, 사방에서 온 모든 사람
들이더라.
5 그들이 롯을 불러 말하기를 "오늘 밤 네게 온 사람들이 어디 있
느냐? 그들을 우리에게로 데려오라. 우리가 그들을 알고자 함이
라." 하니,
6 롯이 문 밖에 있는 그들에게로 나가 뒤로 문을 닫고
7 말하기를 "부탁하노니, 형제들아, 그처럼 악하게 행하지 말라.
8 보라, 내게 남자를 알지 못하는 두 딸이 있도다. 내가 간청하노
니, 그들을 너희에게로 데려가서, 너희 눈에 좋을 대로 그들에게
행하고, 이 사람들은 나의 지붕 그늘 아래 들어왔으니, 그들에게
는 아무 짓도 하지 말라." 하니,

본문은 특별한 강해나 주석이 필요 없다. 너무도 상황이 명백하기 때문이다. 롯은 천사들을 강권했고(눅 24:29), 그들은 머물렀다. 그들이 눕기 전에 사방에서 모든 사람들이 몰려왔다. 단순한 구경이 아니라 분명한 의도를 가지고 몰려든 것이었다. 첫째는 그들을 성폭행해서(동성연애자들이) 모욕을 주고 "소돔인"들에게 굴복시키려는 것이 하나요, 둘째는 이들로 소돔인들의 풍습을 배워 소돔인들 75% 이상이 즐기는 동성애를 퍼뜨리도록 하려는 것이었다.

남성 동성연애(Sodomy)와 여성 동성연애(Lesbianism)는 모세의 율법에서는 사형에 해당하는 죄이며(레 20:13), 이 죄를 저지르는 민족들은 그에 합당한 보상이 무엇인가를 알고 있었다(롬 1:27,32). 그런데도 이 죄는 끊임없이 지속되었다. 성경은 동성애를 죄로 취급한다. 동성애는 결코 현대인들이 생각하는 것처럼 "병," "실수," "잘못된 행동," "빗나간 성행위," "비정상적인 성행위"나 그 밖의 그 어떤 용어에 해당되는 것이 아니다. 이런 것들은 "현대인"들이 하나님을 모독하는 범죄를 덮어 주려고 만들어 낸 단어일 뿐이다(창 9:22-24 주석 참고).

『롯이... 그들에게로 나가 뒤로 문을 닫고』(6절). 롯은 그의 손님들이 그의 이웃들의 모습을 볼까 봐 부끄러워하면서 문을 닫아 버린다. 물론 그의 이웃들은 롯의 간증에 흠을 낼 것에는 전혀 아랑곳하지 않았다.

『부탁하노니, 형제들아』(7절). 그들을 형제들이라고 부른 것은 대단한 잘못이다. 여호사밧도 이와 비슷한 실수를 저질렀다(대하 18:3; 19:2). 롯은 오늘날의 교회연합회(NCC) 사람들처럼 하나님께서 "모든 사람의 아버지"이시며 모든 사람은 - 소도미, 레즈비언, 히피, 마약중독자, 살인자 등을 포함해서 - 다 "형제"라고 생각했던 것 같다(창 4:9에 관한 주석 참고).

구약 성도가 소돔 사람(남자 동성연애자들)을 "형제"라고 부를 이유가 어디 있는가? 예수 그리스도께서 한 번이라도 바리새인, 서기관, 사두개인들을 "형제들"이라고 부르신 것을 성경에서 본 일이 있는가?(고후 6:14-16)

『보라, 내게...두 딸이 있도다...너희 눈에 좋을 대로 그들에게 행하고』(8절). 이 말은 "원한다면 내 딸들을 욕보여도 좋다. 혹시 내 딸들이 죽을지라도 상관하지 않겠다."는 말이다. 설마 그럴 리가 있겠냐고 의심하는 분이 계시다면 재판관기 19:25-28을 읽어 보라.

롯의 제안은 20세기 서구 사람들에게는 너무도 충격적인 것이어서 롯이 제정신이 아니었다고밖에는 다른 이유를 찾지 못하는 것 같다. 그러나 이보다 훨씬 더 깊은 이유가 있었다. 첫째, 20세기를 사는 부호들은 그들의 처녀 딸들을 사회와 상업과 교육에 떠맡기고 "너희 눈에 좋을 대로 그들에게 행하라."고 방치하고 있다. 둘째, 소돔 사람처럼 이미 동성애적으로 성도착이 되어 버린 그들은 "여자와 정상적인 성행위"는 안 할지도 모른다고(롬 1:27) 롯은 나름대로 판단했을 것이기 때문이다. 동시에 어차피 벌어질 사태라면 두 가지 악 중에서 작은 악을 택하는 쪽으로 생각을 굳혔을지도 모른다.

『이 사람들은 나의 지붕 그늘 아래 들어왔으니』(8절). 이런 비유법을 대체용법(metalepsis)이라고 부르는데, "지붕 그늘"이란 말은 롯의 "보호"와 "대접"을 받을 사람들이라는 뜻이다.

19:9 그들이 말하기를 "물러서라." 하고, 그들이 다시 말하기를 "이 자가 와서 기거하면서, 우리의 재판관이 되려 하는도다. 이제 우리가 그들보다 너를 더 악하게 다루리라." 하고, 그들이 그 사람, 곧 롯을 심히 밀치며, 가까이 와서 문을 부수려고 하더라.

10 그러나 그 사람들이 그들의 손을 내밀어 롯을 자기들을 향해 집
안으로 잡아당긴 후, 문을 닫고,
11 집 문 밖에 있는 사람들을 작은 자나 큰 자나 모두 쳐서 눈멀게
하니, 그들이 문을 찾으려고 애쓰더라.

『**이 자**』(9절)라는 표현은 롯을 경멸하는 말로 동일한 표현이 예수 그리스도의 적들에 의해 쓰였고(요 9:29) 다윗에게도 쓰였다(삼상 29:4). 『**재판관이 되려 하는도다.**』(9절)라는 말은 "이놈 좀 봐라! 우리 땅에 빌붙어 먹으려고 들어온 녀석이 이제 보니 판사 나리를 하려고 해! 자기가 뭣 좀 되는 줄로 생각하는 모양인데..."라는 말로 해석해 볼 수 있겠다. (히브리어 학자들은 이런 해석을 싫어할 것이다).

만약 집 안에 있었던 두 사람이 아니었더라면 롯은 "당하고" 말았을 것이다. 이 두 남자는 천사였다(창 6:1-6 주석 참고). 이 두 천사는 소요를 가라앉히기 위해 가장 간단한 일을 했다(행 13:11과 왕하 6:18을 비교할 것). 주님께서는 그러실 생각이 있으실지라도(롬 11:25과 엡 4:18을 비교할 것), 인간을 혼돈케 하시기 위해 직접 개입하실 필요가 없으시다. 천사가 창문을 열고 손을 내밀어서 손가락으로 "딱" 소리를 한 번 내자, 사방이 암흑으로 변해 버렸다. 500-4,000명이나 되는 사람들은 떠밀고, 밀치고, 짓밟고, 넘어지고... 이런 와중에 또 다른 천사는 문을 열고 롯을 붙들어 문 안으로 집어넣고 문을 닫아 버렸다(10절).

19:12 ○ 그 사람들이 롯에게 말하기를 "여기에 너 외에 누가 더 있느

냐? 사위와 네 아들들과 딸들과 누구든지 이 성읍에서 네게 속
한 자는 이곳에서 데리고 나가라.
13 그들의 부르짖음이 주의 면전에서 매우 크므로, 주께서 이곳
을 멸하시려고 우리를 보내셨으니 우리가 이곳을 멸하리라."
하더라.
14 롯이 나가서 그의 딸들과 혼인한 사위들에게 고하여 말하기를
"일어나서, 이곳에서 나가라. 주께서 이 성읍을 멸하시리라." 하
였으나, 그 사위들에게는 그가 농담하는 사람같이 보였더라.

이 장면을 상상해 보라. 롯의 부인은 짐을 싸고, 한 딸은 차고에서 시동을 걸려고 하나 배터리가 나가 버렸다. 롯은 거리를 달려 사위 집으로 향한다. 그는 하이파이 스테레오에서 요란한 전기 기타 소리가 흘러나오는 집 앞에서 황급히 문을 두드린다.

술에 취한 롯의 사위는 문을 열면서 "아니, 이 밤중에 누구야, 엉, 아니, 아버님 아니세요? 웬일이세요?"라고 말한다. 롯은 황급히 대답한다. "이봐, 자네, 내 말 잘 들어. 이곳은 곧 불타서 잿더미가 될 거라고. 천사들이 내 집에 와서 하나님께서 소돔을 오늘 밤 태워 버리실 거라고 알려 주셨어."

사위: "예? 하나님께서 오늘 밤 소돔을 태워 버리신다고요?"

롯 : "그래. 자, 빨리 떠나야 해, 빨리 자네 처 데리고 나오게."

사위: "이봐요, 장인어른, 지금 시대가 어느 시대인데 그런 구식 얘기를 하세요. 하나님은 사랑이신데... 그럴 리가 있어요? 뭔가 착각하신 것 아니세요? 기왕 오셨으니 들어오셔서 좀 놀다 가세요. 마침

파티 중이거든요."

롯 : "이봐, 사위, 내 말 잘 듣게. 난 지금 매우 심각하다네. 하나님께서는 이곳을 태우실 것일세. 자, 빨리 피하세."

사위: "하나님이 이곳을 태우신다고! 하나님이 이곳을 태우신다니!... 장인어른이 말씀하시던 성경에는 하나님은 사랑이시던데... 따님도 나에게 그렇다고 하던데요..."

롯은 큰소리로 딸을 부른다. 롯의 딸은 취해서 벌개진 얼굴을 내밀고서 "아빠, 안녕? 들어와 놀다 가세요."라고 지껄인다. 결국 사위는 꽝하고 문을 닫고 들어가 버린다.

『**그 사위들에게는 그가 농담하는 사람같이 보였더라**』(14절). 롯은 할 수 없이 자기 집으로 달려간다. 온몸은 땀으로 젖었다. 집에서는 딸들이 짐을 싸고 있고, 롯의 아내는 "오, 오! 이집트를 떠나지 말았어야 했는데... 그 아름답던 곳을 뭣 하러 떠나 왔담..." 하고 불평을 늘어놓는 중이다.

『**우리가 이곳을 멸하리라**』(13절). 이 천사들은 이곳에서는 사자(messengers)가 아니라(계 1:20과 그 주석 참고) 파괴자들이다(계 9장).

『**그들의 부르짖음이... 매우 크므로**』(13절). 그들의 부르짖음이란 소돔 사람들이 도움을 청하는 부르짖음이나 그들의 고백을 뜻하는 것이 아니고, 무고한 희생자들이 복수를 요구하는 외침을 말한다(창 4:10,11 주석 참고).

19:15 ○ 아침이 밝아오니 천사들이 롯을 재촉하며 말하기를 "일어나
서, 네 아내와 여기에 있는 네 두 딸을 데리고 가라. 그래야 네
가 성읍의 죄악 속에서 소멸되지 않게 되리라." 하더라.
16 롯이 머뭇거리고 있을 때 그 사람들이 그의 손과 그의 아내의
손과 그의 두 딸의 손을 잡았고, 주께서 그에게 자비를 베푸시어
그를 인도하여 성읍 밖에 두시니라.

사건은 빠르게 진전되고 있다. 해가 떠오르기 전(창 19:15,23) 아침이 밝아 오고 있다. 말하자면 15,16절의 사건은 새벽 4:30-5:30 사이에 발생한 것이다. 짐을 어떻게 꾸릴지 무엇을 버리고 무엇을 가지고 갈지 허둥대고 있는 와중에 한 천사가 롯과 그의 아내의 손을 붙들고 또 다른 천사는 딸들의 손을 붙들고 그들을 밖으로 이끌어 냈다. 지갑, 보석, 핸드백, 시계, 통장과 도장 이외에는 가지고 나갈 시간적 여유가 없었던 것이다.

『**일어나서... 가라. 그래야 네가 성읍의 죄악 속에서 소멸되지 않게 되리라**』(15절). 이 모습은 계시록 18:1-6에 나오는 대환란의 상황을 그대로 보여 주고 있다. 라합의 식구는 주홍색 실로 인해 파멸의 운명에서 벗어난 유일한 생존자였다(수 2:18,19). 소돔, 여리코, 바빌론은 "자매 도시"로 분류된다. "끼리끼리 모인다."는 말 그대로이다. 여리코는 "세상에서 가장 오래된 도시"(가스탕에 따르면)이며, 여리코시의 건축은 로마식이었다. 바빌론은 일곱 언덕 위에 세워진 도시(계 13,14장 주석 참고)를 예표하고 있는데, 일곱 언덕 위에 세워진 도시는 다름 아닌 로

마이다. 소돔은 인류의 인종 통합(인종의 차이를 없앨 목적으로)과 남자끼리의 성관계를 추구했던 도시였다. 성경에서 이 세 도시는 모두 저주받았고, 모두 하나님의 심판으로 멸망당했다. 이 세 도시는 바로 20세기 사람들이 이 땅 위에 세우고 싶어 하는 천국, 곧 유토피아를 상징한다. 구원받지 못한 종교 지도자들과 교육자나 과학자들은 서로 "다른" 것들을 하나로 묶어 모든 차이점을 제거해서 통일을 이루는 것을 최상의 목표로 삼고 있다.

『**성읍 밖에 두시니라**』(16절). 성읍 밖이 유일하게 안전한 곳이다(히 13:11-14). 적어도 "성도"에게는 그렇다. 독자들은 이 구절에서 하나님의 자비로 롯이 자기 사회, 동족, 직업, 동료, 교회 회원들, 사교 모임, 어떤 형태의 "함께하기"와 "형제 관계"로부터 완전히 분리되었음을 보게 될 것이다. 참된 그리스도인들에게는 이 은혜 시대의 지구상의 모든 도시는 소돔인 것이다. 심지어는 예루살렘마저도 소돔이라고 불리고 있다(계 11:8). 이들 도시들에 대해 부정적인 시각을 갖는 것이야말로 "성도들에게 전수된 참된 성경적 믿음"(창 5:29과 노아에 관한 주석 참고)의 대표적인 특징이다.

성경을 믿는 그리스도인은 사회적으로, 종교적으로, 정치적으로, 그 밖의 모든 면에서 성문 바깥에 머무는 사람이다(히 13:12). 그리스도인은 순례자로서 성읍에 잠시 기거하는 것뿐이다. 성도는 "사악의 문"을 통해 "멸망의 도시"를 빠져 나간 사람이다(존 번연의 천로역정). 존 번연의 시대 이후 약 300년간에 걸친 "과학의 발전"은 이 세상 제도의 특성을 하나도 바꾸지 못했다. C.I. 스코필드는 한때 이렇게 말했다. "이러한 세상 제도는... 종종 외견상으로는 종교적이고 과학적이며 세련되고 품위 있게 보이기도 하지만, 민족적이고 상업적인 경쟁과 야심으로 들끓고 있고, 실제로 어떤 위기에 처하면 오직 군사력으로 옹호받으며, 사탄의 원칙들에 의해 지배받는다"(〈스코필드 주석성경〉, 신약, p.418).

『**성읍 밖에**』(16절). 이 표현이야말로 참된 그리스도인의 입장을 보여 준다고 하겠다. 성읍 안에 있는 것은 (그것이 예루살렘이든, 바빌론이든, 소돔이든, 로마든, 여리코든) 종교적 타협자들과 기독 대학의 육신적 교수들과 교회협의회의 세상적 그리스도인들과 교황청 대사들과 그 밖의 바티칸 관계자들과 교육 숭배자들과 인문주의자들과 마르크스주의자들과 과학 숭배자들과 경제적 동물들과 카인처럼 과일제사를 드리는(창 4:3-6 주석 참고) 사람들뿐이다.

19:17 ○ 그 사람들이 그들을 밖으로 이끌어 낸 후, 주께서 말씀하기를 "네 목숨을 위하여 도피하라. 네 뒤를 돌아보거나, 어떤 평지에도 머무르지 말고, 산으로 도피하라. 그래야 소멸되지 않으리라." 하므로

18 롯이 그들에게 말하기를 "오 내 주여, 그리 마소서.

19 보소서, 이제 주의 종이 주의 목전에서 은혜를 얻었으며, 또 주께서 큰 자비를 내게 베푸사, 내 생명을 구하심으로 자비를 내게 보여 주셨사오나 내가 산으로 도피할 수 없나이다. 혹 어떤 재앙이 나를 붙들면 내가 죽을까 함이니이다.

20 보소서, 이제 이 성읍은 도주하기 가깝고 작은 성읍이니, 오, 나
로 그곳에 도피하게 하소서. (이는 작은 성읍이 아니니이까?) 그
러면 내 혼이 살리이다." 하니,
21 주께서 그에게 말씀하시기를 "보라, 내가 이 일에 관하여도 너를
받아들였으니 네가 말한 이 성읍을 무너뜨리지 않으리라.
22 서둘러서 그곳으로 도피하라. 네가 그곳에 도착하기 전에는 내
가 아무 일도 할 수 없노라." 하시더라. 그러므로 그 성읍의 이
름을 소알이라 불렀더라.

이 장면에 어울리는 음악은 오직 윌리엄 텔 서곡뿐일 것 같다. 롯과 그의 남은 가족은 기를 쓰고 도망을 치고 있었다. 아직 해는 떠오르지 않았지만 이제 막 솟고 있는 중이었다. 해는 저 멀리 동쪽에 있는 모압 언덕에서 솟아오르고 있었고, 롯은 카운트다운이 시작되었음을 알고 있었다. 동쪽으로 3마일 정도에 "산"이 하나 있었다. 롯의 걸음으로는 30분이면 다다를 수 있겠지만 딸들은 1시간 이상 걸릴 것이다. 땅의 감각이 이상하게 느껴지기 시작했다. 멀리서 구름이 다가오고 있었으나 하늘은 맑았다. 하늘은 맑은 빛을 띠고 있었다. 롯은 거대한 팝콘 기계 위에 서 있는 것처럼 느꼈을 것이다. 1마일도 안 되는 곳에 소알이 있었다. 소알은 소돔 평원에 위치해 있던 다섯 도시들 중의 하나였다(신 29:23, 창 10:19).

롯은 산보다는 가까운 성읍으로 갈 것을 간구했고, 이를 허락받았다. ("연옥"은 하늘만큼은 오르기 힘들지 않고 지옥보다는 나은 곳이라고 생각했을 것이다.) 이때 두 사람(천사들)은 사라져 버리고 롯은 도움 없이 홀로 피난길을 가야 했다. "얘들아, 빨리 와라, 빨리!" 롯은 딸들을 다그치면서 열심히 소알 성읍의 문을 향해 나아갔다. 성읍 문에 도달해 입성을 허락받고 나서야 롯은 아내가 없어진 것을 깨닫게 되었을 것이다. 롯은 주님의 말씀에 순종했고 "뒤를 돌아보지" 않았다(17절). 그래서 그는 자기 아내가 고향 집에 미련을 두고 뒤돌아보다가 소금 기둥이 되어버린 것을 몰랐던 것이다.

『**네 목숨을 위하여 도피하라. 네 뒤를 돌아보거나... 말고... 산으로 도피하라**』(17절). 대환란 기간 중에는(마 24:16) 이 경고에 마땅히 유의해야 하며 따라야만 한다. 대환란 기간은 다름 아닌 "롯의 날"인고로(눅 17:29), 팔레스타인에 있는 유대인 성도들은 집을 떠날 때 그 어떤 것도 가지러 갈 시간이 없을 것이다(눅 17:31). 이 구절은 영적으로 적용해 볼 때 그 의미가 매우 분명하다. 예수 그리스도께는 빨리 다가갈수록 좋다(사 28:16). 당신의 목숨이 위험에 처해 있는 이때에(창 2:7; 12:13 등에서와 같이 구약성경에서는 "soul"이 육체적 생명의 의미로 쓰였다.) 옛 친구들, 옛 생활, 옛 종교, "옛 사람"과 연관된 그 어떤 것을 뒤돌아본다면 자칫 "산"에 이르지 못할 수도 있다(고후 5:17).

『**오 내 주여, 그리 마소서**』(18절, 이 표현은 사도행전 10:14에서 시몬 베드로가 사용한 표현과 비슷하다.) 비록 롯은 "주여"라고 말은 했지만 진실로 주님을 주님으로 대하지는 못한 것 같다. 주께서 "산으로 도피하라." 또는 "베드로야 일어나 잡아먹으라."고 명령하시면 그대로 순종하는 것이 훨씬 낫다(말 1:6-8).

롯의 논리는 하나님께서는 가능한 한 많은 죄인들에게 진노를 쏟아 부으시기를 원하시지만, 소알에는 인구가 많지 않으므로(약 500-1,100명 정도) 이곳 정도는 "간과"해 주셔도 하나님의 의로우심이 그리 크게 손상되지 않을 것이라는 것이었다. 그러나 롯의 추론은 잘못된 것이었다. 소알이 살아남게 된 것은 아브라함의 중보 기도에 의해(창 18:32의 10명의 의인만 있다면 심판하시지 않겠다는 약속) 혜택을 받게 된 것일 뿐이었다. 소알에는 10명의 의로운 사람이 있었을 것이다. 만약 그렇지 않았더라면 그곳 역시 불타 버렸을 것이다(롯이 아무리 밤새 기도했더라도 10명의 의인이 없었다면, 소알 역시 멸망당했을 것이다. 소알은 히브리어로 "작다"는 뜻이다).

『**네가 그곳에 도착하기 전에는 내가 아무 일도 할 수 없노라**』(22절). 여기서 우리는 아브라함의 기도의 능력을 보게 된다. 비록 아브라함이 직접적으로 롯의 구원을 주님께 간구하지는 않았지만, 주님께서는 롯을 구원하는 것이 아브라함과 맺은 자신의 의무인 것처럼 말씀하고 계신다. 모세의 기도의 능력(출 32:10) 역시 비슷한 방식으로 성경에 묘사되어 있다. 모세는 하나님께서 이스라엘 민족을 진멸할 테니 내버려 두라고 모세에게 요청할 정도로 강력한 기도를 했었다. (당신이 계속해서 중보기도를 하고 하나님의 약속들을 움켜쥐고 있으면 비록 주께는 어려워서 하실 수 없는 일이 하나도 없지만, 주님은 "내버려 두라, 모세야, 네가 계속 그렇게 기도하면 나는 그 일을 할 수 없노라."고 말씀하시는 것이다.) 주님은 롯에게 『**네가 그곳에 도착하기 전에는 내가 아무 일도 할 수 없노라.**』(22절)고 하셨고 실제로 그렇게 하셨다.

롯은 열심히 뛰었고 결국 소알 성읍에 도착했다. 그 성읍의 장로들은 신속히 문을 열어 주었다. 왜냐하면 온 성읍의 주민들이 "하늘의 표적"들로 매우 당혹해 하고 있었기 때문이었다. 하늘은 붉게 타오르고 있었고, 곧 폭발할 것같이 굉음을 내기 시작했다. 태양이 갑자기 회색빛 진홍색으로 변하고, 롯은 소알 사람들의 팔에 쓰러질 듯 안기고(딸들도 뒤이어 도착했을 것이다.) 소돔에 있던 사위들과 딸들과 그 클럽 회원들은 성경은 문자 그대로 이루어진다는 교훈을 난생 처음이자 마지막으로 배웠을 것이다 .

19:23 ○ 롯이 소알에 들어갈 때에, 해가 땅 위에 솟았더라.
24 그 때에 주께서 하늘에서 주께로부터 소돔과 고모라 위에 유황
과 불을 비처럼 내리셨고
25 그 성읍들과 모든 평지와 성읍의 모든 거민들과 땅에 자라는 것
들을 뒤엎으셨더라.
26 ○ 그러나 롯의 아내는 그의 뒤에서 뒤를 돌아보았더니, 소금기
둥이 되었더라.

"노아 시대"의 사람들이 수증기가 하늘로 올라가는 것이지 비가 하늘에서 내려온다고는 꿈에도 생각하지 못했듯이 "롯의 날"에 살던 사람들도 불길은 땅에서 위로 치솟는 것이지 하늘에서 내려올 리가 없다고 생각했을 것이다. 더멜로우라고 하는 주석가는 "롯의 날"에 살았던 사람을 대표라도 하듯이 이 구절을 이렇게 설명했다. "아마 땅이 요동하자 나프

타가 솟구쳐 나왔고 그러다가 불이 붙었을 것이다"(주석, 1936, 맥밀란, N.Y., p.28). 그러나 성경은 하늘에서 주께로부터 유황과 불이 비처럼 내렸다고 말한다. 따라서 이런 주석은 반성경적이므로 한쪽으로 제쳐놓으면 된다. 윌리엄스는 그의 주석(Commentary, Kregel, 1949)에서 불이 위로 치솟은 것이 아니라 위에서 내려왔다고 말한다. 비교적 정확하긴 하나 윌리엄스는 욥기와 시편에서 성경을 너무도 많이 자의적으로 수정하고 있기 때문에 그의 주석 역시 참고할 필요가 없다. 유황은 "역청"으로 이사야 30:33; 34:9, 욥기 18:15에 언급되어 있다. 신약에서는 헬라어로 "세이온"이며 지옥에서의 영원한 심판과 관련되어 언급되고 있다(계 9:18; 14:10; 20:10; 21:8). "지옥 불과 유황" 또는 "지옥 불과 저주"는 주 예수 그리스도께서 설교하실 때 사용하시던 표현이었다(마 5:22). 그런데 이 용어를 성경대로 믿는 설교자들이 사용한다고 서슴없이 비난하는 자들은 너무도 어리석어서 자기가 소속된 교회협의회가 가장 즐겨 인용하는 산상 설교의 첫 부분에 이 용어가 등장하고 있다는 사실조차 모르고 있는 것 같다.

소돔에 내린 불은 "영원한 불"이며(유 1장), 소돔은 지도상의 실제적인 도시로서 더 이상 존재하지 않게 된 후에 "영원한 불"의 복수를 겪게 될 것이다(유 1:7). 마태복음 10:15; 11:23,24에 보면 소돔의 주민들은 당시 이스라엘의 종교 지도자들보다 더 영적인 분별력을 갖고 있었다. 그럼에도 불구하고 그들의 도시는 잿더미로 변했고(벧후 2:6), 이는 하나님께서 인종 통합과 도덕적 타락에 대해 어떤 입장을 갖고 계시는가를 분명히 보여 주고 있다. 그래서 성경에서는 소돔의 멸망을 반복해서 언급하고 있는 것이다[모세(신 32:32), 이사야(사 1:10; 13:19), 예레미야(렘 49:18), 에스겔(겔 16:49), 아모스(암 4:11), 스파냐(습 2:9), 마태(마 11장), 마가(막 6:11), 누가(눅 10:12), 바울(롬 9:29) 등). 지구 전체가 소돔처럼 될 것이므로(벧후 3:1-8), 소돔은 지구의 미래 모습을 가장 잘 보여 주는 예이다. 앤더스, 보만, 라벨 같은 천문학자들이 아무리 지구의 사진을 잘 찍어도 소돔에 대한 성경 묘사만큼 정확히 지구의 미래를 묘사할 수는 없다. "현대인들"이 "구름 한 점 없는 하늘"과 조화를 이루면서 모두가 벌거벗고 살 낙원을 만드느라고 동분서주하고 있는 동안에 하나님께서는 물 폭탄을 만드셔서(코발트탄이나 수소 폭탄이 아니고 물 폭탄이다.) 『**우주의 구성 요소들이 맹렬한 불로 녹아내리며 땅과 그 안에 있는 일들이 타버릴 것이라.**』(벧후 3:10)는 말씀을 이루실 것이다. 바로 이것이 부패한 우주와 타락한 인간의 종착역이 될 것이다(창 2:25 주석 참고).

소돔의 죄들은 곧 이 지구상의 죄들이다. 교만, 게으름, 성 도착, 이기심, 말씀을 증오함, 복음 전파를 증오함, 눈멂, 하나님을 두려워하지 않음, 살인 욕구 등은 창세기 19:5,8,9과 에스겔 16:49,50에 잘 열거되어 있다. 나는 소돔시 구석구석에 교회가 있었을 것이라고 생각한다. 가장 종교적이었던 이스라엘의 왕비는 무려 450여 명의 선지자를 거느리고 있었던 바알 숭배자였다는 사실을 기억하라(왕상 16,18장).

롯은 소알 성문에서 지쳐 쓰러졌으며, 그 성읍의 장로들이 그를 부축했다. 여인들은 젖은 수건으로 완전히 지쳐 있던 롯의 딸들의 이마를 적셔 주었으며, 바로 그때 섬광이 번득이면서 천둥소리가 울리고 거대한 충돌 소리가 귓전을 때렸다. 롯은 "여보, 여보, 어디 있소?"라고 울부짖었다. 그녀는 소알을 뒤로한 채 소돔을 향하여 바라보고 서 있었다.

롯은 그때서야 "내 아내야, 저게, 내 아내라고..." 하면서 장로들의 손을 뿌리치려고 했다. 그러나 그들은 그를 붙들고 성문을 닫아 버렸다. "이봐요, 가만있어요. 당신이 간다고 해결될 일이 아니야." 롯은 눈을 크게 뜬 채 장로들에게 붙잡혀 있었고, 딸 하나는 이미 기절하였으며, 또 다른 딸은 히스테리를 부리면서 끌려가고 있었다. 갑자기 원자폭탄이 터져 섬광이 번득이는 것같이 번쩍하더니 굉음이 들려왔다. 바로 그때 고성의 비명 소리가 들려오면서 롯의 아내는 소금 기둥으로 변해 버렸던 것이다. 그녀는 집에 두고 온 가재도구들을 생각하고 있었을 것이다. "오, 나의 집! 오, 나의 페르시아산 홈세트, 오 나의 아름다운 침대!..." 이런 것들을 떠올리는 순간 죽음의 재가 그녀를 덮고, 그녀는 소금처럼 결정체가 되어 버렸다. 그녀 생애에 처음으로 정결케 된 것이다(레 13:13, 롬 6:7).

소돔과 고모라에 불이 쏟아지던 그 아침을 그 어떤 TV도 이제껏 방영해 본 적이 없다. 만약 그 장면이 방영되었더라면 "하나님은 사랑이시라." "하나님은 자비로우시다."라고 믿었거나 "우리는 모두 하나다." "하나님은 아무도 지옥에 보내지 않으신다."라고 믿고 있던 남녀들은 모두 믿음을 저버리고 말았을 것이다. 그들은 당장 TV를 꺼버리고 스펠만 추기경의 강좌로 눈길을 돌렸을 것이다. 그 강좌는 "원자 시대에 있어서 영적인 사실들에 온전히 내맡기는 방법"이라고 되어 있다. 하나님의 심판은 "인간들의 마음속에 타오르는" 욕심들에 대한 대가로 오는 것이다(롬 1:27, 욥 31:11,12, 잠 6:27,28). 성경은 결코 적극적이고 긍정적인 사고방식을 갖고 있는 사람들을 위한 책이 아니다. 성경은 현실주의자들을 위한 책이다. 성경은 노아의 날들에는 아무런 자비가 없었으며(창

7:17-20), 대환란에도 아무런 자비가 없을 것임을(계 14,19장 주석) 명백히 말씀하고 있다.

『**그러나 롯의 아내는 그의 뒤에서 뒤를 돌아보았더니**』(26절). 그녀는 롯과 같이 가다가 뒤를 돌아본 것이 아니고 그의 뒤에 처져 있다가 뒤를 돌아보았다. 그녀는 늦장을 부리다가 그것도 자기와 아무 상관이 없는 평지에서(17절) 늦장을 부리다가 그렇게 된 것이다. 그녀가 뒤를 돌아본 동기는 틀림없이 창세기 13:10에서 설명한 것과 관계가 있다. 그녀는 소금 기둥이 되고 말았다.

많은 학자들은 나일강은 한때 소알 지방에까지 미쳤을 것이라고 믿고 있으며, 사해가 한때는 담수호였을 것으로 생각하고 있다. 다른 사람들도 사해가 담수호였다는 것을 받아들이지만, 이들은 이 호수가 갈릴리 지방에서 요단강을 거쳐 흘러내려 형성되었을 것으로 믿고 있다. 한 가지 분명한 것은 오늘날 그 누구라도 사해에 수영을 하러 들어갔다가 나오는 사람은 하얀 소금기가 몸에 붙어서 나온다는 사실이다. 이것은 과거에 있었던 어떤 사건을 분명히 증언하는 것이지만, 사람들은 이 사실에 별로 주목하지 않는다.

불은 소돔 위로 내려왔고 (이때 소돔 위로 내려왔던 불은 사해 밑에서 영원한 불이 되었다.) 따라서 대환란 기간에는 이 지구상에 실제적인 불못이 동일한 장소(에돔)에 있게 될 것이다. 그리고 이 불못은 후일 계시록 20:14의 영원한 불못이 될 것이다. (그러나 이 진리는 벌링거나 라킨보다 너무 앞서 있기 때문에 여기서 자세히 다루어야 할 필요는 없을 것 같다.)

19:27 ○ 아브라함이 아침에 일찍 일어나, 자기가 주 앞에 섰던 곳에서,
28 소돔과 고모라와 평지의 모든 땅을 향하여 바라보았더니, 보라,
그 지역의 연기가 마치 용광로에서 나는 연기처럼 올라가더라.

아브라함이 주 앞에 섰던 곳은 마므레 근처였다(창 18:1,22). 마므레는 헤브론 근처이므로(창 23:19), 아브라함은 이때 사해로부터 서쪽으로 약 30-35마일 지점의 구릉 위에 머물고 있었을 것이다. 이 정도 위치면 소돔에서 일어났던 재앙을 충분히 보고도 남았을 것이다. 그 지역에 있던 4개의 도시가 불타 약 25평방 마일 정도의 넓이에 연기를 자욱이 뿜어냈기 때문이다. 한 가지 잊지 말 것은 여리코, 이집트, 바빌론, 소돔 등은 항상 지옥과 연관되어 있다는 사실이다. "가마에서 나는 연기"는 이집트의 철 용광로(창 12:9,10 주석 참고)와 상응할 뿐만 아니라 예수님께서 큰 용광로에서는 "울며 이를 갈고 있으리라."(마 13:42)고 하신 말씀과도 상응한다.

만약 하나님께서 이때(창 19:28) 아브라함에게 직접 말씀하시지 않았다면 그의 마음은 철렁 가라앉았을 것 같다. 왜냐하면 그가 주님께 받은 약속은 "의로운 사람 10명을 그 안에서 찾으면, 내가 그 성읍을 멸망시키지 않을 것이라."는 것뿐이었기 때문이다. 분명 소돔의 의인은 10명에 미치지 못했고, 그래서 연기가 가마에서 솟아나는 것처럼 보였던 것이다.

때는 아침 6시이고 해는 이미 떠 있었다. 이것은 야경꾼이 도는 밤중의 4경점 중 마지막에 해당된다(막 13:35). 이 아침은 바로 의의 "태양"의 재림의 "날과 시간"(마 24:36)에 해당된다(말 4:2, 마 13:40; 14:25,

살전 5:1-6, 벧후 1:19, 출 19:12,16).

이 시대에 살고 있는 그리스도인들에게는 재림에 대해 두 가지 분명한 그림이 표적들과 함께 주어져 있다. 창세기 4,5,6장은 휴거 직전의 모습을 보여 주고 있고(창 5:21-24의 에녹), 창세기 11,12,13,14,15,16,17,18장은 재림 직전의 모습을 보여 주고 있다. 노아의 시대에는 "데려감을 당한" 사람들이 구원받았고 "남아 있는 자들"은 구원받지 못했다. 반면 롯의 시대에는 "데려감을 당한" 사람들은 구원받지 못했고 "남아 있게 된" 롯만 구원받은 사람이었다. 누가복음 17:26-37을 보라. 그리고 아마겟돈 전쟁이 "롯의 날"(눅 17:37), 즉 인자가 나타나는 날(눅 17:30)에 뒤이어 벌어지는 것을 주목하라. 이와 같이 하나님의 말씀은 과거, 현재, 미래에 대한 무오한 진리들을 보존하고 있는 것이다 .

19:29 ○ 하나님께서 평지의 성읍들을 멸하실 때에 하나님께서 아브라함을 기억하시고, 롯이 거하는 성읍들을 무너뜨리실 때 무너뜨리는 와중에서 롯을 내보내셨더라.

4개의 도시들은 약 4,5마일 근방에 모여 있었을 터인데, 이는 롯이 "성읍"들에 거하고 있다고 말씀하고 있기 때문이다.

성경을 읽는 분들은 29절에서 "하나님께서 롯을 기억하시고"라고 기록되었을 것으로 기대했겠지만, 성경은 하나님께서 타협한 육신적인 사람을 기억하신 것이 아니고 능력 있는 기도를 드린 아브라함을 기억하셨다고 말씀하고 있다. 므피보셋이 요나단 덕분에 구원받은 것처럼(삼하 9장), 롯은 아브라함 덕분에 구원받았다. 많은 "중도파" 그리스도인들이 하나님께서 일시적으로 복 주신 것들과 "사역의 성과들"에 대해 하나님께 감사하고 있는데, 실상은 그들이 복을 받은 것은 하나님께서 시냇가에 숨어 있는 엘리야라든가 감옥에 갇혀 있는 침례인 요한 같은 그리스도인들에게 보상을 주시려고 하시기 때문이다. 우리는 이 구절을 대하면서 아브라함의 중보 기도가 아니었더라면, 롯은 불에 타버렸을지도 모른다는 분명한 인상을 받게 된다. 롯이 성공적으로 도피해서 목숨을 건질 수 있었던 것은 출애굽기 32:9-14에서 이스라엘 민족이 살아남게 된 것과 매우 비슷하다고 하겠다.

19:30 ○ 롯이 소알에서 나와 그의 두 딸과 더불어 산에서 거하였는데, 이는 그가 소알에서 거하는 것을 두려워했기 때문이라. 롯이 그의 두 딸과 굴 속에서 거하니라.

31 큰딸이 작은딸에게 말하기를 "우리 아버지는 늙으셨고, 이 땅에는 온 세상의 방식에 따라 우리에게 올 남자가 없으니,

32 오라, 우리가 우리 아버지에게 포도주를 마시게 하여, 우리가 아버지와 동침하고, 우리가 우리 아버지의 씨를 보존하자." 하며,

33 그날 밤 그들이 그들의 아비에게 포도주를 마시게 하고, 큰딸이 들어가서 자기 아비와 동침하였으나, 그는 그녀가 눕고 그녀가 일어나는 것을 알지 못하였더라.

34 그 다음 날 큰딸이 작은딸에게 말하기를 "보라, 어젯밤에는 내가 내 아버지와 동침하였으니, 오늘 밤에도 아버지가 포도주를 마

시게 하여, 네가 들어가서 아버지와 동침하라. 이는 우리가 아버지의 씨를 보존하기 위함이라." 하니,

35 **그들이 그날 밤도 그들의 아비로 포도주를 마시게 하고, 작은딸이 일어나 그와 동침하였으나, 그는 그녀가 눕고 그녀가 일어나는 것을 알지 못하였더라.**

36 **그리하여 롯의 두 딸이 아비로 인하여 아이를 가졌으니,**

소돔의 멸망 이후의 사건은 시작보다 더 침울한 암영을 던져 준다. 이 구절들에서 성령께서는 『**아이를 그가 마땅히 가야 할 길로 훈육하라.**』(잠 22:6)는 계명에 불순종하면 어떤 결과가 생기는가에 대해 분명히 말씀하고 계신다. 그 결과는 단순히 롯이 간증, 인격, 명성, 가정, 집, 땅, 가축, 아내, 하나님과의 교제를 잃어버리는 것에 그치지 않았다. 그는 소돔이 잿더미로 변하고 난 후에도 그가 뿌린 씨앗을 거두어들일 수밖에 없었다. 이는 그에게 남은 두 딸이 그를 술꾼으로 만들었고 근친상간으로 태어난 손자를 "선물"로 주었기 때문이다.

롯의 "경건치 못한 자들과의 교제," "다른 종교와 신앙들"에 대한 아량이 결국 롯을 끝장내고 만 것이다. 롯의 도덕 수준(창 19:8)은 그녀의 딸들에 못지않았고, 뒤이어 벌어진 사건으로 보아(창 19:31,32), 롯이 소돔이 멸망하던 전날 밤에 사람들에게 형편없는 제안을 한 것(창 19:8)은 어쩌면 당연한 것이었다는 생각이 든다.

『**이는 그가 소알에서 거하는 것을 두려워했기 때문이라**』(30절). 이유는 두 가지이다.

1. 소알의 주민은 롯을 바라보기를, 주문도 하지 않은 음식을 날라 온 웨이터를 쳐다보듯 했을 것이다. - 그들은 롯을 흉조를 가져다 주는 새로 간주했다.
2. 소알은 소돔과 고모라 근처에 있었기 때문에 그들의 풍습을 배웠을 것이다(다윈 식으로 말하자면 "획득된 형질을 물려받은 셈이다"). 롯은 그곳에 거한 지 4주도 못 되어 길거리에서 버트 랭커스터와 그의 친구가 할리우드 카메라에 포즈를 취하며 서로 목을 껴안는 것과 비슷한 장면들을 목격하게 되었을 것이다. 롯은 곧바로 호텔로 돌아와서 덜덜 떨리는 무릎을 꿇고 이렇게 기도했을 것이다. "주여, 이 성읍도 불태우시렵니까?"

주님: "글쎄, 아직은 모르겠다. 그런데 왜 그런 질문을 하느냐?"

롯 : "주님, 제가 오늘 일터에서 돌아오다가 '추악한' 짓을 목격했습니다. 이곳도 역시..."

주님: "무슨 짓이더냐?"

롯 : "두 남자가 길에서... 주님께서 소돔을 불로 심판하시기 전에 소돔 사람들이 하던 짓 말입니다."

주님: "그래?"

롯 : "제 생각에는 이곳에서도 그런 짓이 성행하고 있다면, 주님께서 이 성읍도 역시..."

주님: "맞다. 롯. 네 생각이 절대적으로 옳다. 얼마 후 소알도 지도상에서 없어지고말고..."

『롯이 소알에서 나와... 산에서 거하였는데』(30절). 롯은 동성연애자들보다는 차라리 산적과 맹수와 지내는 편이 낫겠다고 생각한 것 같다. 그러나 아뿔싸! 아담의 타락한 성품은 "새로운 피조물"이 죽는 날까지는 여전히 그와 동행하고 있었던 것이다(롬 7장). 롯은 두 딸을 버리지 못함으로써 여전히 소돔의 흔적을 지닌 채 산속으로 들어갔던 것이다. 롯이 "정결"하게 보존될 수 있었던 유일한 길은 마태복음 19:29 말씀을 글자 그대로 순종하는 길뿐이었으나, 그는 순종하지 못했고 결국 추악하게 죽고 말았다.

『**큰딸이 작은딸에게 말하기를**』(31절). 항상 나이 먹은 자가 어린 자를 망치게 되어 있다. 자기보다 나이 먹은 "친구"(삼하 13:3)에게서 부끄러운 것과 죄와 저주를 부르는 손짓을 배우지 않은 사람이 없다. 어린 소년이 배우는 모든 더러운 농담, 더러운 속임수, 더러운 짓들은 몇 살 더 많은 아이들에게서 배우는 것이다(잠 13:20). 남자인 경우는 혹시 혼자서 못된 짓을 하다가 혼자 지옥으로 가 버리는 경우가 가끔 있을지 모르지만, 여자의 경우는 결코 그런 법이 없다. 젊은 여인은 창세기 3장의 타락 이후에도 여전히 그녀와 함께 부끄러움을 나눌 동반자가 없으면 편하게 잠을 잘 수 없게 되어 있다. 근친상간을 저지르는 여자들은 혼자서 지옥에 가는 법이 없는 것이다. 그들은 꼭 짝을 지어서 함께 간다.

『**우리가 우리 아버지에게 포도주를 마시게 하여**』(32절). 이 구절은 아담과 노아의 경우에서도 보았듯이(창 9:21,24) 술 취함과 벌거벗음이 항상 동행한다는 진리를 보여 주고 있다(합 2:15).

『**우리가 아버지와 동침하고**』(32절). 이 정도면 사라가 어째서 아이를 갖기 위해 기다릴 수 없었는지 짐작이 간다(창 16:1). 라헬도 기다리지 못했다(창 30:1). 그렇다면 롯의 처녀 딸들이 어찌 기다릴 수 있겠는가? 사라와 라헬의 경우에는 그래도 그럴 만한 이유가 있었다. 하지만 롯의 가족의 경우는 성 도덕에 심각한 결함이 있었던 것이다(창 19:5,8,32). (성, 도박, 술은 마약 말고는 가장 끊기 힘든 습관이다). 일단 한 사람의 생각이 노출된 육체, 외설적인 포즈, 관능적인 움직임, 에로틱한 클라이맥스, 그리고 금지된 포옹 등으로 가득 차게 되면 그런 생각에 사로잡힌 당사자는 손과 발은 물론 몸과 혼도 완전히 결박당하게 된다. 즉 완전한 노예가 되어 버리는 것이다.

오늘날 신세대의 "신도덕"이나 "프리 섹스," "솔직한 표현" 등은 그런 표현을 입에 담는 사람을 성의 노예로 만들어 버린다(성경의 주석을 읽어 보라. 잠 5:22,23).

"플레이보이"와 "팬트하우스"의 주요 고객들은 "중세의 구식 도덕을 집어 내던진," "자유인"이 결코 아니다. 그들은 다만 죄의 종일 뿐이다(요 8:34-37). 그들이 썩을 육체를 위해 썩을 씨를 뿌리면, 그들은 썩을 몸 안에서 썩어 가고, 결국 그들이 쉴 곳은 잿더미에서 썩는 벌레들과 함께 누워 있는 침대일 뿐이다(갈 6:8, 욥 17:14; 21:26).

롯의 딸들은 전염된 정도가 아니라 완전히 사로잡혀 있었던 것이다. 소알은 그들이 숨어 있던 곳에서 채 5마일도 떨어져 있지 않았고 따라서 『**이 땅에는... 남자가 없으니**』란 말은 지나치게 과장된 말이다. 그녀들의 속 생각은 "아버지가 우리를 데리고 성읍으로 돌아가려면 몇 개월이 걸릴지 모르니 어찌 기다릴 수 있겠는가"였을 것이다(룻 1:11-13).

『그는 그녀가 눕고 그녀가 일어나는 것을 알지 못하였더라』(33절). 변개된 〈칠십인역〉은 ("하나님을 도와드리려고") "그녀"(she)를 "그"(he)로 바꿈으로써 롯의 죄를 감추어 주려고 애를 쓰는 것 같다. 이 알렉산드리아 학파의 발명품은 (1901년의 ASV, 1952년의 RSV도 마찬가지이다.) "그는 그가 눕고 일어날 때 알지 못하였더라."고 되어 있다. 그렇게 되면 얼마나 부자연스러운 표현이 되는지 어린아이도 다 안다. 술에 취한 사람은 무슨 일이 벌어졌는지 전혀 의식이 없는 법이다.

롯을 취하게 만드는 것은 매우 쉬운 일이었다. 왜냐하면 롯은 48시간 내에 두 번이나 취할 정도였기 때문이다(35절). 유명하신 학자들(로젠뮬러, 칼빈, 풀, 칼리취, 워즈워드, 랑게, 월렛, 아인즈워스, 부쉬, 드베트, 카지탄)께서는 왜 롯이 그처럼 쉽게 취해 버렸는지 그 이유를 파악하지 못하고 있다. 반면 파피 리벌, 지미 스트라우드, 멜 트로터 같은 사람들은 주정뱅이들을 많이 다루어 보면서 그들에게 복음을 전파한 경험이 있기 때문에 본문을 잘 다룰 수 있을 것이다. 한마디로 롯은 빈털터리가 된 것이다. 그는 완전히 파산했다. 그는 1929년 대공황 때 뉴욕증시에서 쫄딱 망한 사람보다 한 달 새에 더 많은 것을 잃었고, 영적으로 보면 버림을 받은(castaway, 고전 9:27) 상태이다. 이 지경에 이른 사람에게는 적극적 사고방식은 농담에 불과하다. 구원받은 것과 기도할 수 있는 것과 두 몫의 은혜를 빼고는 그가 의지할 것은 술밖에 없었다(잠 31:6,7). 이렇게 해서 롯의 최후는 노아의 최후처럼 "술병"으로 끝나고 만다. 우리는 노아에 대해 성경이 3장을 할애한 끝에, 결국 창세기 9:29에서 그의 최후를 기록하고 있음을 알고 있다. 그러나 롯의 경우는 창세기 19:26을 마지막 기록으로 그 후의 그의 삶이나 죽음에 대해 전혀 언급이 없다. 그가 저지른 죄는 율법 아래서도 죽음으로 대가를 치러야 할 그런 종류의 범죄였다(레 18:6). 롯에 관한 마지막 기록을 보라. 『**그리하여 롯의 두 딸이 아비로 인하여 아이를 가졌으니**』(창 19:36).

19:37 첫딸이 아들을 낳아서 그의 이름을 모압이라 불렀더라. 그가 모압인의 조상이요, 오늘까지 이르니라.

38 작은딸도 아들을 낳아 그의 이름을 벤암미라 불렀으니, 그가 암몬 자손의 조상이요, 오늘까지 이르니라.

여기 등장하는 두 아이 앞에는 카나안의 아들들처럼 상당히 험난한 미래가 놓여 있다. 모압이라는 단어는 "아버지로부터" 또는 "물에서 나오다"라는 뜻이고 암몬은 "암미의 아들"(암미는 "암" 신이란 뜻이다.) 또는 "나의 백성의 아들"이란 뜻이다.

〈칠십인역〉은 이곳에서도 변개되어 있다. 이 변개된 성서는 "legousa ex tou patros mou"라는 말을 첨가시켰다("짧은 본문이 더 권위 있는 것"이라는 원문비평을 전개한 그리스바흐나 라크만의 이론은 왜 〈킹제임스성경〉을 고친 구절에만 이 이론을 적용하는 것인가? 〈칠십인역〉에는 왜 이 원칙이 적용되지 않는가? 외경과 잠언에서 첨가된 구절들을 계산해 보면 바울 사후 훨씬 후에 기록된 〈칠십인역〉은 표준원문보다 훨씬 더 길다).

모압 족속은 사해 동쪽에 정착했다. 아마 얍복강과 암론강 사이였을 것이다. 모압 족속의 불명예스러운 역사에는 오직 한 사람만이 빛을 발하고 있었는데, 그 사람은 마리아의 조상인(룻 4장) 룻이다. 나머지 족보는 한마디로 형편없다.

1. 모압 여자들은 솔로몬을 죄로 유혹했다(느 13:26, 왕상 11:1).
2. 모압 왕은 발라암을 고용해서 이스라엘을 죄악으로 이끌었다(민 22,23장).
3. 에글론은 이스라엘을 억압했다(판 3장).
4. 모압인들과의 잡혼은 이스라엘 사람 24,000명의 희생을 가져왔다 (민 25:1-10).
5. 모압인들은 500년 동안 이스라엘의 지속적인 원수들이었다(삼상 12,14장, 삼하 8:12, 왕하 1,3장).
6. 모압 지방과 모압 족속은 재림 때 하나님의 진노의 대상들이다(사 16장, 렘 48장).

이러한 성경적 사실들을 왜 학자들은 언급하지 않는지 모르겠다. 태어나면서 입에 쇳덩이를 달고 나오는 사람도 있는가 보다.

오늘날 모압 지방은 바로 "요르단"이다. 하나님의 말씀에 따르면 요르단 지방의 주민은 이스마엘(창 16:11,12 주석 참고), 함족(창 10:7,8) 그리고 모압과 암몬 족속으로 구성되어 있다.

암몬 사람들의 역사는 바닷물이 해안을 따라가듯 모압 족속의 역사를 그대로 답습하고 있다.

1. 암몬인들은 모압 지방 바로 북동쪽 지역에 거주했다.
2. 암몬인들은 최초의 혼혈이 있은 이래로 그들의 10대까지도 이스라엘의 회중에 들어가는 것이 금지되었다(신 23:3).

3. 암몬인들은 재판관기에서 보면 이스라엘을 억압했고, 이스라엘에게 속한 땅을 돌려주기를 거부했다(판 10,11,12장).
4. 이들은 500년 동안 이스라엘의 원수였다(삼상 12:12, 삼하 10:10, 왕하 24:2).
5. 암몬인들은 재림 때 모압과 함께 심판의 대상 명단에 들어 있다(습 2:8,9, 렘 49장, 겔 25장).

실제적인 삶에 있어서는 도덕적인 "인과관계"가 연속적으로 드러나는 것처럼 보이지 않는다(전 8:11). 그래서 "현대인들"은 죄의 심판에 대해 생각 속에서 생기는 "죄책감"이라고 생각하며, "죄"란 아직 깨우치지 못한 사람의 양심에서나 볼 수 있는 상대적 개념일 뿐이라고 믿는 모양이다. 그러나 모든 "과학적 발견들"을 훨씬 능가하고 앞서는 성경의 계시는 "마음을 아시는" 하나님께서 죄인들에게 그들의 행위에 대해 두 배, 세 배로 되로 잘 되어서 꾹꾹 눌러서 그대로 갚아 주신다는 것을 분명히 보여 준다(고후 9:6, 갈 6:7, 마 7:2,3).

현대인들이 하나님을 "이겨 보려고"(그분의 책과 진리와 그분의 기준을 무시하고) 애를 쓰면 쓸수록 (그것도 스스로를 세뇌시키는 방법으로) 주님께서는 이혼, 정신병원, 감옥, 수용소 등으로 되갚아 주시며, 5년마다 몇 번의 전쟁을 통해 "하나님께서는 우롱당하지 아니하심"을 인간들이 잊지 못하도록 하신다. 아담은 6,000년 동안 그 죄의 대가를 치르고 있으며, 노아도 함을 통해 지난 5,000년 동안 죗값을 치르고 있고, 롯도 지난 3,000년 동안 그의 딸들을 통해 죄의 삯을 지불하고 있다. 죄의 삯은 사망이고, 이 삯은 인플레이션에도 끄떡없이 그대로이다. 하나님께서 죗값으로 지불하신 그것을 거부하는 사람은(롬 5:1-21) 6,000년이 6,000분의 1초밖에 안 되는 것처럼 보이는 그러한 엄청난 대가를 치르게 될 것이다.

창세기 20장

20:1 아브라함이 그곳에서부터 남쪽 지역으로 이동하여 카데스와 술
사이에 거하였고, 그랄에서는 잠시 머물렀더라.
2 아브라함이 그의 아내 사라에 대해 말할 때 "그녀는 내 누이라."
하였으므로, 그랄 왕 아비멜렉이 보내서 사라를 데려가니라.
3 그러나 그 밤에 하나님께서 꿈에 아비멜렉에게 오셔서 그에게 말
씀하시기를 "보라, 네가 데려간 여인으로 인하여 네가 죽은 사람
이 되리니, 이는 그녀가 다른 사람의 아내임이라." 하시더라.
4 그러나 아비멜렉이 그녀에게 가까이하지 않았으므로, 그가 아뢰
기를 "주여, 주께서는 의로운 민족도 죽이시려나이까?
5 그가 '그녀는 나의 누이라.'고 나에게 말하지 않았나이까? 그녀 자
신도 말하기를 '그는 나의 오라비라.' 하였나이다. 나는 마음의 온

전함과 내 손의 무죄함으로 이렇게 하였나이다." 하더라.

6 또 하나님께서 꿈에 그에게 말씀하시기를 "정녕, 나는 네가 네 마음의 온전함 속에서 이 일을 행한 줄 알았으므로, 나도 너를 막아 내게 죄를 짓지 않게 하였나니, 내가 너로 그녀에게 접촉하는 것을 허락지 아니하였느니라.

7 그러므로 이제 그 사람에게 그의 아내를 돌려주라. 그는 선지자니, 그가 너를 위하여 기도하여 네가 살 것이라. 그러나 네가 그녀를 돌려주지 않는다면, 너는 알지니, 네가 분명히 죽을 것이며, 너와 네게 속한 모든 자들이 죽으리라." 하시더라.

아브라함은 카나안 땅 서쪽 편을 따라 다시 남쪽으로 이동하였다(창 12:9,10). 필리스티아인들은 미스라임의 풍습을 따랐으므로, 아브라함은 파라오가 피부가 하얀 여성에 대해 갖고 있었던 것과 동일한 문제를 갖고 있는 필리스티아인(창 10:14)인 아비멜렉왕을 만났을 때 동일한 곤경에 처하게 된다. 헤브론에 있는 마므레로부터 이동하면서 아브라함은 남서쪽을 향해 카데스로 가다가 북서쪽으로 들러 그랄에서 잠시 머물렀다. 그랄은 지중해에서 내륙으로 약 12마일 정도에 위치해 있고 사해에서는 서쪽으로 약 35마일 정도에 위치해 있다. 그랄 바로 옆으로는 이집트로 내려가는 통로인 "해변의 길(Via Maris)"이 지나고 있다.

성경 주석가 칼리쉬는 아브라함이 하나님과의 깊은 교제(창 15장), 하나님께서 주신 놀라운 약속들(창 15장), 롯을 위한 중보기도(창 19장), 선택된 씨에 대한 약속(창 18장) 등에도 불구하고 다시 믿음 없는 행동을 한 이유에 대해 장황하게 설명하고 있다. 이것을 읽어 보면 칼리쉬를 비롯한 그 어떤 19세기 주석가들도 "새로운 출생"(new birth)이나 성도들이 가진 두 가지 성품에 대해 알고 있었는지 의심하지 않을 수 없다. 성경을 주석한다는 사람들이 인간의 성품에 대해 그처럼 통찰력과 상식을 결여하고 있는지 믿어지지 않을 정도이다. 성경에서 인간의 타락한 성품이 어떠한 것인지 오류 없이 그대로 기록하고 있는 그 부분을 주석하는 데에 있어 이들은 자신들의 타락한 성품을 그대로 내보이고 말았다. 이런저런 설명 끝에 칼리쉬는 이렇게 결론을 내리고 만다. "아브라함의 실패는 하나님을 시험하는 것이긴 했으나, 그래도 그의 두 번에 걸친 실수는 하나님의 약속에 대한 깊은 신뢰와 긴밀한 관련이 있었을 것이다." 주석이라기보다는 도대체 앞뒤가 안 맞는 이야기일 뿐이다.

우리는 성경에 기록된 그대로를 직시해 보자. 한마디로 아브라함이 다시 한번 실패한 것이다.

아브라함이 또다시 거짓말하게 된 이유는 칼리쉬를 비롯한 학자들은 찾지 못할지 모르지만, 성경을 읽을 줄 아는 사람들은 성경에서 찾아낼 수 있다. 아브라함은 창세기 12:12에서처럼 이번에도 겁이 났던 것이다(창 20:11). 두려움은 거짓말을 하게 되는 가장 커다란 원인이다. 이 진리는 이 세상 그 어느 곳에서든지, 어느 때든지, 그 어떤 사람에게든지 증명될 수 있는 보편적 진리이다(창세기 18:15의 사라, 사무엘상 21:12의 다윗, 여호수아 9:24의 기브온 거민들을 보라).

성경적 진리를 보존하는 데에 가장 기여해 왔다고 자부하는 신학자들이 (오늘날 기독교 교육기관에서 이렇게 가르치고 있다.) 이처럼 명확하게 기록되어 있는 말씀을 깨닫지 못해 평범한 그리스도인이라면 누구나 읽으면서 알아낼 수 있는 인간의 나약함을 인정하지 못하고 있는 것은 생각만 해도 기가 찬 일이 아닐 수 없다. 학자들이 뭐라 하든지 아브라함은 무서워서 거짓말을 한 것이다. 칼리쉬를 비롯한 "경건"하신 학자들께서는 두 번에 걸쳐 두려움에 처한 성도가 두 번 다 거짓말을 해서 위기를 벗어나려고 했다는 하나님의 말씀의 기록을 믿을 수 없었던 것뿐이다. 솔직한 사람이라면 자기 역시 때로 동일한 잘못을 되풀이한 적이 있다는 사실을 어찌 부인할 수 있겠는가? 이처럼 인간의 죄성을 다루는 데에 있어 자기 자신에게 솔직하지 못한 성경 주석가들은 신뢰할 필요가 전혀 없다.

"아비멜렉"(나의 아버지는 왕이라는 뜻)은 칸, 차르, 술탄, 시저, 파라오 등과 같이 필리스티아 왕의 칭호이다(창 21:22; 26:1).

『**아비멜렉이... 사라를 데려가니라**』(2절). 창세기를 공부하는 학생은 이것이 창세기 12:15; 16:4; 17:18과 마찬가지로 창세기 3:15의 약속을 무너뜨리려고 하는 보이지 않는 세력이 사람을 사용하여 그 음모를 수행하려는 것임을 간과해서는 안 된다. 성경은 매우 실제적인 책이므로 인간 생활의 실제적인 문제를 다루는 데에 주저하지 않는다. 그 중 하나가 바로 "성" 문제이다. 성경에는 "오늘날 사람들"이 문학 작품 속에만 한정시키려고 드는 성의 "추악한 모습"들이 적나라하게 등장한다[인종 혼혈, 성 도착, 더럽게 취한 여인에 대한 혐오감(삼하 13:14,15), "삼각관계," 근친상간 등이 성경에는 숨김없이 나온다]. 사라는 파라오의 후궁에 들여보내진 것처럼(창 12:14-16) 이번에도 아비멜렉의 후궁에서 왕을 수발할 날을 기다리는 신세가 되었다.

『**그러나 그 밤에 하나님께서 꿈에 아비멜렉에게 오셔서**』(3절). 이 구절은 "복음을 전혀 듣지 못한 이교도들은 어떻게 되는가?"라는 질문에 대해 우리에게 해결책을 제시해 주는 구절이기도 하다. 오늘날 사람들은 판사의 선고로부터 벗어나 보려는 무죄한 범죄자 같은 모습으로 이러한 질문을 하지만, 어째서 창세기 20장을 읽어 보지 않는지 모르겠다. 이 질문에 대해 창세기 20장은 이렇게 답변한다.

1. 이교도들은 당신이 생각하는 것만큼 순진하거나 무죄하지 않다(롬 1장).
2. 당신은 분별을 못할지 몰라도 이교도들은 무엇이 옳고 그른지 분명히 알고 있다(창 20:4).
3. 그들은 당신이 받아들이지 못하는 성경 외적인 계시들을 받을 수 있는 능력이 있다(창 20:3).
4. 하나님께서는 종종 이교도들이 죄를 짓는 것을 막아 주신다(창 20:6).
5. 그들은 말씀에 순종하면 살고, 그렇지 않으면 죽는다(창 20:3).

이와 연관된 다른 성경 구절들은 로마서 2장, 예레미야 40:2, 신명기 20:17; 1:39, 다니엘 4:5; 7:1-28, 사도행전 10장 등이다. 우리는 이 모든 구절들을 함께 읽음으로써 하나님께서는 현대인들이 "이교도들은 어디로 가는가?"라고 질문을 꺼내기도 훨씬 전에 이미 그 질문에 답을 해 놓으셨음을 알게 된다. 이처럼 하나님께서 말씀하신 모든 말씀에 대해(신

18:18-22) 당신은 심판 날에 자신들에 관해 직접 설명해야만 될 것이다.

1. 이교도들은 그들의 양심을 따르도록 되어 있다.
2. 그들은 태어나면서부터 선악을 구별할 수 있고, 따라서 선악을 구별하며 살 수 있다.
3. 정신 박약이나 정신 이상자들은 심판에서 제외된다.
4. 창세기 3:6의 아담의 입장에 도달하기 이전에 죽으면 그들은 무죄하다.
5. 그들이 양심을 따라 살면, 하나님께서는 그들에게 복음을 가져다 주신다(행 10장의 코넬료).
6. 그렇지 못하면 그들은 그들의 양심을 어긴 것에 대해 심판받을 것이다.
7. 그들은 미국의 몇몇 주교나 사제들과 마찬가지로 버림받은(lost) 상태이다. 그러나 이들 종교 지도자들만큼 저주받지는 않을 것이다(마 23:13,14의 주님의 말씀을 읽어 보라).
8. 양심을 따르는 그 어떤 이교도들(도교, 불교, 이슬람교, 유교, 힌두교, 카톨릭, 유대인, 개신교)도 갈보리 십자가를 만나게 될 것이다(창 4:1-6의 카인과 아벨).

느부캇넷살의 경호대장은 (성경도 성령도 없는) "이교도"인데도 성경을 개정하는 정통주의자들(렘 36:23-25; 40:2-4)보다도 더 성경을 잘 이해하고 있었다(렘 39:10).

이교도들은 어디로 갈 것인가? 그들은 백화점으로, 호텔로, 은행으로 가는 것이다.

『**주여, 주께서는 의로운 민족도 죽이시나이까?**』(4절) 이 표현을 보면 아비멜렉이 아브라함을 닮은 것 같다(창 18:23). 아비멜렉과 그의 백성들 역시 창세기 19:24에 언급된 그 사건들을 보았을 것이다. 아비멜렉이 "민족도"란 말을 쓴 것은 그렇지 못한 민족인 소돔과 고모라 백성을 염두에 두고 한 말이다. 『**나는 마음의 온전함과 내 손의 무죄함으로 이렇게 하였나이다**』(5절). 이 표현은 아무것도 모르는 "이교도"들의 입에서 나온 것이 아니다. 이 말은 간음은 사형에 해당된다(레 20:10)는 사실을 알고 있는 사람의 입에서 나온 것이다. 만약 아비멜렉이 오늘날 미국인들이 "이교도"라고 생각하는 아프리카와 아시아인들 같은 그런 "이교도"였다면, 어째서 아비멜렉은 4절에서 하나님의 말씀에 대해 "그래서 어쨌다는 겁니까? 그런 일은 누구나 다 하는 것인데요, 좀 즐기는 게 뭐가 나쁘다는 말씀입니까? 이제껏 여러 번 그랬는데요. 그녀의 늙은 남편은 상관도 하지 않는데 왜 그러십니까?"라고 대답하지 않은 것일까? 선악을 구별하지 못하는 사람들은 그렇게 대답할 것이다. 그들은 "양심이 화인으로 마비된" 사람들이기 때문이다(딤전 4:1-3). 오늘날 콜롬비아, 프린스턴, 하버드, 예일 대학 교수들에 비하면 아비멜렉 같은 "이교도"는 매우 건전한 사람인 것이다.

『**나도 너를 막아 내게 죄를 짓지 않게 하였나니**』(6절). 이번에는 하나님께서 직접 개입하셨다. 그 이유는 창세기 18:14을 보면 그리 어렵지 않게 찾을 수 있다(창 3:1-4 주석 참고). 『**내가 너로 그녀에게 접촉하는 것을 허락하지 아니하였느니라**』(6절). 접촉(touch)이란 단어는 "손가락으로 만진다"는 의미로 쓰이기도 하고(마 8:15; 9:20), 또한 "육체관계"

를 뜻하기도 한다(고전 7:1). 여기서 또 한 가지 주목할 것은, "죄"란 기본적으로 하나님께 짓는 것이요 범하는 것이라는 사실이다. 6절에 보면 『**내게 죄를 짓지 않게**』라고 말씀하고 있다. 다윗도 이 사실을 인정했고(시 51:4), 탕자도 이 사실을 인정했으며(눅 15:18,21), 파라오(출 10:16)와 발라암까지도(민 22:34) 이 사실을 인정했다. 모세도 이 사실을 알고 있었고(민 32:23), 욥의 친구들도 마찬가지였다(욥의 친구들의 경우는 성경이 기록되기도 전이었다).

이 교리에 대해 현대인들은 인간은 "성장"했고 이러한 "종교적 개념"은 이미 극복했으므로, 따라서 지난 5,000년간의 역사 기록은 "의미가 없다."고 생각한다. 현대인들은 이 교리가 진리임을 받아들이지 못하고, 여전히 다윈의 환상을 붙들고 있다. 만약 인간이 "향상"되어 가고 있다면 죄에 대한 확신의 결여는 "계몽"으로 해석될 것이고, "하나님을 향한 생각"의 결여는 "사신 신학"이라고 해석될 것이다. 현대인들에게는 하나님은 더 이상 "유용한" 존재가 못 되는 것이다. (윌리엄 제임스, 듀이, 러셀 등과 같은 실용주의자들은 자신들의 주관적 이론과 정서를 근거로 자신들의 "신"을 만들어 낸 것이다.)

그러나 죄는 하나님께 짓는 것이다. "모든 불의가 죄"이며 성경은 죄에 대해서는 결코 농담하지 않는다. 하나님은 완전하시며(욥 37:16; 36:4) 거룩하신 분이다(눅 4:34, 벧전 1:15). 그분 안에는 불의가 없다(롬 9:14). 죄(또는 허물)란 기본적으로 인간이 하나님의 면전에 반항하여 그의 창조주께 자유의지를 사용하여 대드는 것이다. 이것이 성경이 죄에 대해 갖고 있는 견해요, 그리스도인이 죄에 대해 갖고 있는 견해인 것이다. 이 견해와 다른 견해들은 모든 죄와 같은 출처에서 나온다.

즉 하나님의 계시를 거부하거나 상상의 무화과 나뭇잎으로 죄를 가려 보려는 시도에서 나오는 것들인 것이다(창 3:3-6 주석 참고).

『**그는 선지자니**』(7절). 아비멜렉에게는 아브라함이 순전한 거짓말쟁이였다. 그런데 하나님께서는 아브라함을 선지자라고 하시니, 인간과 하나님의 견해가 얼마나 다른지 이제 알겠는가? (민 23:21과 사 55:5-10을 보라.)

"선지자"라는 단어는 이곳에서 처음으로 등장한다. 물론 유다서 1:14을 통해 볼 때 에녹은 "선지자"였음이 분명하다(계 19:10 참고). 그러나 성경의 기록으로 볼 때 이 단어는 이곳에서 처음으로 등장하는 것이다(모세는 B.C. 1897년경의 사건을 B.C. 1450-1400년 사이에 기록하였다).

오늘날은 모두가 선지자가 되고 싶어 한다. 죽은 정통주의 학자들은 자신들을 욥(약 5:11)과 엘리야와 같은 그룹으로 분류하고 싶어 하지만 쉽지 않다는 것을 발견하게 될 것이다. 열왕기상 18:19과 22:6에서 보면 적어도 850명의 "선지자들"이 그와 같은 무모한 시도를 했다가 450명은 목베임을 당했고 나머지 400명은 (시드키야의 인도 아래서) 시리아인들이 이스르엘을 포위했을 때(왕상 22:11,25) 목숨을 구하기 위해 도망치고 말았다.

"선지자"들은 구약의 신정 정치에 있어 그린베레나 공수 부대나 해병대 같은 사람들이었다. 이들의 유니폼에는 특수 부대 요원임을 알리는 마크와 표식이 붙어 있었다. 이들은 특별한 임무를 맡았던 사람들이었다. 선지자들은 "고통스러운 고난"(약 5장)을 겪었고, 때로는 담(참호)을 파기도 했으며(겔 8:8; 12:5), 벌거벗고 다니기도 했고(사 20:2), 창녀와 결혼하기도 했으며(호 1,3장), 잿더미에 앉아 있기도 했고(욥 2:8), 아내를 잃기도 했으며(겔 24:18), 따귀를 얻어맞기도 했고(왕상 22:24), 감옥에 들어가기도 했으며(렘 38장), 목숨을 구하기 위해 도망하기도 했고(왕상 19장), 고래 뱃속에 들어갔다 나오기도 했으며(욘 2:10), 돌로 얻어맞기도 했고(마 23:37), 십자가에서 처형도 당했으며(마 27장, 막 15장, 눅 23장), 어린아이에게 조롱도 당했고(왕하 2:23), 목베임을 당하기도 했다(침례인 요한).

이러한 분들(히 11:36,37!)과 자신들을 같은 그룹에 놓기 위해 자유주의자들과 정통주의 학자들은 두 가지 사실을 왜곡시켜 버린다.

1. 죽은 정통주의 학자들(트렌치, 알포스, 로버트슨, 바이스, 칼빈, 어거스틴, 제롬, 다브니, 스토롱, 핫지, 메이첸 등)은 구약 선지자들의 사역을 자신들의 메시지와 같은 것으로 만들어 버렸다. 다시 말해 신약성경의 "선지자"란 단어가 "미리 말하는 사람"(foreteller)이 아닌 말해 내는(forth-tell) 사람이라는 것이다. 선지자는 미래의 일을 예언하는 것이 아니고 하나님 말씀을 입에서 바깥으로 말해 내는 사람이라고 우긴다. 이와 같은 진리의 왜곡으로 인해 팔걸이 등의자에 기대 지내는 신학자가 아무런 훈련도 받지 않은 채 특수전투 요원으로 둔갑하고 만다.

   선지자들은 하나님께서 그들에게 주신 메시지를 전달하는 것이 사실이다. 그리고 그 메시지의 내용이 "다가올 사건"이 아닌 경우도 물론 있다. 하지만 90%는 미래의 일에 대한 예언이었다. 미래를 예언하지 않은 선지자가 성경에 한 사람이라도 있었는지 찾아보라. 아브라함과 모세의 생애는 그들의 입으로 발설한 것을 제외하면 현재가 아닌 미래를 살고 있는(히 11장) 사람의 생애임이 분명하다. 죽은 정통주의 학자들이 이사야, 예레미야, 에스겔에서 "사회 개혁을 위한 메시지"(social message)라고 오해하고 있는 것들은 실상은 전천년 체계 내에서 "예수 그리스도의 재림에 관한 예언"임이 드러났다. 그러나 이들 정통주의자들 중에 전천년주의자들이 몇이나 되는가?

2. 자유주의자들은 "PRO - 미리, 앞당겨," "PHET - 말해 내다"를 단순히 "입 밖으로 말해 내다"(forth telling)로 변개시키는 일은 생략하고 구약 선지자들의 발언 중 사회 개혁에 관련된 내용만을 골라낸다. 이들은 선지자들이 "사회의 죄들"을 지적한 것을 들어 아모스, 요엘, 오바댜, 호세아, 미카, 나훔 등을 종교적 사회주의자로 만들어 버린다. 그러고 나서는 이들을 포스딕, 마르크스, 필, 트로츠키, 카가와, 블레이크, 레닌, 웨더헤드, 랩브라운, 슈바이처, 챠미칼, 버트란트 러셀 등과 같은 부류로 취급한다. 이들 "사회 복음"주의자들이 "선지자"라면 누구는 선지자가 아니겠는가? 『**사울도 선지자들 가운데 있느냐?**』(삼상 19:24)

〈국제표준성경백과사전, International Standard Bible Encyclopedia〉에서는 히브리어 "나비"(Nabhi)가 사무엘상 9:9에 나오는 선견자("ro'eh")라는 사실을 장황하게 설명한 다음 사무엘상 9:9을 마무리 지으면서는 자기가(백과사전의 이 항목의 저자) 선지자 학교에 소속될 수도 있다는 근거 구절들을 찾아 이곳저곳을 기웃거리고 있다. 그러나 사무엘상 9:9에 나오는 사람은 그가 선지자이건 선견자이건 간에 사무엘상 9,12,15장을 읽어 본 사람이라면 사무엘의 발언 중 3분의 2가 미래에 관련된 것임을 알 것이다. 따라서 예언할 수 없는 사람은 선지자가 아닌 것이다(신 18장). 예언이 무엇이냐는 기준은 "모세와 같은" 선지자이신 예수 그리스도에 따르면 "미리 말하는 것"(foretelling)이지 결코 "말해 내는 것"(forth telling)이 아니다(신 18장 전체를 읽어 보라). 하나님께서는 예언할 수 있는 능력을 근거로 자신이 참 하나님이시며, 하나님의 말씀은 무오하다는 것을 입증해 보이고 세상 사람들에게 도전을 하고 계신다(사 40:21; 41:22,26; 42:9; 44:7; 45:11).

왜 자유주의자들은 선지자는 "예언자"가 아니고 "사회 개혁자"라고 부르는가? 그 대답은 간단하다. 자유주의자들은 예언을 할 수 없기 때문이다. 자유주의자들은 거듭나지 못했기 때문에 예언의 영인 예수 그리스도의 증거(계 19:10)를 갖고 있지 않다. 그 어떤 근대주의자나 자유주의자도 지옥이나 재림에 관해서 설교할 수가 없다. 왜냐하면 이에 관한 예언들은 『**성령으로 감동을 받아**』(벧후 1:21) 말해졌기 때문이다. 그들은 성령도 없고, 예언의 영도 갖고 있지 않다. 따라서 그들에게는 예수 그리스도의 증거가 없는 것이다. 성령으로 충만한 사람치고 미래를 모르는 사람은 아무도 없다(요 16:13). "헬라어와 히브리어" 어휘사전이 뭐라고 하든지 "미리 말하다"(foretell)를 "말해 내다"(forth tell)로 자의적으로 해석하는 사람은 생각이 비뚤어진 사람이다. 이런 짓은 후방 부대에서 편히 쉬고 있는 자들이 다윗의 용사들(대상 12장)의 명부에 자신들의 이름을 올려놓으려는 작태에 불과하다. 틸리히와 니버를 바울과 마틴 루터에 어찌 비길 수 있겠는가? 바르트와 브루너를 웨슬리와 휫필드에게 어찌 비길 수 있겠는가? 웨스트코트와 홀트가 리빙스턴과 고포스 같은 선교사들과 무슨 관계가 있단 말인가? 하나님의 선지자들은 솜사탕이 아니다. 그들은 이 땅의 소금인 것이다.

사회주의 십자군들이 양 우리 안에 침투하는 것을 막기 위해서는 구약성경의 선지자들은 어떤 사람들인가를 기억해야만 한다.

1. 선지자들은 죄의 마음이 세상의 모든 화의 원천이라고 간주했다.
2. 이들은 결코 "이상주의자"가 아니었다(다윈을 보라). 이들은 오직 남은 자들에게만 희망을 갖고 있었다.
3. 이들은 하나님께서 민족들을 심판하실 것임을 강조했다.
4. 이들의 메시지는 항상 무오한 하나님의 말씀에 근거했다.
5. 이들은 유일한 희망으로서 모세오경의 예언들을 성취하실 메시아만을 제시했다.
6. 이들은 모든 종류의 통합과 인종 혼혈을 절대적으로 반대했다.

이 여섯 가지 사항과 교회협의회를 비교해 보라. 이 여섯 가지 사항을 당신의 목자는 갖추고 있는가?

새로운 도덕과, 교회 일치, "하나 됨"을 주장하는 현대의 "선지자"는 이렇게 설교한다.

1. 과학은 믿을 만한 정보를 제공한다.
2. "평화"는 인류가 추구할 최상의 이상이다.
3. 세상에 순응하지 않는 자들은 비정상적인 자들이다.
4. 성경을 비판하는 것은 괜찮다. 그러나 다른 사람의 "신앙"을 비판하는 것은 죄이다.
5. 사형제도는 옳지 않다.

6. 죄책감이 정신병을 만든다.
7. 자기가 죽으면 어디로 가는지 아무도 확실히 알 수 없다.

엘리야와 침례인 요한이 이따위 설교를 했다고 생각하는가?

아브라함은 선지자이다(이삭, 야곱, 모세도 선지자이다. 암 2:11, 행 3:25, 호 12:13). 선지자들은 성경에서 400번 이상 언급되어 있고 예레미야에는 성경 그 어느 곳에서보다 선지자들에 관해 많은 정보를 담고 있다. 예레미야에서만 "선지자"라는 단어는 100번 가까이 나온다. 성경에는 "거짓 선지자"에 대해 교회 회원제도, 물 침례, 주의 만찬, 십일조에 관한 모든 구절을 합친 것보다 더 많이 다루고 있다(신 13,18장, 왕상 13,18,22장, 대하 18장, 사 9장, 렘 8,13,14,23,26,27장, 호 4,9장, 미 3장, 마 24장, 벧후 2장, 계 13장). 두 명의 선지자가 재림을 선도할 것이다(계 11:1-4과 그 주석 참고). 주 예수 그리스도 자신은 "모세와 같은 선지자"이시다.

아브라함은 선지자였고, 그 외 49명의 선지자의 이름이 성경에 기록되어 있다. 한 가지 특이한 일은 선지자라는 단어가 "기도"(7절)와 연관되어 처음으로 등장한다는 것이다.

어떤 형제들은 자신들이 일어나서 미래 일을 말하면 자기가 진 딕슨이나 러더포드 판사 같은 이단으로 몰릴 것으로 생각하고 두려워하는 것 같다. 예언하지 못하고 "말해 내는"(즉 연설이나 하는 그룹) 사람 중에는 조지 트루엣, 버트릭, 아돌프 히틀러, 필, 웨더헤드, 리프만, 린든 존슨, 하크니스, 호지명 등과 같은 사람들이 모조리 포함될 수 있다. 요즘 연설 안 하는 사람 본 적 있는가? 어느 모임에서나 단상에만 서면 누구나 다 "선지자님"이 되실 수 있는 세상이 바로 당신이 살고 있는 세상임을 잊지 말라.

그러나 구원의 대장(히 2:10)께서 시상대에서 "그의 종 선지자들"(계 11:18)에게 상을 수여하실 때에는 "선한 싸움"을 싸우다가(딤후 4장) 얻은 상처, 멍, 흉터를 지닌 사람 말고는 아무도 시상대로 걸어 나올 수가 없다. 교회 일치 운동가와 신학교 교수들은 (만약 그들이 구원을 받았다면) "부상병"에게 주는 메달이나 받을 수 있을지 모르겠으나(아니면 "겁쟁이 훈장"이나?), 애국무공훈장이나 태극무공훈장 등은 오직 말씀만 붙들고 이를 증거하고 이 말씀으로 끝까지 신실한(삼하 23:10) 선지자들에게 돌아갈 것이다.

필리스티아 왕에게는 겁쟁이요 거짓말쟁이로 보였던 그 사람이, 실상은 선지자였다(겔 33:33과 비교).

『**네가 분명히 죽을 것이며**』(7절). 이 표현은 창세기 2:17을 직접 인용한 것 같다. 죄의 삯은 사망이라는 진리는 그가 왕이든(창 20:2) 농부든 간에(창 2:14-17) 아무런 상관없이 그대로 진리이다.

20:8 그러므로 아비멜렉이 아침에 일찍 일어나서, 그의 모든 신하들을 불러 놓고 그들의 귀에다 이 모든 일들을 말하니, 그 사람들이 몹시 두려워하더라.

9 그때 아비멜렉이 아브라함을 불러서, 그에게 말하기를 "네가 우리

에게 행한 짓이 무슨 짓이냐? 내가 네게 무슨 죄를 지었기에, 네
가 나와 내 왕국에 큰 죄를 가져왔느냐? 네가 해서는 안 되는 일
을 내게 행하였도다." 하고,
10 **또 아비멜렉이 아브라함에게 말하기를 "네가 무엇을 보고, 네가**
이 일을 행하였더냐?" 하니,
11 **아브라함이 말하기를 "참으로 이곳에는 하나님을 두려워함이 없기**
에 내 아내로 인하여 그들이 나를 죽일 것이라고 생각했음이라.
12 **또 그녀는 실로 내 누이라. 그녀는 내 어머니의 딸은 아니지만 내**
아버지의 딸로서 내 아내가 되었도다.
13 **하나님께서 나로 내 아버지 집을 떠나 유랑하게 하셨을 때 내가**
그녀에게 말하기를 '이것이 당신이 나에게 보여 줄 친절이라. 우
리가 가는 어느 곳에서나 나에 대해, 그는 나의 오라비라고 말하
라.' 하였노라." 하더라.

8절은 달리 설명이 필요 없다(창 20:18과 비교해 보라).

『**내가 네게 무슨 죄를 지었기에...?**』(9절) 이 말은 신약적인 접근 방식으로(마 5:23; 18:15) 합당하다고 할 수 있겠다. 모세의 율법에서도 동일한 해결책을 처방하고 있음을 유의하라(레 19:18,19).

『**큰 죄**』(9절). 아비멜렉은 오늘날 평균적인 미국인보다 훨씬 더 높은 도덕적 수준과 옳고 그름에 대한 인식을 갖고 있었던 것이 분명하다. 그는 간음은 사형으로 다스릴(3,4절) 죄라는 사실을 인정하고 있을 뿐만 아니라 다른 사람을 간음할 상황으로 유혹하거나 이끄는 행위를 저지른 사람도 죄를 지은 것이라고 믿고 있었다(살전 5:22).

『네가 무엇을 보고, 네가 이 일을 행하였더냐?』(10절) 아비멜렉은 미국의 대학 교육을 받은 자들이 철저히 인식하고 있지 못한 인간 본성에 대한 통찰력을 갖고 있음을 이 구절을 통해 엿볼 수 있다. “몸의 빛은 눈이다”(창 13:10; 3:6). 따라서 “TV를 보고 자란 세대”가 어떤 열매를 맺을 것인가는 자명하다. 오늘날 일어나고 있는 “기가 차는” 일들은 모두 할리우드나 브로드웨이나 언론 매체들이 “창조”해 낸 꿈의 세계에서 몇 시간씩을 보내는 사람들의 작품일 뿐이다. TV가 하는 일이라고는 타락한 사람들의 헛된 상상 속에나(창 6:5) 존재하는 허구의 세계를 만들어 놓고 사람들을 노예화시키는 것뿐이다. 오늘날 TV는 통합, 과학주의, 친카톨릭, 부도덕, 사회주의, 미신 등을 조장하고 있으며, 반대로 성경, 복음 전파, 도덕, 순수성, 진리 등은 가려 버리고 있다.

눈이 악하면 온몸이 어두워질 것이며(마 6:23), 죄의 충동이 걷잡을 수 없게(롬 7:7) 될 것이다. TV는 사람의 마음속에 내재하는 “탐심 - 구입”의 사이클을 만들어 내는 최고 기술자이다. TV는 바람직한 물건이든 그렇지 않든 간에 그 누구의 탐심도, 어떤 경우이든 불러일으킬 수 있는 대단한 능력을 갖고 있는 괴물이다. TV에서는 죄가 향기롭고, 용납되고, 미화되고, 포장되고, 음악과 곁들여지고, 안방에서 비디오 · 스테레오 · 시네마스코프화 되어 있기에 죄인들은 다시 한번 금지된 과실을 바라보게 되는 것이다. 아비멜렉은 모세처럼(민 33:52) 죄는 눈과 더불어 시작된다는 사실을 알고 있었다. 만약 이것이 사실이라면(이것은 분명히 사실이다), 인종 폭동, 파업, 좌절된 욕구, 박해에 대한 콤플렉스, 자기 연민, 성공과 행운에 대한 허상, 암살, 술 취함, 간음, 성도착, 잘못된 인생관, 파괴된 결혼, 잘못된 소비생활의 주범은 분명 그 바보상자인 것이다.

『**참으로 ...라고 내가 생각했음이라**』(11절). 그러나 아브라함은 잘못 생각했다. 아브라함의 생각과 달리 그곳에는 하나님을 두려워함이 있었고, 그랄에 있는 필리스티아 왕의 궁전에는 오늘날 워싱턴 D.C.와 달리 "하나님을 두려워하는 마음"이 있었던 것이다.

사라는 테라의 딸이었다(창 11장). 그러나 그녀는 아브라함의 어머니의 딸은 아니었다. 그러나 레위기 18:11까지는 그러한 결혼들이 용납되었다(창 4:17).

『**하나님께서 나로... 유랑하게 하셨을 때**』(13절). 이 말을 하는 아브라함은 자신의 "옛 사람 아담"의 성품을 보여 주고 있는 것이다. 하나님께서는 아브라함에게 무엇을 하도록 하신 적이 없다. 아브라함은 "유랑"한 것이 아니었다. 하나님께서는 카나안 땅을 가로 세로로 걸어 다니라고 하셨다(창 13:17). "유랑자"는 아무런 목적지가 없는 사람이다. 아브라함은 순례자요 나그네였지 결코 유랑자가 아니었다(창 4:14).

20:14 아비멜렉이 양과 소와 남종들과 여종들을 취하여 아브라함에게 주었고, 그의 아내 사라도 그에게 돌려주며,

15 아비멜렉이 말하기를 "보라, 내 땅이 네 앞에 있으니, 네가 좋아
하는 곳에서 거하라." 하고,
16 사라에게 말하기를 "보라, 내가 네 오라비에게 은 천 개를 주
었노라. 보라, 그는 너와 함께한 모든 사람들과 다른 사람 모
두에게 네 눈의 가리움이라." 하였으니, 이같이 그녀가 책망받
았더라.
17 ○ 그리하여 아브라함이 하나님께 기도하였더니, 하나님께서 아
비멜렉과 그의 아내와 그의 여종들을 치유해 주시므로 그들이
아이들을 낳았더라.
18 이는 아브라함의 아내 사라 때문에, 주께서 아비멜렉 집안의 모
든 태를 벌써 닫으셨기 때문이라.

『**아비멜렉이 양과 소와 남종들과**』(14절). 아브라함은 이미 많은 소유를 갖고 있었고, 이로 인해 재산이 더 불었다(창 12:16; 13:2). 변개된 〈칠십인역〉은 이 구절에서도 성령을 "돕겠다고" 나서서 "아비멜렉이... 취하여" 사이에 "1,000다이드램"(드라크마에 해당되는 은화 단위)을 첨가시켰다. 이것은 16절과 맞아떨어지도록 하기 위해 오리겐, 마르시온, 유세비우스 같은 사람들이 한 짓이다.

『**내가 네 오라비에게 은 천개를 주었노라... 그는 너와 함께한 모든 사람들과 다른 사람 모두에게 네 눈의 가리움이라**』(16절). 이 구절은 두 가지 해석이 가능하다. 첫째, 사라는 (다른 어떤 결혼한 여자들처럼) 자신이 한 남자에게 속해 있다는 사실을 알리기 위해(창 24:65) 너울이 필요하다. 창세기 38:18의 창녀는 자신이 창녀라는 사실을 알리기 위해 가린 것이 아니고, 그녀가 "가렸기" 때문에 유다에 의해 "발견되지 않은" 것이다. 너울은 "가리는 것"이다(고전 11:5,10,15).

둘째, 아비멜렉은 신명기 22:19,28의 요구사항에 따라 "죄"의 값을 치르고 있는 것이다. 비록 아비멜렉은 죄가 없었지만 마치 죄를 진 것처럼 아브라함에게 보상해 주고 있는 것이다. 이 보상은 공개적으로 이루어졌기 때문에 모든 증인들은 아비멜렉이 잘못한 것으로 생각했을 것이다.

아비멜렉은 사라에게 마지막 "충고"를 잊지 않는다. 『**내가 네 오라비에게**』(16절). 이 말에는 조롱이 담겨 있다. 사라가 아브라함을 자기 오라비라고 했던 고로(창 20:13) 그녀 역시 "네 오라비"라는 말을 다른 사람 앞에서 들어야만 했던 것이다.

17절과 18절은 더 이상 설명이 필요 없다.

창세기 21장

21:1 주께서 자신이 말씀하셨던 대로 사라를 찾아오셨으며 또 주께서
자신이 말씀하셨던 대로 사라에게 행하셨으므로,
2 사라가 임신하여 늙은 나이의 아브라함에게 아들을 낳으니, 이는
하나님께서 그에게 말씀하신 정하신 때라.
3 아브라함이 그에게 태어난, 즉 사라가 그에게 낳아 준 아들의 이
름을 이삭이라 불렀더라.
4 또 아브라함이 하나님께서 자기에게 명령하신 대로 그의 아들 이
삭이 난 지 팔일째에 할례를 주었더니,
5 그의 아들 이삭이 그에게 태어났을 때, 아브라함이 백 세였더라.
6 ○ 사라가 말하기를 "하나님께서 나를 웃게 하셨으니, 듣는 자가
모두 다 나와 함께 웃으리라." 하고,

7 또 말하기를 "사라가 자식들에게 젖을 물리겠다고, 누가 아브라함에게 말하였겠는가? 이는 내가 늙은 나이의 그에게 아들을 낳았음이라." 하더라.

8 아이가 자라 젖을 떼니, 이삭이 젖을 떼던 날에 아브라함이 큰 잔치를 마련하였더라.

"찾아오셨다."(visited)라는 말은 사도행전 15:14처럼 긍정적인 의미로 쓰인 것이다. 부정적인 의미로 쓰인 경우는 출애굽기 32:34이다(우리 말로는 "감찰하다"로 번역됨). "이삭"이라는 단어는 "웃음"이란 뜻이다(창 17:17 주석 참고). 『**하나님께서 자기에게 명령하신 대로**』(4절)라는 말로 미루어 아브라함에 대한 하나님의 미리 아심은 매우 정확한 것임을 알 수 있다(창 18:19). 사라는 『**하나님께서 나를 웃게 하셨으니**』(6절)라고 말했는데, 이번에는 회의의 웃음이 아니라(창 18:12) 기쁨의 웃음이었다(시 126:2).

이삭의 출생지는 확실히 알 수 없다. 이는 비록 아브라함이 그랄(창 20:2)에 머물러 있긴 했으나, 아비멜렉의 권유에 따라(창 20:15) 그가 어디로 가서 거했는지가 분명치 않기 때문이다. 브엘세바("맹세의 샘")일 가능성이 높다고 생각되는데, 이는 아브라함이 그랄 남동쪽으로 약 10마일 이동했음을 의미한다.

『**이는 내가 늙은 나이의 그에게**』(7절). 〈칠십인역〉은 이 구절 역시 "his old age"를 "my old age"로 변개해서 "이는 내가 나이 늙어 그에게"로 바꾸었다(ASV를 보라). 그러나 창세기 37:3에서도 볼 수 있듯이

(요셉의 경우), 성경은 남자가 늙은 나이에 자식을 얻었다는 표현을 쓰고 있다. 요셉과 이삭은 창세기에 나오는 예수 그리스도의 유형(예표) 중 가장 위대한 인물들이다. 성경은 또한 그리스도는 “옛날부터 계신 분”의 아들이라고 말씀하고 있다. 따라서 〈칠십인역〉의 변개는 분명하다.

『**아이가 자라**』(8절). 이 표현 역시 그리스도의 예표로서의 이삭의 모습이다. 누가복음 2:40에, 예수님에 대해 동일한 표현이 사용되었다. “젖을 떼는” 것은 탈무드와 요세푸스에 따르면 2,3세 때이다. 넓은 의미로 보자면(삼상 1:22-24), “유아기”를 지나 “소아기”로 넘어가는 시점이다.

21:9 ○ 사라가 보니, 이집트인 하갈의 아들, 곧 그녀가 아브라함에게 낳아 준 아들이 조롱하고 있더라.

10 그러므로 그녀가 아브라함에게 말하기를 “이 여종과 그녀의 아들을 내어쫓으소서. 이는 이 여종의 아들은 내 아들 이삭과 함께 상속받지 못할 것임이니이다.” 하니,

11 그의 아들로 인하여, 그 일이 아브라함의 눈에 큰 근심이 되었더라.

12 ○ 하나님께서 아브라함에게 말씀하시기를 “네 아이나 네 여종으로 인하여 네 눈에 근심하지 말고, 사라가 네게 말한 모든 것에 있어 그녀의 음성에 경청하라. 이는 이삭 안에서 난 자가 네 씨라 불릴 것임이라.

13 여종의 아들로도 내가 한 민족을 이루리니, 이는 그도 너의 씨

임이라." 하시더라.

14 아브라함이 아침에 일찍 일어나, 빵과 물 한 병을 취하여 하갈
에게 주어, 그녀의 어깨에 메어 주고, 아이와 그녀를 떠나 보내
니라. 그녀가 떠나서 브엘세바의 광야에서 방황하더라.

"조롱"은 갈라디아서 4:29에 해석되어 있다. 많은 주석가들은 출애굽기 12:40에 나오는 430년간의 시작점을 바로 이 시점으로 잡고 있다. 그들이 채택한 연대표에 따르면 이때는 B.C. 1891년경이다(창 15:13과 그 주석 참고). 벌링거는 이스마엘이 "쫓겨날 때" 19세였다고 하나, 이삭이 2살 반쯤에 젖을 뗐다고 가정하면, 이스마엘은 14,15세였을 가능성이 높다(창 21:5-8).

『**이 여종과... 내어쫓으소서**』(10절). 인종차별 냄새가 나는 가르침은 어떻게든 무너뜨려 보려고 〈강단의 주석, Pulpit Commentary〉은 함족에게 도움을 주기 위해 "여종(노예)이란 단어는 하갈을 자기 남편에게 아내로 준 사라가 잘못 사용한 것이다."라고 해석한다. 그러나 하나님께서는 신구약 모두에서(창 21:12, 갈 4:30) 이 단어를 사용하시기 때문에 위와 같은 주석은 참고할 가치가 없다. 그녀는 분명 여종(노예)이었다.

여종을 내어 쫓으라고 한 것은 이혼(레 21:7,14)을 의미하는 것 같다. 사라는 이스마엘과 하갈에 대해 질투를 느꼈다. 자기 자손 안에 혼혈족이 섞일 것을 생각하니 도저히 참을 수 없었다. 아브라함은 사라의 요구에 당황해 있었다. 이스마엘은 14년 동안 아브라함의 외아들이었고,

따라서 사라가 이스마엘 역시 아브라함의 아들이라는 사실을 간과하고 여종의 아들이라고 말한 데에 대해 마음이 편치 않았다. 그러나 재혼을 했다든가 부인이 둘일 경우에는 항상 이런 문제가 발생하는 법이다. "내 아이와 당신 아이들이 싸우고 있어요." "우리 아빠가 니네 아빠를 때려줄 거야." 이런 소리는 미국 가정에서 흔히 듣는 일이다.

『하나님께서... 말씀하시기를... 사라가 네게 말한 모든 것에 있어 그녀의 음성에 경청하라』(12절). 이것은 자기 아내의 목소리에 귀를 기울였다고 해서(창 16:1,16) 13년 동안이나 등을 돌려 버리신 하나님께서 주신 명령치고는 너무도 아이러니한 것 같다. 어떤 때 아내의 말대로 하고 어떤 때 아내의 요구를 묵살해야 하는지 어떻게 알 수 있는가? 아담은 아내의 말을 듣지 말아야 할 때 아내의 목소리에 귀를 기울였고, 빌라도는 아내의 말을 들어야 할 때 듣지 않았다(마 27:19). 따라서 모든 남자는 여자가 입을 열 때는 항상 야고보서 1:5을 의지해야만 하는 것이다. 어떤 청년에게 아버님이 돌아가실 때 하신 마지막 말씀이 무엇이었냐고 묻자 "아무 말씀 없으셨어요. 어머니가 임종 때까지 함께 계셨거든요."라고 대답했다고 한다. 이 상황을 해결할 수 있는 유일한 방법은 믿음 없이(창 16:1,2) 나온 육신적 음성과 믿음(창 17:19)에 근거한 영적인 음성을 분별해 내는 것이다. 그러나 여자들의 음성을 잘 판독해 내는 일은 항상 쉬운 일이 아님을 어찌하랴!

『이는 이삭 안에서 난 자가 네 씨라 불릴 것이며』(12절, 창 13:15; 17:19 주석 참고).

『여종의 아들로도... 너의 씨임이라』(13절, 창 17:20 주석 참고).

『아브라함이 아침에 일찍 일어나』(14절). 아브라함은 항상 일찍 일어났다(창 19:27; 22:3).

『그녀를 떠나 보내니라』(14절). 물병은 하갈이 메고 갔다(15세쯤 된 이스마엘이 아니었다). 하갈은 다시 남서쪽을 향하여 떠났다. 이집트에 도착할 희망을 품고 갔을 것이다(창 16:7,8과 비교할 것).

21:15 병의 물이 떨어지니, 그녀가 그 아이를 한 덤불 아래에다 놓아두더라.

16 그녀가 가서 화살이 미치는 거리만큼 떨어진 곳에 마주 앉아 말하기를 "내가 자식의 죽음을 보지 않으리라." 하며, 그녀가 아이 쪽을 보고 앉아, 그녀의 목청을 높여 울더라.

17 하나님께서 그 아이의 목소리를 들으셨으니, 하나님의 천사가 하늘에서 하갈을 불러 그녀에게 말하기를 "하갈아, 무엇이 너를 괴롭히느냐? 두려워 말라. 이는 하나님께서 아이가 있는 곳에서 그의 목소리를 들으셨음이라.

18 일어나 아이를 일으켜 네 손으로 그를 붙들라. 이는 내가 그로 큰 민족을 이룰 것임이라." 하더라.

19 하나님께서 그녀의 눈을 열어 주시니, 그녀가 샘물을 보고, 가서 물을 병에다 채워, 아이에게 주어 마시게 하더라.

20 하나님께서 그 아이와 함께 계시니, 그가 자라서 광야에서 거하

며 활 쏘는 자가 되었더라.
21 **그가 파란 광야에 거했는데 그의 어미가 그에게 이집트 땅에서 아내를 취해 주었더라.**

하갈은 황량한 "네겝" 지역을 방황하고 있었다(학자들의 표현을 따르면 그렇다). 하루 15마일 정도로 이틀간을 방황하다가 하갈과 이스마엘은 길을 잃고 말았다. 아마 이집트와 팔레스타인 남부 사이 어디쯤이었을 것이다. 주님의 인도하심으로 야수와 도둑은 피했지만 더 큰 위험이 발생했다. 사막의 태양 아래서 이틀을 지내다 보니 48시간 만에 물을 다 소비하고 말았다. 지친 아이를 이끌고 가다 하갈은 이스마엘을 한 덤불 아래에다 놓고, 100야드쯤 떨어져 아이를 쳐다보며 울고 있었을 것이다. "cast the child"란 "lay down"이란 뜻이라고 마태복음 15:30에 해석되어 있다. 따라서 〈킹제임스성경〉(1611)의 "cast"란 "던지다"(throw something)는 뜻뿐만 아니라 "놓다"(lay)라는 뜻도 있음을 알 수 있다(애 3:53, 출 25:12, 창 39:7).

『**그녀의 목청을 높여 울더라**』(16절). 〈칠십인역〉에는 "and the child lifted up voice and wept"(아이가 그의 목청을 높여 울더라)라고 변개되어 있다. 이것은 "애매한 본문을 명쾌하게" 만든답시고 배교한 알렉산드리아 필사자들이 만들어 낸 본문일 뿐이다. 변개된 본문들이 대부분 다 이런 핑계를 댄다. 이 구절을 변개시킨 서기관은(아마도 마르시온이나 유세비우스나 발렌티우스 중 한 사람) 17절을 읽고 나서 성령께서 "아이의 음성"을 빼먹은 것으로 추정하여 하갈의 통곡을 아이의 울음소리로 변개시켜 버린 것이다. 그러나 이것은 하나님의 말씀의 "변개"일 뿐 그 이상도 그 이하도 아니다.

『**두려워 말라**』(17절). 하갈에게 주시는 하나님의 위로의 메시지는 누가복음 24장, 다니엘 9장, 계시록 1장에서와 똑같다. 『**일어나, 아이를 일으켜, 네 손으로 그를 붙들라**』(18절). 하갈은 물을 병에다 채워 가서(19절) 아이에게 먹인 후 일으켜 세웠다.

18절은 창세기 17:20에서 설명한 바 있다. 우리는 사라와 하갈이 둘 다 아이를 갖기 전에 아이들에 대한 약속을 받았고, 이러한 약속들은 아이들이 태어난 후에도 계속 반복되고 있음을 보게 된다. 하갈은 "집에서 쫓겨나게" 된 것이 이번이 두 번째이지만 이번뿐 아니라(창 21:18) 지난번에도 동일한 약속을 받은 바 있다(창 17:20).

『**하나님께서 그녀의 눈을 열어 주시니... 그녀가 샘물을 보고**』(19절). 물병(요 4:28에 나오는 사마리아 여인의 물동이를 보라.)은 "영원한 생명수의 샘물"(요 4:14)에 비하면 그리 대단한 것은 아니지만, 그래도 생명의 물을 보기 위해서는 하나님으로부터의 계시가 필요하기 때문에 "하나님께서 그녀의 눈을 여신" 것이다(눅 24:31,45). 물은 바로 하갈 옆에 있었다. 그녀는 마시고, 병에 채우고, 목욕을 할 만한 충분한 물을 바로 옆에 두고도 멸망할 뻔하였다(롬 10:6-8과 비교하라). 마찬가지로 40만 명도 넘는 미국인들이 영생을 바로 옆에 두고서도 매년 멸망당하고 있다. 이들은 종교, 과학, 교육이라는 불모지 같은 광야에서 바로 옆에 "영원한 생명으로 솟아오르는 샘물"을 두고 질식해 죽어 가는 것이다. 예수께서는 『**너희는 생명을 얻으려고 내게 오기를 원치 아니하는도다.**』(요 5:40)라고 말씀하셨다. 오늘 바로 이 순간에도 수많은 인간들이 생명수를 마시러 찾아오지 않는다(사 55:1, 계 22:17).

『**아이에게 주어 마시게 하더라**』(19절). 그들은 물병에 물을 채워 벌컥벌컥 마셨다. 그들의 위장에다 그 물을 다 쏟아붓고 나서는 다시 병을 채웠고, 머리 위와 몸 위에 부었다. 다시 물을 채워 샤워를 하고 나서 그들은 여행을 계속하였다. 파란 광야(브엘세바에서 4마일 가량 떨어져 있음)를 향해 가다가 그들은 스바와 하윌라(창 10:7)의 후손들을 만나게 되었다. (피부색을 통해) 서로가 "친족"임을 알아보았을 것이고 하갈과 이스마엘은 환영받았을 것이다. 그리고 이스마엘은 그의 어머니의 출신 종족의 여자에게 장가를 들었던 것이다(창 21:21).

『**그가... 활 쏘는 자가 되었더라**』(20절, 계 6:1 주석과 창 10:9의 님롯에 관한 주석 참고, "활 쏘는 자의 표적" 등).

21:22 ○ 그 무렵 아비멜렉과 그의 군대 최고 대장 피콜이 아브라함에게 일러 말하기를 "네가 하는 모든 일에 하나님께서 너와 함께하시도다.
23 그러므로 이제 네가 나와, 내 아들과 내 아들의 아들에게도 거짓되이 행하지 않겠다고 여기에서 하나님으로 나에게 맹세하라. 내가 너에게 친절을 베풀었던 대로 너도 나와 네가 기거하는 이

땅에 행할 것이니라." 하니,

24 아브라함이 말하기를 "내가 맹세하리라." 하고,

25 아브라함이 아비멜렉의 종들이 폭력으로 빼앗은 샘물로 인하여 아비멜렉을 꾸짖으니,

26 아비멜렉이 말하기를 "누가 이 일을 행하였는지 내가 알지 못하노라. 너도 내게 말하지 않았고, 나도 듣지 못하였더니, 오늘에야 들었노라." 하더라.

27 아브라함이 양과 소를 취하여 아비멜렉에게 주고, 두 사람이 언약을 세우니라.

28 아브라함이 양떼에서 암양 새끼 일곱 마리를 따로 떼어놓으니,

29 아비멜렉이 아브라함에게 말하기를 "이 암양 새끼 일곱 마리를 네가 따로 떼어놓으니, 무슨 일이냐?" 하니,

30 아브라함이 말하기를 "너는 내 손에서 이 암양 새끼 일곱 마리를 받으리니, 그것들이 내가 이 우물을 팠다는 증거가 되리라." 하고,

31 두 사람이 거기에서 맹세하였으므로 그가 그곳을 브엘세바라 불렀더라.

32 그리하여 그들이 브엘세바에서 언약을 세웠고, 그후 아비멜렉과 그의 군대 최고 대장 피콜은 일어서서 필리스티아인들의 땅으로 돌아갔더라.

피콜은 "모든 자의 입" 또는 "뛰어나다"는 뜻이다. 『**네가 하는 모든 일에 하나님께서 너와 함께하시도다**』(22절). 이 판단은 구약성경의 입장에서 보면 너무도 분명하다. 왜냐하면 사람의 재산은 하나님과 그 사람의 관계에 정비례하기 때문이다. 욥도 바로 이러한 기준에 의해서 자기에게 시험이 닥쳤을 때 판단을 받았던 것이다(욥 4:7; 8:6; 11:14-20; 22:1-7; 22:23-30). 열두 제자들도 갈보리 전에는 이러한 시각을 갖고 있었다(눅 18:25,26). 모든 것이 "장밋빛"이고, 경제적으로 아무 문제가 없으며, 몸도 건강하고, 아무도 당신을 괴롭히고 있지 않다면 "하나님께서 당신에게 복주고" 계시다고 생각하는 것은 인간적으로 볼 때 지극히 당연한 것이다. 반대로 몸이 아프고, 외롭고, 슬프고, 파산하고, 박해를 받고 있으면 하나님께서 나를 대적하고 계시다고 생각하는 것 또한 지극히 당연한 것이다. 그러나 신약성경은 전혀 다른 시각을 우리에게 계시해 준다. 자신이 부유하다고 생각했던 교회는 가난했고(계 3:17,18), 가난하다고 여겼던 교회는 부유했다(계 2:9). 오늘날 미국인들은 이와 같은 하나님의 관점을 수용할 수 없을 것이다. 미국인들은 어려운 처지에 있게 되면 "누가 죄를 지은 것이니이까? 이 사람이니이까, 아니면 그의 부모이니이까?"라고 묻는 것이다. 그리고 창고가 가득 차 있으면 "먹고, 마시고, 즐거워하자."라고 말한다. 아비멜렉과 피콜의 생각은 오늘날 일반적인 미국 교회들의 집사들의 생각과 정확히 일치한다.

아비멜렉이 말하는 "친절"이란 아브라함에게 그가 원하는 곳은 어디에서든지 정착하라고 허락한 것을 말한다(창 20:15). 아비멜렉과 피콜은 아브라함을 적이 아닌 동맹자로 붙들어 두는 것이 낫다고 생각했다. 이것은 아브라함에게도 도움이 될 것이다. 왜냐하면 아비멜렉과 동맹하게 되면 기존의 동맹자들(창 14:13의 아넬, 마므레, 에스콜)과 더불어 아브라함의 지위를 훨씬 확고히 해 줄 것이기 때문이다. 아브라함은 그에게 요구된 대로 맹세를 하였다(창 21:24). 이것은 "유대인과 이방인" 사이의(창 21:27) 최초의 실질적인 "언약"이라고 할 수 있다. (수 9:6에 나와 있는 금지 사항을 보라. 그리고 다니엘 9장의 적그리스도의 언약의 결과가 어떻게 되는지 보라.)

샘물로 인한 다툼은(창 21:25) 오늘날 서부 영화에서 보는 것과 똑같은 것이다(창 13:6,7을 참고하라). 중동 지방에서는 물의 근원인 샘물은 너무도 귀중한 재산이어서 아내와 비유된다(잠 5:15-20). 아비멜렉은 아브라함의 질책에 대한 방어 수단으로 무지를 갖다 댄다(창 21:26). 그리고는 아브라함이 그 사실을 알려 주지 않았다고 주장한다. 적어도 그가 그것을 확인해 볼 시간을 주지 않았다는 것이다(신 17:4 - 알려져, 듣고, 부지런히 조사했더니, 보라, 그것이 사실이라고... 확인되면).

『**아브라함이 양떼에서 암양 새끼 일곱 마리를 따로 떼어놓으니**』(28절). 일곱(민 23:1처럼)은 하나님께서 정하신 무엇을 상징하고 있다(창 2:1,2의 "맹세"와 일곱에 관한 주석 참고). 아브라함은 창세기 20:14에서 아비멜렉에게서 받은 가축의 일부를 여기서 되돌려 주고 있다. 그는 아비멜렉에게 양 일곱 마리를 증인(계약에 있어서의 증인)으로 주고 샘물은 아비멜렉이 아닌 자기 것이라는 사실을 확인받았다. "브엘세바"는 샘물의 이름이었고, 후일 그 성읍의 근처 "광야"(창 21:14)의 이름이 되었다. 모세는 B.C. 1450년경 창세기를 기록하면서 과거를 돌아보며 그곳이 어떻게 그 이름을 얻게 되었는가를 역사로 기술하고 있는 것이다. 따라서 "J" 기자가 창세기 21:31을 쓰고 "E" 기자는 21:14을 썼으며, 그 장소가 이름을 얻기 전에 그 장소의 이름을 지었다는 추측은 전혀 할 필요가 없다(창 16:11,12에서의 주석을 참고할 것). 계약이 완료되자 그들은 헤어져 제 갈 길을 갔다(32절).

21:33 ○ 아브라함은 브엘세바에서 에셀을 심고 거기서 영원하신 하나님, 주의 이름을 불렀더라.

34 아브라함이 필리스티아인들의 땅에서 많은 날들을 기거하더라.

『**아브라함은... 에셀을 심고**』(33절). 이로 인해 아브라함은 후일 배교한 이스라엘이 성전에서의 경배를 거부하기 위해 갖다 대는 알리바이 중의 하나인 에셀(아세라)을 만든 장본인이 된 셈이다. 노아는 "산당"을 지은 장본인이었고, 그 본을 아브라함도 따랐다(창 12:8). 아브라함은 이번에는 에셀을 만들었다. 이 두 가지 실행은 노아와 아브라함 당시에는 합당한 것이었다. 그러나 "지구상의 모든 나쁜 것은 좋은 것이 왜곡된 것"임을 감안할 때, 후일 "산당"과 "아세라"(에셀의 복수)가 이스라엘이 결국 배교할 때 믿는 남은 자들에게는 가장 커다란 골칫거리가 된 사실은 충분히 납득이 간다(왕하 13:6; 18:4; 23:4,7,14,17, 왕상 3:2; 11:7; 12:31; 13:2; 14:23).

32절과 34절은 겉보기에는 모순되는 것 같다. 아비멜렉이 필리스티아인들의 땅으로 돌아갔으니, 아브라함은 그 땅의 바깥에 머물러야 했기 때문이다. 브엘세바는 필리스티아인들의 땅의 남쪽에 있고, 32절의 상황에서는 아브라함은 브엘세바에 머물러 있었다. 그러나 상당한 기간이 지난 후, 그는 다시 필리스티아인들의 땅에서 양떼를 먹였던 것이다. 이처럼 성경에서 "모순"처럼 보이는 수백 군데가 사실은 상식을 결여한 독자나 부주의한 독자에게는 모순이지만 그렇지 않은 사람에게는 전혀 문제가 되지 않는다.

창세기 22장

22:1 이 일들 후에 하나님께서 아브라함을 시험하시며 그에게 말씀하시
기를 "아브라함아." 하시니, 그가 말하기를 "보소서, 내가 여기 있
나이다." 하더라.
2 하나님께서 말씀하시기를 "네 아들, 곧 네가 사랑하는 네 독자 이
삭을 이제 데리고 모리야 땅으로 가서, 산들 중에서 내가 네게 알
려 줄 한 산에서 그를 번제로 드리라." 하시더라.
3 ○ 아브라함이 아침에 일찍 일어나서 그의 나귀에 안장을 지우고,
그와 함께 있는 청년들 중 두 명과 그의 아들 이삭을 데리고, 번
제에 쓸 나무를 쪼개어 가지고 일어나서, 하나님께서 자기에게 일
러주신 곳으로 갔더라.
4 삼 일째 되던 날, 아브라함이 눈을 들어 멀리 있는 그곳을 보고,

5 아브라함이 그의 청년들에게 말하기를 "너희는 나귀와 함께 여기
에서 머물라. 나와 아이는 저기로 가서 경배드리고, 다시 너희에
게로 돌아오리라." 하고,
6 아브라함이 번제에 쓸 나무를 들어서 그의 아들 이삭에게 지우
고, 그는 자기 손에 불과 칼을 들고, 두 사람이 함께 가더라.

『**하나님께서 아브라함을 시험하시며**』(1절). 이 말씀과 야고보서 1:13 사이의 분명한 견해 차이는 헬라어와 히브리어 학자들에게 맡겨 두고, 우리는 〈킹제임스성경〉이 『**시험하시며**』(tempt)를 히브리서 11:17의 "시험하다"(tried)의 의미로 해석하고 있음에 주목하자. 이것은 야고보서 1:2의 시험(temptations)을 말하는 것이지 야고보서 1:14의 "유혹받아(enticed) 시험당하는(tempted) 것"을 말하는 것이 아니다.

『**네가 사랑하는 네 독자 이삭**』(2절). 그 어떤 "하나님의 친구"도 자기가 사랑하는 것들에 대해 시험받지 않는다면, 그는 아직 진정으로 "시험"받은 것이 아니다. 인간은 자기가 사랑하는 바로 그것이다. 두려움이나 직업이나 훈련도 사랑하는 것과는 거의 관계가 없다. 군대에 있는 20대 청년은 이 의미를 알 것이다. "그가 사랑하는 것과 그를 두렵게 하는 것을 보여 주라. 그리하면 내가 그 사람이 어떤 사람인지 말하리라." 사탄도 동일한 판단을 갖고 있다. 사랑은 결정을 내리도록 이끌고 결정은 그의 운명을 정해 버린다(데마, 룻, 베드로, 바울 그리고 성경 안에든 밖에서든 인간의 삶을 자세히 살펴보라).

자기가 가장 사랑하는 것에 대해 시험받아 보지 못한 사람은 전혀 시험받은 것이 아니다(신 6:5에 주어진 첫 번째 계명을 보라). 그러한 기준에 의하면 평범한 자유주의자들은 성경적 기독교에 관한 한 아무런 자격도 없는 사람들이다. 예수님께서는 사람이 주님을 사랑하면 "그분의 말씀"을 지킬 것이라고(요 15:7; 14:23) 하셨기 때문이다. 성경이 "구식"이니, "광신적"이니, "과격"하다느니, "건전하지 못하다"느니, "문제를 일으킨다"느니, "불화의 사도"라느니 하면서 성경을 배제해 버리고 입으로만 그리스도인인 체하는 사람들은 "뿌리가 없는" 그리스도인이다. 그들은 이 세상의 염려, 부의 속임수 그리고 "그 밖의 것들에 대한 욕심"들로 짓눌려 있다(막 4:19에 나와 있는 무오한 말씀을 읽어 보라). 이런 사람들은 "말씀으로 인해 고난과 박해"가 일어나면(막 4:17) 실족하는 사람들이다. 시험이 닥쳐오면 그들이 무엇을 사랑하는지 분명히 드러난다. 왜냐하면 당신이 무엇(또는 누군가를)을 사랑하면, 당신은 그것을 옹호하고, 붙들고, 그것을 위해 고통을 당하고, 자신을 드리며, 필요하다면, 그것을 위해 죽는다. 학자들, 설교자들, 교사들, 주석가들은 조롱, 비웃음, 반대, 수입 감소, 명예 실추라고 하는 불화살이 닥쳐오면, 금방 고등 비평, 독일의 관념론, 웨스트코트와 홀트의 이론, 로마카톨릭 전통, 〈킹제임스성경〉의 비판 등으로 도망쳐 버린다. 이런 사람들은 유다 이스카리옷이나 이그나시오 로욜라는 될망정 결코 "하나님의 친구"라고 말할 수는 없다. 순교자들은 이러한 시험들에서 승리한 사람들이다.

『**네가 사랑하는 네 독자 이삭**』(2절, 요 3:16을 보라). 사탄의 이론은 모든 사람은 모든 것을 포기할 만큼 자기 자신을 사랑한다는 것이다(욥 2:4). 그래서 욥은 이 세상에서 누구나 사랑하는 그 모든 것에 대해 시험을 받은 것이다. 아내, 자식, 집, 땅, 재산, 가축과 마지막으로 건강을 잃었다. 이러한 상황에서 첫째 계명을 지킨다는 것(마 22:37,38)은 심히 어렵다. 따라서 욥은 플라토, 아리스토텔레스, 소포클레스, 소크라테스, 에피쿠로스, 제논 같은 피상적인 철학자들보다 종교와 현실에 대해 훨씬 신뢰할 만한 주석가인 것이다.

"그 누구도 자기가 바라보고 싶어 하는 그림보다 낫지 못하다." "그 누구도 그가 읽기를 좋아하는 책보다 더 낫지 못하다." "그 누구도 자기가 가장 사랑하는 것보다 더 낫지 못하다." 그가 가장 마음에 두고 있는 것이 교회, 성사, 종교, 가르침, 사상, 철학, 인간, 직업, 스포츠, 쾌락 추구라면, 그는 우상 숭배자인 것이다(출 20:3).

『**모리야 땅으로 가서**』(2절). 모리야는 "하나님은 나의 지도자"라는 뜻이며, 이 땅은 역대기하 3:1에 나오는 성전 터로서 다윗은 이곳에서 이스라엘에 대한 주의 진노를 번제로서 진정시켰다(삼하 24:18-25). 이 지역의 어느 산에서 이삭이 바쳐졌는가에 대해서는 성경에 나와 있지는 않지만 거의 갈보리(골고다)였을 것이 틀림없다. 이는 그 다음에 전개되는 예표(유형)가 너무도 분명하기 때문이다. 이삭은 예수님께서 "십자가를 지고 걸어가시기"(요 19:17) 1,896년 전에 바로 그 길에서 나무를 지고 걸어가고 있었던 것이다.

『**그를 번제로 드리라**』(2절). 예레미야 19:5; 32:35에 나와 있는 규례에 의하면 인간 제물은 금지되어 있다. 따라서 이 구절은 하나님의 명백한 말씀에 비추어 볼 때 충격적인 명령이 아닐 수 없다. 이 사실은 너무도 충격적이어서 대부분의 보수적 주석가들은 입다의 서원에 이르러서는(판 11:31,39) 입다가 자기 딸을 "번제로 바치지" 않았다고 주장한다(그녀는 다만 "처녀"로 머물러 있었을 뿐이라고 주장한다).

아브라함은 자기 아들을 죽이라는 지시를 받았다. 이 놀라운 지시는 "모든 셈족과 페니키아인들이 이런 풍습을 갖고 있었으므로, 아브라함은 그 명령에 놀라지 않았을 것이다."라는 설명을 가지고는 정당화될 수 없을 것 같다(미 6:7). 본문은 분명히 하나님께서 그렇게 지시하셨다고 되어 있다. 이러한 상황에서는 하나님과 마귀는 너무도 가까이서 역사하기 때문에 가장 영적인 사람들마저도 누가 무엇을 하고 있는지를 분별해 내기가 어려운 것이다. 예를 들면 사무엘하 24:1과 역대기상 21:1을 유의해서 공부해 보라. 욥기 1장과 열왕기상 22장의 기록은 영의 세계에서 일어나는 일들은 일반적인 성경 주석가들이 독자들에게 제시하는 것보다는 훨씬 복잡한 것임을 보여 준다. 아브라함에게 있었던 사건은 비교적 단순하다. 그렇지만 더멜로우, 랑게, 클라크 및 다른 주석가들에게는 그리 단순한 것만은 아니다.

다섯 번째 그룹이 하나님의 보좌에 접근한다.

"안녕하십니까?"

"웬일이냐, 어디서 오는 것이냐?"

"땅을 두루두루 돌아다니다 왔습니다."

"내 친구 아브라함을 보았느냐? 그 같은 자는 지상에 없느니라. 의롭고 정직하며, 하나님을 두려워하고 악을 피하는 사람이니라."

"글쎄요, 저는 그런 건 모릅니다. 주께서 그를 '당신의 친구'라고 부르셨지요, 그렇지만 그는 주께서 생각하는 것만큼 그렇게 친한 친구는 못

될 겁니다."

"아니다. 네가 잘 모르는 소리다. 아브라함은 내 친구이고, 나는 그를 신뢰하노라."

"정말이십니까?"

"물론이지."

"여호와 주 하나님 제 말 좀 들어 보십시오. 저 땅에는 아브라함이 당신을 사랑하는 것보다 더 나를 사랑하는 사람들이 2천 명이나 됩니다. 그들은 나를 위해 갠지스강에 자기 자식들을 빠뜨리기도 하고 재칼에게 쌍둥이 자식들을 던져 주기도 합니다. 저를 위해 수레바퀴를 자기 부모들 위에 굴려 죽이는 자들도 있습니다(인도 오리사주의 푸리에 있는 자간나트신 숭배). 나를 위해 참회를 하면서 등살에 채찍질을 하기도 합니다. 나를 위해 게헨나에서 아이들을 태우려는 사람도 있습니다. 이 모든 것은 저를 위한 것입니다. 아마 주님께서 그런 친구를 갖고 계시지는 않으실 겁니다. 그렇지 않습니까?"

"아브라함은 내 친구이다."

"내기하실까요?"

"좋다. 그렇게 하자."

이것은 "미국식 번역"이다. 굿스피드, 모팻, 웨이 마우스, 필립 등은 근처에도 올 수 없었다. 나는 그들더러 그렇게 해 보라고 추천하지도 않는다. 그러나 바로 이것이 분명한 미국식 번역이라고 할 수 있다.

아브라함은 하나님을 향한 자신의 사랑이 진실한 것인가를 시험받았다. 신실한 사람은 시험을 받을 뿐만 아니라(1절) 그가 사랑하는 그것에 대한 시험을 받을 것이며(2절), 그의 반응은 하나님께서 가라고 하시는 그곳으로 가는 것이다(3절).

독자 여러분은 아들(3절)과 나무(3절)와 옆구리를 찌를 도구(6절)와, 불(3절)을 잘 주목하라(이 불은 출 12:8과 요 19:28의 어린양을 굽기 위한 것이었다). 이처럼 이삭은 주 예수 그리스도의 분명한 예표(유형)인 것이다.

아브라함은 "늙어서 얻은 아들" 즉 그의 독자를 데리고 갔던 것이다. 이 구절들의 참된 의미는 늙은 아비가 아들을 데리고 이틀 밤을 어떻게 지냈을까를 곰곰이 생각해 보아야 드러나게 될 것이다. 모든 주석들을 살펴봐도 본문을 사실적으로 묘사하고 있지 못하다. 목적지에 도달할 때까지의 과정은 이러하다. 아들과 함께 나란히 걸으면서 이틀 밤을 함께 보내게 될 때, 그들은 함께 천막을 치고 음식을 만들고 함께 잠을 잤을 것이다. 늙은 아비는 자리에 눕긴 했지만 눈 한 번 붙일 수가 없었다. 모닥불 사이로 (영문도 모르는 채 자고 있는) 아들의 모습을 바라보고 있는 아브라함에게 사탄은 "일"을 시작한다. "이봐, 저기, 자네 아들 보이지? 당신이 무릎에 앉고 키운 아이야. 걷고 말하는 것도 당신이 직접 가르쳤잖아. 첫돌 때 모습 기억나나? 그 후에 자라면서 재롱부리던 모습도 기억하시겠지? 이봐, 당신이 저 아이를 죽이다니! 그럴 수 없지. 저 아이가 죽으면 자네 후손은 어디서 나오겠나? 이제 와서 또 다른 아이를 낳을 수 있을 것 같아?" 늙은 아브라함은 몸을 뒤척이며 에베소서 6:10-14의 선한 싸움을 싸우고 있다. 한 시간쯤 후 이삭이 갑자기 깨더니만 몸을 돌려 아버지의 눈에 눈물이 흘러내리고 있는 것을 보게 된다. "아버지, 무슨 일이 있으세요?" "아니다. 얘야, 어서 자거라." "하지만 아버지 울고 계시잖아요? 어디 편찮으신 것 아니세요?" "아무 일도 없다.

얘야, 어서 자거라. 내일은 또 긴 여행을 해야 되니까."

더 이상 아들에게 자기의 우는 모습을 보이지 않으려는 듯, 하나님의 친구는 일어나 모닥불을 뒤적여 불을 일구고서는 나무를 더 얹어 놓는다.

둘째 날 밤.

이날 밤도 역시 늙은 아브라함은 밤잠을 이루지 못하고 뒤척이고 있다. 결국 아브라함은 기도할 수밖에 없었다. "주님, 제 말 들리십니까? 주님. 지난번 창세기 16:16에서는 제가 잘못했습니다. 그러나 지금 저는 제가 알고 있는 모든 죄를 다 자백했습니다. 주님, 제 말 듣고 계십니까? 이번 일이 꼭 그렇게 되어야 하는 것이라면 저는 맹목적인 믿음이나마 믿음대로 하겠습니다. 주님은 '의인은 믿음으로 살리라.'고 하셨습니다. 그러나 주님, 믿음으로 산다는 것은 때로는 너무 힘듭니다."

이때 다섯 번째 그룹이 속삭인다. "포기하라, 포기해! 너는 이번 일을 이뤄 낼 수 없을 거야. 자식이 죽어 봐! 네 심장이 터지고 말 걸. 자, 어서 집으로 돌아가. 온갖 약속을 해 놓고서 이제 와서 외아들을 달라고 하는 그런 하나님이 어디 있어? 참으로 하나님께서 그렇게 말씀하셨다고 생각하는 거야? 자, 늦기 전에 집으로 빨리 돌아가!"

아브라함은 유대 평원과 언덕 위에서 그 어떤 장수도 경험해 보지 못한 싸움을 싸우고 있었다(히 12:1-4). 아브라함은 "예수 그리스도의 훌륭한 군사"로서의 영적인 싸움을 싸웠던 것이다. 창세기 22장에서 그는 치열한 전투를 벌인 것이다. 욥과 아브라함은 인생의 현실에 관한 한 권위 중의 권위라고 할 수 있다. 이 두 사람 앞에서 아무리 위대한 심리학자나 철학자라 할지라도 인생이 이렇고 저렇고 떠들 수 있는 사람이 있는가 생각해 보라.

『**나와 아이는... 다시 너희에게 돌아오리라**』(5절). 이 표현은 분명 부활 신앙을 언급하고 있다. 욥기 19:25,26에서도 욥의 부활 신앙이 나와 있다. (욥기 19:26은 RSV, ASV, 윌리엄스역, 모팻역에서 모두 변개되어 부활에 대한 언급을 없애 버렸다. 개역한글판성경 역시 "내 몸을 입고"를 "육체 밖에서"라고 변개시켜 부활에 대한 욥의 믿음을 없애 버렸다.) 욥과 아브라함은 - 모든 성경 변개자들의 발악에도 불구하고 - 육체적 부활에 대한 믿음을 갖고 있었다. 예수 그리스도 자신도 요한복음 8:56에서 아브라함의 부활 신앙을 인정하신다. 아브라함은 그의 청년들에게 자기와 이삭이 "돌아올 것"이라고 말했다. 우리는 아브라함이 하나님의 명령에 따라 분명 이삭을 죽이려고 했음을 알고 있다. 아브라함은 일관성을 갖고 확고한 자세로 하나님의 명령에 순종하려 했던 것이다. 따라서 우리는 이삭과 함께 "다시 오겠다"는 발언에서 부활에 대한 믿음을 읽을 수 있다.

아브라함은 이미 자기의 죽은 것 같은 데서 생명(이삭)을 얻었고, 사라의 죽은 것 같음에서도 생명을 얻는 체험을 했다. 따라서 아브라함이 하나님께서 이삭이 죽은 후 다시 그를 일으키실 것을 믿지 않았다면 아브라함은 아예 집에서 출발을 하지 않았을 것이다. 그런데도 크노벨, 라쉬, 리라, 유니우스, 칼리쉬, 머피, 케일은 이 점을 다 놓치고 말았다. 이들은 5절의 믿음은 무의식적인 예언이나 거짓말일 뿐이라고 생각하는 모양이다. 그러나 아브라함의 발언은 히브리서 11:19에 잘 해석되어 있다.

22:7 이삭이 그의 아비 아브라함에게 고하여 말하기를 "나의 아버지여." 하니, 그가 말하기를 "내 아들아, 내가 여기 있노라." 하니, 그가 말하기를 "불과 나무를 보소서. 그런데 번제에 쓸 어린양은 어디 있나이까?" 하자,

8 아브라함이 말하기를 "내 아들아, 하나님께서 자신을 번제에 쓸 어린양으로 마련하실 것이라." 하고, 두 사람이 함께 가더라.

9 그들이 하나님께서 그에게 말씀하신 그곳에 와서, 아브라함은 그곳에서 제단을 쌓고 나무를 가지런히 놓고 그의 아들 이삭을 묶어서 제단의 나무 위에 올려 놓고

10 아브라함이 그의 손을 내밀어 칼을 잡고 그의 아들을 죽이려 하는데

11 주의 천사가 하늘에서 그를 불러 말하기를 "아브라함아, 아브라함아." 하니, 그가 말하기를 "내가 여기 있나이다." 하더라.

12 그가 말하기를 "네 손을 아이에게 대지 말고 아무 일도 그에게 하지 말라. 네가 네 아들, 네 독자라도 내게 아끼지 아니하였으니, 나는 이제 네가 하나님을 두려워하는 줄을 아노라." 하더라.

아브라함과 이삭은 산으로 올라갔다. 그때 이삭의 의구심은 더 이상 참을 수 없는 상태에 다다랐다. 그는 착한 유대 소년으로서 지난 3일 동안 굳게 입을 다물고 "부모를 공경하였다"(4절). 그러나 이제 아버지와 단 둘이 있게 되자 그는 아버지께 묻지 않을 수 없었다.

『**불과 나무를 보소서**』(7절). 신명기 32:22, 열왕기하 1:10, 이사야

33:14, 예레미야 5:4, 에스겔 15:6, 20:47, 히브리서 12:29, 유다서 1:7, 베드로후서 3:7, 계시록 14:10; 20:15을 읽어 보라.

『**나무를 보소서**』(7절). 나무는 사람을 대표한다. 예레미야 5:14,15, 솔로몬의 노래 2:3, 에스겔 24:10, 이사야 10:19, 예레미야 17:8, 에스겔 17:24; 20:28,47; 31:5,8,9,14.

『**그런데... 어린양은 어디 있나이까?**』(7절) "어린양"은 어디 있나이까? 이 질문이야말로 지상에서 가장 중요한 질문임에 틀림없다. 이 질문은 "유대인의 왕으로 난 자가 어디 있느냐?" 또는 "구원을 받으려면 무엇을 해야 합니까?" 또는 "인간이 하나님께 어떻게 의롭게 될 수 있습니까?" 또는 "더러운 것에서 누가 깨끗한 것을 가져올 수 있습니까?" 또는 "사람이 자기 혼을 무엇과 바꾸겠습니까?" 또는 "그리스도라 불리는 예수께 나는 무엇을 해야 합니까?"라는 식으로 달리 표현될 수 있을 것이다. 어쨌든 이 질문이야말로 "최고 선," "최고의 실재"에 관해 가장 위대한 사상가들이 던진 가장 위대한 질문들보다도 훨씬 더 중요하다. "어린양은 어디에 있나이까?" 마리아는 자기 팔에 그분을 안고 있으면서도 그것을 몰랐다!(눅 2:33, 레 12장) 우주비행사들은 그들이 우주로 비행하기 전에 어린양을 택할 수 있었지만, 그들은 그것을 몰랐다(롬 10:4-8). 어린양은 어디에 있나이까? 이삭은 아벨처럼 어린양을 발견할 수만 있었다면 그것을 바쳤을 것이다. 이삭의 질문에 대한 아브라함의 답변은 하나님의 말씀에 나타나 있는 진실로 위대한 계시들 중의 하나라고 할 수 있다.

『하나님께서 자신을 번제에 쓸 어린양으로 마련하실 것이라』(8절). 바로 이것이 14절의 『**여호와이레**』의 의미이다. 즉 "하나님께서 마련하실 것이라."는 뜻이다. 주님은 우리의 삶에 있어 필요한 것을 마련하시고, 우리가 죽을 때도, 또 우리가 심판을 받을 때도 필요한 것을 공급하신다. 인간은 호흡하며 살아 있는 이 순간은 물론 최후의 심판 때도 초자연적인 도움에 의존할 수밖에 없을 것이다(롬 11:35,36, 단 5:23).

우리는 성경에서 세 번째로 어린양을 접하게 된다. 어린양은 두 명의 벌거벗은 죄인들을 덮어 주기 위해 처음으로 등장했었다(창 3:21). 그 다음은 어린양이 죄를 위한 피의 속죄물로서 등장했다(창 4:4). 이곳에서는 하나님 자신이 어린양이 될 것을 말씀하고 있다.

『**번제**』는 어린양이 명절에 사용되기 이전부터(출 12장) 창세기에 이미 죄의 속죄와 연관되어 있었다(창 4:4). 아브라함과 이삭은 골고다산 봉우리에 도착했다. (2절을 보면 모리야산이라고 되어 있지 않고 모리야 땅이라고 되어 있다. 따라서 모리야 땅에 있는 골고다산이었다.) 아브라함은 그곳에다 제단을 쌓았다. 그리고 그는 가죽 끈을 꺼내 이삭의 팔과 발을 묶었다.

"아버지, 뭐하시는 겁니까?"

"얘야, 걱정마라. 조금만 참으면 내가 왜 그러는지 알게 될 거다."

"하지만, 아버지... 저를 혹시 제물로 바치시려는 것 아닙니까?"

늙은 아브라함은 아들의 무릎을 묶고서는 일어선다. 그의 눈에서는 눈물이 흘러내린다. "얘야, 내 말을 들어라. 나는 이 일을 해야만 한단다. 하나님께서 이 일을 내게 시키셨단다. 나는 왜 하나님께서 이렇게 하라고 말씀하셨는지는 모르겠다. 나는 그 이유를 설명할 수는 없지만 이 일을 해야만 한단다. 얘야, 내 말 잘 들어라. 너는 죽어 있지는 않을 거다. 하나님께서는 네가 하늘의 별만큼 자녀를 갖게 될 것이라고 하셨잖니? 하나님께서는 거짓말을 하시지는 않거든."

"하지만 아버지, 그 칼로 절 죽이시려는 겁니까?"

"아들아, 그렇단다. 하지만 너는 나를 믿어야만 한다. 물론 그것이 힘든 일이지. 그렇지만 하나님을 신뢰할 때는 무슨 일이든 가능하단다. 우리는 이번 시련을 통과해야만 한단다."

아들이 대답한다. "좋아요. 아버지, 제 생각에는 아버지가 미쳤는지도 모르겠어요. 하지만 하나님과 아버지가 어떤 사이인지를 저는 압니다. 저는 여기서 일어나서 가 버릴 수도 있습니다. 하지만 아버지가 하나님께서 나를 다시 살리실 것을 믿으신다면, 좋습니다. 그렇게 하십시오. 이제껏 아버지가 하나님께서 하라고 하신 명령을 순종할 때 잘못된 것을 본 적이 없으니까요. 묶을 필요 없습니다. 제가 제단 위로 올라가 눕지요."

이리하여 이삭은 그의 아버지께 순종했다(히 10:5-7).

『**아브라함이 그의 손을 내밀어 칼을 잡고**』(10절). 늙은 아브라함은 여전히 믿음을 고수하고 있다. 이것이 바로 "보는 것 없이, 믿음으로 사는 것"이다. 바로 이것이 순간순간을 믿음으로 사는 모습이다. 이런 믿음은 바울이나 욥마저도 갖고 있지 못했을 믿음이다. 따라서 "아브라함의 믿음"이나 "믿음의 아브라함"이란 말이 그냥 하는 소리가 아님을 알 수 있다(롬 4:12,16). 아브라함은 바깥으로 드러난 상황에 관계없이, 증거도 없는데 오직 하나님의 말씀에 의거해서 행동했다. 환경도, 반대도, 느낌도, 사회적 압력도, 관습도, 혈연관계도 그의 믿음을 막을 수는 없었다. 이런 사람을 20세기에서 찾는다는 것은 거의 불가능할 것이다(렘 5:1,2). 아브라함은 큰 칼을 손에 들고 머리 위로 올리고서는 눈을 감고(고후 4:18) 내리치려고 했다.

바로 그 순간 아브라함은 몽둥이로 팔을 얻어맞는 것 같은 느낌이 들었고, 손에 있던 날카로운 칼은 땅에 떨어지고 말았다. 『**주의 천사가 하늘에서 그를 불러 말하기를**』(11절). 아차 하는 순간 이삭은 목숨을 건질 수 있었다. 주의 천사가 개입했던 것이다. 아브라함은 하나님의 말씀에 순종하려고 했고, 따라서 오직 하나님만이 그를 막으실 수 있었다. 세상도, 육신도, 마귀도 그를 막을 수 없었던 것이다(행 20:22-24에 나오는 바울을 보라). 11절과 12절의 상황에서 아브라함은 제단에 기대 무릎을 꿇고 있었을 것이다(정신적 긴장과 감정의 고조로 지쳐 있었을 것이기 때문이다). 아브라함은 눈물을 흘리며 감격해 하고 이삭은 하늘을 쳐다보면서 "구원의 하나님, 감사합니다."라고 중얼거렸을 것이다. 그때 주의 천사는 이렇게 대답했을 것이다. "그렇고말고 너의 아버지 같은 분을 아버지로 모시게 된 것에 감사해야 하고말고..." 이때 이삭은 "물론입니다. 주여! 감사합니다. 이런 분을 아버지로 주신 것을 감사합니다."라고 말했을 것이다.

22:13 아브라함이 눈을 들어 살펴보았더니, 보라, 뿔이 수풀에 걸린 숫양 한 마리가 그 뒤에 있는지라, 아브라함이 가서 숫양을 잡아

와서 그의 아들 대신에 번제로 드렸더라.
14 아브라함이 그곳의 이름을 여호와이레라 불렀더니, 오늘까지도
말하여지기를 "주의 산에서 그것이 보여지리라." 하더라.
15 ○ 주의 천사가 하늘로부터 두 번째로 아브라함을 불러,
16 말하기를 "주가 말하노라. 내가 스스로 맹세하노라. 이는 네가
이같이 행하여 네 아들, 곧 네 독자를 아끼지 아니하였음이니
17 복으로 내가 네게 복을 주고, 번성으로 내가 너의 씨를 하늘의
별들처럼, 또 바닷가의 모래처럼 번성케 하리니, 네 씨가 그의
원수들의 문을 차지하리라.
18 네 씨 안에서 땅의 모든 민족들이 복을 받으리니, 이는 네가 나
의 음성에 복종하였음이라." 하더라.
19 그리하여 아브라함이 그의 청년들에게로 돌아와서, 그들이 일
어나 함께 브엘세바로 떠났으니, 아브라함이 브엘세바에 거하
였더라.

『**뿔이 수풀에 걸린 숫양 한 마리**』(13절). 대속제물이신 그분 대신 숫양이 대속제물이 된 셈이다. 숫양이 걸린 수풀은 분명 가시나무 수풀이었을 것이다(창 3:18). 이 숫양은 이삭을 대신해서 그리스도의 예표가 되었다. 『**아브라함이... 그의 아들 대신에 번제로 드렸더라**』(13절). 이리하여 하나님 자신이 죄인을 대신해서 자신을 제공해야만 한다는 사실이 입증된 것이다. 『**여호와이레**』는 희생제에 관해 다음과 같은 진리들을 확정해 준다.

1. 하나님 자신이 제물이 되시기까지는 속죄는 불완전하다(히 10:4).

2. 하나님께서 자원하여 자신을 드리시기까지는 하나님은 그 제물을 받으실 수 없다(히 10:5-7, 레 1:3).
3. 창세기 3장에서 마태복음 27장까지의 모든 희생제사는 속죄 문제를 완전히 해결하지 못하는 임시적 제도였다(히 10:11).
4. 하나님께서는 희생제를 드리기 위해 이스라엘 민족을 "제사장 계급"으로 마련하셨다(대상 15:14-16, 출 28:40-43, 레 9장).
5. 그러나 민수기 1-13장 이전이나 사도행전 2장 이후에는 제사장 계급이란 없다(마 27:51, 히 8:1; 9:24, 벧전 2:9, 계 7:7).
6. 멜키세덱은 실제적인 피의 제사를 드리지 않았다. 그는 단지 "기념" 의식을 거행하였던 것이다(창 14:18, 고전 10:16,17; 11:25).
7. 신약에서는 거듭난 그리스도인 전부가 "제사장들"이며, 이들은 결코 실제적인 피의 제사를 드리지 않는다(창 2:9 주석 및 벧전 2:5, 히 13:15,16, 고전 10:16,17).
8. 하나님께서 예비하신 것은 신실한 사람들에게 받아들여질 것이다(롬 10:4).
9. 따라서 사도행전 2장 이후에는 신실한 사람들은 하나님께서 한 번 그리고 영원토록 갈보리에서 이루신 그 예비하심을 신뢰할 것이다.
10. 출애굽기 20장에서 마태복음 27장까지는 예루살렘 성전에서 하나님께서 마련해 주시는 그것을 신뢰하는 자가 신실한 자들이다.
11. 신실하지 못한 사람들은 마태복음 27장 이후에도 스스로 제사장 제도를 만들어 자신들을 위해 희생제를 드릴 것이며, 이로써 하나님께서 예비하신 그것을 거부하게 될 것이다(갈 5:4, 롬 10:1-3; 3:28).

어떤 사람이 존 R. 라이스에게 이렇게 말했다. "나는 예수를 믿어야 구원받을 수 있다고 말하는 것을 들었다. 나도 예수를 믿고 싶다. 그러나 나는 그 말이 무슨 뜻인지 이해할 수가 없다. '예수를 믿는다.'는 말이 무슨 뜻인가? 나는 내가 그를 믿는다고 생각하는데, 나는 구원받지 못했다. 당신네 설교자들이 '예수 믿으라.'고 하는 말이 무슨 뜻인지 설명을 좀 해 달라." 라이스는 느헤미야의 기도를 드린 후(느 2:4) 답변을 했다. "자, 내가 설명해 드리지요. 그건 이런 것과 같습니다. 하나님께서는 구세주를 제공하시지만 당신은 죄인을 제공하는 겁니다."(이보다 더 분명한 대답이 있겠는가?) 예수 그리스도의 편에서는 부족한 것이 아무것도 없다. "그분께서는 그분에 의해 하나님께로 나아오는 자는 모두 완전히 구원하실 수 있다." 부족한 쪽은 죄인일 뿐이다. 그러나 오늘날에는 죄인들이 모조리 사라져 버린 것 같다. 자신을 카톨릭, 개신교도, 유대인, 공산주의자, 공화당원, 민주당원, 히피, 흑인 운동가, 교인이라고 부르는 사람은 있어도 자기가 "죄인"이라는 사람은 찾아보기 힘들게 되었다. 죄인들은 과학, 종교, 교육(죄인의 3대 우상)을 통해 너무도 존경받는 인물로 둔갑해 버려서 아무도 더 이상 죄인들을 알아보지 못하는 세상이 되어 버린 것 같다.

『여호와이레... **주의 산에서 그것이 보여지리라**』(14절). 앞서 언급한 대로 주의 산은 시온산이나 갈보리산일 것이며, 아마도 후자일 가능성이 높다. "이레"(히브리어로 "두려워하거나 경외하다," "마련되다," "보살핌 받다"라는 뜻)는 "라아"(to see, 보다)의 히브리어의 니팔 수동태로, 〈킹제임스성경〉에 『**보여지리라**』로 정확히 번역되었다. 이 번역은 8절과

13절로 볼 때 하나님의 예비하심을 분명히 드러내고 있다.

『**주의 산**』은 보통 시온산의 성전 지역을 가리키며, 이 사실을 근거로 대부분의 주석가들은 "보여지리라."는 말은 경배자들이 시온산으로 경배하러 올라가는 모습이 보여질 것을 말하고 있다고 주장한다. 그러나 이런 주장은 그라프-벨하우젠 이론의 냄새를 풍기고 있다. 『**오늘까지도 말하여지기를**』(14절).이라는 표현은 "주의 산에서 보여지리라."는 속담을 들었던 기록자에 의해 창세기 22장이 쓰여졌음을 보여 주고 있다. 따라서 이 속담이 성전 경배의 모습에 관한 것이라고 한다면(성전 경배는 솔로몬 시대에 가서야 확립되었다. 왕상 4-7장) 창세기의 기록자는 B.C. 1000년 이후에나 창세기를 기록했다는 말이 된다. 결국 정통주의자든 자유주의자든 간에 대다수의 주석가들은 자기도 모르게 이 구절에 걸려 넘어지고만 셈이다. 장 아스트룩과 그라프-벨하우젠의 억측을 부지불식간에 수용하고 말았기 때문이다. 이들에 의하면 모세오경은 요시야 시대에 쓰여졌다고 한다.

14절의 『**그것**』은 (문맥에서 볼 때) 숫양, 제단, 혹은 "그 장소"를 가리킨다(〈칠십인역〉은 "주의 산에서 나타날 것이라." 라틴 벌게이트는 "주의 산에서 볼 것이라." 게세니우스, 로젠뮬러, 케일, 다테 등은 "주의 산에서 예비되리라."로 성경을 변개시켰다). 모세(혹은 여호수아, 창 14:14 참고)가 창세기를 쓴 당시에는 숫양은 죽어 사라졌지만 제단은 여전히 그곳에 남아 있을 수도 있었다. 14절의 "it"는 아브라함이 "여호와이레"라고 불렀던 장소일 수도 있다. 이것이 가장 논리적인 설명이 될 것이다. 이 해석은 〈킹제임스성경〉을 수정하지 않고서도 모든 학자들의 요구에 다 부응하기 때문이다.

아브라함이 칼을 떨어뜨린 이래 사태는 급진전되었다. 소년과 아버지는 번제물 옆에 무릎을 꿇고 있었고 숫양은 하나님의 어린양이 나타날 때까지 값을 치르고 있었다. 하늘로 연기가 올라가고 있는 동안(창 8:20,21), 주의 천사는 아브라함과 또 다른 언약을 맺고 있다. 이 약속에는 창세기 12:1과 15:5이 반복되고 있으며, 『**바닷가의 모래**』와 『**네 씨가 그의 원수들의 문을 차지하리라.**』(17절)는 내용이 첨가되었다. 아브라함은 자기 것을 아무것도 남기지 않았고, 이에 하나님께서는 그에게 모든 것을 주셨다. 대속물에 이어 계시도 제공된 것이다. "모래"는 땅에 거할 민족으로서의 이스라엘을 대표한다(왕상 4:20). 『**그의 원수들의 문**』이라는 표현은 분명히 정치적인 약속이며, 이 약속은 물질적 소유를 위한 이 땅에서의 실제적인 전투와 관련되어 있다(창 27:29).

바로 이 시점에서 가너 테드 암스트롱과 영국-이스라엘파(British Israelites)는 이 약속들이 영국인들에게 해당된다는 희한한 해석을 내놓고 있다. "문들은 수에즈와 파나마 운하이며, 지브롤터 해협과 싱가폴을 의미하며 영국인들을 뜻하는 브리튼은 히브리어로 언약을 의미하는 '베리스'에서 나온 것이다... 따라서..." 이것은 성경의 한 부분을 문맥과 상관없이 떼어다가 아전인수격으로 해석한 것에 불과하다.

18절에 대한 주석은 창세기 12:1-3 주석을 보라.

아브라함의 귀환은 놀라운 사건이었다. 그들이 겪었던 사건을 누군가에게 이야기했을까? 그렇다면 그 이야기를 사람들이 믿었을까? 물론 사라는 이야기를 들었을 것이고, 사라가 들었다면 단에서 브엘세바에 이르는 모든 사람이 듣게 되었을 것이다. 창세기 23:6은 아브라함이 거주하던 지역 내에서 명성을 얻고 있었음을 보여 주며, 이것은 창세기 22장의 사건이 널리 알려졌을 것을 암시하고 있다.

아브라함의 생애는 이때부터 노년기로 들어선다고 볼 수 있다. 이때부터 그의 거주지는 마므레, 헤브론 그리고 브엘라해로이로 한정된다(창 24:62; 23:2,19). 이삭은 약 B.C. 1863년경 "바쳐졌고" 아브라함은 B.C. 1821년경 죽는다(모리아 땅에서의 이삭 봉헌 이후 약 40년간을 더 살았다). 아브라함의 수명은 175세였으므로 창세기 22장에서 그의 생애 4분의 3이 지나간 셈이다. 오늘날의 평균 수명으로 치자면 약 54세쯤에 해당된다고 볼 수 있다.

22:20 ○ 이 일들 후에 누군가가 아브라함에게 고하여 말하기를 "보라, 밀카 역시 당신 형제 나홀에게 자식들을 낳았다." 하니,

21 그의 첫아들은 후스요, 그의 아우인 부스와, 아람의 아비인 크무엘과,

22 케셋과, 하소와, 필다스와, 이들랍과 브두엘이라.

23 브두엘은 리브카를 낳았더라. 밀카가 이 여덟 사람을 아브라함의 형제 나홀에게 낳았더라.

24 또 나홀의 첩의 이름은 르우마인데, 그녀가 또한 테바와 가함과 다하스와 마아카를 낳았더라.

『**이 여덟 사람**』(23절)은 나홀이 낳은(창 25:13-16) 열두 명에 포함된다. 따라서 나홀도 "열두 지파," 이스마엘도 "열두 지파," 야곱도 "열두 지파"의 조상이 되는 셈이다.

20절에 나와 있는 소문은 메소포타미아의 하란으로부터 들려왔다. 후스는 욥기 1장의 "우스" 지방과 관련이 있는 것 같고 "부스"와 아람은(창 22:21) 부스 사람인 엘리후와 밀접한 관련이 있다고 볼 수 있다. 욥기 32:2에 보면 엘리후는 "람의 친족"이라고 알려져 있다(히브리어의 람은 "아람" 혹은 "아브라함"을 의미할 수 있다. 특히 이들은 람의 후손이란 의미가 된다). "케셋"은 제롬에 따르면 카스딤 혹은 칼데아인의 아버지라 하는데, 이것은 오류인 것 같다. 하소("환상" 혹은 "보는 자"), 필라스("불꽃"), 이들랍("녹아 없어지다") 및 브두엘은 창세기 24장에서 두드러진 역할을 담당하는 브두엘을 제외하고는 신원이 확인되지 않고 있다. 브두엘은 게세니우스에 따르면 "하나님의 사람"이란 뜻이라고 하지만, 정확히 말하면 "하나님 안에 거하는 자"란 뜻이다. 브두엘은 리브카(히브리어로 "사로잡다" 혹은 "매료시키다")의 아비로 리브카는 이삭의 사촌의 딸이다.

르우마(24절)는 "높여지다" 혹은 "올려지다"란 뜻이다. 테바("두껍다" 혹은 "강하다"), 가함("암흑"), 다하스("붉다"), 마아카("우울하다") 등은 나홀의 첩의 아들들이다. 신명기 3:14과 여호수아 13:11,13의 마아캇인은 마아카에서 유래된 것 같다.

이곳에 주어진 사실과 창세기 25:15에 주어진 내용(테마: 테만인)은 욥기가 부스인 엘리후에 의해 모세가 창세기를 기록하기 약 400년 전에 쓰여졌을 것임을 암시하고 있다. 욥기 4:1은 테만인 엘리파스와 수하인 빌닷(욥 18:1; 25:1)을 언급하고 있다. “수하인”(성경에서 가장 키가 작은 사람!)은 창세기 38:2; 25:2 혹은 역대기상 7:32에서 찾아볼 수 있다. 더군다나 욥기의 배경은 “모세 이전” 시대임이 분명하다. 욥기에는 안식일이나 할례에 대한 언급이 전혀 없다. “어째서 의인이 고통을 당하는가?”라는 심오한 주제를 다루고 있는 대서사시 속에 안식일과 할례가 빠져 있는 것은 이 기록이 모세 이전임을 보여 주는 증거라고 할 수 있다. 우스는 사해 남쪽 지역이며(애 4:21), 브엘세바로부터 80마일 정도의 거리에 위치해 있다(창 22:19).

만약 이것이 사실이라면 의로움, 악, 고통, 보복, 거짓 고소, 죽음, 질병, 괴로움, 슬픔, 온전함, 위안, 계시, 보상과 같은 인생의 심오한 주제들이 희랍 철학자들이 인류의 역사 안으로 어리석은 사상을 주입하기 400년 전에 이미 모두 제시되고, 분석되고, 설명되고, 시험을 거쳐 해답이 주어졌다는 말이 된다(욥기를 읽어 보라). 욥기는 아마 이 지구상에서 쓰여진 최초의 책일 것이다. 〈사자(死者)의 서(書), The Book of the Dead〉(B.C. 4250년경에 편집된 것으로 추정됨)는 욥기와는 비교가 안 된다. 물물 교환, 인물 전기 및 격언 몇 개를 묘사하는 설형 문자들과 욥기의 심오한 주제와는 견줄 수가 없다. 〈사자의 서〉는 사실 사람이 죽은 후 어떻게 사후의 심연(the great Deeps)을 향해해 갈 것인가에 대한 지침서를 시신과 함께 관에 집어넣은 것들을 편수한 것이라고 볼 수 있다. 욥기에 관해서 보자면 카알라일은 “욥기의 가치를 능가하는 문학은 이제껏 없었다.”라고 했고, 빅토르 위고(Victor Hugo)는 “욥기는 인간 지성이 낳은 최대 걸작품이다.”라고 했으며 필립 샤프는 “그 어떤 문학작품도 욥기와 견줄 만한 것은 없다."라고 말했다.

욥기는 B.C. 1800년경에 쓰여졌을 것이며, 이는 지나친 추측이 아닐 것이다. 욥과 그의 친구들은 이삭과 이스마엘과 동시대 사람들이며, 욥은 멜기세덱의 아들이었을지도 모른다. 셈은 아브라함이 150세에 크투라와 결혼하였을 당시까지 살아 있었다(창 14:18). "지혜"를 사랑하고 아끼는 분들은 욥기에서 발견되는 내용들을 신뢰할 것이며, 우리 모두는 욥기의 지혜가 러셀, 듀이, 마르크스, 아인슈타인, 플라토, 아리스토텔레스, 니체, 헤겔, 스피노자, 칸트, 라이프니츠, 아퀴나스 등보다 훨씬 뛰어나다는 사실을 안심하고 믿어도 좋다. 욥기가 에베레스트산이라고 한다면 이들 철학자들은 남산에도 못 미친다고 할 수 있다.

창세기 23장

23:1 사라가 백이십칠 세였는데, 이것이 사라의 연수였더라.
2 사라가 카나안 땅 헤브론, 즉 키럇아르바에서 죽으니, 아브라함이
사라를 위하여 와서 울며 애곡하더라.

리브카의 별은 "떠올랐고"(창 22:23), 사라의 별은 "지고 말았다". 사라는 B.C. 1859년경 127세로 죽었다. 사라는 그 연수가 성경에 기록된 유일한 여인이다.

주님께서는 여인들이 나이를 밝히기를 꺼려하는 것만큼이나 이 문제에 대해 신중하게 처리하신 것 같다. 여자들은 성장의 다섯 단계를 거친다. 유아기, 소아기, 젊은 시절, 젊은 시절, 젊은 시절이 그것이다. 자기가 늙었다고 생각하는 여자는 없다.

『**키랏아르바**』(2절). 이곳은 다시 한번 헤브론으로 확인되고 있다(창 13:18 주석 참고).

『**울며 애곡하더라**』(2절). 이런 풍습은 동양인들 특히 유대인들 사이에서는 당연한 것이다(삼하 3:31, 욥 1:20; 2:12; 16:15, 눅 8:52). 아브라함은 앉아서(혹은 무릎을 꿇고) 관(혹은 시체) 앞에서 얼마 동안 울며 기도한 후 "일어났다"(창 23:3).

23:3 ○ 아브라함이 그의 죽은 자 앞에서 일어서서, 헷의 아들들에게 일러 말하기를

4 "나는 타국인이요, 당신들 가운데 기거하는 자니, 당신들 가운데서 매장지를 내게 소유로 주어서, 나의 죽은 자를 내 앞에서 장사하게 해 주시오." 하니,

5 헷의 자손들이 아브라함에게 대답하여 말하기를

6 "내 주여 들으소서. 당신은 우리 가운데서 강력한 통치자시니, 우리의 묘실 중에서 좋은 것을 골라 당신의 죽은 자를 장사하소서. 우리 중에는 아무도 자기의 묘실에다 당신의 죽은 자를 장사함을 금지시킬 자가 없으리이다." 하니,

7 아브라함이 일어서서 그 땅의 백성들, 곧 헷의 자손들에게 절하고

8 그들과 이야기하여 말하기를 "내가 나의 죽은 자를 내 면전에서 장사하는 것이 당신들의 생각이라면, 내게 듣고, 나를 위하여 소

알의 아들 에프론에게 간청하여,
9 그가 그의 들 끝에 갖고 있는 막펠라 굴을 내게 주게 하되, 그
값나가는 대로 돈을 받고, 그가 당신들 가운데서 내게 주어 매
장지로 소유하게 하소서." 하니,
10 에프론이 헷의 자손들 사이에 거하였는데 힛인 에프론은 헷의
자손들, 즉 그의 성읍 문에 들어간 모든 사람이 듣는 데서 아브
라함에게 대답하여 말하기를
11 "내 주여, 그리 마시고 내게 들으소서. 그 들을 당신께 드리며,
거기 있는 굴도 당신께 드리어, 내 백성의 아들들의 면전에서
내가 그것을 당신께 드리오니, 당신의 죽은 자를 장사하소서."
하더라.
12 아브라함이 그 땅의 백성들 앞에서 절하더라.
13 그리고 그가 그 땅 백성들이 듣는 데서 에프론에게 일러 말하기
를 "당신이 그것을 주신다면, 부탁하노니, 내게 들으시오. 내가
그 들의 값을 드릴 테니 내게서 받으시오. 그러면 내가 내 죽은
자를 거기 장사하리다." 하자,
14 에프론이 아브라함에게 대답하여, 말하기를
15 "내 주여 내게 경청하소서. 그 땅은 은 사백 세켈이나, 그것이 나
와 당신 사이에 무슨 상관이니이까? 그러하니 당신의 죽은 자를
장사하소서." 하니,
16 아브라함이 에프론에게 경청하고, 아브라함이 헷의 아들들이 듣
는 데서, 그가 말한 대로 상인들이 통용하는 돈, 은 사백 세켈을
에프론에게 달아 주더라.

아브라함과 "헷의 아들들" 사이의 거래는 함무라비 법전 제7장에 따른 것이다(창 14:1의 주석 참고). 여기에서의 구매는 사도행전 7:16과 창세기 33:19에 묘사된 것과는 다르다(조심스럽게 비교해 보라). 이 세상과 인간에 대해서는 밝고 긍정적으로 생각하면서 하나님의 말씀에는 오류가 없나 하고 찾아보는 사람들의 마음에는 이 구절이 모순 같겠지만, 이 구절들에는 아무런 모순이 없다.

『**헷의 아들들**』(3절)은 힛인들과 관련된 자들로서, 카나안의 딸들과도 관련이 있다(창 27:46; 28:1). 아브라함과 이들과의 대화나 거래에 대해서는 거의 주석이 필요 없을 것 같다. 분명한 것은 아브라함은 소돔의 왕에게서 선물을 원치 않았던 만큼이나(창 23:9,13과 비교) "헷의 아들들"로부터도 선물을 원치 않았다는 것이다. 그는 다윗처럼 그가 얻은 땅에 대해 값을 치렀다(삼하 24:24).

더멜로우는(그의 주석서에서 칼리쉬를 인용하면서) 말하기를 "주조된 돈은 최초의 페르시아 화폐, 그리고 그 다음에 그리스나 시리아 화폐가 사용되던 바빌론 포로 이전까지는 히브리인들에게 알려지지 않았다."라고 했다. 그러니까 〈킹제임스성경〉에 "돈"(money)이라는 단어가 들어 있어서는 안 된다는 주장이다. 그러나 "돈"이라는 단어는 이탤릭체로 되어 있으므로(〈킹제임스성경〉만이 유일하게 원문에 없는 말은 이탤릭체로 집어넣었기 때문에 모든 영어 성경들 중 유일하게 정직한 성경인 것이다.) 칼리쉬와 더멜로우는 여호수아 24:32의 "은 일백 개"라는 단어를 주목하는 것이 좋을 것이다. 창세기 33:19에 언급된 "돈 일백 개"라는 단어는 아브라함의 거래로부터 150년이 채 안 된 때에 발생한 거래였다

(그런데 칼리쉬에 따르면 "동전들"은 B.C. 140년에 가서야 유대인들에게 알려졌다고 한다). 칼리쉬는 "은 일백 개"는 "동전들"이라고 볼 수 없으므로 "돈"이라고 간주해서는 안 된다고 주장한다. 이것이 오늘날의 주석가들이 성경에 접근하는 잘못된 태도이다. 유명한 주석가(더멜로우)와 히브리어와 히브리 역사에 있어 "인정받는 권위자"(칼리쉬)께서는 너무도 쉬운 영어 단어들을 읽을 줄 모르는 것 같다. 그들은 권위역본의 본문을 받아들이기보다는 어떻게든 그 본문을 자신들의 "극단적" 견해로 제거해 보려고 노력한다. 그 견해는

1. "동전"은 "돈"을 의미한다.
2. 동전은 B.C. 1849년에는 알려지지 않았다.
3. 따라서 당시는 "돈"은 사용될 수 없었다.
4. 돈은 동전일 때만 사용되므로 "은 일백 개"(수 24:32)는 돈이 될 수 없다.

여러분이 지금 읽고 있는 주석서를 제외한 온갖 유명한 학자님들의 주석들은 대개 이런 식으로 되어 있다. 이것을 학문이라고 떠들고 있다니 한심하기 짝이 없다. 이들은 〈킹제임스성경〉의 오류를 끄집어내려고 작심했는지 사전에 나와 있는 "돈"(money)의 정의도 살펴볼 겨를이 없었나 보다(사전을 찾아보라. 아마 놀랄 것이다).

본문(창 23:16)에서 돈이란 단어는 "세켈"(히브리어: "*shakal,*" 무게를 잰다는 뜻)이며 분명히 일정한 무게의 금속 개수를 지칭하고 있다. 이것은 "돈"이 아니다. 혹은 그것은 "동전"이 아니라고 주장하는 것은 어리석은 일이다. 이 단어를 당신이 영어로 번역한다면(한글로도 생각해

보라) "money"말고 뭐라고 하겠는가?

아브라함이 먼저 자신의 요구를 "헷의 아들들"에게 말하면서 그 땅의 합법적인 소유주는 그들과 함께 살고 있는(4,8절) 소알의 아들 에프론임을 인정하고 있다. 이때 에프론이 등장한다(10절). (어쩌면 소알은 그곳에 이미 있었을지도 모른다 - 그 경우는 아브라함이 "중개인"을 통한 거래방식을 채택했을 것이다. 톰슨(W. Thomson)의 〈The Land and the Book〉, p.579 참고.)

이 거래는 다른 모든 중요한 상거래들과 같이 성읍의 "성문"에서 이루어졌다(창 19:1 주석 참고). 헷의 아들들은 그들의 매장지를 거저 주겠다는 제안을 했지만(6절), 아브라함은 어떤 특별한 이유로 인해 특별한 장소를 달라고 요구했다. 어쩌면 아브라함이 인종적 분리를 요구했기 때문이었을 것이다. 그러나 이 문제는 여기서는 접어 두자(그럴 리가 있느냐고 생각하는 사람들은 창세기 24:3을 꼭 읽어 보라). 에프론도 "헷의 아들들"처럼(11절) 너그럽게 나왔지만, 아브라함은 계속해서 돈을 내겠다고 주장했다.

에프론과 아브라함 사이의 대화는 어쩌면 수수께끼인 것처럼 보인다. 에프론이 바겐세일을 하고 있는 것인지 아니면 과장되게 부풀려서 말한 것인지 확실하지 않다. 과장했다면 그렇게 많은 돈을 낼 수가 있겠는가 싶어 그랬을지도 모르겠다. 어쩌면 에프론은 "최초의 장의사"였는지도 모르겠다(장의사는 믿을 수가 없다. 항상 돈을 더 달라고 하니까!).

16절에서 톰슨은(〈The Land and the Book〉, p.578) 칼리쉬와 더멜로우를 돕기 위해 쓸데없는 소리를 늘어놓고 있다. 언제나처럼 이들 학자들이 성경을 고치려고 할 때는 무시하는 것이 최선이다.

23:17 ○ 마므레 앞 막펠라에 있는 에프론의 들, 곧 들과 거기 있는 굴, 들 사면의 모든 지경에 있는 모든 나무들이,

18 헷 자손들의 면전, 즉 그의 성읍 문에 들어간 모든 사람들 앞에서 아브라함의 소유로 확정되었더라.

19 이 일 후에 아브라함이 그의 아내 사라를 카나안 땅 헤브론, 곧 마므레 앞 막펠라 들의 굴에다 장사하였더라.

20 그 들과 거기에 있는 굴은, 헷의 아들들에 의하여 아브라함에게 매장지로 소유가 확정되었더라.

17절은 그 지역의 모든 부동산을 다 포함하고 있다. 이삭, 리브카, 아브라함, 야곱, 레아는 모두 이곳에 장사되었다. 이곳에 묻히지 못한 유일한 사람은 라헬이었다(창 35:19,20). 본문과 사도행전 7:15, 그리고 여호수아 24:32 사이의 "모순"을 해결하기 위해 베드, 클라크, 랑게, 칼리쉬 그리고 기타 주석가들은 성령으로 충만했던 스테판이 실수를 했다고 주장한다(행 7:55). 그러나 스테판도 모세도 성령님도 〈킹제임스성경〉 번역자들도 실수하지 않았기에, 클라크, 랑게, 칼리쉬 등이 오히려 죽은 정통주의 신학을 붙들고서 성경을 저버렸다고 결론지을 수밖에 없다.

1. 동굴(막펠라) 하나가 있는 들판 하나를 아브라함이 샀다.
2. 나머지는 야곱이 "하몰의 아들들"에게서 산 들의 일부(창 33:19)이다.
3. 아브라함, 사라, 야곱, 레아, 리브카는 첫 번째 들에 장사되었고, 요셉과 "12족장들"(행 7:16)은 두 번째 들판에 장사되었다.

아브라함은 매장지 두 곳을 샀으나, 창세기 23장에는 한 곳만 기록되어 있다. 이는 창세기 23장의 목적이 사라(이스라엘을 예표)를 "제거하고" 나서 리브카(교회를 예표)를 불러내고자 함이기 때문이다. 야곱은 창세기 23장 이후 약 100년이 지난 창세기 33:19에서 이 땅의 "일부"를 다시 사야 했다. 우리는 첫 번째 매장지는 400세켈이나 된 반면, 두 번째로 야곱이 산 들의 일부는 100세켈밖에 되지 않았음에 주목해야 한다.

이렇게 해서 아브라함은 사라와 사별했고, 이로써 이 세상에서 알려진 가장 아름다운 러브 스토리는 비극적이지만 지극히 당연한 결론으로 끝나고 말았다. 아브라함과 사라는 금혼식을 올리고서도 12번의 결혼기념일을 맞이했다. 성경 기록에는 그 두 사람이 다른 그 누구를 사랑했다든가 서로가 헤어지기를 원했다는 말이 전혀 없다. 할리우드의 로맨스 영화가 영원토록 기억되듯이, 사라와 아브라함은 이 세대는 따라갈 수 없는 그러한 속도로 인생을 해로하였다. 그 두 사람이 별빛 아래서 얼마나 많이 함께 기도했는지는 하나님께서만 아신다. 사라는 베드로전서 3장에서 이상적인 그리스도인 아내로서 제시되어 있다. 그녀 역시 죄인임에는 틀림없다(롬 3:23). 여성 잡지들의 표지에 나오는 도색에 빠진 "섹스어필"하는 주인공들과 비교하면 미덕과 아름다움과 지혜의 귀감이 아닐 수 없다. 평생 한 아름다운 여인을 사랑했던 한 남자가 일어서서 "그녀를 내어 가라. 나는 더 이상 그녀를 쳐다볼 수 없노라."고 말하고 있는 창세기 23:4이야말로 "가슴 아픈" 모습이 아닐 수 없다. 사진사 앞에서 포즈를 취했던 그 어떤 모델보다도 아름다웠던 여인이 죽은 지 2주일이 지나자 추한 모습으로 되어(그리고 냄새까지 나서) 더 이상 집에 함께 둘 수 없을 지경에 이른 것이다. "죄의 삯은 사망"이라고 한 하나님의 말씀은 실로 변경될 수 없는 진리이다.

한 번의 예외도 없이(물론 단 한 번의 예외는 에녹이었다. 엘리야는 후일 다시 돌아와 죽는다). 하나님께서는 인간의 불순종은 죽음을 가져온다는 사실을 계속해서 확인시켜 오셨다. 마릴린 먼로, 베티 데이비스, 소피아 로렌, 그 어떤 미녀도 흙으로 돌아가고 만다는 사실은 변경될 수 없다. 『**네가 거기서 나는 것을 먹는 날에는 반드시 죽으리라**』(창 2:17). 당신은 이 말씀을 아직도 믿고 있는가?

사라는 이스라엘을 예표하며 밭에 숨겨져 있다(창 23:17과 마 13:44을 비교해 보고, 신명기 31:17, 이사야 54:8, 시편 13:1, 그리고 출애굽기 19:5도 읽어 보라). 이스라엘이 부활을 기다리는 동안(겔 37:1-15) 성령을 예표하는 엘리에셀은 이삭(그리스도를 예표)을 위해 "신부"(교회)를 데리러 떠난다. (엡 5장은 분명 이삭과 리브카가 그리스도와 교회를 예표함을 보여 준다.)

창세기 24장

24:1 아브라함이 나이 많아 늙었고, 주께서는 모든 일에 아브라함을 복
주셨더라.
2 아브라함이 자기가 소유한 모든 것을 관장하는, 자기 집에서 가
장 나이 많은 그의 종에게 말하기를 "내가 네게 청하노니, 네 손
을 내 넓적다리 밑에 넣으라.
3 내가 하늘의 하나님이시며, 땅의 하나님이신 주를 두고 너로 맹세
하게 하리니, 너는 내가 거하는 카나안인들의 딸들 중에서 내 아
들을 위하여 아내를 얻지 말고
4 너는 내 고향 내 친족에게 가서, 내 아들 이삭을 위하여 아내를
얻으라." 하더라.
5 그 종이 그에게 말하기를 "혹시 여자가 이 땅으로 나를 따라오기

를 원치 아니하면, 내가 주인의 아들을 주인이 나오신 그 땅으로 다시 데리고 가리이까?" 하니,

6 아브라함이 그에게 말하기를 "너는 내 아들을 그곳으로 다시 데리고 가서는 안 됨을 알아야 하느니라.

이번 장은 전개되는 사건의 90% 이상이 예표론을 구성하고 있다. 이삭은 주 예수 그리스도의 예표이며, 엘리에셀("나의 하나님은 돕는 분이시다"는 뜻, 롬 8:26 참고)은 분명히 성령의 예표이고, 리브카는 "한 남편에게 정혼한" 순결한 처녀인 교회를 예표하고 있다(고후 11:1-3과 창 24:16을 비교하라).

기록된 역사적 사건은 다만 이 예표론에 담긴 진리의 계시와 아름다움을 장식하고 있을 뿐이다. 이제 우리는 이삭의 구혼에 담긴 위대한 진리들을 이곳 창세기 24장에서 몇 가지 정리하고 넘어가도록 하자(신부가 누군지도 모르고 구혼하는 모습을 상상해 보라).

1. 하나님께서는 선택적이고, 선별적이시다(3절). 하나님께서는 자기 아들의 신부를 구하기 위해 수많은 은하계와 별들 중에서 지구를 택하셨다.
2. 구원에는 "두 번째 기회"가 없다. "그분은 더 이상 이 땅에 죽으러 오시지 않는다네."라는 흑인 영가는 매우 시사하는 바가 크다. 『**한 번 죽는 것은 사람들에게 정해진 것이고 그 뒤에 심판이 정해진 것같이**』(히 9:27, 6절을 주목하라).
3. 하나님께서는 자기 아들을 위해 깨끗한 여자를 원하신다. 즉 "점이나 흠이 없는 여인"이다(16절).

4. 그리스도의 신부는 "그분을 위한 방"을 갖게 될 것이다. 그러나 그분이 이 땅에 오셨을 때에는 묵을 방이 없었다.
5. 왕의 일은 먹는 것보다 더 중요하다(요 4:4-24과 창 24:33을 비교하라).
6. 신부는 신랑을 보기 전에 그녀의 유업의 "보증"을 받는다(53절). 실로 영광스럽지 않은가?
7. 신부는 그분의 길을 간다. 그녀의 길을 가는 것이 아니다(61절).
8. 저녁 때가 되어 은혜 시대가 끝나 가면(63절), 그리스도께서는 이 지구의 대기권으로 내려오실 준비를 하신다(63절). 이때 참된 그리스도의 신부는 그녀의 벌거벗음을 가리고 자신을 세상으로부터 분리시킨다.

이것은 에큐메니컬운동(교회일치운동) 및 그와 관련된 모든 것으로부터 분리됨을 의미한다. 요한계시록 17장의 음녀가 "이 땅의 왕들과" 바람이나 피고 영적인 간음을 하는 동안 그리스도의 참된 몸은 자신을 너울로 가린다(65절).

이처럼 창세기 24장은 고린도후서 11:1-3에 나오는 순결한 처녀인 "그리스도의 몸"에 관해 풍성한 계시를 제공해 준다. 벌링거와 오헤어는 교회가 고린도전서 12장까지 사도들에게 계시되지 않았다는(엡 3:1-4) 이유로 그리스도의 몸인 교회는 사도행전 9장(바울의 회심) 전에는 존재하지 않았다고 착각하고 있다. 반면 매튜 헨리 같은 후천년주의 주석가들은 구약 모든 곳에 그리스도의 신부가 나와 있다고 착각하여 이스라엘에 주어진 모든 약속들이 교회에 이전되었다고 오해하고 있다. 리브카는 이브가 그랬던 것처럼 분명 신부인 교회의 예표이다.

1. 리브카는 이방인이다(창 10:5 주석 참고).
2. 그녀는 신약성경에서 예수 그리스도를 의미하는 "그 씨"와 결혼한다(갈 3:14-17).
3. 그녀는 자기 고향과 친척을 "떠나도록 부름받았다."(딤후 1:9, 행 15:14).
4. 그녀는 사라의 복을 상속받는다(사라는 이스라엘의 예표이다. 롬 11:1-23).
5. 그녀는 보지 않고 믿는 믿음을 갖고 있었다. 즉 그녀는 올바른 남자와 결혼하게 된다(벧전 1:8,9을 참고).
6. 그녀는 다른 분이 제시한 제안을 받아들인다(요 16:14). 그녀는 또한 자신의 "자유의지"로 결정을 내린다(창 24:58).
7. 그녀가 약혼한 상태에서 받은 약조물들은 "성령의 열매들"에 해당되며, 그것들은 그리스도의 심판석에서 전시될 것이다(창 24:53과 고전 3:8-12과 비교하라. 나무나 짚이나 그루터기는 없다).

『**내가 네게 청하노니, 네 손을 내 넓적다리 밑에 넣으라**』(2절). 미드라쉬와 고대 유대인 주석가들에 따르면 넓적다리 밑이라는 말은 성기를 뜻한다고 한다. 그러나 미드라쉬와 탈무드(특히 카발라)를 읽다 보면 거듭나지 못한 이들 작가들은 "성"(sex)에 대해 지나치게 강조하는 것을 보게 된다. 따라서 위와 같은 해석은 거부해야 할 것이다. 이븐 에즈라와(옛 인디언의 관습)에 따르면 이러한 실행은 순복의 표시로 간주되었다. 넓적다리 사이가 아니라 "넓적다리 밑"이라는 표현은 생식과 관련되기보다는 힘과 관련되며, 따라서 이러한 실행을 순복의 의미로 해석한 인디언들의 관습은 옳다고 본다. 역사들이 코끼리를 들어 올릴 때 보면, (실제로 들어올린다!) 그들은 허리를 굽히고 시멘트 블록 위에 손을 놓고서 둥글게 굽힌 후 등을 들어올린다. 이런 식으로 6,000파운드를 들어올릴 수 있다고 한다. (조지아주, 토코아의 폴 앤더슨을 기억하라.) 이때 3톤가량의 무게는 주로 허리와 다리에 가기 때문에 팔은 큰 힘이 필요 없고, 다만 받치고서 "쉬고" 있으면 된다고 한다. 이처럼 사람의 힘은 다리와 허리에 있다. 인체를 만드신 주님께서는 이 사실을 인정하시고 시편 147:10에 이에 관해 언급하셨고 솔로몬의 노래 5:15에서는 예수 그리스도에게 이 사실을 적용하셨다. 다시 말해 아브라함은 엘리에셀에게 "그의 힘으로 맹세시킨 것이다." 이러한 의미에서 보자면 "생식"과 관련된다고 볼 수 있다(창 49:3). 주 하나님의 "힘"은 "그분의 아들"이시다(시 20:6; 71:16; 18:1). 그러나 주의 천사께서 야곱을 불구로 만드실 때 그분은 "그의 씨를 손상시키시지 않는다." 그러나 그분께서는 야곱의 "힘"을 못 쓰게 만드신 것이다(창 32:32). 따라서 이 구절에 대한 성경적 의미는 분명하다. 더 이상 이 문제에 시비를 거는 것은 성경을 비판하는 것 외에 아무것도 아니다. 엘리에셀의 행동은 아브라함의 힘으로 맹세를 하는 것이었다. 하나님께서 그에게 주신 그의 힘이 놓여 있는 그 자리에 손을 넣고 맹세했던 것이다.

『**카나안인의 딸들**』(3절). 아브라함은 두 번에 걸친 쓰라린 경험으로 인종 차별이 필요하다는 사실을 배웠다. 하갈과 롯의 아내는 아브라함의 친족 가운데 아라비아인들(이들은 3,000여 년에 걸쳐 이스라엘 자손과 싸웠다.)과 모압과 암몬 자손들(이들은 아라비아인들과 동맹을 맺어 이스라엘을 괴롭혔다.)을 포함시켰던 것이다(창 19:37,38). 5절과 6절은 주석이 필요 없이 자명하다.

24:7 ○ 하늘의 주 하나님께서 내 아버지의 집과 내 친족의 땅에서 나를 데리고 나오시며, 내게 이르시고 내게 맹세하시며 말씀하시기를 '내가 이 땅을 네 씨에게 주리라.' 하셨으니, 그분께서 그의 천사를 네 앞에 보내실 것이며, 네가 거기서 내 아들을 위하여 아내를 얻으리라.

8 만일 그 여자가 너를 따라오고자 아니하면 그때는 나의 이 맹세로부터 네가 해제되리니, 내 아들만은 다시 그곳으로 데려가지 말지니라." 하더라.

9 그 종이 자기 손을 그의 주인 아브라함의 넓적다리 아래에다 넣고 그 일에 관하여 그에게 맹세하였더라.

10 ○ 그리하여 그 종이 자기 주인의 낙타들 중에서 열 마리를 취하여 떠났으니, 이는 자기 주인의 모든 좋은 것이 그의 손에 있음이라. 그가 일어나 메소포타미아로 가서 나홀의 성읍에 이르니라.

11 저녁 때에 그가 자기 낙타들을 성읍 밖 샘물 곁에서 무릎을 꿇렸으니, 그때는 여인들이 물을 길으러 나올 때였더라.

12 그가 말하기를 "오 나의 주인 아브라함의 주 하나님이여, 내가 주께 간구하오니, 오늘 내게 좋은 일이 있게 하시어, 내 주인 아브라함에게 친절을 베풀어 주소서.

13 보소서, 내가 우물 곁에 서 있고 성읍 사람들의 딸들이 물 길으러 나오면

14 내가 그 소녀에게 말하기를 '부탁하노니, 너는 네 물 항아리를 내려 나로 물을 마시게 하라.' 하여, 그녀가 말하기를 '마시소서. 내가 당신의 낙타들에게도 마시게 하리이다.' 하면, 그녀는 주께서 주의 종 이삭을 위하여 정하신 것이니, 그것으로 나는 주께서 내 주인에게 친절을 베푸심을 알겠나이다." 하더라.

〈칠십인역〉은 (여전히 하나님을 도와드리려고 하는지) 7절에다 "그리고 땅의 하나님"(and God of the earth)이란 표현을 첨가시켜 3절과 일치시켰다. 알렉산드리아 서기관들은 성령께서 3절과 7절을 일치시킬 줄 모른다고 생각한 것 같다. 그래서 이들은 "비평적 해석," "문법적 역사적 고등 분석," "과학적 방법론" 등을 동원해서 성경 본문을 변개시켜 버렸다. 이러한 방식은 ASV(1901), RSV(1952) 및 기타 3,000여 개의 "성서"들에 동일하게 사용되었다. 그러나 본문을 살펴보면 아브라함을 그의 아버지의 집에서 이끌어 내신 분은 "땅의 주 하나님"이 아니었다. 그 분은 영광의 하나님이셨다고(행 7:2) 성경은 말씀한다. 이처럼 성경은 항상 정확하고 올바르다. 그러나 〈칠십인역〉을 발명해 낸 2,3세기(A.D.)의 철학자들은 구절들 간에 상호 관계를 발견할 수 없는 영적 소경이었다.

8절에 따르면 신부 후보감은 강제적으로 선택된 것이 아니고 자유의지가 주어졌음을 보게 된다. 엘리에셀의 질문은 존 칼빈 같은 사람의 사고를 혼동시키기 위해 성령에 의해 삽입되었는지도 모른다. 성령께서는 빛을 주시고(34,35절), 사건을 이야기하시며(36-49절), 초청을 하시지만(53절), 결코 결정을 내리시지는 않는다(58절).

『**낙타들 중에서 열 마리**』(10절). 열이란 숫자는 성령께서 "부르심"을 받고 나서는 이번 여행이 이방인을 신랑께 모셔오는 것(창 10:10 주석 참고)을 그 목적으로 한다는 것을 보여 준다. 앞서가시는 천사는 출애굽기 33:15의 천사와 유사하다. 엘리에셀은 헤브론 혹은 브엘세바로부터 출발하여 북쪽으로 향했고, 그 다음 북동쪽으로 나아갔다. 이번 여행은 사해 서쪽에 있는 헤브론에서 시작되어 벧엘, 세겜, 이스르엘, 마돈, 하솔을 거쳐 갔을 것이다. 갈릴리에서 북쪽으로 10마일가량 떨어져 있는 하솔에 이르러 엘리에셀은 북동쪽으로 방향을 바꾸어 다마스커스, 탓몰, 하맛을 거쳐 유프라테스강을 건너 나홀의 성읍(10절) 하란에 도착했을 것이다.

낙타들이 우물가에 무릎을 꿇는 모습에서 일부 주석가들(캐논 체인, Canon Cheyne)은 낙타가 아니고 "나귀"라고 주장하지만 이는 억지다. 성경을 믿는 사람들은 우물(샘물)과 여인과의 관계를 다시 한번 보게 된다(요 4:2-5, 창 21:19). 목마른 여인은 우물로 오게 마련이고 그곳에는 구원이 기다리고 있는 것이다.

탐구적인 성경 학도라면 "물을 길러 온 시각"과 신부가 집으로 돌아온 시각이(11절과 63절) 모두 "저녁" 때임을 간파할 수 있을 것이다.(창세기 1장의 7일에 대한 주석과 창 2:1-3의 "저녁과 아침"에 대한 주석 참고.)

엘리에셀은 멈추고 속으로 기도를 드린다(45절). 그는 기도가 채 끝나기도 전에 응답을 받게 된다(사 65:24). 그는 구약성경의 기도 방식에 따라(창 14:22) 서서 기도했다(13절).

24:15 ○ 그가 말을 마치기도 전인데, 보라 리브카가 물항아리를 어깨에 메고 나오니, 그녀는 아브라함의 형제 나홀의 아내 밀카의 아들 브두엘에게서 태어났더라.

16 그 소녀는 보기에 심히 아름답고, 아직 남자를 모르는 처녀더라. 그녀가 우물에 내려가서 자기 물항아리에 물을 채워서 올라오는데,

17 그 종이 달려가 그녀를 만나서 말하기를 "부탁하노니, 네 물항아리에서 물을 좀 마시게 하라." 하니,

18 그녀가 말하기를 "내 주여 마시소서." 하고, 서둘러 자기 물항아리를 손에 내려 그에게 마시게 하더라.

19 그녀가 그에게 물을 마시게 한 뒤, 말하기를 "당신의 낙타들을 위해서도 내가 물을 길어 물을 다 마시게 하리이다." 하고,

20 그녀가 서둘러서 자기 물항아리를 구유에 붓고 다시 물을 길으러 우물로 달려가서 그의 모든 낙타들을 위하여 물을 긷더라.

21 그 사람은 묵묵히 그녀를 바라보며, 주께서 자기의 여행을 형통케 하셨는가 아닌가를 알고자 하더니,

22 낙타들이 물을 다 마신 뒤에, 그 사람이 반 세켈의 금 귀고리 한 개와 그녀의 손에 맞는 열 세켈짜리 금 팔찌 두 개를 주며,

23 말하기를 "네가 누구의 딸이냐? 내가 네게 부탁하노니, 내게 말

하라. 네 아버지 집에 우리가 묵을 방이 있느냐?" 하니,

24 그녀가 그에게 말하기를 "나는 밀카가 나홀에게 낳은 아들 브두엘의 딸이니이다." 하고,

25 그녀가 그에게 더 말하기를 "우리에게는 짚과 여물이 충분히 있으며, 묵을 방도 있나이다." 하니,

26 그 사람이 그의 머리를 숙여 주께 경배하고

27 그가 말하기를 "나의 주인 아브라함의 주 하나님을 송축하오니, 이는 나의 주인에게 주의 자비와 주의 진리를 없애지 아니하셨음이니이다. 주께서는 길에서 나를 내 주인의 형제 집으로 인도하셨나이다." 하니라.

28 그 소녀가 달려가서 이 일들을 자기 어미 집에다 말하였더라.

15절에서도 〈칠십인역〉은 하나님을 도와드리려고 "마음으로"라는 표현을 첨가시켰다. 이것은 45절에 나와 있는 표현에 맞추기 위함이요, 그렇게 함으로써 성경의 "모순"을 제거하고자 했기 때문이다. [〈뉴스코필드 주석성경〉 역시 다니엘 3:25에서 "the Son of God"을 "one of the Sons of the gods" "like unto a son of gods"라고 주를 달아 성경을 변개시키고자 한다.] 하나님의 말씀 그대로를 못 믿겠다는 것이다. 헬라어 "학자들"이 없다면 하나님께서 성경도 보존하실 수 없단 말인가?

성령께서는 리브카를 칭하면서 일반적으로 "처녀"를 뜻하는 "베틀라"라는 단어를 사용했다. 그런데 이 단어는 "결혼한 여자"라는 해석도 가능하기 때문에(RSV가 사 7:14을 왜곡시킨 것을 보라.) 성령께서는 16절에 "아직 남자를 모르는" 이란 말씀을 덧붙이신 것이다. 누가복음 1:34에서 마리아가 천사에게 대답할 때 동일한 방식으로 말한 것을 주목하라. 따라서 마리아가 말한 "처녀"(헬라어로 "파르테노스")는 진짜 처녀를 의미하는 것이다. 일부 성서들은 "남자를 모른다는"(눅 1:34) 표현을 "남편이 없는"으로 변개시켰고, 이로써 마리아가 순결한 처녀란 사실을 애써 감추려 했다. 남편이 없다는 것은 그 여자가 "순결"하다는 의미는 아니다. 동정녀 탄생을 믿지 않으려는 자들의 교묘한 술책이 아니고 무엇인가?

성경에서 젊은 여인에게 사용되는 "처녀"라는 단어는 남자와 아무런 육체적 관계를 맺지 않은 여자를 뜻한다. 마리아는 예수 그리스도의 탄생 전까지 처녀로 있었고, 이곳 창세기에서도 리브카는 이삭과 결혼하기까지 처녀로 있었으며, 그리스도의 몸 된 교회 역시 마찬가지이다. (로마서 7:1-4을 보면 육신의 죄의 몸에서 벗어나 다른 사람에게 혼인했음을 알 수 있다.) 하나님께서는 자기 아들을 위해 순결한 처녀를 원하시지 "개"들을 원하시는 게 아니다(고후 11:2). 모팻은 16절의 "남자를 모르는"을 "결혼하지 않은"이라고 번역해 놓았다. 실로 끼리끼리 모이는 법이다.

리브카의 오빠는 라반으로 둘 다 나홀과 밀카 사이의 자식들이다(나홀은 아브라함의 형제이다. 창 11:27). 이때는 당시 사용되던 연대기 체계에 따르면 이삭이 40세, 리브카가 30세쯤이었을 것이다. 벌링거에 따르면 이삭은 35세쯤 되었을 것이라고 한다. 우리는 다만 이삭은 33세 반쯤 되었을 것으로 추측하고자 한다(창 2:7; 2:22 주석 참고).

우물은 움푹 패인 곳에 있었고 리브카는 그곳으로 내려가 물항아리에 물을 채워 올라오고 있었다(16절). 엘리에셀은 예수님께서 우물가의 여인에게 하셨듯이 물을 좀 마시게 하라고 요청했다(요 4:7). 엘리에셀은 예수님보다 더 나은 반응을 얻어 냈다.

우리는 이 시점에서 리브카는 정력적인 일꾼이었다는 사실에 주목하고자 한다. "서둘러"(18절), "서둘러서"(20절), "달려가서"(20절), "달려가서(28절). 리브카에게는 세련된 구석이라고는 없었다. 그녀는 프랑스의 패션모델이라기보다는 독일의 주부 같았다. 화려한 의상이나 장신구들은 그녀의 쇼핑 리스트에 들어 있을 것 같지 않았다. (델리취, 카스킬, 칼빈, 블리크, 게세니우스 및 같은 부류의 주석가들은 리브카의 이러한 특징에 전혀 관심을 보이지 않는다.) 물을 길어다 주고 커다란 낙타 10마리에게 물을 길어다 마시게 할 만큼 부지런한 여자를 만난다는 것은 쉬운 일이 아니다.

『**그 사람은 묵묵히 그녀를 바라보며... 알고자 하더니**』(21절). 그는 그녀를 바라보며 감탄했을 것이다. 21절은 인간 본성의 변덕스러움, 혹은 믿음보다는 논리를 붙드는 습성을 보여 준다고 하겠다. 엘리에셀은 그의 기도가 자기 눈 앞에서 응답되는 것을 보았지만 여전히 몇 가지 의문점이 남아 있었다.

1. 이 소녀는 과연 처녀인가?
2. 그녀는 아브라함의 친족일까, 아닐까?(창 24:4)
3. 이 두 가지 조건을 다 갖추었다 할지라도, 그녀가 과연 누군지도 모르는 남자와 결혼하기 위해 카나안으로 가려고 할 것인가?

리브카는 열심히 일하는 여인이었을 뿐 아니라 보기에 심히 아름다웠다. (창 24:16, 창 12:14의 사라와 비교하라.) 이 묘사는 솔로몬의 노래 6:10에 나오는 그리스도의 신부에 대한 묘사와 일치한다.

『낙타들이 물을 다 마신 뒤에』(22절)란 표현은 리브카가 **『낙타들을 위해서도 내가 물을 길어 물을 다 마시게 하리이다.』**(19절)라고 말했음을 상기시켜 준다. 이처럼 리브카는 보기에 아름답고, 열심히 일했으며, 순결하고 젊은 처녀였을 뿐 아니라 자기가 한 말을 그대로 실천하는 사람이었다. 한마디로 그녀는 엘리에셀의 기도에 대한 하나님의 응답이었다. 그가 오늘날의 "새로운 도덕" 대신 성경에 나오는 옛날식 윤리 기준만 가지고 있다면 그것이 하나님의 응답임을 알아차릴 수 있다.

『그 사람이 반 세켈의 금 귀고리 한 개와 그녀의 손에 맞는 열 세켈짜리 금 팔찌 두 개를 주며』(22절). 반 세켈에 해당되는 단어는 "베카"로(출 38:26) 이것은 오늘날의 25센트에 해당된다. "귀고리"라는 단어는 학자들의 소동을 또다시 불러일으키고 말았다. 거의 모든 학자 동맹 참가자들은 이것은 "귀고리"가 아니라 "코걸이"라고 주장한다. 아마 아프리카에 사는 함의 딸들과 같은 모습이라고 생각한 것 같다. 이 주장을 지지하는 "학자님들"은 히브리어 "네젬"은 "코에 거는 보석"이지 "귀고리"가 아니라는 데에 모두들 동의하는 모양이다. 이들은 이처럼 하나님의 말씀을 믿지 않겠다고 작정을 하고 나선 사람들이다.

47절에서 귀고리를 "얼굴에"(upon her face) 달았다는 이유로 이들 주석가들은 "귀에 거는 고리"와 "얼굴 전면에 거는 보석들"을 제거해 버린다. 더멜로우는 아예 "코걸이"는 왼쪽 코에 끼웠다(그의 주석 p.31.)고 단정적으로 말함으로써 이미 "코걸이"가 사실인 것처럼 써 놓았다.

그들이 보기에는 〈킹제임스성경〉에는 어휘 선택에 있어 오류가 많았던 모양이다.(그러나 성령께서는 〈킹제임스성경〉을 가지고 오히려 히브리어 본문, 〈칠십인역〉의 본문, ASV의 본문, RSV의 본문 등을 모두 고쳐 주신다.)

출애굽기 32:2을 보면 『**너희 아내들과 너희 아들들과 너희 딸들의 귀에 있는 금 귀고리를 빼어 내게로 가져오라.**』라고 되어 있는데, 이때 금 귀고리가 이곳 창세기와 동일한 히브리어 "네젬"이다. 출애굽기 32:3에도 "네젬"은 금 귀고리로 되어 있고 이사야서 3:20에도 "네젬"은 귀고리로 나오며 21절에서 코걸이들은(nose jewels) "네젬" 앞에 코에 해당하는 단어 "아프"를 써놓았다.

이처럼 히브리어 학자들이 히브리어를 빙자해서 〈킹제임스성경〉을 뜯어고치려 할 때마다 그들은 스스로 올무에 걸려 넘어지는 것이다. 이제껏 경험으로 보아 히브리어 학자들의 견해와 〈킹제임스성경〉의 견해가 서로 틀리면 당연히 히브리어 학자들을 쓰레기통으로 내던져야 함은 물론이다. 이 "네젬"이란 단어는 "귀고리" 혹은 "코걸이"를 의미한다고 둘러대도 변명이 안 된다. 성경 세 곳에서 이 단어는 두 가지를 다 의미할 수 있기 때문이다.

25절은 아름다운 예표를 보여 준다. 그리스도의 신부는 그분을 위해 순결을 보존할 뿐 아니라 그녀의 마음에 그분을 위한 "방"을 마련한다(골 3:16, 엡 3:17). 그리스도께서 탄생하셨을 당시의 장막절에는 예수님을 위한 "여관 방"이 없었다. 1930년 전이나 오늘날이나 그리스도께서 묵을 방은 더 이상 없다. 오늘날 크리스마스 시즌에 예수님을 생각하는 사람이 많을 줄 아는가? 미 북동부에 있는 유명한 대학교에서 한 심리학 교수가 설문조사를 했는데 "크리스마스" 하면 떠오르는 단어들을 써 보라고 했다고 한다. 약 40여 장의 응답 중에는 화이트 크리스마스, 징글벨, 루돌프, 선물, 메리 크리스마스, 해피 뉴이어(Happy New Year), 장난감, "1년에 한 번", 산타클로스, 크리스마스트리 등이 쓰여 있었다. 그러나 그 40여 장의 응답에 "예수 그리스도"라는 이름은 전혀 들어 있지 않았다. 크리스마스에 온갖 선물과 야단법석만이 여관을 가득 채울 뿐 예수님은 마구간에 여전히 내팽개쳐져 있다.

『**묵을 방**』(23절). 이 표현은 자기 집이 텅 빈 광야임을 알고 있는 진지한 죄인이 생명의 주님을 필요로 함을 고백하는 올바른 반응이다(요 14:23, 계 3:20). 엘리에셀은 그의 증거에 열매를 주신 하나님께 감사하며 리브카가 집으로 달려가 가족들에게 이 일을 알리는 동안(요 4:28-30의 사마리아 여인을 보라.) 계속해서 기도를 드리고 있다.

24:29 ○ 리브카에게는 오라비가 있는데, 이름은 라반이라. 라반이 그 사람에게 달려가 우물에 이르니,

30 그가 귀고리와 자기 누이 손에 있는 팔찌들을 보고, 또 자기 누이 리브카가 그 사람이 내게 이렇게 말하였다고 말하는 것을 듣고 그 사람에게 왔더니, 보라, 그는 우물에 있는 낙타들 곁에 섰더라.

31 그가 말하기를 "주께 복을 받은 분이여, 들어오소서. 어찌하여 밖에 서 있나이까? 내가 방과 낙타를 위한 처소를 준비하였나이다." 하더라.

라반은 (히브리어로 "하얗다"는 뜻) 소문을 들었고(30절) 뒤이어 밖으로 나와서(29절) 엘리에셀을 집으로 인도했다(31절). (기록 순서는 시간 순서대로 되어 있지 않음을 주목하라. 이것은 성경 기록 방식에 있어서는 흔히 있는 기술 방식이다.) 라반은 중상모략으로부터 보호하려고 했는지, 아니면 인종 통합주의자들의 마음을 가라앉히고자 했는지는 몰라도 대다수의 주석가들은 라반의 히브리어 의미인 "하얗다"는 것은 그의 피부색이 아니라 도덕성을 언급하는 것이라고 억지 주장을 한다. 모세의 장인에 관한 부분에서도(출 18장) 억지 주장을 일삼는 자들이니 이번에도 그 본성을 그대로 드러낸 셈이다.

두 경우 모두 주석가들은 노먼 빈센트 필의 긍정적 접근 방식을 가지고 "인간의 본성"을 다루려고 한다. 즉 이들은 인간의 모든 긍정적인 면을 부각시키고서는 인간을 전혀 비판하려 들지 않는다. 그리스도의 생각과는 전혀 다른 생각을 갖고 있는 이들 주석가들은 인간의 본성에 대한 성경의 분명한 가르침(롬 1,2,3장)을 거부한 채 인간에 대해 부정적으로 말하고 있는 말씀들은 거부하고 인간을 드높이는 부분은 과대 포장을 한다.

라반은 결코 그의 도덕성이 "하얗다"고 말할 수 있는 사람이 아니었다(창 29:21; 30:27; 31:2,29,31, 특히 마지막 구절을 보라. 우상을 지니고 다니는 사람을 도덕적으로 "하얗다"고 평가하는 주석가들은 제정신인지 의심스럽다). 하나님 보시기에는 악인을 정당화시키는 자는 의인을 저주하는 자들만큼 죄를 짓는 것이다(잠 17:15). 두 부류 모두 주께 가증하다고 성경은 말씀한다. 히브리어 학자임을 자랑하는 칼리쉬는 자기 나라말로 된 자기 성경도 제대로 읽지 못함이 아닌가?

『**그가 귀고리와 자기 누이 손에 있는 팔찌들을 보고**』(30절). 이 모습은 라반이 어떤 종류의 사람인가를 보여 준다. 라반은 영적으로 볼 때 야곱과 동일한 수준이었다(창 45:27을 보라. "수레들을 보고") 이처럼 라반과 야곱은 둘 다 믿음이 아닌 봄으로써 행동했다. 그들의 행동의 동기는 "눈에 보이는 것"이었던 것이다.

『**주께 복을 받은 분이여, 들어오소서**』(31절). 라반은 사울보다 더 큰 소리로(삼상 15:13) 외쳐 댔다. 『**어찌하여 밖에 서 있나이까?**』(31절) 이 말은 오늘날 보자면 "오, 우리 교회는 당신 같은 회원이 필요합니다. 처음 뵙는데도 실로 풍채가 좋으시군요."(그러나 귀고리와 팔찌를 한 새로운 회원들의 영적인 상태는 형편없는 것이 보통이다. 약 2:1-4 참고). 과거에는 교파와 교회들은 그들의 "신조" 혹은 그들이 "믿는 바"에 따라 갈라섰다. 그러나 오늘날은 상황이 달라졌다. 교단들은 수입에 따라 나뉜다. 한 성도가 죽어 하늘나라로 갔는데, 미카엘 천사가 지상에서 어떤 차를 탔었느냐고 하자, 그가 "캐딜락"을 탔다고 했다. 그러자 미카엘 천사는 "저리 가서 성공회 교인석에 앉으시오."라고 했다. 그 다음에 온 사람은 "폰티악"을 탔다고 했고, 미카엘은 "장로교인석에 앉으라"고 했다. 세 번째 사람은 "쉐보레"를 타다가 왔다고 하자, "그래! 그렇다면 저리 가서 침례교인석에 앉으시오."라고 했고, 네 번째 사람은 "포드"를 타다가 왔다고 했고 미카엘 천사는 "저리 가서 크리스천 사이언스 좌석으로 가시오. 당신은 차를 갖고 있다고 '생각'만 하다가 왔구먼."이라고 한다. (미국에서는 "포드"가 가장 값싼 차이고, 따라서 죽음은 실제로 존재하지 않는다고 가르치는 크리스천 사이언스를 조롱하는 표현임. - 역자 주)

미국에서 제일 큰 침례교회 중 하나를 찾아간 거지에 대한 이야기는 이미 잘 알려져 있다. 그 거지는 그 교회의 회원이 되기를 원했고, 이에 한 집사가 "집에 가서 그에 관해 기도해 보시오."라고 말했다. 그 거지가 3년을 교회 출석을 했지만 "등록"하지 않자, 집사는 하나님께서 뭐라고 기도에 응답하시더냐고 물었다. 그 거지는 "그분께서 저에게 말씀하시기를, 하나님께서도 이 교회에 30년 가까이 출석하셨지만 아직 회원으로 등록을 못 하셨다고 말씀하셨지요."라고 대답했다. 라반은 손님이 "귀고리와 팔찌"를 가지고 온다는 전제하에, 그를 자기 집으로 맞아들이는 일에 관심을 가졌던 것이다.

24:32 ○ 그 사람이 집으로 들어가자 라반이 그 사람의 낙타들의 짐을 부리고, 짚과 여물을 낙타들에게 주었으며, 그 사람의 발과 그의 일행의 발 씻을 물을 주더라.

33 그의 앞에 먹을 음식을 차려 놓았으나, 그가 말하기를 "내가 내 용무를 말하기 전에는 먹지 않으리이다." 하니, 라반이 말하기를 "말하소서." 하더라.

34 그가 말하기를 "나는 아브라함의 종이니이다.

35 주께서 나의 주인을 크게 복 주셨기에 그는 위대하게 되었으며, 주께서 그에게 양떼와 소떼와, 은과 금과, 남종들과 여종들과, 낙타들과 나귀들을 주셨으며,

36 내 주인의 아내 사라가 늙어서 나의 주인에게 아들을 낳았더니 그가 자기의 모든 소유를 그 아들에게 주었나이다.

37 나의 주인이 나로 맹세하게 하고, 말씀하시기를 '너는 내가 거하
는 땅 카나안인들의 딸들 중에서 내 아들을 위해 아내를 얻지
말고,
38 너는 내 아버지의 집 내 친족에게로 가서, 내 아들을 위하여 아
내를 얻으라.' 하시기에,
39 내가 내 주인에게 말씀드리기를 '혹시 여자가 나를 따라오지 아
니하면 어찌하리이까?' 하니,
40 그가 내게 말씀하시기를 '내가 그분 앞에서 행하나니, 주께서 그
의 천사를 너와 함께 보내어 네 길을 번성케 하시며, 네가 내 친
족 중 내 아버지의 집에서 내 아들을 위하여 아내를 얻을 것이
니라.
41 네가 내 친족에게 가면 그때에는 네가 나의 이 맹세에서 해제되
리라. 만일 그들이 네게 주지 않는다 해도 너는 나의 맹세에서
해제되리라.' 하였으니,
42 내가 오늘 그 우물에 와서 말하기를 '오 내 주인 아브라함의 주
하나님이여, 이제 주께서 내가 가는 길을 번성케 하시오면,
43 보소서, 내가 우물가에 서 있다가 그 처녀가 물을 길으러 오면
내가 그녀에게 말하기를, 내가 부탁하노니 네 물항아리의 물을
조금 마시게 하라 해서
44 그녀가 내게 말하기를, 마시소서, 또 내가 당신의 낙타들에게도
물을 길으리이다 하면, 그 여자가 주께서 나의 주인의 아들을
위하여 정해 주신 자가 되리이다.' 하니,
45 내가 내 마음속에 그 말을 마치기도 전에, 보소서, 리브카가 자

기 물항아리를 자기 어깨에 메고 와서 우물로 내려가 물을 긷기
에, 내가 그녀에게 말하기를 '내가 부탁하노니, 나로 물을 마시
게 하라.' 하니,
46 그녀가 서둘러서 자기 물항아리를 자기 어깨에서 내리며 말하
기를 '마시소서. 내가 당신의 낙타들도 마시게 하리이다.' 하기
에 내가 마셨으며, 그녀가 낙타들에게도 마시게 하였나이다.
47 내가 그녀에게 물어 말하기를 '네가 누구의 딸이냐?' 하니, 그녀
가 말하기를 '밀카가 낳은 나홀의 아들 브두엘의 딸이라.' 하기
에, 내가 귀고리를 그녀의 얼굴에, 팔찌를 그녀의 손에다 끼워
주고
48 내가 내 머리를 숙여 주께 경배하였고, 내 주인 아브라함의 주
하나님을 송축하였나니, 이는 그분께서 나를 바른 길로 인도하
시어, 내 주인의 형제의 딸을 주인의 아들을 위하여 취하게 하
셨음이라.
49 이제 당신들이 나의 주인을 친절하고 진실하게 대하시려면 내
게 말해 주시고, 그렇지 않을지라도 내게 말해 주셔서 나로 하
여금 오른편이나 왼편으로 돌이키게 하소서." 하였더라.

이 구절들은 특별히 많은 주석이 필요 없다. 이 구절의 대부분은 10절부터 28절까지 사건의 반복이기 때문이다. 우리는 32절에서 처음으로 엘리에셀에게 일행이 있음을 알게 되며, 이로써 18-20절에서 리브카는 많은 물을 길었음을 다시 한번 주목하게 된다. 실로 성령을 예표하고 있는 엘리에셀은 그의 주인을 "증거"하기 전에(요 15:26) 먹지 않았다. (그리스도인의 섬김과 관련된 누가복음 17:8에서도 동일한 내용을 볼 수 있다.)

『**나는 아브라함의 종이니이다**』(34절). 이 증언은 바울과 예수님 자신의 증언이기도 하다(사 41:9; 42:19; 52:13; 53:11). 성령께서는 "성령"에 대해 단 5분도 말씀하시지 않았다. 성령께서는 예수 그리스도에 관해 증거하시며, 그리스도인들로 하여금 하나님의 말씀을 담대하게 말하도록 하신다(행 4:13,31). 성령을 높이는 데에나 그의 은사를 높이는 데에 많은 시간을 드리는 사람들은 육신적인 그리스도인들이다(고전 2,3,12, 13장). 이들은 주 예수 그리스도를 드높이고 증거하는 그리스도인들과 비교하면 영적으로 미숙한 사람들이 아닐 수 없다(갈 6:14, 엡 1:20,22, 빌 2:6-12, 골 1:15-20 등).

『**주께서 나의 주인을 크게 복 주셨기에**』(35절). 엘리에셀의 증언은 신구약 성경에서 창조주 하나님의 영광에 관해, 곧 한량없는 부를 소유하고 계신 온 우주의 주인이신 그분의 영광에 관해 언급하고 있는 성경 구절과 잘 어울린다고 할 수 있다. 『**내 주인의 아내 사라가 늙어서 나의 주인에게 아들을 낳았더니**』(36절). 하나님 아버지와 그분의 소유에 대해 자랑을 끝내신 성령님은 예수 그리스도와 그분의 소유에 대해 자랑하고 계심을 볼 수 있다(창 24:36 - 『**그가 자기의 모든 소유를 그 아들에게 주었나이다.**』). 엘리에셀의 증거에서 주목할 것은 그가 "아들"에 대해 매우 강조하고 있다는 사실이다. "나의 주인에게 아들을"(36절), "내 아들을"(37절), "내 아들을 위하여"(38절), "내 아들을 위하여 아내를"(40절). 이 아들은 아버지께서 그 안에서 기뻐하시고 "사랑하시는 아들" 예수 그리스도를 예표하고 있는 것이다.

『**내가 귀고리를 그녀의 얼굴에**』(47절). 이에 관해서는 앞서도 언급했지만, 얼굴의 모든 부분, 곧 귀에도 해당되므로 히브리어를 억지로 들먹거려 귀고리를 코걸이로 변개시켜서는 안 된다.

엘리에셀은 음식이 식고 있는데도 계속해서 증언을 했고, 자기 임무에 대한 대답을 라반과 브두엘에게 촉구했다. 그는 "예"와 "아니오"에 대한 답을 듣겠다고 요구하고 있는 것이다.

24:50 라반과 브두엘이 대답하여 말하기를 "그 일이 주로부터 진행되었으니 우리가 당신께 나쁘거나 좋다고 이야기할 수 없도다.

51 보라, 리브카가 그대 앞에 있으니 그녀를 데리고 가서, 주께서 말씀하신 대로 그녀가 당신 주인의 아들의 아내가 되게 하라." 하니,

52 아브라함의 종이 그들의 말을 듣고 나서, 땅에 엎드리어 주께 경배하더라.

53 그 종이 은 장신구들과 금 장신구들과 의복을 꺼내서 리브카에게 주고 그녀의 오라비와 어미에게도 귀한 것들을 주니라.

54 그들이, 즉 그와 그의 일행들이 먹고 마시며 온 밤을 지내고 아침에 일어나서, 그가 말하기를 "나를 나의 주인에게로 보내소

서." 하니,

55 그녀의 오라비와 어미가 말하기를 "소녀로 며칠, 적어도 열흘을
우리와 함께 있게 하고, 그후에 그녀가 갈 것이라." 하더라.
56 그가 그들에게 말하기를 "나를 지체시키지 마소서. 주께서 내
길을 형통케 하셨으니 나를 보내어 내 주인에게로 돌아가게 하
소서." 하더라.
57 그들이 말하기를 "우리가 소녀를 불러 그녀에게 직접 물어 보리
라." 하고,
58 그들이 리브카를 불러서 그녀에게 말하기를 "네가 이 사람과
함께 가겠느냐?" 하니, 그녀가 말하기를 "내가 가겠나이다." 하
더라.
59 그들이 그들의 누이 리브카와, 그녀의 유모와, 아브라함의 종과,
그의 일행들을 보내며,
60 리브카에게 축복하며 말하기를 "너는 우리의 누이며, 너는 수백
만의 어미가 될지어다. 네 씨로 그들을 미워하는 자들의 성문을
소유케 할지어다." 하더라.

『**그 일이 주로부터 진행되었으니**』(50절). 바로 이것이 그리스도인의 자세이다. 그 누구도 자기가 예의 바르다고 인정받고 싶다는 이유로 "예"라고 대답하거나 자기 마음에 들지 않는다는 이유로 "아니오"라고 대답할 수는 없다. 라반은 창세기 31:29에서도 동일한 상황에 놓이게 된다. 하나님께서 꿈에 나타나셔서 야곱을 해치지 말라고 하셨기 때문이다.

동양의 아버지나 오빠는(여기는 두 경우 다 해당됨) "딸"이나 "여동생"의 혼인에 관해서 전권을 행사하는 것이 보통이다. 이들은 허락을 할 수 있는 권한이 있다(고전 7:36-38). 그럼에도 이 혼인에는 너무도 초자연적인 요소가 많은 고로 혼인이 완전히 성립되기 전에 리브카에게도 선택권이 주어졌다(58절).

『**그 종이 은 장신구들과 금 장신구들과 의복을 꺼내서**』(53절, 창 24:1-6에서 성령의 열매에 관해 언급한 부분을 보라). "장신구"라는 단어는 히브리어로 "켈리"로, "끝내다"라는 뜻을 지닌 "칼라"라는 어원에서 나왔다. 따라서 이 단어는 은과 금으로 만들어진 장신구, 즉 "완성된" 장신구란 뜻이다. 그런데도 성경 변개자들은 이 단어를 "그릇"으로 바꾸어 버렸다. 그렇게 되면 이사야 61:10에 쓰인 동일한 단어 역시 "그릇"이 되어 "신부가 그릇으로 자신을 단장한다"는 우스갯거리가 만들어지는 것이다. 이것이 그토록 실력 있는 학자님들의 실력인 것이다. 에스겔서 16:11,12에 따르면 "귀고리"를 "코걸이"로 "장신구"를 "그릇"으로 변개시키는 학자들은 알파벳을 읽는 데 문제가 있는 것 같다. 에스겔 16:11-13에 따르면 하나님께서는 여인에게 "팔찌, 사슬, 보석, 귀고리, 금과 은..." 등을 주셨다. 이 구절에 따르면 성령께서는 "이마의 보석"과 "귀고리," "코걸이"는 서로 다르며, 12절의 보석들은 17절에서 금과 은으로 된 것임을 분명히 보여 주고 있다. 그렇다면 이 보석 혹은 장신구를 그릇으로 번역하겠다고 나서는 학자들과 성령님 즉 누구의 권위를 인정해야 마땅하겠는지 생각해 보라.

본문 내용은 성령께서 믿는 자에게 "유업의 보증"을 주시는 장면이다. 이 유업의 보증은 "값 주고 사신 그 소유를" 구속하기까지 주어진 것이다(엡 1:14). 즉 몸에서 떠나 주와 함께 있게 될 그때까지(고후 5:8) 유업의 보증이 주어진 것이다. 이 세상의 모든 죄인들이(그가 개신교도건, 카톨릭교도건, 유대인이건, 불교도건, 도교도건, 이슬람교도건, 신도주의자건, 유교도건, 힌두교도건, 아니면 불가지론자건 간에) 미리 지옥을 맛보는 것과 같이 - 그래서 그런지 상당수의 사람들은 이 땅이 지옥이라고 말하기도 한다. - 그리스도인들은 하늘나라에 대해 미리 맛볼 수 있는 것이다(계 21:1-4에 대한 주석 참고).

라반은 열흘을 머물다 가라고 요구하였다. 이는 이방인들의 계산 방식에 따른 것이다(창 10:10 주석 참고). 그러나 성령을 예표하고 있는 엘리에셀은 그의 "주인"에게로 돌아가고 싶어 한다(55,56절).

『**네가 이 사람과 함께 가겠느냐?**』(58절) 이 말씀은 창세기 3:15; 2:7; 3:1; 4:1-5; 9:24-27; 12:1-3; 22:1-5 등과 함께 성경 속의 다이너마이트 같은 구절에 해당한다. 리브카의 가족들은 그녀에게 『**네가 이 사람과 함께 가겠느냐?**』는 질문을 했고, 리브카는 이에 『**내가 가겠나이다.**』(58절) 라고 대답했다. 오늘날까지도 서양에서는 결혼식에서 이 질문을 약간 변형해서("go" 대신 "have"를 사용) 사용한다. 이 질문은 거친 인생의 풍파를 함께 헤쳐 나가기로 할 것인지 묻기 위해 혼인 서약을 할 때 사용되는 것이다. 이 질문에 대한 답변은 "예"와 "아니오" 둘 중 하나이다. 운명은 성품에 의해 결정되고, 성품은 결단에 의해, 그리고 결단은 마음과 야망에 의해 결정되는 법이다. 어쨌든 모든 운명은 "예"와 "아니오"라는 두 단어에 달려 있다. 마태복음 25:30-44에서도 모든 사람들의 운명은 "너희 복받은 자들이여, 오라." 혹은 "너희 저주받은 자들아, 떠나라."로 결론이 난다. 만약 리브카가 "아니오."라고 대답한다면, 그녀는 메소포타미아에서 그녀의 친구들과 친척들과 함께 죽을 때까지 살 것이요, 만약 그녀가 "예"라고 대답한다면 "짐을 싸고 일어나" 평생 동안 장막에서 순례자와 나그네로 살도록(히 11:9,13) 운명 지어진 남자와 생을 함께하기 위해 떠나야만 하는 것이다.

"리브카, 자, 어떻게 하려느냐? 이 사람과 떠나겠느냐?"

"글쎄요, 가고는 싶지만, 만약 제가 가면 이곳 바빌론 제일교회 사람들이 저보고 미쳤다고 하지 않을까요? 요즘은 사람을 잘못 만나면 먹고 살기도 힘들다던데..."

"이 사람과 함께 떠나겠느냐?"

"그러고는 싶은데요. 제가 견뎌 낼까 모르겠어요. 여행길이 500마일이나 되는데다, 뜨겁고 더러운 모랫길에다 저 낙타들을 타고 간다고 생각하니... 친구들이 그러는데 도중에 강도와 도적들이 많다던데..."

"그러니까 이 사람과 함께 떠나겠느냐?"

"사실을 말씀드리자면, 저는 떠나야만 한다고 생각합니다. 그런데 그럴 기분이 나질 않는군요. 어떤 친구들이 그러는데 구원받을 때는 불도 받았고, 신비한 체험도 했다던데, 저는 왜 그런지 느낌이 없거든요..."

"갈 거냐, 안 갈 거냐?"

"아시다시피, 당신은 당신의 종교를 갖고 있고 저는 제 종교를 갖고 있지요. 제안은 고맙습니다만, 우리는 다른 종교로의 개종을 인정하지 않아요. 저는 저의 사제도 모시고 있고, 또 필요하면 뭐..."

"마지막으로 묻겠다. 리브카! '예'냐, '아니오'냐?"

『내가 가겠나이다.』

독자들도 보다시피 이 경우 핵심 요소는 의지이다(요 5:40). 할 수 없는 것이 아니고 하기를 원치 않는 것이다. 몰라서 못 믿는 것이 아니고 "체험"이 없어서 못 믿는 것도 아니다. 다만 하나님께서 주시고자 하는 그 복을 받지 않으려고 거역하는 그 마음 때문에 믿지 못하는 것이다(롬 2:4,5). D.L. 무디가 한번은 무신론자 클럽에서 30명을 회심시킨 적이 있었다. 무디는 그리스도를 영접하겠다고 하는 한 사람을 그의 친구들 앞에 일으켜 세워 주님을 영접하도록 했다. 이 사람이 약 300여 명 앞에 서 있는 동안 무디는 "자, 이 사람이 여러분의 영웅입니다. 자, 누가 일어서서 '나는 예수 그리스도를 영접하지 않겠다! 나는 그분과 아무런 관계를 갖고 싶지 않다!'라고 선언하시겠습니까?"라고 물었다. 그때 한 사람이 일어섰다. 무디는 "자, 여러분 앞에는 이제 두 사람의 영웅이 서 있습니다. 어떤 영웅을 따를 것인지 결정하십시오." 30명이 일어서서 예수 그리스도를 영접한 그 사람을 따르겠다고 일어섰다. 그러나 두 번째 영웅을 따르겠다는 사람은 한 사람도 없었다. 후일 밝혀진 바에 따르면 예수 그리스도를 영접하겠다고 일어섰던 죄인은 약속을 지키는 사람으로 훌륭한 아버지요, 남편으로서 빛을 얻기 위해 매일 기도했던 것으로 드러났고, 두 번째 "영웅"은 형편없는 도박꾼이었음이 드러났다. 이 영적인 전쟁은 "의지"에 달려 있다. 원하는 자는 얻게 되지만 그렇지 않으면 얻지 못한다.

이제 리브카는 유모와 함께 가족의 전송을 받으며 여행길을 떠난다(59,60절). 60절에 나오는 복은 창세기 22:17에서 아브라함이 받은 복과 유사하다는 사실을 주목하라. 자손의 복과 물질적 복에 관한 것으로 승리가 예언되어 있다. 리브카는 실로 "수백만의 어미"가 되었다(출 12:37,

민 1,2,3,4,5장, 삼하 24:9). 오늘날에도 그녀의 후손 1,400만 명이 이
땅에 남아 있다.

24:61 ○ 리브카가 일어나서 그녀의 몸종들과 함께 낙타들을 타고 그 사람을 따르니, 그 종이 리브카를 데리고 그의 길을 가더라.

62 한편 이삭은 라해로이 우물 길에서 왔으니, 이는 그가 남쪽 지방에 거하였음이라.

63 이삭이 저녁 때에 들에 나가 묵상하였는데, 그가 눈을 들어 보니, 보라, 낙타들이 오고 있더라.

64 리브카가 자기 눈을 들어 이삭을 보고 낙타에서 내렸으며,

65 이는 그녀가 그 종에게 말하기를 "들에서 우리를 만나러 걸어오는 사람이 누구뇨?" 하니, 그 종이 말하기를 "나의 주인이니이다." 하였음이라. 그러므로 그녀가 너울을 들어 자신을 가리더라.

66 그 종이 이삭에게 그가 행했던 모든 것을 말했더니,

67 이삭이 그녀를 자기 모친 사라의 장막으로 데리고 가서 리브카를 취하니, 그녀가 그의 아내가 되었고, 그가 그녀를 사랑하였더라. 이삭이 자기 모친이 죽고 난 후 위로를 받았더라.

『**그녀의 몸종들**』(61절)이라는 말로 미루어 리브카는 유모 외에도 다른 일행이 있었음을 알 수 있다. 이들은 오늘날의 신부의 들러리처럼 신부를 섬기는 "소녀들"로 마태복음 25:1-8에 등장하는 "처녀들"에 해당된다(마 25:1-8 주석 참고).

『**그의 길을 가더라**』(61절). 이 말씀은 예표로 우리 그리스도인은 더 이상 자기를 위해 살아서는 안 되며, 우리를 사랑하사 우리를 위해 죽으신 그분을 위해 살아야만 한다(고후 5:14-16)는 것을 보여 준다. "그분으로 당신과 함께 그분의 길을 가시도록 하자."라는 찬송은 바로 이에 해당된다. "주여, 당신의 길을 얻으소서. 당신 자신의 길을 얻으소서."라는 찬송도 마찬가지이다. 리브카는 "그녀의 길"을 가는 것을 중단하고 "그의 길"을 가고 있는 것이다. 당신은 그 길을 향해 가고 있는가?(살전 3:11, 벧후 2:15)

『**라해로이 우물**』(62절, 창세기 16:14 주석 참고). 우물은 브엘세바 근처이다(62절의 남쪽 지방 참고). 이후의 모습은 교회의 휴거에 대한 모습, 즉 그리스도의 신부의 귀향이라고 할 수 있다. 이삭은 "들"(밭)에 있었고 예수님께서는 "밭"은 세상이라고 말씀하셨다. 이 시대의 끝에는 주 예수께서 이 지구의 대기권으로 내려오셔서(솔 2:8-13) 신부를 부르실 것이다(계 4:1-4 주석 참고). 이때까지 리브카는 신랑을 본 적이 없었다(요 20:26-29). 이 둘의 만남이 어떠할 것인지는 상상만 해도 가슴이 두근거린다.

이삭은 들에서 "묵상"을 하고 있었다(63절). 시리아 역본에는 이 묵상을 "산보"한다고 번역했다. 게세니우스는 본문은 이삭이 "양떼를 모으기 위해" 바깥으로 나갔다는 것을 의미한다고 말한다("양떼를 모으는"이란 것이 "산보"보다는 훨씬 나은 것 같다). 그러나 이삭은 머릿속에 여러 가지를 생각하고 있었다. 따라서 "묵상"이란 단어는 올바른 번역이다(히브리어 "수아흐"는 "애곡"한다는 의미도 있는데, 벌링거는 이삭이 어머니의 죽음을 애곡했다고 생각했는지 "묵상"을 그 뜻으로 주석했다). 그러나 이 히브리어 단어는 애곡이 아닌 "묵상"의 뜻으로 시편 1:2; 63:6; 119:23,48,78; 143:5 등에서 쓰였다. 따라서 〈킹제임스성경〉의 어휘를 바꾸려는 모든 시도는 하나님의 말씀의 권위에 대한 잘못된 태도에서 비롯된 것이라 할 수 있다. 〈칠십인역〉은 단순히 생각하는 것과 깊이 묵상하는 것과의 차이를 구분할 수 없었는지 "묵상"을 "생각"이라고 뜯어고쳤다. 어쩌면 이 단어는 자기 두뇌를 우상화하고 "지적 활동"을 신으로 만들어 버린 사람들에게는(듀이, 러셀, 헤겔, 스피노자, 라이프니츠 등) 잘 어울릴 수 있는지 모르지만, 성경의 본문은 그것이 아니고 묵상이다. 묵상은 단순한 생각이 아니라 느낌과 확신을 갖고 생각하는 것이다. 방금 어머니를 잃고 이제 곧 한 번도 본 적이 없는 평생의 반려자를 기다리고 있는 사람이 헬라의 스토아 철학자 모양으로 "생각"을 하기 위해 앉아 있었을까? 그는 오히려 뭔가를 "묵상"해야만 할 것이다. 이삭은 그의 어머니의 죽음을 슬퍼하였을 것이고(67절), 동시에 자신의 결혼 생활을 골똘히 응시하고 있었을 것이다. 언제나 〈킹제임스성경〉이 맞고 주석가들과 학자들과 비평가들과 철학자들과 교사들과 설교자들과 언어학자들은 틀렸다.

『**이삭을 보고**』(64절). 이 시대에는 그리스도인은 단지 믿음의 눈으로(롬 8:24) 예수님을 바라볼 뿐이지만, 언젠가 그 믿음은 직접적인 대면으로 바뀔 것이고(고전 13:12), 그때는 구름들이 두루마리처럼 걷힐 것이다. 나팔 소리가 울려 퍼지고 주님께서 강림하시면, 그때 우리의 혼은 실로 복된 날을 맞이할 것이다.

66절에서야 종(성령을 예표함)은 처음으로 자신에 대해 말하고 있다. 이것은 지나온 일에 대한 이야기로서 성령께서 이 세상의 모든 나라와 민족과 족속과 기후에서 2,000년 동안 사역하신 자신의 일들과 행하신 것들을 말씀하시는 엄청난 간증은 육신을 입고서는 다 듣기가 어려울 정도일 것이다. 그분은 "죄에 대해서 의에 대해서 심판에 대해서" 책망하셨고 성경대로 믿는 사도들(베드로, 야고보, 요한 그리고 바울)과 성경대로 믿는 수도승(패트릭, 콜롬바, 마틴, 스타우피츠) 그리고 성경대로 믿는 선교사들(릴, 알반, 카레이, 리빙스턴, 엘리옷, 브레이너드, 허드슨, 모팻, 고포스 등), 성경대로 믿는 전도자들(피니, 무디, 존스, 토레이, 선데이 등), 성경대로 믿는 목사들(노리스, 홀드만, 빅, 로버슨, 에드워즈, 할레인, 헤니거, 윌슨, 스프링거 등), 성경대로 믿는 개혁자들(루터, 낙스, 뵐러, 츠빙글리, 메노시몬즈 등), 성경대로 믿는 순교자들(스테판, 바울, 알반, 후스, 틴데일, 왈덴스, 위그노, 알비겐스 등)을 사용해서 하나님의 책에 담긴 완전한 계획을 수행하셨고, 그 책은 하늘과 땅이 없어져도 영원토록 이곳에 남게 될 것이다(〈요한계시록〉 주석 2,3장의 교회 시대 참고). 『**그 종이 이삭에게 그가 행했던 모든 것을 말했더니**』(66절).

리브카는 사라의 장막으로 "인도되었고" 이는 사라가 쓰던 개인용 방이 리브카에게 배당된 것을 보여 준다. 이 예표 역시 분명하다. 로마서 11:11,17,20, 그리고 에베소서 2:11-15.

『**그가 그녀를 사랑하였더라**』(67절). 이 말씀은 에베소서 5장의 말씀에 해당된다. 『**그리스도께서 교회를 사랑하셔서 교회를 위하여 자신을 주신 것같이**』(25절). 『**이삭이 자기 모친이 죽고 난 후 위로를 받았더라**』(67절). "죽고"(death)란 단어는 히브리어 본문에는 들어 있지 않고 따라서 권위역본은 이 단어를 이탤릭체로 처리해서 그 단어는 히브리어 본문에 없음을 표시하고 있다(반면 요즘 나오는 변개된 성서들에는 어느 단어가 히브리어 본문이고 어느 것이 아닌지를 전혀 구분해 놓지 않는다. 이들은 이처럼 부정직한 태도로 번역에 임했던 것이다). 이 단어가 히브리어 본문에 없는 것을 두고 "성령께서는 이 아름답고 유쾌한 사랑의 이야기를 슬픈 단어와 더불어 끝내고 싶지 않으신 것 같다."라고 주석하는 자들이 있는데, 이는 에드가 A. 게스트나 노먼 빈센트 필처럼 성경을 동화책 정도로 생각하는 사람들의 망상일 뿐이다. 창세기는 "Coffin in Egypt"(이집트에서 관)으로 끝나고 있으며(창 50장) 구약성경 역시 "a curse"(저주)로 끝나고 있다(말 4장). 창세기 24:67에서 히브리어 본문에 "death"(죽음)가 빠진 이유는 비록 이스라엘이 "한쪽으로 젖혀졌고" "내던져졌으며" "거부되었다"고 하지만 완전히 죽은 것은 결코 아니라는 사실을 언급하기 위한 것이 분명하다(이에 대한 것은 예레미야 31:36, 아모스 9:9, 로마서 11:1-6에서 확인할 수 있다). 이스라엘은 "영적으로 죽어 있다"(겔 37:1-15). 따라서 "영적인 부활"이 필요하다(롬 11:15). 그러나 사라는 "믿지 않는 이스라엘"을 대표하는 "여호와의 이혼당한 아내"(호 1:2,3)와는 다르다. 사라는 오히려 천국이 신비의 형태로 존재하는 이 시대에는 "밭에 숨겨진" 보물과 같은 것이다(마 13:44 주석 참고).

창세기 25장

25:1 그때에 아브라함이 다시 아내를 얻었으니, 그녀의 이름은 크투라라.
2 그녀가 심란과 욕산과 므단과 미디안과 이스박과 수아를 낳았고,
3 욕산은 시바와 드단을 낳았으며, 드단의 아들들은 앗수르인과 레투시인과 레움미인이며,
4 미디안의 아들들은 에파와 에펠과 하녹과 아비다와 엘다아더라. 이들 모두가 크투라의 자식들이라.

우리는 먼저 1절부터 18절 사이에 나오는 모든 사람들의 이름에 대해 언급한 후 한 절 한 절을 주석해 나가고자 한다.

1. 크투라: 히브리어로는 "향." "아내"(히브리어는 "이샤")라는 단어가

〈강단의 주석〉에는 "첩"이라고 되어 있다(1권, p.313). 이와 같이 어휘가 변경된 이유는 (개역성경 역시 후처로 되어 있음) 거의 대다수의 "주석가들"이 진리를 있는 그대로 받아들이지 않으려는 사실 이외에도 역대기상 1:32에 나와 있는 히브리어 단어가 "필가쉬"이기 때문이다. 그러나 창세기 25:1에 나와 있는 아내라는 히브리어 단어는 "필가쉬"가 아니다. 히브리어 본문에서 자의적으로 유추해 낸 이 잘못된 추측은 그럼에도 불구하고 칼빈, 케일, 칼리쉬, 랑게, 머피, 부시, 알포드 등에 의해 아무런 문제 제기 없이 수용되고 말았다. 이들 학자들이 성령께서 아내라고 기록하신 것을 굳이 첩으로 고치려 하는 이유는 6절에 나오는 "첩들"이라는 표현과 역대기상 1:32에 나오는 단어 때문이다. 그들이 보기에는 성령께서 "아내"(창 25:1)라고 말씀하신 것은 실수였다는 것이다(오리겐이 마태복음 19:16,18에서도 한 가지 사실을 다른 사실과 억지로 연관시켜 성경을 뜯어고친 사실을 염두에 둘 것).

칼빈(종교개혁자 중 최고의 신학자로 알려진 인물), 존 피터 랑게(히브리어, 독일어, 불어, 헬라어, 라틴어, 콥트어, 아람어를 마스터한 인물) 그리고 알포드(헬라어 학자로 헬라어 비평 원문의 편수자) 등은 〈킹제임스성경〉에 기록된 사실을 간과해 버렸다. 그러나 창세기 25:1의 히브리어 본문에는 "첩"(필가쉬)이 아닌 "아내"(이샤)로 나와 있다. 위대한 "학자"라고 성경을 제멋대로 고쳐도 된단 말인가? 모세 5경의 기록 이후 400여 년이 지난 후(왕상 4:3과 삼하 8:16) 역대기의 기록자는 크투라는 "첩"으로 분류되어야 한다고 생각했다면 그것은 공식적인 분류라고 할 수 있을 것이다. 그러나 모세는 "아브라함이 아내를 얻었다고" 기록하고 있는데도 역대기와 비교해서 모세를 억지로 거짓말쟁이로 만들려고 시도하거나 (반대로 역대기 기록자를 거짓말쟁이로 만들려고 하거나) 하는 태도는 성경을 비판의 시각으로만 바라보는 사람의 심보를 드러낼 뿐이다. [창 25:15의 "하달"과 "하닷"(대상 1:30)의 관계에서도 동일한 상황이 발생한다. 하갈은 첩이지만 거의 모든 주석가들에 의해 "아내"로 분류되었다(창 16:3). 그런데도 크투라("아내"로 기록됨)가 첩이었다고 성령께서 역대기에 분류하신 것에 대해서는 모든 주석가들이 이구동성으로 반기를 들고 일어섬은 어찌된 노릇인가? 이러한 학자들의 농간을 이미 알고 계셨던 하나님께서는 성경 속에 두 구절을 통해 이 문제를 분명히 하셨다. 사무엘하 12:11에서는 다윗의 첩들은 "아내들"이라고 불리며 사무엘하 16:22에서는 그 아내들이 "첩들"이라고 불린 것이다. 따라서 이 두 단어는 서로 교환해서 사용될 수 있는 것이다. 창세기 25:1과 역대기상 1:32 역시 이 경우에 해당되는 것이다.]

2. 심란: "축하받다"는 뜻. 홍해의 메카 서쪽 지역인 사브람 거주민인 것 같다.

3. 욕산: "새 사냥 포수." 아라비아의 카삼 족인 것 같다.

4. 므단: "심판." 아랍 민족에 속함.

5. 미디안: "다툼." 셀라, 페트라, 에돔 지역의 아랍인들. 이들은 재판관기 6,7장에서 이스라엘의 대적으로 나오며, 이 사실은 아브라함이 사라 이외의 여자와 사귈 경우 재앙을 불러일으킨다는 사실을 다시 한번 (이스마엘을 기억하라) 보여 준다.

6. 이스박: "자유롭다." 북아랍 종족.

7. 수아: "우물." 창세기 22:21 주석 참고.

8. 시바: "맹세" 또는 "언약." 어쩌면 욥기 1:15의 사베인일지도 모른

다. 열왕기상 10:1-12에 나와 있는 "시바의 여왕"을 보라.

9. 드단: "낮다." 쿠스(창 10:7)의 손자의 이름을 따라 지어진 이름으로 에돔 지역과 연관이 됨(렘 25:23; 49:8, 겔 38:13).

10. 앗수르인: "강한 자들." 아랍 종족.

11. 레투시인: "억압받다" 또는 "얻어맞다." 바빌론 근처의 아랍 족속.

12. 레움미인: "백성들." 아랍 종족("Beni Lam").

13. 에파: "어두움" 또는 "하나의 수단." 베니 기파(Beni Ghifar)족.

14. 에펠: "젊은 사슴" 또는 "송아지." 13번과 동일.

15. 하녹: "바쳐지다." 아라비아의 메디나 북쪽에 있는 하나케 족일 가능성이 높음.

16. 아비다: "지식의 아버지." 아라비아에 있는 "에보다"족일 가능성이 많음.

17. 엘다아: "하나님이 부른 자." 아랍 족속.

18. 느바욧: 13절의 이스마엘 족보에 나옴. "높은 곳들." 북아라비아 종족.

19. 케달: 13절, "검은 피부." 북아프리카에 사는 종족으로, 성경에 여러 번 언급됨(시 120:5, 솔 1:5, 사 21:16; 42:11, 렘 2:10, 겔 27:21 등).

20. 앗브엘: 13절, 하나님의 기적. 아라비아 종족.

21. 밉삼: 13절, "달콤한 향기." 아라비아 종족.

22. 미스마: 14절, "들음." 메디나 북동쪽에 사는 종족.

23. 두마: 14절, "침묵." 시리아 광야 끝부분에 있는 북아라비아에 있는 도시. 이사야 21:11과 여호수아 15:52를 보라.

24. 맛사: 14절, "짐." 아라비아 종족.

25. 하달: 15절, "방." 예멘에 있는 종족.

이 하달은 역대기상 1:30에는 하닷으로 나와 있다. "칠십인역"을 만들어 낸 알렉산드리아의 "서기관들"은 성령께서 모순되지 않도록 하기 위해 창세기의 "하달"을 "하닷"으로 뜯어고쳤다(개역성경 역시 동일함). 이들은 히브리어 철자 "레쉬"(ר)와 "달렛"(ד)이 혼동되기 쉬워 〈킹제임스성경〉 번역자들이 실수했을 것이라고 단정해 버린 것이다. 그러나 이제껏 수많은 경우에서 우리가 살펴본 대로 학자들과 〈킹제임스성경〉이 서로 의견이 다른 경우에는 항상 학자들이 틀렸다는 사실이 입증되고도 남았다. 역시 이 경우에도 우리는 성경을 가지고 성경 "개정자"들을 "개정"해 주어야 한다. 이를 통해 우리는 성경 본문으로부터 무엇인가를 배울 수 있을 것이다.

1) "하닷"과 "하달"은 〈킹제임스성경〉의 번역자들이 "레쉬"와 "달렛"을 혼동하지 않은 곳에서도 상호 교환해서 사용되고 있음을 주목하라(삼하 10:16,19, 대상 18:3,5,7,8,9,10, 삼하 8:3,5,7,8,10).

2) 철자는 다르지만 어휘 자체는 같은 것인 경우가 영어의 발음체계에서도 빈번히 일어나는 현상임을 주목하라.

a. Cuba를 남부에서는 "Cuber"로 발음한다.

b. Short를 북부 미시건 주에서는 "Shirt"로 발음한다.

c. Cincinnati를 "Cincinnoty"로 발음(보스턴 지방).

d. Bomb을 "Bum"으로 (남부 앨라배마 및 조지아 지방).

e. Dad와 Daddy는 철자는 틀리지만 같은 말이다.

f. Mom과 Mommy 역시 동일한 말이다.

g. Peter와 Pete 역시 철자는 틀려도 같은 말이다.

성경적으로 예를 들자면 “algum trees”(백단목)와 “almug trees”(백단향나무)를 들 수 있다(대하 2:8, 왕상 10:11).

3) 역대기 기록자는 모세 시대로부터 변화되어 당시에 쓰이던 철자를 사용했음이 분명하다. 어떤 언어에서든지 언어는 바뀌어 왔다. 만약 창세기 25:15에 대한 성경 비평가들(대부분이 보수주의자들임)의 견해가 옳다면 그들은 역대기상 1:34을 야곱이 없다는 이유로 고쳐야 하지 않겠는가? 역대기상 1:36에서는 “딤나”가 엘리파스의 아들이라고 했는데, 그녀는 여자가 아닌가? 역대기상 1:51-54은 RSV에 나오는 “족장들”과 어째서 다른가? 그 밖에도 역대기상에는 다윗의 생애를 다루면서도 아마사와 아브넬의 죽음을 비롯하여 암몬과 타말 사건, 압살롬의 반역 등등은 왜 모두 빠져 있는가?

그 어떤 학자도 Abe Lincoln으로 표기한 것을 Abraham Lincoln으로 표기되어야 마땅하다고 비평하지는 않는다. 그런데도 왜 하나님의 말씀은 그냥 두지 못하고 (믿지 못하는 것은 말할 것도 없고) 어떻게 해서든지 뜯어고쳐 보려고 하는가? 그들이 누구의 영에 인도함을 받는다고 생각하는가?

26. 테마: 15절, “사막.” 반 테임(Bann Teim) 부족으로 하마사 지역에 거주(창 36:11 주석 참고).

27. 여툴: 15절, “울타리.” 이투리안족.

28. 나피스: 15절, “숨을 쉬다” 또는 “소생.” 아랍 족속의 일부.

29. 케드마: 15절, “동쪽으로.” 아랍 족속의 일부.

이상에서 살펴본 대로 “크투라의 아들들”은 이스라엘의 열두 지파보다는 이스마엘의 아들들과 더 가까운 친족이다.

25:5 ○ 아브라함이 이삭에게 자기가 가진 모든 소유를 주었더라.
6 아브라함은 자기 첩들의 아들들에게도 재물을 주어, 자기가 살
아 있는 동안 그들을 자기의 아들 이삭으로부터 멀리 동쪽으로
보내어 동쪽 지역으로 가게 하였더라.
7 아브라함이 살았던 생명의 연수의 날들이 이러하니, 일백칠십오
년으로,
8 그때에 아브라함이 숨을 거두니라. 연수가 차고 늙어, 충분히 장
수하고, 죽어 자기 백성에게로 합쳐지니라.
9 그의 아들들인 이삭과 이스마엘이 마므레 앞 헷인 소할의 아들
에프론의 들에 있는 막펠라 굴에 그를 장사하였더니,
10 그 들은 아브라함이 헷의 아들들에게서 샀던 곳이라. 아브라함
과 그의 아내 사라가 거기에 장사되었더라.

크투라와 다른 첩들의 아들들(6절)은 아라비아 사막과 시리아 사막으로 보내졌는데, 이 지역은 오늘날의 "요르단"과 "사우디아라비아"에 해당한다.

아브라함은 드디어 175세를 일기로 숨을 거두었다. 요셉은 110세, 모세는 120세까지 살았으나, 이후(천년왕국 때까지는) 150세를 넘는 사람은 없게 된다. 아브라함은 B.C. 1821년경에 죽었고, 그의 옛 친족인 에벨은 그보다 4년을 더 살았다. 에벨은 B.C. 2281년에 태어나 464세까지 살았다는 사실을 기억하라(창 11:15-17 주석 참고).

아브라함은 그의 아내 사라와 함께 묻혔다(9절). 이때부터 성령께서는 이삭을 드높이기 시작하신다. 예표는 분명하다. 구약의 시대에는 주로 하나님 아버지(아브라함이 예표함)께서 이스라엘(사라로 예표됨)을 다루시는 반면, 사라가 사라지고 나자(A.D. 70년 이스라엘의 흩어짐) 아버지는 더 이상 하나님과 인간과의 관계에서 중심인물이 아니고 아들이신 주 예수 그리스도께서 이 은혜 시대에(롬 15:19,20) 주인공이신 것이다.

이 구절들에서 주목할 것은 아브라함은 이삭과 이스마엘이 그를 장사 지내기 전(9절) 이미 자기 백성에게로 돌아갔다는 것이다(8절). 한 인간은 장사 지낼 때가 아니고 숨을 거둘 때(창 25:8과 49:33을 비교할 것) 자기 백성에게로 돌아간다. 이 사실은 여호와의 증인들의 환상적 가르침("모든 것이 괜찮다. 지옥은 없으니까")에 일격을 가하게 된다. 그들이 주장하는 대로 "지옥"이 단지 무덤일 뿐이라면 어떻게 몸이 무덤으로 가기 전에 혼이 몸을 떠날 수 있겠는가?(창 35:18) 몸이 장사되어 묻히기도 전에 혼은 먼저 몸을 떠나 지옥이나 낙원으로 가는 것이다. 그런데도 여호와의 증인들은 혼도 몸도 무덤으로 갈 뿐 지옥은 없다고 주장하고 있다.

25:11 ○ 아브라함의 죽음 후에, 하나님께서 그의 아들 이삭에게 복 주셨고 이삭은 라해로이 우물 곁에 거하였더라.

12 ○ 다음 사람들은 사라의 여종 이집트인 하갈이 아브라함에게 낳은 아들, 아브라함의 아들 이스마엘의 후대라.

13 이스마엘의 아들들의 이름은 그들의 후대에 따라 이름대로 보면

이러하니라. 이스마엘의 맏아들인 느바욧과 케달과 앗브엘과 밉삼과

14 미스마와 두마와 맛사와

15 하달과 테마와 여툴과 나피스와 케드마니라.

16 이들은 이스마엘의 아들들이요, 이것들이 그들의 부락과 성들에 따른 그들의 이름들이라. 그들의 민족들에 따라 열두 통치자가 있더라.

17 이스마엘의 생명의 연수가 이러하니, 일백삼십칠 년으로 그가 숨을 거두고 죽으니, 그의 백성에게로 합쳐지니라.

18 그들은 하윌라에서부터 앗시리아로 통하는 이집트 앞에 있는 술까지 거하였고, 그가 그의 모든 형제들 면전에서 죽으니라.

우리는 11절에 대한 주석을 창세기 16:14에서 이미 제시했다. 하나님께서는 창세기 12:1-4에 따른 무조건적인 약속에 의거해서 이삭에게 복을 주셨다. 그럼에도 불구하고 이삭은 자식이 없었다(21절). 결국 이삭과 리브카는 쌍둥이로 복을 받기까지 20년간을 기도하게 된다(창 25:20과 25:26을 비교할 것).

우리는 이스마엘의 조상과 후손에 대해 이미 언급했다. 이들은 그들 민족의 12지파의 족장들이다(16절). 이스마엘은 이삭보다 약 50년 가까이 일찍 죽었다(17절). 그는 예언에 따라(창 16:12) 그의 모든 형제들 면전에서 죽게 된다. 그의 후손들은 "이삭과 야곱의 면전에서" 살았고 주요 거주지는 아라비아의 서쪽 부분으로 시나이 반도로부터 예멘과 아덴에 이르는 지역이다. 일부는 좀 더 북쪽으로 이주해 (앗시리아 쪽으로, 18절) 오늘날의 "요르단"과 "이라크" 쪽에 거주했다.

25:19 ○ 다음은 아브라함의 아들 이삭의 후대라. 아브라함이 이삭을 낳고
20 이삭이 사십 세에 시리아인 라반의 누이, 즉 파단아람의 시리아인 브두엘의 딸 리브카를 아내로 얻으니라.
21 이삭은 그녀가 임신하지 못하므로, 그의 아내를 위하여 주께 간구하였는데 주께서 그의 간구를 들으심으로 그의 아내 리브카가 임신하였더라.
22 아이들이 그녀 안에서 서로 싸우니, 그녀가 말하기를 "이와 같으면 내가 어찌하여야 할까?" 하고, 주께 물으러 갔더라.
23 주께서 그녀에게 말씀하시기를 "두 민족이 네 태에 있으니 두 백성이 네 배에서 나눠지리라. 한 백성이 다른 백성보다 강하며 형이 아우를 섬기리라." 하시더라.

이삭은 그의 어머니의 사후 3년이 지나 결혼했고 때는 B.C. 1856년경이었다. 이삭은 아이를 못 낳는 아내를 위해 기도했다(마리아의 예표들에 관한 설명을 보라. 창 11:30). 20년간의 기도 끝에(26절) 주님은 응답하셨다.

리브카가 『**주께 물으러 갔더라.**』(22절)라는 표현은 기도를 뜻하든가 아니면 선지자에게 물으러 갔다는 것이다(삼하 9:9). 루터는 이 선지자는 셈이었을 것이라고 하지만 셈은 B.C. 1846년, 즉 리브카가 임신하기 10년 전에 이미 죽었기 때문에 잘못된 추측인 것 같다.

그러나 아브라함은 여전히 살아 있었고 야곱과 에서가 태어난 후 15년 가량을 더 살았다. 어쩌면 리브카는 시아버지께 물으러 갔을지도 모른다. 그러나 23절을 보면 하나님께서 직접 말씀하셨을 가능성이 높은 것 같다. 『**주께서 그녀에게 말씀하시기를**』(23절). 주께서는 그 어떤 인간과 직접적으로 말씀하시는 데에 있어 아무런 어려움이 없으시다(창 20:3; 21:13; 17:1,19; 18:13,26; 22:1). 어쩌면 주님께서는 리브카에게 인격적으로 계시를 하셨는지도 모른다.

리브카에게 주어진 계시는 노아에게 주어진 인종들에 관한 예언들과 유사하다. 23절 말씀은 분명히 두 민족을 언급하고 있기 때문에 그 어떤 인종통합주의자들도 이 예언이 야곱과 에서 두 사람에게만 적용된다고 억지를 부릴 수는 없을 것이다. 『**두 민족이 네 태에 있으니**』(23절)라는 말은 문자적으로 불가능하므로 에서가 한 민족을 대표하고 야곱이 한 민족을 대표한다는 것은 명백하다(함, 셈, 야펫에 관한 예언을 참고할 것. 창 9:25-28).

로마서 9:12에서 인용된 이 예언은 잉태된 이후에 주어진 것이며 이 사실은 칼빈주의자들에게는 치명적이다. 그들의 선택도 "영원한 선택"이라고 말하고 있지 않다. [따라서 "무조건적인 선택"이란 용어는 비성경적인 용어이며 핑크, 칼빈, 카이퍼, 댑니, 핫지, 스트롱, 쉘톤, 헉스, 길펀 등은 잉태한 후에 선택이 있었다는 사실(롬 9:10,11)을 간과함으로써 수많은 사람들을 혼란 속으로 이끌었다.] 영원한 선택은 에베소서 1:4과 디도서 1:9을 잘못 읽음으로써 나온 인간의 철학으로 그 두 구절 모두 "선택"에 관한 문맥이 아니다. 그리스도인은 그가 구원을 받기까지는(갈 4:7,8) 하나님께 "알려지지 않으며" 택함받은 사람이란 단어는 창세기 1:1 이전에 그리스도 안에 있었던 어떤 사람을 언급하는 것이 결코 아니다(눅 10:42, 행 1:24; 13:17, 요 15:16, 행 22:14,15). 칼빈주의에 따르면 죄인은 "그리스도" 안에서 영원 전에 택함을 받았다가 다시 "떨어져 나와" "아담 안에" 있다가 다시 "그리스도 안으로" 되돌아간다는 말이 된다(롬 5:12-18).

리브카에게 주어진 예언대로 야곱은 에서보다 더 "강력"했다. 또한 에서는 야곱을 "섬기게" 된다(창 27:30).

25:24 ○ 그녀의 해산할 날들이 찼는데, 보라, 그녀의 태에 쌍둥이가 있더라.

25 첫째는 붉고 전신이 털옷 같아서 그의 이름을 에서라 불렀고

26 그 후에 그의 아우가 나왔는데, 그의 손이 에서의 발꿈치를 붙잡아서 그의 이름을 야곱이라 불렀더라. 리브카가 그들을 낳았을 때 이삭이 육십 세였더라.

27 그 아이들이 자라니 에서는 솜씨 좋은 사냥꾼이며 들사람이었고, 야곱은 평범한 사람이라 장막에 거하더라.

28 이삭이 에서를 사랑했는데 이는 그가 에서가 사냥한 고기를 먹었기 때문이라. 그러나 리브카는 야곱을 사랑하였더라.

29 ○ 야곱이 죽을 끓였는데, 에서가 들에서 돌아와 몹시 지친지라,

30 에서가 야곱에게 말하기를 "내가 몹시 지쳤기에 부탁하노니 그 붉은 죽을 나로 먹게 하라." 한지라, 그러므로 에서의 이름을 에

돔이라 부르더라.

31 야곱이 말하기를 "오늘 형의 장자권을 내게 팔라." 하니,

32 에서가 말하기를 "보라, 내가 죽을 지경인데, 이 장자권이 내게 무슨 유익이 되겠느냐?" 하니,

33 야곱이 말하기를 "오늘 내게 맹세하라." 하니, 그가 야곱에게 맹세하였더라. 그가 자기의 장자권을 야곱에게 팔았더라.

34 그리고 나서 야곱이 에서에게 빵과 팥죽을 주었더니, 그가 먹고 마시고 일어나서 자기 길을 갔더라. 이같이 에서가 자기의 장자권을 경시하였더라.

에서와 야곱은(카인과 아벨처럼, 창 4:1) 쌍둥이였다. 에서는 붉은 털이 많았다. "에서"라는 이름은 히브리어 어원으로 "털이 많은 자" 혹은 "거친"과 관련이 있다. 따라서 에서에 대해 가장 많은 조명을 주는 구절은 다니엘서 8장으로 그곳에는 "거친 숫염소"(단 8:21)가 등장하며 다니엘서 4장에는 "털이 많은 자"(단 4:33)가 등장한다. 이 두 사람은 알렉산더 대왕과 느부캇넷살로 성령에 의해 앞으로 나타날 전 세계의 통치자인 적그리스도의 예표로 제시되었다(〈짐승의 표〉 참고). "에서"의 또 다른 이름은 에돔으로 "붉은 자" 혹은 "붉은 갈색의 사람"(창 2:19과 그 주석 참고)이라는 뜻이다. 이 단어에 히브리어 "holem"을 더하면("o"에다 덧붙임) "Edom"은 히브리어로 "Rome"이 된다. 에서는 "이 세상의 사람"(27절의 "들"이라는 단어는 신약에서 세상을 의미하는 "밭"이란 단어와 같다. 마 13:38)으로 님롯과 마찬가지로 사냥꾼이다(창 10:8,9의 님롯을 보라). 이 모든 특징을 다 포함하는 단어는 "바알"로 그 뜻은 "주"

혹은 “선생”이며 그 히브리어 어원은 요한계시록 6장에 등장하는 흰 말 탄 자를 묘사하는 세 단어와 관계가 있다. 그 세 단어는 “활 쏘는 사람,” “털이 많은,” “말 탄 자”이다. “바알”이란 단어는 그 속에 “그것에게 드려진 자들”이란 숨은 뜻을 갖고 있다(〈짐승의 표〉 참고). 에서의 출생으로부터 오늘날까지 “이 세상의 사람”은 “가슴에 털이 난” 사람으로 생각되어져 왔으며 그의 사나이다움을 증명하기 위해 수염이나 콧수염을 기르는 것으로 인식되어 왔다.

에서는 첫째 아들이었다. 그는 야곱의 후손이 그의 발꿈치를 잡았을 때는 이미 엄마 뱃속에서 나온 후였다. 만약 리브카가 창세기 3:15의 이야기를 들었었다면 그녀는 야곱의 행동에서 뭔가 의미 있는 무엇을 감지했을 것이다(창 3:15 주석 참고). 야곱은 “발꿈치를 붙드는 자”이다. 그의 이름은 “밀렵꾼,” “침입자,” “찬탈자”라는 뜻이다. 야곱은 믿음으로가 아닌 보는 것으로 사는 성도를 예표하며, 잠언 3:5을 전혀 이해하지 못한 사람이었다. 그는 “사람과 하나님에게는 힘 있게” 대항했지만 자기 자신의 죄들을 다스릴 수는 없었다(창 47:9). 그런데 하나님께서는 『**내가 야곱은 사랑하였고 에서는 미워하였노라.**』(롬 9:12)라고 말씀하셨다(창 25:34 주석 참고). 야곱은 이스라엘 열두 지파의 아버지가 되었는데, 이는 스스로 택한 운명이라기보다는 주어진 환경 때문이었다(창 29,30장). 하나님께서는 아브라함의 하나님, 이삭의 하나님, 야곱의 하나님이라는 이름에 이스라엘이라는 이름 대신 야곱을 사용했다(이 호칭은 성경에 20번 이상 등장한다). 야곱에게 주어진 새 이름 “이스라엘”은 다만 교리적인 목적에서 주어진 것처럼 보인다(창 32:28). 옛 사람 야곱은 그리 변한 것이 없다. 그런데 하나님께서는 그를 있는 모습 그대로 받아주셨다(삼손과 마찬가지로). 100년 전에 살았던 한 설교자에게 주어졌던 동일한 평가를 야곱에게도 내릴 수 있을 것이다. 그 내용은 이러하다. "강단에서 내려오고 나면 그의 생활은 너무도 형편없어서 그가 강단에서 설교했다는 사실이 부끄러울 정도였다. 그러나 일단 강단에 서면 그의 설교는 너무도 뛰어나서 그가 강단에서 내려오는 것이 부끄러운 일처럼 보였다." 야곱은 눈이 멀었을 때와(창 48장) 다리를 절었을 때에는(창 32장) 위대한 "믿음의 용사"였지만 "깨어서 정신이 말짱할 때와 건강할 때는" 제트 엔진을 장착한 여우 같았다.

『**에서는 솜씨 좋은 사냥꾼이며... 야곱은 평범한 사람이라**』(27절). 이 구절에서 보듯이 두 아이는 매우 대조적이었다. 카인과 아벨에 대한 묘사와 마찬가지로 우리는 인간은 "동등하게 태어나는" 것이 아니라는 것을 알 수 있다. 미국의 건국 공신들이 인간은 "동등하게 태어났다"라는 말을 쓴 것은 모든 인간은 다 동등하다는 뜻으로 사용한 것이 아니었다. 이들은 형식주의와 종교의식에 기초한 국가 종교로부터 박해를 피해 미국으로 건너온 사람들이었다. 에서와 야곱, 이스마엘과 이삭, 카인과 아벨, 셈과 함은 인간은 "동등하게 태어나는 것이" 아니라는 사실을 보여준다. 사회주의 혹은 공산주의 국가에서는 모든 인간은 동일한 "기회"와 "권리"를 갖는다고 한다. 성경에서는 하나님께서 외모를 존중하시지 않는다고 말씀한다(영적인 기회와 도덕적 행동에 관해서) 그러나 "출생"은 결코 동등한 것이 아니다.

리브카는 하나님처럼 야곱을 사랑했다(말 1:2, 창 25:28). 반대로 이삭은 하나님께서 미워한 에서를 사랑했다(롬 9:13, 창 25:28). 이삭의 편애의 동기는 "그의 배"를 위한 것이었다(창 25:28; 27:4,7). 리브카는 야곱을 사랑했다. 이는 야곱이 집안일을 도와주었기 때문만이 아니라 23절에 주어진 예언 때문이었다("평범한"이란 단어는 히브리어로 "순수한" 혹은 "정직한"과 관련되어 있다).

『내가 몹시 지쳤기에... 그러므로 에서의 이름을 에돔이라 부르더라』(30절). "에돔"이란 단어는 붉은 죽과 관련된다. 본문에 전개되는 장면은 매우 시사하는 바가 크다. 사냥에서 몹시 지쳐서 돌아온 에서와 야곱의 대화를 한번 연상해 보라.

에서: "이봐, 야곱, 뭐 만들고 있냐?"

야곱: "별거 아니에요. 그저 죽 조금 끓이는 중입니다."

에서: "이봐 나 한 그릇만 주라. 저녁 상도 다 치웠을 텐데. 내가 배고파 죽겠구나."

야곱: "그럼요. 저녁 먹은 지가 언젠데요. 이건 간식이에요."

에서: "이봐, 내가 죽을 지경이니, 좀 가져와 봐."

야곱은 그릇에다 "죽"을 퍼서 담으면서 이렇게 묻는다.

야곱: "내가 죽을 드릴 테니 뭘 주시겠수?"

에서: "뭘 달라고. 이봐, 야곱. 우린 형제간이잖아. 네 것은 내 거나 다름없다고."

야곱: "그렇지만 형 것은 다 형 것이지. 언제 내 것이 된 적이 있었냐구."

에서: "이봐. 그건 내가 다 먹은 게 아니야. 아버지가 다 잡수셨잖아!"

야곱: "그래, 아버지가 4개 드시고 형이 6개 먹었지. 엄마하고 나하고

는 꽁다리밖에 못 먹었다고."

에서: "좋아, 니가 원하는 게 뭐야?"

야곱: "글쎄, 형이 뭐를 줄 건지 먼저 말해 봐."

에서: "음... 이 활은 어떠냐?"

야곱: "나더러 활을 가지라고. 활은 세 개나 있지만 난 사냥을 안 좋아해서 그냥 놔뒀어."

에서: "좋아, 그렇다면 이 사냥용 나이프는 어떠냐?"

야곱: "나하고 사냥하고는 아무 관계가 없다니깐."

에서: "야, 그러지 말고 네가 말해 봐."

야곱: "좋아, '형이 갖고 있는 장자권' 어때! 괜찮겠어?"

어쩌면 에서는 이렇게 생각했을 것이다. "가만있어 보자, 그러니까 내가 장자권을 계속 갖고 있으면 할아버지처럼 언젠가는 선지자가 될 수 있는데... 그렇지만 선지자가 되면 누가 밥 먹여 주나? 할아버지야말로 괴짜셨지. 그래도 내가 장자권을 갖고 있으면 유산을 받을 때 우선권이 있는데... 하지만 아버지가 저렇게 정정하시니 한 100년은 더 사실 걸... 그 다음에 남은 것이... 그렇지 내가 '약속의 씨'의 혈통에 들어갈 수 있다는 건데... 그렇지만 그 옛날 얘기를 믿을 수 있을까? '여인의 씨'가 뭐가 된다고 하긴 하던데 에이, 그런 거에 신경 쓸 필요가 어디 있어. 어쩌면 전설이거나 상징적인 얘기일 거야..."

에서: "오케이, 좋다. 거래는 성립된 거야."

야곱은 죽을 담아 에서에게 주려다 갑자기 그릇을 뒤로 하면서 이렇게 묻는다.

야곱: "형 말을 어떻게 믿지?"

에서: "염려 마, 내가 보증서를 줄 테니까."

에서는 안으로 들어가 파피루스 두루마리에다 "장자권 이양서"를 써서 야곱에게 건네주고 야곱은 죽 그릇을 에서에게 넘겨준다. 에서가 정신없이 죽을 퍼 넣고 있는 동안 야곱은 각서를 펴 들고 읽고 있었을 것이다.

각서: "주께서 말하노라. 이 계약은 알파와 오메가이신 그분과 '장자'로 불리는 당사자 간에 체결하는 것으로 이 법적 계약은 두 번째 당사자인 '장자'의 기도 및 포기 신청으로만 무효화됨을 선언하노라." 이 약정서에 근거하여 본인 에서는 "장자"로서의 권리를 포기하며 야곱에게 이 권리를 이양함을 확인하는 바입니다. **서명**: *에서*

주님과 장자와의 약정서의 내용은 다음과 같다.

1. 장자는 아버지의 유산의 두 분깃을 가질 것이다(신 21:17).
2. 장자는 아브라함의 복을 물려받는다(창 12:1-4).
3. 장자는 예수 그리스도의 혈통에 속하게 되며 이 권리는 죄에 의해서만 상실된다(대상 5:1,2, 창 35:22; 34:25).
4. "가족의 머리"로서 장자는 "예언의 은사"를 받는다(호 12:13).

『**이같이 에서가 자기의 장자권을 경시하였더라**』(34절). 이와 같은 육신적이고, 경솔하며, 돌이킬 수 없는 결정에 의해 에서는 그의 땅과 더불어 향후 3,000년간을 하나님의 호의와 거리가 먼 운명에 놓이게 된다

(오바댜서). 현대인들의 사고방식으로는 이 사실이 충격적일지 모르지만 이것은 분명한 사실이다. 왜냐하면 육신적인 생각은 "순간의 제단 위에 영원한 것을 희생"시키기 때문이다. 이와 같은 사고방식을 오늘날은 "실용주의"라고 부른다. 현대인은 에서와 동일한 사고방식을 갖고 있다. "내게 유익한 것은 옳은 것이다." "당신에게 유용하지 못하거나 쓸모없는 것이면, 그것은 나쁜 것이다." 이것이 현대의 실용주의적 사고방식이요 이 실용주의의 선지자는 바로 에서였던 것이다.

이러한 이유로 에서는 "속된 자"라고 불리게 된다. 히브리서 기자는 리브카와 야곱이 꾸민 계획(창 27장)은 에서가 어리석은 실수로 인해 그 길을 준비하지 않았더라면(창 25장) 결코 세워지지 않았을 것임을 강력하게 시사하고 있다. 그리스도인들에게는 본문과 뒤에 전개되는 모든 사건이 엄청난 의미를 갖고 있다. 우리는 히브리서에서 『**그후 그가 축복을 유업으로 받으려고 했을 때 거절당하였으며**』(히 12:17)라고 말하고 있음을 기억해야 한다. 신약성경에서 "유업"이라는 단어가 나올 때마다 이것은 예수 그리스도의 천 년 통치와 그에 참여할 권리에 관한 것이다.

고린도전서 6:9,10, 갈라디아서 5:21, 베드로전서 3:9, 골로새서 3:24, 디모데후서 2:12의 말씀을 세심히 공부하기 바란다. 이 구절들 모두 유업에 관한 것들로 이 땅에서(눅 19:10-27) 최후의 심판 이전에 받게 될 그 유업을 다루고 있다. 이 구절들 그 어디에도 "하늘나라"라든가, "하늘에 갈 권리"라든가 "영적 통치"라든가 "하늘의 유업"은 언급되어 있지 않다. 이 구절들은 우리의 유업은 하나님의 선물인 영생(롬 6:23)과 달리 "일해서 벌어야 할 보상"임을 보여 준다. 이 보상을 받을 수 있는 길은 이 교회 시대 동안 예수 그리스도와 함께 "고난"을 당하는 것이며(롬 8:17), 진영 밖에서 그분과 함께 "고난"을 당하지 않는 사람은 "그분과 함께" 다스릴 수 없다(정확하고 구체적인 내용은 누가복음 19:16-20에 나와 있다).

비록 야곱은 믿음보다는 보이는 것에 따라 살았던 "그리스도"인으로 스스로를 의지하고 스스로의 삶을 계획했는지는 모르지만, 그래도 "그의 신이 자기 배"(빌 3:19, 롬 16:18)인 "세상적 그리스도인"을 예표하는 에서에 비하면 유업을 받는 자격 요건을 갖춘 셈이다. 에서는 일단 휴거가 일어나면 그리스도를 위해 "고난당할 기회"가 더 이상 없다는 분명한 사실을 명백히 경고해 준다. 그 때가 되면 믿는 자들은 33세의 죄 없는 남자가 되어 초속 186,000마일 이상의 속도로 다닐 수 있는 존재로 변화하기 때문에 고통을 당하고 싶어도 고통을 당할 수 없게 된다. 지금이 바로 고통을 당할 때이다(고후 4:16,17). 히브리서 12:7대로 눈물로 간절히 구했으나 회개의 기회를 얻지 못한 에서는 이 땅에서 안락한 삶을 살면서, 그의 사회적 지위를 유지하고, 이 시대의 종교 지도자 및 교육계 지도자들과 좋은 관계를 유지하면서 "착하고, 부드러운 그리스도인"으로 지냄으로써 이 세상 사람의 눈에도 존경받는(눅 16:15, 약 4:4) 그리스도인들을 예시해 주는 것이다. 그리스도의 심판석에서 많은 그리스도인들은 이렇게 외친다. "오 하나님, 저에게 한 번 더 기회를 주십시오. 제가 그 사실을 알았더라면... 주님께서 주님을 사랑하는 그리스도인들에게 주시려고 준비하신 보상을 제대로만 알았더라도 저는 정말로 질이 다른 그리스도인이 되었을 것입니다! 오, 저도 예수 그리스도를 위해 뭔가 할 수 있는 기회를 주십시오. 저도 주님을 위해 욕을 먹고 얻어맞을 기회를 주십시오." 그러나 이때 역시 눈물로 간절히 구하더라도 회개의 기회를 얻지 못할 것이다. 일단 휴거가 되면 당신은 이 땅에서 주 예수의 표(갈 6:17)를 지니고 다닐 육체로 다시 돌아갈 수는 없다. 존 후스, 사보나롤라, 윌리엄 틴데일, 라티머, 리들리, 그램머, 나상, 바울, 하랄란 포포프, 베드로, 야고보, 요한, 리차드 웜브란트 및 죽기까지 자신의 생명을 사랑하지 아니하고 예수 그리스도를 향한 이 세상의 진노를 몸에 지니고 다녔던(요 16:1-3) 수많은 그리스도인들을 따르도록 하자.

『**내가 야곱은 사랑하였고, 에서는 미워하였으며**』(말 1:2,3).

창세기 26장

26:1 아브라함의 때에 있었던 첫 번째 기근 이외에 그 땅에 또 한 기
근이 들었더라. 이삭이 그랄에 있는 필리스티아인들의 왕 아비멜
렉에게 갔더니,
2 주께서 그에게 나타나시어 말씀하시기를 "이집트로 내려가지 말
고 내가 너에게 말해 줄 땅에 거하라.
3 이 땅에 기거하라. 그리하면 내가 너와 함께하고 너에게 복을 주
리라. 내가 너와 네 씨에게 이 모든 지역들을 주고, 또 내가 네
아비 아브라함에게 맹세한 것을 이루리니,
4 내가 네 씨를 하늘의 별들처럼 번성하게 할 것이며, 이 모든 지
역들을 네 씨에게 주리라. 네 씨 안에서 땅의 모든 민족들이 복
을 받으리라.

5 이는 아브라함이 내 음성에 복종하고, 내 명령과 내 계명들과 내 규례들과 내 법들을 지켰음이니라." 하시니라.

창세기 26:1에 나오는 기근은 성경에 나오는 12번의 기근 중 두 번째 기근이다(창 12:10). 여기에 등장하는 아비멜렉은 창세기 20:1,2에 나오는 아비멜렉과 동일인일 수도 있지만 시간 간격이 70년 정도 된다고 보면 다른 인물일 가능성이 높다고 하겠다. 기근과 더불어 이집트로 내려가지 말라는 경고가 있었다. 이 경고는 아브라함 역시 창세기 12:10-14에서 이집트로 내려가지 말았어야 했음을 암시한다. 하지만 우리는 하나님께서 이번처럼 아브라함에게도 분명한 경고를 하셨는지는 알 길이 없다.

『**이집트로 내려가지 말고 내가 너에게 말해 줄 땅에 거하라.**』(2절)라는 경고와 더불어 하나님께서는 창세기 12:7과 13:14,15에서 아브라함과 맺으신 언약을 이삭에게 반복하셨다. 5절에 따르면 이 언약이 마치 조건적이었던 것 같지만 아브라함이 하나님의 법도를 여러 번에 걸쳐 어겼음을 볼 때(창 12:18; 16:1-4; 17:18) "이는 ...음이니라"(because)는 표현이 꼭 조건을 뜻하는 것이 아님을 알 수 있다. 우리는 "은혜 아래에서"도(아브라함은 율법이 있기 전에 완전히 은혜 아래 거했었다.) 계명과 규례와 법이 있음을 보게 된다(5절). 바울은 이러한 규례들의 하나를 『**생명의 성령의 법**』(롬 8:2)이라고 불렀고, 야고보는 『**자유의 온전한 법**』(약 1:25)(혹은 『**왕의 법**』, 약 2:8)이라고 불렀으며 예수님께서는 『**내가 새 계명을 너희에게 주노니**』라고 말씀하셨다(요 13:34). 그리스도인들의 "법들"은 그럼에도 불구하고 아브라함의 법들과 마찬가지로 구원을 얻거나 지켜야만 구원을 유지할 수 있다는 것과는 아무런 상관이 없다. 그리스도인들은 구원을 받기 위해서나 구원을 "유지"하기 위해서가 아니라 구원을 받았기 때문에 일을 하는 것이다(엡 2:8-11, 딛 3:5).

26:6 ○ 이삭이 그랄에 거하였더라.
7 그곳 사람들이 그의 아내에 관하여 그에게 물으니, 그가 말하기
를 "그녀는 나의 누이라." 하였으니, 이는 그가 "그녀는 나의 아
내라." 말하기를 두려워하였음이라. 그가 말하기를 "그녀가 보기
에 아름다우므로 그곳 사람들이 리브카로 인하여 나를 죽일까
하노라." 하였더라.
8 이삭이 거기서 오래 거하였는데 필리스티아인들의 왕 아비멜렉
이 창문에서 밖을 내다보니, 보라, 이삭이 그의 아내 리브카를
애무하고 있더라.
9 그러자 아비멜렉이 이삭을 불러 말하기를 "보라, 그녀가 분명히
네 아내인데 어찌하여 '그녀는 내 누이라.' 했느냐?" 하니, 이삭이
그에게 말하기를 "이는 내가 그녀로 인하여 죽지 않을까 해서
그렇게 말했나이다." 하자,
10 아비멜렉이 말하기를 "네가 어찌하여 우리에게 이같이 행하였느
냐? 백성 중 한 사람이 네 아내와 동침할 뻔하였으니, 네가 우리
에게 죄를 가져올 뻔하였도다." 하고,
11 아비멜렉이 그의 모든 백성에게 명령하여 말하기를 "이 사람이

나 그의 아내를 접촉하는 자는 반드시 죽음에 처할 것이니라." 하더라.

이삭은 지시를 따르지 않았고 문제는 발생했다. 그는 그랄에 거하였으나(dwell) 하나님의 지시는 임시로 "기거하라"(sojourn)는 것이었다. "그 아버지에 그 아들"이라는 속담대로(마 2:22) 이삭 역시 아버지가 했던 죄를 그대로 반복했다. 이번 역시 거짓말의 동기는 두려움 때문이었다. 상황은 지난번과 동일했다. 그는 함족 출신(창 10:14)의 필리스티아인들과 상대하고 있었고 함족의 지상 최대의 꿈은 "아름다운" 여성을 소유하는 것이다(창 12:14, 파라오를 보라).

본문은 긴 주석이 필요 없다. 다만 아브라함은 적어도 "절반"은 사실을 말한 반면에 이삭의 경우는 리브카를 "누이"라고 말할 수 있는 아무런 근거가 없다는 점을 지적하고 싶다. 왜냐하면 이삭과 리브카는 어머니의 경우나 아버지의 경우와 같지 않기 때문이다. "애무한다"(sporting)는 단어는 히브리어로 "차샤크"로 필리스티아인들이 삼손을 "우스갯거리로" 만들 때 사용한 단어와 동일하다. 두 경우 모두 육체적 접촉에 의한 친밀감, 즉 "애무"를 의미한다. 따라서 삼손은 그의 대적들에 의해 육체적 조롱감이 되기 위해 벌거벗고 있었을 것이다. "접촉한다"(11절)는 단어는 창세기 20:6의 접촉과 동일한 의미이다.

26:12 그때 이삭이 그 땅에서 씨를 뿌려 같은 해에 일백 배나 수확을 얻었으니, 주께서 그에게 복을 주심이라.

13 그 사람이 창대하고 번성하여 매우 부유하게 되었으니,
14 이는 그가 양떼와 소떼를 소유하였고 종을 많이 가졌음이라. 필
리스티아인들이 그를 시기하여,
15 그의 아비의 종들이 그의 아비 아브라함 때 팠던 모든 우물들을
필리스티아인들이 막고 흙으로 채웠더라.
16 아비멜렉이 이삭에게 말하기를 "네가 우리보다 더욱 강하니 우
리를 떠나라." 하더라.
17 ○ 그리하여 이삭이 그곳을 떠나 그랄 골짜기에 자기 장막을 치
고 거기서 거하더라.
18 이삭은 그들이 자기 아비 아브라함 때 팠던 그 샘물들을 다시
팠으니, 이는 아브라함이 죽은 후에, 필리스티아인들이 그것들
을 막았기 때문이라. 이삭이 그것들의 이름을 그 아비가 부르던
이름으로 불렀더라.
19 이삭의 종들이 그 골짜기에서 파서 거기에서 솟는 샘물을 찾아
내었더라.
20 그랄의 목자들이 이삭의 목자들과 다투며 말하기를 "그 샘물은
우리의 것이라." 하자, 이삭이 그 우물의 이름을 에섹이라 하였
으니, 이는 그들이 그와 다투었기 때문이라.
21 그들이 다른 우물을 팠더니 그것 때문에 또 다투는지라, 그가
그 이름을 싯나라 하였으며,
22 이삭이 그곳으로부터 옮겨 또 다른 우물을 팠더니 그들이 다투
지 아니한지라, 그 이름을 르호봇이라 하고, 말하기를 "이제 주
께서 우리를 위하여 자리를 마련해 주셨으니, 우리가 이 땅에서

다산하리라." 하였더라.

23 이삭이 거기로부터 브엘세바로 올라갔더니,

24 주께서 그 밤에 그에게 나타나시어, 말씀하시기를 "나는 네 아비 아브라함의 하나님이라. 두려워 말라, 내 종 아브라함을 위하여 내가 너와 함께 있으며 너에게 복을 주고 네 씨를 번성케 하리라." 하시더라.

25 이삭이 거기에다 제단을 쌓고, 주의 이름을 부르고 거기에다 자기 장막을 쳤더니 이삭의 종들이 거기서 우물을 팠더라.

12절의 "일백 배"는 최고의 수확으로 풍성한 복이다. (막 4:20을 보면 30,60,100배가 나온다.) 〈칠십인역〉은 이 부분을 "보리 일백"이라고 변개시켰다. 이삭은 그의 아버지처럼 매우 부유하고 강성하게 되었다(창 26:13,16와 13:5; 23:6을 참고할 것). 필리스티아인들은 야곱이 부유하게 되는 것과 강성하게 되는 것을 막으려고 애썼다. 이것은 그들이 이삭의 양떼들에게 물 공급을 차단하려고 시도했던 점으로 보아 분명하다(창 26:15-18). 그러나 하나님께서는 이삭에게 복을 주셨고, 그는 가는 곳마다 새 우물을 팔 수 있었다(창 26:18,21,25). 주님께서는 이삭을 이동시키기 위해 아비멜렉을 사용하셨다(16절). 그래야 이 땅에 기거(잠시 후에)하라는 3절의 명령이 준수되는 것이다(시편 76:10의 훌륭한 실례라고 생각된다). 본문 역시 별 주석이 필요 없다. 20절의 에섹은 "다툼" 혹은 "갈등"이란 뜻이다. 22절의 르호봇이란 말은 "넓은 거리의 도시" 혹은 "넓은 공간"이란 뜻이며 21절의 싯나는 "증오"라는 뜻이다.

본문에는 영적인 교훈을 얻을 만한 내용이나 교리적으로 중요한 내용은 거의 없다. 이삭은 족장들(아브라함, 이삭, 야곱) 중 약속의 땅을 한 번도 떠난 적이 없는 유일한 사람이다. 본문에서 보자면 이삭은 섭리적으로 보호받았고(24절), 섭리적으로 복을 받았으며(13절), 섭리적으로 필요를 공급받았다(18절). 그는 그 땅에서 다산하였다(22절). 이는 그리스도께서 한 알의 밀이 죽은 후에야 있게 되리라고 하신 열매를 연상시킨다(창 41:52, 요 12:24). 『**영원한 생명으로 솟아오르는 샘물**』(요 4:14)은 이삭의 생애에서 볼 수 있는 "열매 맺음"과 연관된다. 본문 역시 우물과 다산이 연관되어 있음을 주목하라. 이삭은 그의 아버지처럼 제단을 쌓았고 주의 이름을 불렀다(창 26:25; 12:8).

26:26 ○ **그후 아비멜렉이 그의 친구들 중 하나인 아훗삿과 그의 군대 최고 대장 피콜과 더불어 그랄로부터 이삭에게로 왔더라.**

27 **이삭이 그들에게 말하기를 "너희가 나를 미워하여 너희에게서 나를 내보내더니 어찌하여 내게 왔느냐?" 하니,**

28 **그들이 말하기를 "주께서 너와 함께 계심을 우리가 분명히 보았으므로, 우리가 말하기를 우리 사이, 즉 우리와 너 사이에 이제 맹세를 두자고 하였으니, 우리로 너와 언약을 맺게 하라.**

29 **너는 우리를 해치지 말라, 우리가 너에게 손대지 않았으며 우리가 너에게 선한 것 외에는 아무것도 행하지 않고, 너로 평안히 가게 하였음이라. 이제 너는 주로부터 복을 받은 자니라." 하더라.**

30 **이삭이 그들을 위하여 잔치를 베푸니 그들이 먹고 마시더라.**

31 그들이 아침에 일찍 일어나서 서로 맹세한 후, 이삭이 그들을 보내니 그들이 평안히 떠났더라.
32 같은 날 이삭의 종들이 와서 자기들이 팠던 우물에 관하여 그에게 말하였으니 "우리가 물을 찾았나이다."라고 그에게 말하더라.
33 그가 그것을 세바라고 부르니라. 그러므로 그 성읍의 이름이 오늘까지도 브엘세바더라.

아훗삿과 피콜(히브리어로 "굳게 붙드는"과 "강한" 혹은 "위대한"이라는 뜻)이 이삭과 거래하기 위해 이삭을 찾아왔다. 이 피콜은 아마 창세기 21장에 나오는 자와 동일한 인물인 것 같다. 25,27절 그리고 29절에서 이삭은 분명히 그리스도의 예표이다. 그는 이유 없이 "미움을 받은," "주로부터 복을 받은 자"로 "주의 이름을 불렀다." 이삭은 그의 아버지와 동일하게 필리스티아인들과 언약을 맺게 된다. 한 가지 차이점이 있다면 이삭은 그들에게 잔치를 베풀어 준 것이다. 물론 이것이 잘못된 것은 아니지만 뭔가 "한 단계 낮은" 수준의 서곡인지도 모른다. 아브라함은 이웃과 다투거나 원수 맺는 일도 안 했지만 비위를 맞추는 일 역시 하지 않았다. 이것은 어쩌면 창세기 25:28과 27:4에서 보인 이삭의 행동과 연관이 있는지도 모른다. 속뜻을 잘 살피며 읽어 보면 수긍이 갈 것이다.

32절에서 〈칠십인역〉은 "우리가 물을 찾지 못했나이다."라고 성경을 변개시켰다. 그래도 〈칠십인역〉을 붙들고 있는 사람이 있다면 함께 사라져 버리는 것이 나을 것이다. 세바(창 21:14)는 이미 있었던 우물에 다시 붙인 이름이거나 아니면 새로운 우물도 동시에 그렇게 불렀을 것이다. 한 가지 주목할 것은 이번에는 이 이름은 우물이 아닌 성읍에 붙여졌다는 사실이다. 원래의 우물은 "브엘세바"(창 21:31)이었지만 그 이름이 다시 붙여졌을 것이다. 왜냐하면 창세기 26:18에 따르면 필리스티아인들이 아브라함의 샘물들을 막아 버렸다고 하기 때문이다. 『**이삭이 그 것들의 이름을 그 아비가 부르던 이름으로 불렀더라**』(창 26:18).

26:34 ○ 에서가 사십 세에 힛인 브에리의 딸 유딧과, 힛인 엘론의 딸 바스맛을 아내로 얻었으니,

35 그들이 이삭과 리브카에게 마음의 근심이 되었더라.

유딧은 "축하받는" 혹은 "찬양받는"의 뜻이다. 이 구절과 창세기 36:2, 28:1,2, 여호수아 1:4, 창세기 23:10 등을 비교해 보면 에서는 일부다처제를 실행했고 최대한으로 인종 혼혈에 앞장섰다고 볼 수 있다. 이것은 이삭과 리브카의 마음에 근심이 되었다. 인종통합론자들에게는 이 두 사람이 인종차별적이고 편견에 가득한 사람들로 보일지도 모르겠다. 이삭(그리스도의 예표)과 리브카(교회의 예표)는 너무도 "구시대적이고 속이 좁은" 사람들이어서 인종 간에 "차이"가 있다고 생각한다고 할 것이다. 다른 종족의 아내를 얻었다고 마음의 근심을 갖다니... 이삭과 리브카의 편견을 벗어 버린 우리는 훨씬 더 밝은 "빛"을 지닌 자가 아닌가? 그러나 문제는 하나님께서는 이에 대해 어떻게 생각하시느냐는 것이다(느 13:20-26, 민 25:1-6, 행 17:26-28을 잘 읽어 보라).

"브에리"는 "나의 우물" 혹은 "우물을 찾는 자"라는 뜻이고, "바스맛"

은 “달콤한 냄새” 혹은 “향기 나는”의 뜻이며, “엘론”은 “상수리나무”를 뜻한다.

창세기 27장

27:1 이삭이 늙으니, 그의 눈이 침침하므로 그가 볼 수 없더라. 그가
맏아들 에서를 불러 그에게 말하기를 "내 아들아." 하니, 에서가
그에게 말하기를 "보소서 내가 여기 있나이다." 하더라.
2 그가 말하기를 "보라, 이제 내가 늙어 나의 죽을 날을 모르노라.
3 그러므로 이제 바라노니 무기들, 즉 네 화살통과 활을 가지고 들
로 가서 내게 사냥한 고기를 가져다가
4 내가 좋아하는 별미를 만들어 내게로 가져와서 먹게 하여, 내가
죽기 전에 내 혼이 너를 축복하게 하라." 하니,
5 리브카가 이삭이 그의 아들 에서에게 말할 때 들었으며, 에서는
사냥해서 고기를 가져오려고 들로 나갔더라.
6 ○ 리브카가 그녀의 아들 야곱에게 일러 말하기를 "보라, 내가 네

아버지가 네 형 에서에게 말씀하신 것을 들었는데 이르시기를
7 '내게 사냥한 고기를 가져다가 나를 위하여 별미를 만들어 먹게
하라. 그리하여 내가 죽기 전에 주 앞에서 네게 축복하게 하라.'
하셨느니라.
8 그러므로 이제 내 아들아, 내가 네게 명령한 대로 내 음성에 순
종하라.
9 지금 염소떼에 가서 거기서 좋은 염소 새끼 두 마리를 내게로 가
져오라. 그러면 내가 그것들로 네 아버지가 좋아하는 별미를 만
들리니,
10 네가 그것을 네 아버지께 갖다 드려, 그가 그것을 드시고, 죽기
전에 너를 축복하시게 하라." 하니라.
11 야곱이 그의 모친 리브카에게 말하기를 "보소서, 내 형 에서는
털이 많은 사람이요, 나는 매끈한 사람인데,
12 내 아버지께서 혹시 나를 만져 보시면 내가 그에게 속이는 자로
보일지니, 그러면 나는 축복은커녕 저주를 받을 것이니이다."
하자,
13 그의 모친이 그에게 말하기를 "네 저주는 내가 받으리니, 내 아
들아, 내 음성에만 순종하고 가서 그것들을 내게로 잡아오라."
하니,

이 순간 성령께서는 인간의 본성이 무엇인가에 초점을 맞추고 계신다. 이번 사건은 고전적인 성경적 예화의 근간이 되었으며 일반 문학에서조차 고전이 된 스토리이다.

이삭은 성경에 나오는 인물들 중 장님이 된 최초의 사람이다. 이때쯤이면(B.C. 1759년, 1690년이 아님) 그는 137세였고 아직도 43년을 더 살아야 했다(창 35:28). 이로 인해 2절에서 『**나의 죽을 날을 모르노라.**』라고 말한 것에 대해 온갖 해석이 난무했다. 드리아버는 이삭이 이때 병들어 거의 80년간을 병들어 지냈다고 말한다. 하지만 그의 주장대로라면 이삭은 당시 겨우 100세쯤 되었을 터이고 그렇다면 창세기의 연대기와는 일치하지 않는다(창 25:26; 31:41; 41:46; 47:9). 이삭은 "아프다"고 말한 적이 없으며 더 나아가 자기가 "죽고 있다"고 말한 적도 없다. 다만 "죽을 날을 모른다"고만 말했을 뿐이다. 물론 『**내가 죽기 전에 내 혼이 너를 축복하게 하라.**』(4절)라는 말에 따르면 자기가 죽는다고 생각했을지도 모르겠다. 리브카는 이 말을 듣고 즉시 행동을 개시한다.

이 구절을 가지고 학자들이 성경의 모순을 논하고 가장 권위 있는 해석을 꾸며내고 있는 동안 우리는 사무엘상으로 가서 성령께서 이 문제에 대해 어떻게 무오한 해석을 내리는가 살펴보도록 하자. 사무엘상 20:3을 보면 다윗은 겨우 24세 때에 『**진실로 주께서 살아 계시며 네 혼이 살아 있거니와**[실로 강한 표현이 아닐 수 없다], **내가 죽음과 한 걸음밖에 떨어져 있지 않도다.**』라고 말했으니 다윗은 무려 46년을 간과한 셈이 아닌가? 그렇다면 43년을 잘못 계산한 이삭을 비난할 이유가 무엇인가? 요한 웨슬리가 51세 때 자기가 죽을병에 걸렸다고 생각했는지 비문을 직접 썼다. "여기 요나단 웨슬리가 잠들다. 그는 무익한 종으로 51년간을 살다가 5파운드도 채 남기지 못하고 '주여, 나 같은 죄인을 불쌍히 여기소서.'라고 기도하고 죽었노라." 그러나 그는 32년 동안 그 비문을 간직하고 있을 수밖에 없었다. 그는 83세까지 살았기 때문이다.

따라서 이삭의 경우는 간단하다. 그는 시력을 잃어 가고 있었고 늙었으며(137세가 청춘은 아니지 않은가!) 언제 죽을지를 몰랐다. 게다가 그의 이복형인 이스마엘을 그해에 장사지냈던 것이다(창 25:17). 그는 아마 이스마엘보다 몇 년 정도 더 살지 모른다고 생각했을 것이다. 다윗도 그랬고, 웨슬리도 그랬고, 오늘날까지도 수많은 사람이 자신이 죽을 날을 수없이 잘못 계산하고(5-40년까지) 있는 것이다.

『**그러므로 이제 바라노니... 내 혼이 너를 축복하게 하라**』(3,4절). 이 구절에 따르면 리브카에게 주어진 약속에도 불구하고(창 25:23) 이삭은 여전히 에서가 아브라함의 복을 상속받으리라고 생각했던 것 같다. 이에는 두 가지 논리적인 이유와 한 가지 추측이 가능하다.

1. 창세기 25:23의 약속은 리브카에게 주어졌고, 이삭은 간접적으로 들었다.
2. 창세기 25:23에는 아브라함의 복은 언급되지 않았고, 다만 두 아이의 정치적 권력에 대한 언급만이 있었다.
3. 에서는 그가 사냥한 고기로 인해 "사랑받는 아들"의 지위를 확보했다(창 25:28).

시력의 약화에도 불구하고 이삭의 위장은 여전히 활발하게 활동하고 있었던 것 같다. 137세에 사슴 고기를 즐기다니! 성경 비평가들에 따르면 이 구절과 히브리서 11:20은 모순이 된다고 한다. 창세기 27:18-30을 읽고 이것을 믿음의 행위로 보기는 어렵다는 것이다. 사실 이삭은 다섯 번이나 의심을 받았고 로마서 14:23에는 『**그러나 의심하는 자는**

그가 먹을지라도 정죄되었나니 이는 믿음으로 먹지 아니하였기 때문이니라.』라고 되어 있다. 따라서 창세기 27:18-20 사이의 이삭의 식사는 결코 믿음에 의한 것이 아니었다. 사실 성경에는 "믿음" 대신 "느낌"을 따라 살았던 단 두 사람이 등장하는데, 그들은 바로 이삭과 삼손이었다(창 27:21과 판 16:26을 비교하라). "느낌"을 따라 사는 사람들은 속거나 죽게 된다. 벌링거는 이 문제를 해결할 수 없게 되자 "이삭은 에서를 축복하고자 했으나, 결국에는 그의 믿음이 육신을 이기고 야곱을 축복했다."고 억지 해석을 해서 히브리서와의 모순을 없애고자 애쓴다. 그렇다면 이삭은 야곱이 거짓말을 하고 있음을 알고서도(창 27:22,24) 의도적으로 야곱을 축복했다는 말인데, 어떻게 그런 해석이 나올 수 있는지 모르겠다.

이 경우 역시 성경을 존중하는 사람들에게는 아무런 문제가 되지 않는다. 성경의 "모순"을 들춰내서 자신들의 학식을 자랑하는 사람들에게만 성경에는 온갖 문제들이 들어 있는 법이다. 사실 이삭은 야곱을 축복했고, 히브리서에 기록된 대로 믿음으로 축복했다. 그러나 이 사건은 창세기 27장을 언급하는 것이 아니고 창세기 28:1-4을 언급하는 것이다.

『**리브카가 이삭이 그의 아들 에서에게 말할 때 들었으며**』(5절). 리브카는 아마 사라처럼(창 18:10) 장막 뒤에 숨어서 들었던 것 같다. 우리는 그녀를 남의 말을 엿들었다고 비난할 수는 없지만(남편과 아들 사이의 대화였으니까) 그래도 "도청"의 열매를 거둘 수밖에 없었음을 주목해야 한다.

1. 그녀는 그의 아들에게 어떻게 거짓말을 하고 어떻게 속일 것인지

를 가르치게 된다(창 27:9,16).

2. 그녀는 창세기 25:23의 약속을 신뢰함으로 행동한 것이 아니고 눈에 보이는 것을 따라 행동한다.
3. 창세기 28:5 이후 그녀는 아들을 다시는 보지 못하게 된다(창 28:5).

리브카는 차라리 살림에 전념하고 있었던 것이 더 나을 뻔했다. 바쁘게 일하고 있었다면 육신적 계획을 꾸밀 틈이 없었을 것이다.

모든 것은 엉망이 되어 버렸다. 리브카는 주님의 약속을 신뢰해야 할 순간에 남의 말을 엿듣고 말았고, 이삭은 기도해야 할 순간에 냅킨을 옷에 걸고 식사를 하고 말았다. 야곱은 이 당시 약 77세 정도였을 텐데도 자기 스스로가 아닌 리브카가 시키는 대로 행동했다(이삭이 180세를 산 것으로 계산한다면 77세는 오늘날의 30세에 해당한다). 리브카는 계략을 짰고 이에 야곱은 그 전략의 허점을 지적하고 나섰다.

① 형은 털이 많다. ② 나는 매끈하다. ③ 나는 어쩌면 저주를 받을 것이다(창 27:11,12). 이에 대해 리브카는 이렇게 답변한다.

① 염소 가죽이 있다. ② 네 대신 내가 저주를 받겠다. 13절 말씀에 대해 아벤에즈라는 "담대하고 거리낌 없는 여인의 발언"이라고 해석했다. 〈강단의 주석〉은 13절을 두고 동일하게 긍정적 접근 방식을 택한다. "리브카는 하나님의 약속에 대한 믿음으로 감동을 받아" 그렇게 행동했다는 것이다. 그렇다면 하나님께서 하신 약속이 우리가 원하는 그 순간에 이루어지지 않을 경우 우리의 육신을 동원해서 그것을 이루도록 해야 한다는 뜻이 되는데, 그런 주석도 있는가? 리브카의 행동은 믿음에 의한 것이 아니었음을 보여 주기 위해 성령께서는 그녀의 사랑하는 아

들을 위한 사랑스러운 그 계획에 일대 타격을 가하신다. 44절을 보면 『**그와 더불어 몇 날을 기다리며**』라고 생각했던 리브카의 작전은 실패로 돌아가고 오히려 리브카는 20년간을 에서와 세 명의 혼혈족 며느리와 함께 보낼 수밖에 없게 되었다.

리브카는 야곱의 미래에 대해 두려워할 이유가 하나도 없었다. 왜냐하면 하나님께서 야곱의 미래에 대해 분명히 약속을 해 주셨기 때문이다(창 25:23). 『**하나님은 사람이 아니시니 거짓말하지 않으시며 또 사람의 아들이 아니시니 후회가 없으시도다. 그분이 말씀하신 것을 행하지 않으시랴? 또한 이르신 것을 이루지 않으시랴?**』(민 23:19)

27:14 그가 가서 잡아가지고 와서 자기 어미에게로 가져왔더니 그의 어미가 그의 아비가 좋아하는 별미를 만들더라.
15 리브카가 집에 자기와 함께 있는 그녀의 맏아들 에서의 좋은 의복을 가져다가 작은 아들 야곱에게 입히고,
16 또 염소 새끼들의 가죽으로 손과 목의 매끈한 곳에 붙이고
17 그녀가 마련한 그 별미와 빵을 그녀의 아들 야곱의 손에 주더라.

에서는 사슴을 찾아 사냥을 나갔다. 리브카는 염소 고기를 삶고 빵을 굽고 있다. 야곱이 에서의 옷을 입은 모습은 마치 적그리스도를 연상시키는 것 같다(단 8:8-11). 야곱은 아버지에게 탄로 나면 어떻게 될까 심히 불안해하고 있다. 그러나 리브카의 마음은 단호하다. 그녀는 고기를

잘 썰어 접시에 담아 빵과 함께 야곱의 손에 들려 보낸다. 야곱은 에서
가 언제 돌아올 것인가 내심 몹시 불안해하면서 아버지에게로 들어가는
것이다.

**27:18 ○ 그리하여 야곱이 그의 아비에게로 가서 말하기를 "내 아버지
여." 하니, 그가 말하기를 "내가 여기 있노라. 내 아들아, 네가
누구냐?" 하니,**
**19 야곱이 그의 아비에게 말하기를 "나는 아버지의 맏아들 에서로
소이다. 아버지께서 내게 청하셨던 대로 행하였나이다. 내가 간
구하오니, 일어나 앉으셔서 나의 사냥한 고기를 잡수시고, 아버
지의 혼이 나를 축복하소서." 하더라.**
**20 이삭이 그의 아들에게 말하기를 "내 아들아, 네가 어떻게 그처
럼 빨리 잡았더냐?" 하니, 그가 말하기를 "주 아버지의 하나님께
서 내게 보내 주셨나이다." 하더라.**
**21 이삭이 야곱에게 말하기를 "내가 원하노니, 내 아들아 내게 좀
가까이 오너라. 네가 과연 내 아들 에서인지 아닌지를 만져 보
리라." 하더라.**
**22 야곱이 자기 아비 이삭에게 가까이 가니 이삭이 그를 만지며
말하기를 "목소리는 야곱의 목소리인데 손은 에서의 손이로다."
하며,**
**23 이삭이 그를 분별하지 못하더라. 이는 그의 손이 그의 형 에서
의 손같이 털이 있기 때문이더라. 그러므로 이삭이 그를 축복하**

더라.

24 이삭이 말하기를 "네가 정말 내 아들 에서냐?" 하니, 그가 말하
기를 "그러하니이다." 하더라.

25 그가 말하기를 "그것을 내게로 가까이 가져오라. 내가 내 아들
이 사냥한 고기를 먹고, 내 혼이 너를 축복하리라." 하더라. 야
곱이 그것을 그에게로 가까이 가져가니 그가 먹고, 야곱이 포도
주를 가져가니 그가 마시더라.

26 야곱의 아비 이삭이 그에게 말하기를 "내 아들아, 이제 가까이
와서 내게 입맞추라." 하니,

27 그가 가까이 와서 그에게 입맞추니 이삭이 그의 옷 냄새를 맡고
그에게 축복하며 말하기를 "보라, 내 아들의 냄새는 주께서 복
주셨던 들의 냄새와 같도다.

28 그러므로 하나님께서는 하늘의 이슬과 땅의 기름짐과 풍성한 곡
식과 포도주를 네게 주시며,

29 백성이 너를 섬기고 민족들이 네게 절하며, 네 형제들 위에 주가
되고, 네 어미의 아들들이 네게 절하며 너를 저주하는 모든 자
는 저주를 받고 너를 축복하는 모든 자는 복을 받을지어다." 하
더라.

이삭은 이미 이 문제에 대해 양심이 거리낀 것 같다. 그의 첫 번째 질문은 그가 뭔가를 의심하고 있음을 암시한다. 『**내 아들아 네가 누구냐?**』(18절)라는 질문은 이삭이 그가 야곱이라고 생각했음을 시사한다. 야곱은 지금부터 대단한 연기를 하지 않으면 안 된다. 그는 자신이 에서라고 "느끼고" 행동해야 하고, 염소 고기를 사슴 고기인 것처럼 해야 하며, 목소리마저 에서처럼 내야만 하는 것이다. 그러나 이미 아들의 목소리를 70년 이상이나 들어온 아버지가 목소리를 혼동할 리가 없다. 이로써 의심과 거짓말의 교환이 다음 구절들을 장식하는 것이다.

이삭은 이렇게 의심했다.

1. 18절에서『**네가 누구냐?**』
2. 20절에서『**네가 어떻게 그처럼 빨리 잡았더냐?**』
3. 21절에서『**네가 과연...인지 아닌지를 만져 보리라.**』
4. 24절에서『**네가 정말 내 아들 에서냐?**』
5. 27절에서『**그의 옷 냄새를 맡고**』.

이삭이 의심하면서 "믿음 없이" 먹고 있는 동안 야곱은 계속 거짓말을 해대고 있다.

1. 19절에서『**나는 아버지의 맏아들 에서로소이다.**』
2. 19절에서『**아버지께서 내게 청하셨던 대로 행하였나이다.**』

그러나 이삭은 사슴 고기를 원했지 염소고기를 원한 것이 아니었다.

3. 20절에서『**주 아버지의 하나님께서 내게 보내 주셨나이다.**』
4. 24절에서『**그러하니이다.**』

한 번 거짓말을 하게 되면 그것을 지탱하기 위해 또 다른 거짓말을 할 수밖에 없다. 야곱이 끝까지 거짓말로 버텨 낸 과정은 실로 놀라운 일이 아닐 수 없다. 그의 아버지는 그의 목과 어깨를 더듬으며 옷의 냄새까지 맡았다(27절). 비록 눈이 안 보이긴 했지만 그렇게 가까이서 아버지의 눈이 그를 내려다보고 있었고 바깥에서는 사냥하는 소리가 멈추고 조용한 것으로 보아 에서가 사냥을 끝내고 돌아오고 있는 중이다.

게다가 야곱은 아버지가 먹는 동안 줄곧 곁에 있어야 했다. 얼마나 불안하고 괴로웠겠는가? 25절의 상황은 본문 해석에 있어 매우 중요한 구절이다. 그런데도 주석가들(칼리쉬, 케일, 델리취, 게세니우스, 머피, 워즈워드, 랑게 등)이 하는 짓이라고 해야 히브리어 문법을 따지는 것일 뿐 이 중요한 구절은 슬쩍 넘어가고 말았다. 야곱은 아브라함처럼(창 18:8) 아버지가 잡수시는 동안 계속 시중을 들어야 했다. 그 모습을 한 번 상상해 보라.

이삭은 천천히 조심스럽게 차근차근 고기를 먹고 있다(137세나 되었으니 이빨도 빠졌을 것이다). 느릿느릿 잡수시는 아버지를 애가 타게 바라보는 야곱의 심정을 생각해 보라. '아이구, 언제 다 잡수시려고 저러시지?' '혹시 염소 고기와 사슴 고기의 차이를 눈치 채시는 건 아닌가, 어째 천천히 씹어 잡수시는 것이 맛을 비교하시려는 것 같은데...' 야곱은 연신 장막문 쪽으로 눈을 돌린다. 에서가 들어오는 것이 아닌가 해서이다. 뒤쪽 부엌 쪽에서는 리브카가 눈짓을 보낸다. "걱정 말고 가만 있거라." 야곱은 식은땀을 흘리고 있다. 드디어 이삭은 입을 닦더니만 포도즙을 죽 들이키더니 "아주 잘 먹었다. 얘야. 그릇을 치워라."고 말한다. 그러나 야곱의 손은 이미 접시 위에 가 있었다.

『**내 아들아, 이제 가까이 와서 내게 입맞추라**』(26절). 사태는 더 어렵게 되어 간다. "이렇게 훌륭한 사슴을 잡았으니 애를 많이 썼겠구나, 땀을 많이 흘린 것을 보니 정말 애썼어." 이 말에 야곱의 가슴은 철렁했을 것이다. 리브카도 놀래서 접시를 부엌에서 떨어뜨렸을지 모르겠다. 야곱도 미칠 지경이었다.

『**그가 가까이 와서**』(27절). 이어 창세기 12:1,2에 주어진 아브라함의 복이 등장한다. 이 복은 이삭의 영적인 상속자들이 아니라 야곱의 육체적인 후손들에게 전달된 것이다. 독자들은 창세기 27:29은 창세기 12:1-3에 해당되는 것이며 창세기 15:5과 22:17의 영적 후손들에 관련된 복이 아님을 기억해야 한다. 개혁주의자들과 로마카톨릭은 이 구절을 왜곡 해석해서 무천년주의(칼빈, 핫지, 댑니, 카이퍼, 스트롱 등)와 후천년주의[카톨릭, 남침례회, 감리교, 감독교회(성공회) 등] 체계를 만들어 냈다. 그러나 창세기 27:29은 분명히 영적인 복이 아닌 물질적이고, 문자적이고, 물리적이며, 정치적인, 눈에 보이는 복을 말하는 것이다. 이 유대인들에게 주어진 복을 이방인들이 탐내 무천년, 후천년 체계를 만들어 낸 것이다. 서구의 신학자들은 영적인 "하나님의 나라"와 물리적인 "천국"을 동일시함으로써 이러한 오류를 범했다. 그들은 말로는 "영적인 나라를 확장"하는 데에 헌신하는 것 같지만, 실제로는 사회복지, 정치통합에 관여하여 헌금을 병원 짓기와 예배당 건축에 쓰며(복음 증거에는 관심이 없다.) 인종통합, 윤리실천, 공명선거운동, 환경개선 등에 온 힘을 쏟고 있다. 야곱을 조상으로 두지 않은 그 어떤 사람도 창세기 27:29을 자기 것으로 붙들 수는 없다. 오직 유대인만이 이 복을 받는 것이다.

20절은 창세기 저자에 대한 논쟁에 있어 재미있는 문제를 제공해 준다(창 16:7 주석 참고). 그라프 벨하우젠 이론에 따르면 엘로히스트(E)가 히브리어의 엘로힘에 해당되는 하나님(God)이란 단어를 사용했고 여호비스트(J)는 히브리어의 여호와, 아도나이 혹은 야훼 등에 해당되는 "주"(Lord)라는 단어를 사용했다고 한다. 그렇다면 창세기 27:18-29은 하나님이란 단어(20,28절)를 E가 먼저 쓰고 100-200년이 지난 후 20절에다 "주"를 "J"가 첨가시켰다는 말인데, 어째서 28절에서는 "주"를 첨가시키지 않았는가? 그들의 이론대로라면 최종 편집자인 R(Redactor)이 28절 역시 주를 첨가했어야 고등비평이 성립되지 않겠는가? 이런 쓸데없는 논쟁에 주석을 할애하는 사람들이 어떻게 하나님의 말씀을 신뢰할 수 있겠는가?

〈킹제임스성경〉의 본문은 오류 없이 보존된 영감받은 무오한 말씀이다. 케일과 머피는 이 구절을 영적으로 해석하기 위한 절망적인 시도 끝에 29절에 대해 다음과 같은 주석을 달았다.

1. "아브라함의 복을 모델로 해서 선언된 복이지만, 전자만큼 완전한 형태는 아니다"(머피).

2. "야곱은 훗날 그가 얻게 될 영적 복(창 28:2,3)의 수준에는 이를 수 없었다"(케일).

이러한 주석들은 이스라엘 민족의 회복을 거부하려는 시도들로 신약을 주석하는 데에 있어 후천년주의적 입장을 지지하는 것이다. 한마디로 말해(자세한 내용은 〈하나님의 나라와 천국〉에 잘 나와 있음.) 구약성경에서 이스라엘에게 주어진 약속들은 영적으로 해석해서 교회 시대의 그리스도인들에게 적용시키려는 자들이야말로 대단한 유물론자(물질주의자)들이 아닐 수 없다. 그들은 전천년주의자들을 "유물론자"라고 몰아붙이는데, 이는 우리들이 이스라엘에게 주어진 구약의 약속들을 그들처럼 영적으로 해석하지 않고 문자적으로 믿으며 이스라엘 민족의 회복을 문자적으로 믿고 있기 때문이다(그러나 앞서 말한 대로 전천년주의자들은 복음을 전파해서 하나님의 나라를 확장하고 있는 반면, 무천년,

후천년주의자들은 세상일에 관여해서 "천국"을 이 땅에 세우려는 유물론자들이다). 이처럼 천국을 이 땅에 세우려는 사람들 중 필립 모로는 대표격이라고 할 수 있다(벌콥 또한 또 다른 훌륭한 예라고 할 수 있다). 이들 "왕국 건설자들"은 "영적 실재들," "영적 약속들," "영적인 성취," "현세의 영적인 왕국" 등을 입으로는 떠들어 대지만 실제로는 그들의 내심에 다음의 세 가지를 품고 있는 것이다.

1. 하나님의 말씀을 문자적으로 받아들이는 그리스도인들에 대한 적대감.
2. "최후의 심판" 등과 같은 미래적 사건에 대해 그 어떤 진리도 찾아내지 못하도록 막으려는 의도.
3. "은혜의 수단"으로서 종교의식과 규례를 철저히 신뢰하는 믿음.

그러나 이러한 것은 성경 그 어디에서도 찾아볼 수 없음은 물론이다(침례나 성체 성사를 통한 구원은 이그나티우스, 시프리안, 이레내우스, 터툴리안 같은 교부들의 책에는 있을지 모르지만 성경에는 없다). 성숙한 그리스도인들은 이러한 자들을 식별해 낼 수 있다. 그들의 교회들을 "개혁교회"라고 부르는지 모르지만 실은 "개혁된 로마카톨릭 교회"에 불과한 셈이다.

이들 무천년주의자들과 후천년주의자들의 가르침 중 가장 가증스러운 것은 이들이 요한복음 18:36과 계시록 11:15의 본문을 고의적으로 변개시키면서 취하는 위선적인 태도라고 할 수 있다. 개혁 교회와 카톨릭 교회는 〈킹제임스성경〉의 이 두 구절을 변개시켜서 위대한 성경적 진리를 가려 버린다. 그것은 유대인들의 왕께서 언젠가는 독일, 러시아, 미국, 중국, 영국, 일본, 아프리카, 멕시코, 스페인, 한국 등을 아브라함과 이삭과 야곱의 자손들을 데리고 다스리게 될 것이라는 진리이다(사 2:1-4; 4장; 12장; 14:1-3; 60,61,66장 등). 왕국들(나라들)을 나라(왕국)로 변개시키는 것은 분명히 "이 세상의 나라들"이라고 되어 있는 말씀을 "영적인 하나님의 나라"라고 왜곡시키기 위한 의도가 아니고 무엇인가? "지금은"(now)이라는 단어를 삭제시키거나 (여러 영어 성경들) 아니면 "이제"로 번역하면(개역한글판) 마치 예수 그리스도의 왕국은 결코 이 세상에 속한 것이 아니기 때문에 영적인 왕국일 뿐이라는 뜻이 된다. 주님께서 이 세상의 나라들을 다스리는 것을 원치 않는 자들은 이런 식으로 성경의 위대한 진리를 거부해 버린다.

『**너를 저주하는 모든 자는 저주를 받고, 너를 축복하는 모든 자는 복을 받을지어다**』(29절). 발라암은 바로 이 구절을 인용했다(민 24:9). 이 구절은 분명 이스라엘의 열두 지파를 언급하는 것이다. 결코 영적인 유대인이나 하나님의 이스라엘이 아닌 육체적이고, 인종적이고, 혈통적이고, 눈에 보이는 야곱의 후손들에 관한 예언이다. 따라서 로마카톨릭 교회와 개혁 교회가 아무리 이 복을 유대인으로부터 훔쳐 오려고 애를 써도 소용이 없는 짓이다.

27:30 이삭이 야곱에게 축복하기를 마치고, 야곱이 그의 아비 이삭의
면전에서 떠나자, 곧 그의 형 에서가 그의 사냥에서 돌아와서,
31 그도 별미를 만들어 그의 아비에게로 가지고 와서 그의 아비에
게 말하기를 "내 아버지여 일어나셔서 아들이 사냥한 고기를 드

시고 아버지의 혼이 나를 축복하소서." 하니,
32 그의 아비 이삭이 그에게 말하기를 "네가 누구냐?" 하니, 그가
말하기를 "나는 아버지의 아들, 곧 맏아들 에서로소이다." 하
더라.
33 이삭이 아주 심하게 떨며 말하기를 "누구라고? 사냥한 고기를
취해 내게 가져왔던 그는 어디 있느냐? 네가 오기 전에 내가 다
먹고 내가 그를 위하여 축복하였느니라. 그런즉 그가 복을 받을
것이니라." 하더라.
34 에서가 그의 아비의 말을 듣고 대성통곡하며, 그의 아비에게 말
하기를 "오 내 아버지여, 내게도, 내게도 축복하소서." 하니,
35 이삭이 말하기를 "네 아우가 간교함으로 와서 네 복을 빼앗아 갔
도다." 하니,
36 에서가 말하기를 "그의 이름을 야곱이라 함이 옳지 아니하니이
까? 그가 이렇게 두 번이나 나를 속였나이다. 그가 나의 장자권
을 빼앗더니, 보소서, 이제는 그가 나의 복을 빼앗아 갔나이다."
하더라. 또 그가 말하기를 "아버지께서는 나를 위한 복을 남겨
두지 아니하셨나이까?" 하니,
37 이삭이 대답하여 에서에게 말하기를 "보라, 내가 그를 너의 주로
세웠고 그의 모든 형제들을 그에게 종으로 주었으며 곡식과 포
도주로 그를 떠받쳤나니, 내 아들아, 내가 이제 네게 무엇을 할
수 있으랴?" 하니,
38 에서가 그의 아비에게 말하기를 "내 아버지여, 아버지께는 한 가
지 복밖에는 없나이까? 오 내 아버지여, 내게도, 내게도 축복하

소서." 하며 에서가 소리 높여서 울더라.

39 그의 아비 이삭이 대답하여 그에게 말하기를 "보라, 너의 처소
는 땅의 기름진 곳과 위로부터 하늘의 이슬이 내리는 기름진 곳
이 되리라.

40 너의 칼로 네가 살 것이며, 네 아우를 섬기리라. 네가 다스릴 때
에 네가 네 목에서 그의 멍에를 끊어 버릴 것이라." 하더라.

야곱은 복을 받은 후 재빨리 물러 나온다. 곧이어 (어이쿠 놀래라!) 에서가 사냥에서 잡은 사슴 고기를 요리해서 들고 들어온다(31절).

『**내 아버지여, 일어나셔서**』(31절). 그러나 아버지는 이미 일어나 앉아 계셨다(19절). 이삭은 이미 배불리 먹은 후에 만족한 마음으로 휴식을 즐기고 있었던 것이다.

『**네가 누구냐?**』(32절) 이삭은 깜짝 놀랄 만하다. 방금 "에서를 축복해 주었는데," 이제는 진짜 에서가 들어와서는 『**아들이 사냥한 고기를 드시고 아버지의 혼이 나를 축복하소서.**』(31절)라고 말하는 것이다. 에서의 이 말을 들은 이삭은 심하게 떨며 『**누구냐?**』라고 되묻는다. 이삭은 두려움 가운데 하나님께서 자신을 이기셨음을 깨닫게 된다. 이삭의 양심은 죄책감으로 떨었다(18,20,21,24절). 그는 이렇게 묻는다. 『**사냥한 고기를 취해 내게 가져왔던 그는 어디 있느냐?**』(33절) 이삭은 하나님의 손길을 의식하면서 『**네가 오기 전에 내가 다 먹고 내가 그를 위하여 축복하였느니라. 그런즉 그가 복을 받을 것이니라.**』(33절)고 선언하고 있다.

하나님의 복(33절)은 돌이킬 수가 없다. 일단 복이 선언되면, 그것으로 끝이다. 에서는 "사냥에서 사슴을 못 잡음"으로 인해 배가 고파 장자권을 잃어버렸는데, 이번에는 사슴 고기를 요리하는 동안 그의 복을 잃어버리게 된 것이다. 34절은 히브리서 기자가 히브리서 12:17에서 언급한 것이다(히 12:17과 창 25:33,34 주석 참고). 34절과 35절은 따로 주석이 필요 없을 만큼 분명하다. "간교"하다는 단어는 매우 적합한 용어로 사탄에게 쓰였고(창 3:1), 요나답(삼하 13:3), 예후(왕하 10:19) 및 바예수(행 13:10)에게도 사용되었다. 리브가와 야곱의 전략에는 "영적"이라든가 "믿음의 행위"가 전혀 없었다. 그들의 책략은 순전히 교활한 술책에 불과했던 것이다.

『**그가 이렇게 두 번이나 나를 속였나이다... 장자권... 나의 복...**』(36절). 이 주장은 조금 주관적인 감이 없지 않다. 야곱은 장자권을 "빼앗지" 않았으며 다만 죽과 교환했을 뿐이고, 복 또한 "빼앗은" 것이 아니었다(만약 그 복이 창 25:23을 언급한 것인 경우). 야곱은 창세기 12:1-3의 아브라함의 복 또한 받았다. 그러나 "사람의 마음을 아시고 영을 시험하시는" 하나님께서는 만약 에서가 장자권을 팔아 버리지 않았더라면 사냥 10분 만에 사슴을 잡을 수 있게 하실 수도 있었을 것이다. 계시와 구원의 하나님께서는 또한 역사의 하나님이시요 사슴 사냥을 주관하시는 하나님이시다(슥 4:10). 우리는 에서와 야곱의 인생에서 벌어진 "사건들"이 결코 "사고"라고는 생각하지 않는다. 그리스도인에게 우연은 없다. 아메리카 인디언들은 오늘날의 사냥꾼들보다 이 사실을 더 잘 알고 있는 것 같다. 그들은 화살이 사슴을 꿰뚫어 사냥에 성공하면 "오 위대하신 영이여, 당신께서 그 사슴을 맞추셨나이다."라고 고백하며 땅에다 절을 한다. 흑인들은 오후 한나절 동안만 낚시를 해도 백인들이 일주일 동안 낚시를 하는 것보다 더 잘 잡는다. 하나님께서는 누가 음식이 필요하고 누구는 음식이 필요하지 않은가를 알고 계시는 것이다. 만약 에서가 몹시 배고팠을 때 하나님을 신뢰했더라면 그는 야곱이 아버지를 속이기 전에 사냥에서 돌아왔을 것이다. 그러나 때는 너무 늦어 버렸다. 에서는 진영 밖에서 주님의 수치를 짊어지는 고통을 당하는 대신(히 13:13) "왕국을 건설한답시고" 세상과 더불어 살면서 세 끼를 다 챙겨 먹는 육신적 그리스도인의 모습을 보여 준다(창 25:32-34 주석 참고).

에서는 자기가 팔아 버린 그것을 여전히 주장하고 있다. 32절을 보면 그는 『**곧 맏아들 에서로소이다.**』라고 말하고 있지만 그는 이미 맏아들의 권리를 포기했었다(창 25:32; 29:26).

『**곡식과 포도주로 그를 떠받쳤나니**』(37절). 이 표현은 환유법으로 하나의 명사로 다른 명사를 대신하여 표현하는 기법이다. 이 표현을 이렇게 다시 표현해 볼 수 있다. "내가 야곱을 너의 우두머리로 삼았으니 너의 모든 후손들은 그를 섬기게 될 것이라. 나는 그에게 매년 훌륭한 곡식 수확과 포도 수확을 보장하였으니 그는 크게 되리라." 이에 대해 에서는 이렇게 울부짖었다. 『**내 아버지여, 아버지께는 한 가지 복밖에는 없나이까? 오 내 아버지여, 내게도, 내게도 축복하소서**』(창 25:32-34 주석 참고). 이에 이삭은 에서에게도 "장차 있을 일들"(히 11:20 참고)에 관하여 축복한다.

벌링거는 39절의 축복은 잘못된 것이며, 에서는 그 구절에 언급된 것들을 받지 못할 것이라고 해석했다(Companion Bible, p.40, 난외주 참고). 이 억측을 수용한 사람들은 케일, 칼리쉬, 머피, 크노벨, 쿠르츠, 델리취 및 투크 같은 죽어 버린 정통 신학자들로 한결같이 〈킹제임스성경〉의 권위에 순복하기를 거부하는 자들이다. 변개된 영어 성서들의 선두 주자에 해당되는 RV(Revised Version)는 "너의 처소는 땅의 기름진 곳으로부터 멀리 떨어져 있을 것이며..."라고 번역했다. 이렇게 번역한 이유는 ① 그래야 28절과 모순이 되지 않으며, ② 현재의 에돔 땅의 상태가 그러하며(말 1:3), ③ 이렇게 고치는 것은 수용할 만하며 권고할 만하다는 것이다. 그러나 이러한 학자들의 장난질에 대해 우리는 이렇게 대답하고자 한다.

1. 28절의 복은 하나님께서 주실 복인 반면, 39절은 하나님이 빠져 있으며, 따라서 에서의 노력 여하에 그의 번영이 달려 있다.
2. 곡식과 포도주는 39절에는 빠져 있으며, 따라서 에서는 "먹고는" 살겠지만 "부유"하게 된다는 보장은 없다.
3. B.C. 1000년 이전에 에돔 땅이 "황폐한 광야"였다는 증거는 없다. 이와 같은 비교를 통해 본다면 야곱은 매우 어려운 처지에 놓이게 될 것이다. 왜냐하면 B.C. 400 - A.D. 1920년까지의 이스라엘 땅은 달의 뒷면처럼 황폐해 보였기 때문이다. 자기 안에 조금이라도 예술가의 피를 지닌 사람이라면 "영광스럽고 풍요로운 성지에 대해 거룩한 전통이 묘사하고 있는 모습"과 사진가들의 사진에 나오는 메마르고 바위투성이며, 황량하고, 황폐한 실제의 땅과의 사이에는 엄청난 차이가 있다는 사실을 놓치지 않을 것이다.
4. 그러나 무엇보다도 이들 학자들이 성경을 변개시킨 것이 명백한

잘못이라는 증거는 학자들의 부정직성에서 찾아볼 수 있다. 이들 히브리어 학자들은 자기들이 세워놓은 기준과 원칙을 매순간 편리한 대로 뜯어고치는 자들이기 때문이다. 예를 들면 히브리어 "민"은 창세기 27:39에서는 "~으로부터 떨어진"(1884년판 RV)이라고 학자들에 의해 번역된 반면 동일한 히브리어 단어("미탈")가 28절에서는 "~으로부터"(from)를 뜻하는 "~의"(of)로 번역되었다. 따라서 이들 히브리어 학자들은 동일한 단어("민")를 28절에서는 속격으로 번역한 반면, 39절에서는 탈격으로 번역했다. 그 이유는 학자들은 성경이 이해되지 않을 때 합리적으로 해석한답시고 아무 짓이나 하기 때문이다(고전 2:1-12).

창세기 27:39 본문 역시 권위역본에 나와 있는 그대로가 옳으며 기타 모든 것들은 틀리다. 39절의 복은 "장자"에게만 주어지는 배타적인 복이 아니기에, 성경에는 아무런 모순이 없다. 만약 학자들이 창세기 49:8,25 등을 부지런히 찾아 읽어 보았더라면, 성경을 뜯어고치는 일을 할 필요는 없었을 것이다.

또한 창세기 27:40을 만약 학자들이 39절을 다루었던 그런 식으로 다룬다면 창세기 27:37과 정면으로 모순이 된다. 야곱이 그의 "형제들"의 "주"로 세움을 받았다면(그런데 에서는 야곱의 "형제"이다) 그리고 야곱의 어머니의 아들들이 그에게 절하게 될 것이라면(29절, 그런데 에서는 야곱의 어머니의 아들들 중의 하나이다) 어떻게 40절에서는 에서가 다스릴 것이라고 말할 수 있는가? 『**네가 다스릴 때에**』(40절). 39절과 40절 사이에서 헤매는 히브리어 학자들은 그들의 모든 문법 실력(어휘,

전치사, 접미사, 접두어 등)을 총동원해도 도저히 이해할 수 없었는지 결국은 "이 구절의 정확한 의미는 불분명하다"라든가 "네가 다스릴 때를 '네가 회개할 때'로 고쳐야 한다"든가 하면서 그들의 불신만을 드러내 보이고 있을 뿐이다. 결국 39절을 빛나는 원어 실력으로 용감하게 뜯어 고쳐버린 학자들은(그들은 28절과의 모순을 없애기 위해서 그랬다고 했다) 이번에는 40절에서 옴짝달싹 못하고 주저앉고 말았다.

만약 학자들이 성경을 있는 그대로 놔두었더라면 그들은 무언가를 배울 수 있었을 것이다. 그러나 이들 주석가들은 방향감각을 잃고 결국은 탈무드와 탈굼 등을 붙들고 만다. 그러나 이들은 40절 말씀이 열왕기하 8:20-22에서 성취되었다는 사실은 전혀 모르고 있는 것이다. 이삭은 성령에 의해 영감을 받아 40절을 예언한 것이다. 즉 야곱의 후손들은 배교할 것이고 일시적으로 복을 상실하게 될 것이라는 사실을 예언한 것이다. 이때 에서가 다스리게 된다(왕하 8:20-22). 물론 29절의 복은 궁극적으로는 아무런 변화 없이 그대로 성취된다(모세 역시 동일한 내용을 예언한 바 있다. 신 30:16-19; 31:16-21,28-30). 대다수의 주석가들은 후천년주의자 혹은 무천년주의자들이기 때문에 영원하고 무조건적인 복이 일시적으로 변경되거나 조건부로 연기될 수 있다는 사실을 이해할 수가 없다. 히브리어 학자들은 이와 같은 수수께끼 앞에서 자기들이 보기에는 모순처럼 보이는 구절을 고칠 수밖에 없는 것이다. 문제는 39절은 고쳐서 28절과의 모순을 해결했다지만 40절의 내용은 37절 및 29절과 너무도 모순되기 때문에 도저히 해결할 수 없는 영원한 "숙제"로 남는 것이다. 이처럼 "원어 실력"으로는 해결 볼 수 없는 것도 하나님께서 가르쳐 주신 대로 "진리의 말씀을 올바로 나누면"(딤후 2:15) 해결될 수 있다. 실로 하나님의 "어리석음"이 이 세상의 지혜보다 낫다(고전 1:20-27). 아브라함의 씨에게 주어진 무조건적인 약속(이 약속은 물리적이고 문자적인 땅에 관한 것임)은 민족으로부터(창 12-15장) 은혜로 뻗어나간다(계 21,22장의 영원). 그러나 영원이 아닌 시간 안에서는(출 20장-계 19장) 이 무조건적인 약속들은 율법에의 순종이라는 조건이 충족될 때에 한해서만 이루어진다. 하나님께서는 이와 같은 모순을 피하기 위해 율법 아래서의 이스라엘은 개개인이 아닌 민족, 곧 정치 집단으로서 다루신다. 민족으로서의 이스라엘은 아브라함, 이삭, 야곱(창 12:1-3; 13:15; 15:5; 22:17; 27:28,40) 등과 같은 개인들을 다루시는 것과는 다른 방식으로 다루심을 받는다. 이와 같은 세대적 구분(혹은 하나님의 경륜에 대한 분별)을 모르는 학자들은 자신들의 주장에 맞추어 성경 본문을 변개시킬 수밖에 없는 것이다. 바로 이것이 1850년 이래 이제껏 성경에 입각한 주석이 나오지 못한 이유이다. 그 이전에 쓰여진 모든 주석은 후천년주의나 무천년주의였으며, 1850년 이래의 모든 주석가들은 자기들의 주장을 입증하기 위해 성경 본문을 뜯어고치는 것을 주요 업으로 삼아 왔다.

27:41 그의 아비가 축복해 준 그 축복으로 인하여 에서가 야곱을 미워하더라. 에서가 속으로 말하기를 '내 아버지를 위해 곡할 날이 가까웠으니, 그때 내가 내 아우 야곱을 죽이리라.' 하니

42 자기의 맏아들 에서의 이 말들이 리브카에게 들린지라, 그녀가 사람을 보내서 작은 아들 야곱을 불러 그에게 말하기를 "보라,

네 형 에서가 너에 대해 계획하기를 너를 죽여 스스로 위안을
얻고자 하느니라.
43 그러므로 내 아들아, 내 음성에 순종하여 일어나서 하란에 있는
내 오라비 라반에게로 도피하라.
44 네 형의 분이 풀릴 때까지 그와 더불어 몇 날을 기다리며
45 너에 대한 네 형의 화가 풀리고 네가 그에게 행했던 일을 잊으
면, 내가 사람을 보내서 거기에서 너를 불러오리라. 어떻게 내
가 한 날에 너희 둘을 빼앗길 수 있겠느냐?" 하더라.
46 리브카가 이삭에게 말하기를 "내가 헷의 딸들로 인하여 내 삶에
짜증이 나거늘, 만일 야곱이 이 땅의 딸들과 같은 헷의 딸들을
아내로 얻으면 내 삶이 내게 무슨 유익이 되리요?" 하더라.

41절은 카인과 아벨의 경우처럼 질투가 그 원인이다. 『**자기 형제를 미워하는 자는 누구나 살인자요**』(요일 3:15)라는 말씀에 따르면 에서는 살인행위를 저지르기 이전에 이미 죄를 지은 셈이다(삼하 3:30에 보면 살인 행위는 요압이 저질렀는데도 요압과 더불어 아비새 역시 살인한 것으로 기록되어 있다). 41절로 미루어 이삭은 물론 에서도 아비의 장례식이 곧 있을 것으로 생각하고 있음을 보게 된다. 따라서 어쩌면 이삭이 "병"이 든 것은 아닐지라도 몹시 노쇠해 있었을지도 모른다. 에서는 이삭이 죽으면 곧바로 동생을 죽이려고 마음먹었다. 이삭이 죽자마자 에서는 야곱이 복 대신 사망을 맞이하게 되리라 다짐하고 있는 것이다. 리브카는 이 에서의 계획에 대해 듣게 되었고(42절) 어쩌면 이는 주님께서 그녀에게 직접 알려 주셨을지도 모른다. 왜냐하면 41절에서 에서는 "속으로" 말했을 뿐 발설을 한 적이 없기 때문이다(우리는 이에 대한 주석가들의 쓸데없는 견해에 신경 쓸 필요가 없다. 압살롬 역시 삼하 13:22에서 속으로 살인을 계획했고 이 사실은 왕을 포함한 그 누구에게도 알려지지 않았었다). 그러나 주님께서 리브카에게 하신 말씀은 믿음을 시험하려는 것이었지 야곱에게 고향을 떠나라고 경고한 것이 아니었다. 이 모든 사건의 과정에서 우리는 리브카의 믿음 없음에 놀라게 되며 그녀가 오늘날 은혜 시대의 "교회"를 예표한다는 사실로 볼 때 창세기 27장은 오늘날의 그리스도인들에 대한 책망이 아닐 수 없다. 만약 하나님께서 창세기 25:33에서 하신 말씀을 믿었더라면 어째서 자신의 계략대로 모든 일을 처리한단 말인가? 리브카는 아마 "하나님은 스스로 돕는 자를 도우신다"는 구절을 담고 있는 역본을 갖고 있었는지도 모른다. 그렇지 않고서야 어떻게 모든 일을 그처럼 독단으로 처리한단 말인가?(내가 기억하기로는 그 구절은 외경 유딧 4서 34:119에 있는 것 같다) 43절의 『**내 음성에 순종하여**』는 『**주의 음성에 복종하소서.**』(렘 38:20)와는 전혀 상관이 없다고 할 것이다.

에서가 동생을 죽이려고 계획한 사실에서 우리는 창세기 3:15과 관련된 숨은 음모를 엿볼 수 있다. 아벨은 씨를 제거하기 위해 살해되었고(창 4장), 천사들 역시 씨를 혼잡케 하기 위해 인종들을 혼혈시켰으며(창 6:1-6), 함도 씨를 혼잡케 했고(창 9장), 파라오 역시 아브라함의 씨를 하마터면 혼잡케 할 뻔했으며(창 12장), 아브라함은 스스로의 씨를 합당치 못하게 사용했고(창 16:1-6), 롯은 엉망을 만들어 버렸다(창 19장). 아비멜렉 역시 약속된 씨를 두 번이나 망칠 뻔했고(창 20장, 27장), 아브라함은 그의 올바른 씨를 거의 죽일 뻔했으며(창 22장), 에서 역시 올바른 씨를 없애려고 마음먹은 것이다. 누군가가 창세기 3:15이 성취되는 것을 막으려고 온갖 수단을 다하고 있는 것이다.

결국 리브카는 야곱을 떠나보낸다. 떠나기에 앞서 야곱은 축복을 받았다(창 28:1-4, 이번에는 올바른 정신으로 올바른 방법에 의해 이루어졌다). 리브카는 향후 20년간 이삭과 에서와 그의 며느리들과 여생을 보내게 된다(창 27:13 주석 참고). 창세기 27:45에 따르면 리브카는 시간이 문제를 해결해 줄 것으로 기대했다. 사실 어느 정도 그 기대는 옳았지만, 무려 20년의 세월이 흘러가 버린 것이다(창 31:38).

대다수의 주석가들은 45절의 끝부분 『**어떻게 내가 한 날에 너희 둘을 빼앗길 수 있겠느냐?**』를 두고 에서가 야곱을 죽이면 누군가가 에서를 죽일 것임을 뜻한다고 말한다. 그럴 경우 이 사람은 "피의 보복자"일 것이다(삼하 14:6,7). 이 복수는 모세의 율법에 제정되어 있다(민 35:12, 19,25). 노아의 언약 역시 사형 제도를 인정하고 있기 때문에(창 9:3-6) 만약 에서가 야곱을 죽이면 에서 역시 누군가에 의해 처형될 것은 당연하다. 그러나 그러한 해석은 본문 문맥상 너무 지나치게 확대된 것이 아닌가 싶다. 왜냐하면 이 해석대로 아니할지라도 45절과 46절이 동일한 대화의 일부분이라는 점에서 본다면 리브카의 마음에는 에서는 헷의 딸들로 인해 이미 죽은 자나 다름없었다. 따라서 45,46절을 같이 놓고 본다면 주석가들의 확대해석보다는 후자의 해석이 본문의 문맥상 더 적합한 것 같다.

만약 에서 역시 죽임을 당하는 것이라면 누가 그를 처형할 것인가? 카인의 경우는 어떠했는가? 라멕의 경우는 또 어떠했는가? 그들은 죽임을 당하지 아니하였다. 따라서 "피의 보복"이라는 모세의 율법을 창세기

27장에다 적용시키는 것은 문맥에서 너무 벗어난다는 느낌이다. 어쩌면 혼혈(이 경우 에서와 헷의 딸들)에 대해 다루고 있는 구절을 피하고 싶은 주석가들이 의도적으로 문맥을 거부하고 있는 것 같다. 문맥은 분명 리브카의 마음에는 에서는 이방 며느리들로 인해 죽은 자식이나 마찬가지였는데, 야곱마저 죽으면 더 이상 살고 싶지 않다는 리브카의 속마음을 보여 준다고 하겠다. 물론 46절은 야곱이 헷의 딸들을 아내로 얻는 것에 대한 내용이므로 45절은 야곱과 에서 두 사람의 실제적인 죽음을 언급한 것처럼 보이기도 한다. 그러나 리브카가 야곱을 하란으로 보내는 것은 야곱으로 카나안 땅을 떠나도록 하는 것임을 볼 때 하란으로의 여행은 죽음을 피하기 위한 것만은 아니다. 죽음을 피하려는 것만이 목적이었다면 굳이 400마일 이상이나 먼 길을 떠나야 할 이유가 없었을 것이다. 세켐이나 헤브론 정도로 피하기만 해도 에서의 손길을 벗어날 수 있었을 것이다. 주석가들은 하나님께서 혼혈에 대해 언급하신 곳은 이제껏 가능하면 회피해 왔고 이번에도 동일한 동기에서 문맥이 제시하는 암시를 거부하려는 것 같다. 리브카는 에서가 죽었었더라도 별로 상관하지 않았을 것이라는 생각을 주석가들은 전혀 짐작도 못한 것 같다(창 25:28; 28:6-9).

창세기 28장

28:1 이삭이 야곱을 불러서 그에게 축복하고 명하여 그에게 말하기를
"너는 카나안의 딸들에서 아내를 얻지 말지니,
2 일어나서 파단아람으로 가서 너의 외조부 브두엘의 집에서 네 어
머니의 오라비 라반의 딸들 중에서 아내를 얻으라.
3 전능하신 하나님께서 네게 복 주시고 너로 다산케 하시고 번성케
하시어 너로 수많은 백성을 이루게 하시며,
4 아브라함의 복을 네게 주시되 너에게와 너와 함께한 네 씨에게
주사, 너로 하나님께서 아브라함에게 주셨던 땅, 곧 네가 타국인
으로 있는 그 땅을 상속받게 하시기를 원하노라." 하며,
5 이삭이 야곱을 보내더라. 그가 파단아람의 라반에게로 갔으니, 라
반은 시리아인 브두엘의 아들이요, 야곱과 에서의 어미 리브카의

오라비더라.

이번에는 히브리서 11장에 언급된 그 복이 선포되었다. 이 복에 포함된 내용 중에는 함의 자손들과는 혼혈하지 말라는(1절) 경고가 들어 있다. 파단아람은 "시리아의 평원"이란 뜻이며 이로 미루어 하란 지역을 지칭하는 것으로 볼 수 있다(창 24:10). [2,3,4절은 창 25:33,34과 12:7, 13:15에서 자세히 주석을 달아 놓았다.]

이곳에 언급된 라반은 창세기 24장의 라반으로 야곱은 자기 못지않게 책략가인 외삼촌을 만나 어려운 삶을 살게 된다. 라반은 리브카 못지않게 술수에 능한 사람으로 리브카의 오라비이다. "시리아인"이란 말은 이스라엘의 조상은 이방인이요(창 10장), 그 다음은 히브리인이며(창 11장), 그 다음은 시리아인이며(창 11,24장) 그 다음은 유대인이며(창 17장), 그 다음은 이스라엘(출 12-20장)임을 보여 준다. 〈칠십인역〉은 4절에다 "토우 파트로스 모우"라는 단어를 첨가함으로써(잠 30:6) 스스로 자멸하고 말았다. 이 본문은(사마리아 모세오경의 본문과 마찬가지로) 인간이 만들어 낸 발명품 중 하나에 불과한 것으로 진리에는 아무런 도움이 되지 않으며 오히려 거짓을 유포하는 데에 크게 기여했다고 할 수 있다.

28:6 ○ 에서가 보니 이삭이 야곱을 축복하고 그를 파단아람으로 보내서 거기서 아내를 얻게 하였더라. 그가 그를 축복하고 명하여 말하기를 "너는 카나안의 딸들에서 아내를 얻지 말지니라." 하였으니,

7 야곱이 그의 아버지와 어머니에게 순종하여 파단아람으로 갔
으며,
8 에서가 카나안의 딸들이 그의 아비 이삭을 기쁘게 하지 못하는
것을 보니,
9 그때에 에서가 이스마엘에게 가서 아브라함의 아들 이스마엘의
딸이며 느바욧의 누이인 마할랏을 그의 아내들에 더하여 아내로
삼았더라.

성경을 읽다 보면 "통합"(혼혈)의 문제가 매 다섯 장마다 등장하는 것을 보게 된다. 창세기 6장에서 "이상한 육체"가 등장했는가 하면 창세기 11장에 가서는 총체적인 통합이 있었으며 12장에서는 파라오, 13장에서는 롯, 16장에서는 하갈, 20장에서는 아비멜렉, 27장에서도 아비멜렉 그리고 28장에서는 에서 역시 혼혈 문제에 직면하고 있음을 보게 된다. 에서의 행동은 순전한 동기에서 나온 것이 아니었다. 왜냐하면 그가 아브라함의 손녀인 마할랏을 택한 것은 카나안인들의 딸들이 그의 아비 이삭을 기쁘게 하지 못한다는 사실을 알았기 때문이다. 이것은 자기도 뭔가를 할 수 있다는 사실을 의도적으로 내보이기 위한 행동이었을 뿐이다. 마할랏은 아버지 쪽으로 사촌간이며 이스마엘의 장자인 느바욧의 누이였다. 그런데 창세기 36:3에서 바스맛 역시 느바욧의 누이라고 되어 있는 것에 근거해서 주석가들은 두 여인이 두 이름을 지닌 동일한 인물로 생각한다. 더군다나 창세기 36:4,5에 따르면 오직 에서의 세 아내만이 자식을 지닌 것으로 나오기 때문에 이 추측이 사실인 것처럼 보인다. 하지만 창세기 26:34에 따르면 헷인 엘론의 딸 "바스맛" 역시 창세기 36장에는 언급되어 있지 않는 것으로 보아 창세기 28:9의 이스마엘의 딸이 창세기 36:3의 "바스맛"이라는 주장은 근거가 없다. 우리는 오직 하나님의 말씀만을 주목함으로써 이 문제를 해결할 수 있다. 즉 창세기 28:9에 의하면 에서는 마할랏 이외에 아내들을 더 얻었다는 사실을 볼 수 있고 그들 중 하나가 창세기 36:3의 바스맛임을 알 수 있다. 따라서 히브리어 원어 실력과 성경을 깨닫는 것과는 아무런 상관관계가 없다는 명확한 진실이 또 한 번 입증된 셈이다. 그러니까 창세기 28:9에 나오는 아내들(히브리어로 "나샤우")은 ① 엘론의 딸 바스맛 ② 이스마엘의 딸 바스맛(이는 마할랏의 자매임)인 것이다. 여기서 에서는 그의 부모들을 기쁘게 하지 못했을 뿐 아니라(창 28:8), 그의 씨를 혼잡케 했으며(창 28:8), 레위기 18:18에 나오는 규례를 어겼다. 어쩌면 마할랏이 아이를 낳지 못한 것은(창 36:1-20) 바로 이 때문이었는지도 모르겠다.

28:10 ○ 야곱이 브엘세바에서 떠나 하란을 향해 가더니,
11 그가 어떤 곳에 도달하여 해가 져서 그곳에서 밤을 보내려 하
여, 그곳의 돌들을 취하여 베개를 삼고 자려고 그곳에 누웠더라.
12 그가 꿈을 꾸었으니, 보라, 사다리가 땅에 섰는데 그 꼭대기가
하늘에 닿았고, 보라, 하나님의 천사들이 그 위에서 오르락내리
락하며,
13 보라, 주께서 그 위에 서서 말씀하시기를 "나는 네 아비 아브라
함의 주 하나님이요, 이삭의 하나님이라. 네가 누운 땅을 내가 너
와 네 씨에게 주리라.

14 네 씨는 땅의 티끌같이 될 것이며, 너는 서쪽과 동쪽과 북쪽과
남쪽까지 멀리 퍼지리라. 땅의 모든 족속들이 너와 네 씨 안에
서 복을 받으리라.
15 보라, 내가 너와 함께 있어, 네가 어디로 가든지 모든 곳에서 너
를 지키며, 너를 다시 이 땅으로 데려오리니, 내가 네게 말한 바
를 이룰 때까지, 내가 너를 떠나지 아니할 것이라." 하시더라.
16 ○ 야곱이 잠에서 깨어 말하기를 "진정으로 주께서 이곳에 계시
는데 내가 알지 못하였도다." 하며,
17 그가 두려워하며 말하기를 "이곳이 얼마나 무서운 곳인가! 이곳
은 다름아닌 바로 하나님의 전이니, 이곳은 하늘의 문이라." 하
였더라.
18 야곱이 아침에 일찍 일어나서 자기가 베개로 삼았던 그 돌을 들
어 기둥으로 세우고 그 위에다 기름을 붓고
19 그곳의 이름을 벧엘이라 불렀더니, 그 성읍의 이름이 처음에는
루스라고 불렸더라.
20 야곱이 서원하여 말하기를 "만일 하나님께서 나와 함께 계시며,
내가 가는 이 길에서 나를 지켜 주시고, 먹을 양식과 입을 옷을
주시어서,
21 나로 평안히 내 아버지 집에 다시 오게 하신다면, 그때에는 주께
서 나의 하나님이 되실 것이요,
22 내가 기둥으로 세운 이 돌이 하나님의 전이 될 것이며, 주께서
내게 주실 모든 것에서 내가 반드시 십분의 일을 주께 드리겠나
이다." 하였더라.

이제 무대의 주인공은 야곱으로 바뀐다. 그는 동쪽으로 피난길을 떠나고 있는 중이다(서에서 동쪽으로 가는 것은 잘못된 방향이다! 창 3:24 주석 참고). 그는 보따리 짐을 싸들고 도둑과 야수로부터 몸을 지키기 위한 지팡이를 들고서(창 32:10) 북동쪽 요단강을 향해 길을 가다가 벧엘에서 노숙을 하게 되었다. 해가 지자 밤중에 홀로 여행하는 것이 두려웠던 야곱은 돌을 베개로 취하고 잠을 청한다. 그런데 바로 "이 어두운 곳"에서 그의 인생에 있어 두 번째로 위대한 계시를 얻게 된다. 이는 이 세상의 모든 육체에게 있어서도 동일하다. 우리는 빛이 사라지고, 고통과 슬픔의 커튼이 우리 위에 드리우며, 이 세상의 모습과 소리와 냄새가 죽음과 질병과 파산을 통해 깨끗이 정화될 때까지는 결코 하나님과 친밀한 교제를 할 수 없는 존재들인 것이다. 야곱은 우리 모두가 그분을 만나게 되었던 동일한 상황에서 하나님을 만나고 있는 것이다. 내가 인생의 선배들로부터 교훈을 얻고자 한다면 그것은 결코 할리우드, 시카고, 뉴욕, 및 워싱턴을 주름잡았던 자들이나 사이비 종교심리학으로 "긍정적 사고방식"을 전파하는 자들로부터는 아닐 것이다. 올바른 교훈은 고독과 고통의 대학교를 졸업한 그러한 학도들로부터 얻어야 한다. "어두운 곳"에서 하나님을 만난 사람들로부터 15분간 조언을 듣는 것이 "긍정적 사고"를 통해 세상을 "장밋빛" 시선으로 바라보는 사람들로부터 평생을 배우는 것보다 훨씬 유익하다.

나는 잭 콕커렐이라는 잠수부를 기억하고 있다. 그는 플로리다주 포트 왈톤비치에서 일하고 있었는데, 퀴글리 목사와 내가 그를 그의 집에서 그리스도께 인도했을 때 그는 아무런 저항도 하지 않았다. 그는 카인은 어떻게 그의 아내를 얻었나든가, 어떻게 모든 짐승이 방주 안에 들어갈 수 있었냐라든가, 오랄 로버츠는 사기꾼인가 아닌가라든가, 빌리 그래함이 타협을 하고 있는 것이 아니냐는 따위의 질문은 전혀 하지 않았다. 그는 다만 떨면서 무릎을 꿇었다(요 3:16, 롬 6:23; 10:9,10, 요 1:12 말씀을 듣고 난 후였다). 그리고 그는 주 예수 그리스도께서 그의 죗값을 치렀음을 인정하고 그분을 영접했다. 여러분은 어째서 이 잠수부가 복음을 들을 때 자신의 주장이나, 체험이나, 의견이나 논리를 펴지 않았는지 아는가? 그것은 그가 우리를 만나기 24시간 전에 해변에서 7마일이나 떨어진 곳에서 잠수하기 위해 물 속으로 들어갔을 때 잘못된 잠수장비를 착용하고 들어갔었기 때문이었다. 해저 깊숙이(약 15m) 들어가 수영을 하려고 했을 때 그는 도저히 떠오를 수가 없었다. 최선을 다해 봐야 제자리에 떠 있는 정도였다. 그가 아예 바닥으로 내려가 누군가가 자기의 처지를 알아낼 때까지 기다릴까 아니면 장비(500달러짜리)를 벗어 던지고 떠오르기를 시도해 볼까 망설이고 있을 때 그의 산소마스크의 거품이 일기 시작했다. 약 18m 해저에서 그는 공기를 최대한으로 주입시켜 떠오르기를 시도했다. 그가 해저 약 2m가량까지 올라왔을 때 선미에 있던 누군가가 우연히 물속에 있는 그를 보았고 그를 끌어올렸다. 인공호흡이 끝난 후 사람들은 그에게 약 30분간을 갑판 위에서 걷도록 했다. 그는 너무도 몸이 뒤흔들려 서 있을 수도 없을 지경이었다. 잭은 산소마스크가 새기 시작했을 때 기도했었노라고 고백했다. 그는 그가 만약 익사한다면 하나님의 심판을 받을 수밖에 없고 지옥의 형벌을 받을 수밖에 없다는 사실을 알았던 것이다. 자기가 무슨 짓을 하고 있는지도 모르고 무슨 말을 하고 있는지도 모르는 그런 사람들에게는 "사랑스런 표현"이나 종교적인 상투어구들이 통할지 모르지만 "어두운 곳"에서 하나님과 만나는 사람들은 그들을 멸망으로부터 이끌어 내시는 이 세상의 빛 된 그분을 붙드는 것이다(요 1:9; 8:12; 9:5; 12:46). 야곱은 드디어 하나님께서 그를 다루실 수 있는 상황에 처하게 된 것이다.

『**사다리가 땅에 섰는데**』(12절, 요 1:51 참고). 스탠리와 부쉬라는 주석가는 "산에 있는 거친 돌들이 아마 거대한 사다리의 형태로 나타나 보였을 것이다."라고 주장했다. 아마 이 사람은 야곱이 잠들었던 그곳에가 직접 잠이라도 자 본 사람인 것 같다(?). 그렇지 않고서야 2,500년 전에 살았던 환자의 꿈을 그처럼 그럴싸하게 분석할 수 있겠는가?(1870년에 살았던 사람임을 기억하라). 그러나 우리 성경대로 믿는 사람들은 기록 그대로 믿는다. 『**보라, 사다리가 땅에 섰는데 그 꼭대기가 하늘에 닿았고, 보라, 하나님의 천사들이 그 위에서 오르락내리락하며**』(12절). 불신에 가득 찬 입으로 "산악 지대의 거친 돌들이..." 따위의 소리는 들으나 마나다.

사다리는 주 예수 그리스도의 예표이다(요 1:51). 이 유형은 너무나도 분명한데도 어째서 80% 이상의 주석가들은 이 사실을 주목하지 않는 것인지 실로 알다가도 모를 일이다. 『**그 꼭대기가 하늘에 닿았고**』(12절). 만약 바닥이 땅 위에 있고 꼭대기가 하늘에 닿았다면, 성령께서는 인간과 하나님을 함께 연결시킬 수 있는 중재자는 온전한 인간이며 온전한 하나님이셔야 함을 단번에 영원토록 보여 주신 셈이다(딤전 2:5 참고). 이 예표는 모든 종교, 모든 사상, 모든 철학, 모든 인간적 노력, 모든 과학 등은 인간이 하늘에 도달할 수 있게 하는 데에는 아무런 소용이 없음을 보여 준다. 흙으로 만들어진 인간은 하늘에 이르는 순례

여행을 떠나는 데에 있어 오직 한 분만을 통해 하나님의 임재 앞으로 갈 수 있기 때문이다. 『**주께서 그 위에 서서**』(13절). 이 지상의 그 어떤 종교도 하나님의 관점을 이해할 수 없었기에 - 하나님은 영이시기 때문이다 - 모든 종교는 흙으로 된 인간이 땅으로부터 하늘로 가려고 뭔가를 세우려는 헛된 수고일 뿐이다(창 11:1-4). 이 세상의 종교는 그 바닥이 땅 위에 놓여 있는(12절) 사다리들이지만 그 꼭대기는 결코 하늘에 닿을 수 없는 것들에 불과하다. 탑 꼭대기를 하늘에 닿도록 하였던 인간의 시도는 어떻게 되었었던가?(창 11:4) 인간이 만든 그 어떠한 것도 인간이 하나님께 도달하도록 충분히 오랫동안 버틸 수 있는 것은 하나도 없다. 인간이 하늘에 도달할 수 있는 "사다리"는 흙으로 된 사다리임과 동시에 영으로 된 사다리여야 한다. 이 세상에는 흙으로 된 인간의 관점과 하나님의 관점을 동시에 완전히 이해할 수 있는 단 한 사람만이 있을 뿐이다(빌 2:6-12). 오직 한 사람만이 한 손으로는 흙으로 만들어진 인간의 손을 잡고 또 다른 손으로 우주의 주권자이신 그분의 손을 잡아 양자를 이끌어 하나 될 수 있게 하신다(엡 2:13). 마리아는 결코 하나님 아버지를 완전히 대표할 수 없었다. 그녀는 죄인이었다. 부처 역시 흙으로 된 인간은 상당히 잘 대표할 수 있는지 모르지만 결코 하나님 아버지를 대표할 수는 없었다. 지상의 모든 "구세주들"과 교황, 사제, 주교, 지도자, 그 모두는 흙으로 돌아가 썩게 되며 벌레가 그들의 몸을 먹어 버리는 자들이다. 이 대열에서 마리아를 교황이 구출해 보려고 애썼으나 마리아는 "썩을 씨"(벧전 1:23-25)에서 태어난 자로 그녀의 불결로 인해 희생제를 드려야만 했던 인간이었다(눅 2:24, 레 12:8). 마리아, 요셉, 야고보, 베드로, 요한, 공자, 노자, 조로아스터, 마호메트, 아인슈타인 등은 이 땅 위에 뿌리박은 사다리로서는 아름답게 출발했는지 모르지만 그 꼭대기는 결코 하늘에 이를 수 없었다. 오늘날에도 인간은 루시퍼를 추종하고 있는 것이다(사 14:12,13에 나와 있는 그 방식을 그대로 따르고 있다). 그러나 인간은 이 사다리가 1999년 이전에 바닥은 "땅에" 두고 있는 동시에 그 "꼭대기"는 하늘이 아닌 지옥으로 가 도달하게 된다는 사실을 발견하게 될 것이다. 당신에게 필요한 것은 아담이 시작한 곳에서(흙) 출발하여 아담이 통과한 여러 마을들 - 고통, 땀, 눈물, 가난, 슬픔, 실망, 죽음을 거쳐 굴곡도, 경사도, 끝도 없는 새 예루살렘으로 이르는 고속도로인 것이다. 그 고속도로가 바로 "나는 길이요"라고 말씀하신 그분인 것이다. 모든 길이 로마로 아니면 지옥으로 통하듯이 하늘로 오를 수 있는 유일한 사다리는 인자(흙)이시며 동시에 하나님의 아들(영)이신 그분뿐이다(히 2:6-11). 『**보라, 사다리가 땅에 섰는데, 그 꼭대기가 하늘에 닿았고**』(창 28:12).

천사들은 내리락하기 전에 오르락하고 있었는데, 이는 야곱의 여행에는 누군가의 보이지 않는 보호가 있었음을 분명히 암시해 주고 있다(창 24:40). 이러한 도움은 창세기 32:1에서도 다시 등장한다. 그라프-벨하우젠 이론을 지지하는 자들은 창세기 29:12,13에서 또다시 문제에 봉착하게 된다(창 16:7과 그 주석 참고).

『**나는 네 아비 아브라함의 주 하나님이요, 이삭의 하나님이라**』(13절). 이와 같은 조상을 둔 자는 실로 복된 자가 아닐 수 없다. "주의 이름을 부르고," 20년 동안 자식을 위해 기도하며, 이 지상의 모든 귀중한 것들보다 하나님을 항상 우선시하고, 상대방에게 먼저 선택할 수 있는 권리를 주며, 원수들을 관용과 인내로 대하며, 뇌물을 거절하고, 하나님의 약속을 믿었던 위대한 사람들을 아버지와 할아버지로, 그리고 조상으로 둔 자들은 실로 복되도다! 이러한 가문에서 태어난 야곱이 지옥으로 떨어져 버린다는 것은 매우 힘들 것이다! 물론 경건한 아비를 두고서도 때로는 빗나가기도 한다(엘리의 아들, 삼상 1-4장; 다윗의 아들들, 삼하 13-18장; 사무엘의 아들들, 삼상 8장). 그러나 일반적으로 보자면 아침 신문에 들이는 시간만큼 무릎을 꿇고 성경에 시간을 드리는 아버지를 보면서 자라난 아이들은 지옥으로 가는 경우가 그리 흔치 않을 것임은 분명하다.

『**네가 누운 땅을 내가 너와 네 씨에게 주리라**』(13절). 이 말씀은 그토록 미움을 받아 온 바로 그 약속이다. 이 약속은 아브라함에게 주어졌다가(창 13:15) 다음에 이삭에게 주어졌고(창 26:3) 이번에는 야곱에게 주어졌다. 『**네 씨는 땅의 티끌같이 될 것이며**』(14절). 이 약속은 이스마엘의 씨에게는 해당될 수 없다(창 16:10 주석 참고). 이 말씀은 율법 시대와 교회 시대 속에 있게 될 이스라엘 민족 중 회심하지 않은 자들에게 해당된다. "티끌"은 결코 "별들"이 아님을 주목하라(앞서 논의한 "사다리"에 관한 주석과 〈하나님의 나라와 천국〉 참고).

독자 여러분은 창세기 13:15,16에 대한 주석을 다시 한번 읽어 보는 것이 좋을 것 같다. 이에 따르면 팔레스타인 땅은 영원토록 유대인의 소유이다. 율법을 어긴 대가로 일시적으로 그 땅에서 쫓겨났다고 해서 그 땅을 그 민족에게 주시기로 정하신 하나님의 영원한 목적이 폐기될 수는 없다. 하나님께서 유대 민족을 "영원히" 내던져 버리셨다고 생각하는 자들은 하나님의 말씀에 따르면(롬 11:19,22,25) 무지한 자들이요 자만에 빠진 도둑들에 불과하다(Amplified Version, 살전 2:15,16에는 이스라엘이 메시아를 거부했기 때문에 하나님으로부터 완전히 버림받았다고 되어 있다).

『**땅의 모든 족속들이 너와 네 씨 안에서 복을 받으리라**』(14절). 이 말씀에 나오는 "씨"는 갈라디아서 3:16에 나오는 그리스도가 아니다. 물론 이 구절을 영적으로 적용할 수는 있다(창 12:2,3 참고). 그러나 문맥은 분명 동서남북으로 뻗어나갈 육체적인 씨를 언급하고 있으며 "영적인 씨"를 언급하고 있지 않다. 영적인 씨는 결코 "티끌"로 비유된 적이 없다. 영적인 씨는 당연히 하늘의 별들에 비유된다. 너무도 분명한 사실을 눈앞에 두고서도 후천년주의자인 머피는 "이 말씀은 그 궁극적인 의미에서 볼 때 그리스도의 왕국이 범세계적으로 확장"될 것을 의미한다고 주장한다. 만약 머피가 말한 것이 요한계시록 11:15이 뜻하는 그대로를 의미하는 것이라면 정확한 해석이 될 수도 있을 것이다. 그러나 머피는 보스, 잔, 와필드, 칼빈, 벌콥 및 기타 학자들과 마찬가지로 이 구절이 계시록 11:15을 문자적으로 받아들여야 할 것을 뜻한다고 말하지 않는다. 그가 뜻하는 바는 그리스도께서 사도행전 2장에서 왕이 되셨으며 따라서 그리스도께서 돌아오시기 전에(참된 왕으로서, 계 19장) 전 세계는 "기독교"로 개종할 것이라는 것이다(마 13:33 주석 참고). 그러나 창세기 28:14의 복은 창세기 12:3과 마찬가지로 전혀 영적인 복을 말하고 있지 않다. 아무리 영적인 적용이 가능하다 할지라도 교리적 가르침을 왜곡시켜 문맥이 뜻하는 바 의미를 제거해 버려서는 안 된다.

유대인들을 통해 이방인들에게 전달된 그 어떤 영적 복도 아브라함과 이삭과 야곱에게 주어진 눈에 보이는 물질적 복에 대한 문자적이고 실제적인 약속을 무효화하거나, 대체하거나, 폐기할 수는 결코 없다.

한 가지 주목할 것은 이 약속들이 야곱이 타락한 상황 아래에서 주어졌다는 것이다. 야곱은 하나님의 약속에 대한 신뢰를 포기한 채, 현실로부터 도피해서 잘못된 방향으로 나아가고 있는 중이다. 이 사실은 그리스도인에게 적용될 수 있는데, 이는 예수 그리스도 안에서는 모든 약속들이 "예와 아멘으로 하나님께 영광"을 돌리기 위함이기 때문이다(고후 1:18-20). 야곱은 약속의 땅을 떠나고 있는 마당에 팔레스타인 땅에 대한 약속을 받았다.

『**보라, 내가 너와 함께 있어**』(15절). 이 유명한 말씀은 신명기 31:6에서 여행을 앞둔 백성에게 주어졌고, 여호수아 1:5,8에서는 싸움을 앞둔 사람에게 주어졌으며, 역대기상 28:20에서는 일을 시작하려는 백성들에게 주어졌다. 신약성경에서는 히브리서 13:5-7에서 시련에 처해 은혜를 필요로 하는 그리스도인들에게 이 말씀이 인용되었다. 『**내가 너와 함께 있어**』라는 약속은 신약적으로 보자면 "나와 내 아버지는 너희 안에 있고 너는 우리들의 일부이니라"가 될 것이다(요 17장과 고전 12장 참고). 구약적으로 보자면 "내가 네 곁에 서서 네가 하는 일을 밀어주리라."는 뜻이다.

『**모든 곳에서 너를 지키며**』(15절). 신약의 성도들에게 이 말씀은 구원의 영원한 보장을 뜻한다. 구약의 약속들을 영적으로 해석하는 카톨릭, 감리교, 성공회 등이 실제로 "영적인" 약속들을 믿는 데에 실패하고 있음은 이상한 일이 아닐 수 없다. "너를 지킨다"라는 말보다 더 "지정학적"인 표현이 어디 있는가? 카톨릭, 감리교, 성공회 등은 땅과 부에 대한 약속들을 "영적 약속"으로 간주해 버리면서도 "믿는 자의 영원한 보장"에 대한 약속은(유 1:24, 살전 5:23,24, 고전 1:7,8, 롬 8:38,39) 어째서 믿지 못하는 것일까? 정신이 이상하든지 아니면 진짜 구원을 받지 못했든지 둘 중 하나일 것이다.

·

『**내가 네게 말한 바를 이룰 때까지, 내가 너를 떠나지 아니할 것이라." 하시더라**』(15절). 행위로써 하늘나라에 가고자 애를 쓰는 "그리스도인"들은 이 구절에서 "~때까지"라는 표현을 지적하면서 이 표현은 "그가 말한 바를 이룬 후에는 떠난다"는 뜻이라고 주장한다. 물론 그 말은 사실이지만 그리스도인들로 치자면 그리스도인이 33세의 죄 없는 남자로 썩지 않고 영광스러운 몸으로 변모될 때까지는(마 22:30 주석 참고) 주께서 떠나지 않으실 것이다. 그리스도인은 그리스도의 심판석에 이를 때까지는(바울은 이때를 "그날"이라고 부른다. 고전 1:8, 고후 1:14, 엡 4:30, 딤후 4:8 등) 성령에 의해 인치심을 받았고 성령에 의해 보호받고 있으며 성령의 전인 것이다(롬 8:11-26, 고전 3:16; 6:17, 고후 1:22; 3:3, 갈 3:14; 4:6, 엡 1:13; 4:30, 빌 1:19, 살전 4:8 등을 공부할 것).

어떤 흑인 형제가 위기에 처했을 때 이렇게 기도했다고 한다. "주님, 뭔가 행동을 취해 주십시오. 당신의 재산이 위험에 처해 있습니다." 그리스도인의 몸은 주를 위하는 것이요 주님의 재산이다. 왜냐하면 그는 값을 주고 산 바가 되었기 때문이다(고전 6:15,19,20).

『**야곱이 잠에서 깨어 말하기를 "진정으로 주께서 이곳에 계시는데 내가 알지 못하였도다." 하며**』(16절). 마찬가지로 주님께서는 세상에 계셨지만 세상은 그분을 알지 못했다(요 1:10). 그분은 성전에도 계셨지만 제사장들은 그것을 몰랐다(마 12:6; 24:1). 심지어 그분은 믿는 자들의 몸 안에 계실 수도 있는데, 그 사실을 "모르는"(고전 6:19) "믿는 자"들도 있었다(야곱만이 불가지론자가 아니었으며 사도행전 17:23에 보면 헬라의 스토아 학파와 에피쿠로스 학파 역시 무지한 자들임을 알 수 있다).

척 트록모튼이라는 젊은이는 화물선의 선원이었다. 그는 나이를 속이고 선원이 되었기에 18세가 되기도 전에 일곱 대양을 두루 항해할 수 있었다. 그의 어머니가 선물로 주신 신약성경은 가방 깊숙한 곳에 들어 있은 지 오래였다. 그 성경은 무려 24,000마일의 여행 끝에 새벽 5시에 드디어 펼쳐졌다. 척은 새벽 1시에 보일러실에 있었다. 스팀과 땀에 범벅이 된 그는 시끄러운 굉음 가운데서 고개를 들고 C, B 그리고 A 갑판을 지나 갑판 출입구를 통해 별을 바라보았다. 그 배는 페르시아 만을 항해하고 있었다. 바깥은 화씨 120도의 무더운 여름밤이었고 보일러실은 아마 140도를 넘었을 것이다. 그가 하늘의 별들을 바라보고 있을 때 문득 "지옥은 아마 이와 같을 거야."라는 생각이 들었다. 그 생각이 어찌나 강력하게 그의 마음을 사로잡았는지 그는 자기도 모르게 그렇게 중얼거리고 말았다. 그때 갑판장의 음성보다 더욱 분명하게 또 다른 음성이 들려 왔다. "너는 지금 당장 그리스도를 신뢰하는 편이 나을 거다." 이때 방탕했던 이 젊은 탕자는 그 배 밑바닥에서 무릎을 꿇고 구원을 받았다. 그때 시간이 되어 자기 침실로 돌아온 그는 어머니가 주신 성경을 꺼내어 (그때가 새벽 5시였다) 아무데나 펴서 읽어 보았다. 그런데 그 구절은 『**그러므로 누구든지 사람들 앞에서 나를 시인하면, 나도 하늘에 계신 나의** 아버지 **앞에서 그를 시인할 것이요**』(마 10:32)라는 구절이었다. 공포에 쌓인 그는 재빨리 선장실로 뛰어올라가 침실 문을 두들겼다. 선장이 깜짝 놀라 화가 난 모습으로 나오자 그는 "선장님, 저는 지금 선장님께 예수 그리스도를 시인합니다. 왜냐하면 그분께서 내가 다른 사람들 앞에서 그분을 시인하면 아버지 앞에서 나를 시인하실 것이라고 말씀하셨기 때문입니다. 그래서 저는 지금 당신께 예수 그리스도를 시인하는 바입니다. 그러니 제가 시인하지 않았다고 말씀하지 마세요. 지금 분명히 시인했으니까요." 그러자 잠결에 목이 잠겼던 선장은 두어 번 목소리를 가다듬더니 "꺼져라. 이 ×××"라고 소리를 질렀다. 결국 그는 첫 번째 기항지인 프리스코에서 해고당하고 말았다. 내가 척 트록모튼을 마지막으로 본 때는 그가 복음 사역을 위해 공부하고 있을 때였다.

여러분도 아시다시피 하나님께서는 이처럼 배 밑바닥에도 계시고 전쟁터의 개인 진지에도 계시며, 주유소에도 계시고, 이발소에도 계시고, 병원에도 계시고, 식당에도 계시며 (때로는) 교회 예배(!) 시에도 계신다. 그러나 죄인들은 "그분을 모르고 있다." 이 글을 읽고 있는 그리스도인들 중에는 소위 "교회"라고 불리는 종교단체에서 평생을 보냈을지도 모른다. 물론 하나님께서는 그런 곳에는 계시지 않는다. "경건의 모양"과 "경건의 능력"은 다르다(딤후 3:1-13). 그런 "교회들"은 성령께서 떠나 버리신 지 오래다. 영적으로 너무도 둔감해진 그리스도인들은 자기들이 "예배"드리는 건물에 하나님께서 계시는지 안 계시는지도 모른다. 20세기인 오늘날 미국에는 고등교육을 받았다고 하는 자들 가운데 길고 까만 가운을 입은 신부들이 빵조각을 들고 서 있는 그 건물 안에 하나님이 계신다고 "진지하게" 믿고 있는 사람들이 많이 있다. 이들은 디한 박사와 테오도르 엡과 찰스 풀러가 설교하는 라디오를 꺼버린다. 왜냐하면 하나님께서 그 "라디오 안에" 계신다는 사실을 모르기 때문이다.

『**이곳이 얼마나 무서운 곳인가!**』(17절) 주님의 임재는 사람들을 "두려움"과 "무서움"에 떨게 한다(출 20:18, 사 6:5, 눅 5:8 등). 『**이곳은 다름아닌 바로 하나님의 전이니, 이곳은 하늘의 문이라**』(17절). 이곳은 하늘에 이르는 문이었음에 틀림없다. 왜냐하면 이곳에서 하나님께서 타락하고 무자격자인 겁쟁이를 은혜 가운데서 만나 주셨기 때문이다. 우리가 한 가지 주목할 것은 사다리(12절), 문(17절), 집(17절), 돌(18절)은 모두 교회 건물이 아닌 예수 그리스도의 예표(유형)라는 사실이다. 예수 그리스도는 마태복음 7:14의 좁은 문이요, 요한복음 10:7의 문이며 동시에 주님은 집이시며 집을 세우는 분이시다(히 3:3, 딤후 2:20, 딤전 3:15, 벧전 4:17). 그분은 또한 내리치는 돌이며 걸려 넘어지게 하는 돌이시다(단 2:34,35, 막 12:10, 눅 20:18). "사다리"에 관해서는 창세기 28:12의 주석에서 설명했다.

야곱이 "베개"로 사용했던 돌은(11,18절) 이제 "기름부음을 받았다." 이로써 이스라엘의 "반석"(Rock)께서는 기름부음을 받은 메시아가 되신 것이다(시 2:2, 합 3:13, 요 11:2; 12:3). 이 "반석"(Rock)은 결코 베드로가 될 수 없다. 왜냐하면 신명기 32:31의 작은 "반석"(rock)은 히브리서 1:9에 나온 것처럼 기름부음을 받지 못했기 때문이다. 이 반석은 잘못된 반석(rock)이요 잘못된 "기름부음"을 받은 자에 불과하다(창 2:8-10 주석에 자세한 설명이 나와 있음).

돌을 "기둥"으로 세우고 그 위에 기름을 붓는 것(수 4:9,20)은 역사의 초기부터(카인과 아벨) 하나님께서 인정하시는 확실하고 확고한 구원의 상징이었다. 모든 이방인들도 이 사실을 이해하고 있다. 이와 유사한 이방인들의 풍습은 너무도 많아 100여 페이지를 들여도 다 기록하기 힘들 정도이다. 아일랜드의 검은 블라니석(로마카톨릭교도들은 이 돌에 입을 맞춘다, 〈짐승의 표〉 참고)에서부터 성 베드로 광장에 있는 검은 오벨리스크(카톨릭은 역시 이곳에도 입을 맞춘다) 그리고 메카에 있는 성스러운 검은 돌(모슬렘은 이 돌에 입을 맞춘다)에 이르기까지 인간에게는 돌에 대한 보편적인 증거들이 있다. 만약 어떤 인간이든 하나님의 반석이신 아들에게 입맞추지 않는다면(시 2:12, RSV에서는 변개되어 있음) 그는 검은 그리스도에게 입맞춤을 당하게 되어 이마 위에 짐승의 표를 받게 될 것이다(〈요한계시록〉 주석 13,18장 참고). 이 "그리스도"(겔 28:14 참고. 기름부음받은 존재임을 주목하라.)는 하나님께서 암흑 속으로 내던져 버리실 그 돌이다(렘 51:26).

예수 그리스도의 최후의 모조품(계 6:1,2)은 외계에서 오게 될 방문객을 예시하는 온갖 모조품들의 최후의 형태일 뿐 갑작스러운 것은 결코 아니다. "운석"은 바로 이 "돌"로서 찾아오게 될 방문객의 예표인 것이다. 아폴로에게 바쳐진 델피의 돌, 태양에게 바쳐지고 봉헌된 에메사에 있는 오론 테스의 돌, 프리기아의 페시누스에 있는 사각 바위(이 바위는 시벨레에 의해 거룩하게 되었다고 해서 경배의 대상이 되었다), 메카의 검은 돌(이 돌은 가브리엘 천사가 하늘로부터 가져온 것이라고 알려져 있다) 그리고 야곱의 돌(웨스터민스터에 있다고 추정되며 이 위에서 영국의 국왕과 여왕들이 즉위식을 갖는다고 함) 등은 모두 성경만이 모든 예표에 대한 정의를 내려 주며 그 예표들의 상호연관과 관련성을 분석하고 계시해 주는 유일한 책임을 입증하는 것들이다. 오직 하나님의 말씀인 성경만이 이 세상에서 사용되는 모든 상징, 예표, 유형 등에 대한 정확한 의미를 제공해 준다는 것이다.

위에 나와 있는 모든 예들은 반석(Rock)이신 왕의 모조품들이다. 그 분은 외계(셋째 하늘)에서 하나님의 "기름부음받으신 분"으로 지구상에 오셨다가 인류를 죄로부터 구원하시기 위해 죽으셨고 부활하셔서 다시 셋째 하늘로 가셨고 얼마 후 지상에 오실 때는 왕으로서 오실 것이다. 이와 같은 진리를 모방한 거짓 교리들이 세계교회협의회와 로마카톨릭에 의해 유포되고 있다(단 11:21,24,36-39). 이 가짜 그리스도는 "죄의 사람"(살후 2:1-8)으로 반석을 흉내 내는 모조품 "반석"(rock)이며 가짜 왕으로 진짜 왕이 오기 전 7년 동안 "기름부음받은 그리스도" 행세를 하면서 지상을 통치할 것이다.

램세이 교수에 따르면 웨스터민스터 사원에 있는 "즉위석"은 벧엘 근처 50마일 근방 혹은 이집트 근처 100마일 근방에서 발견되는 그 어떤 돌과도 다르다고 한다(이 교수는 영국의 지질연구소 대표이다). 영국-이스라엘파라는 이단은 예레미야와 한 공주가 "야곱의 돌"(창 28:18)을 B.C. 580년경 템즈강으로 가져왔고 따라서 영국 왕들은 그 위에 앉아 즉위할 수 있었으며 이는 창세기 49:10의 성취라고 주장한다. 그러나 "즉위석"은 빙하에 밀려 스페인에서 영국으로 이동해 온 돌인지는 몰라도(창 6:11,12의 분석을 잘 읽어 보라) 야곱과는 아무런 상관이 없다.

『**벧엘**』(19절)은 "하나님의 집"이며, 『**루스**』(19절, Luz)는 "빛" 혹은 "아몬드 나무"이다. 야곱은 라반처럼 하나님께 얄팍한 수법의 바겐세일을 하고 있다.

『**만일 하나님께서 나와 함께 계시며, 내가 가는 이 길에서 나를 지켜 주시고, 먹을 양식과 입을 옷을 주시어서, 나로 평안히 내 아버지 집에 다시 오게 하신다면, 그때에는 주께서 나의 하나님이 되실 것이요**』(20,21절). 후천년주의적인 사고방식으로 성경을 "영적으로" 해석하는 데에 익숙해 있는 사람들에게는 야곱의 발언은 믿을 수 없는 것이다. 전천년주의자인 윌리엄스마저도 성경에 기록된 그대로를 믿을 수 없었는지 "그날 밤 야곱은 하늘로부터 태어났다! 따라서 그의 언어는 젊은 회심자의 믿음을 표현한 것이다. 그는 그에게 주어진 위대하고 고귀한 약속들을 믿었으며, 예수 그리스도를 구주로 영접했고 그분께 노예로서 굴복한 것이다"(도대체 어떤 노예가 20,21절 같은 식으로 주인과 흥정을 한다는 것인지 알다가도 모를 일이다.) "그의 회심은 너무도 분명하다. 이는 그의 가장 커다란 욕구인 탐욕마저 포기하고 연간 수입의 상당량을 주님께 바치겠다고 고백하고 있는 것이다. 그야말로 참된 회심이 가져다주는 도덕적 열매가 아닐 수 없다." 이런 주석은 바티칸 매일 성경 학교에나 어울린다고 하겠다. 창세기 3장부터 사도행전 2장까지는 그 누구도 "거듭난" 사람이 없다는 사실로 볼 때 위의 주석은 전혀 고려할 가치가 없는 것이다. 야곱은 "거듭나지" 않았으며 더 나아가 그는 20년 후에야 비로소 "새 이름"을 가질 수 있게 되었다. 이 외에도 윌리엄스는 〈킹제임스성경〉을 믿는 것을 거부했다. 그는 로마카톨릭이 디모데전서 2:5을 거부하는 것과 동일한 방식으로 20,21절을 거부한 것이다.

〈강단의 주석〉 역시 나을 게 없다. 이 주석은 〈킹제임스성경〉에 대해 "하나님을 신뢰와 경배의 대상으로 받아들이기 전에 이 성경에 기록된 방식으로 하나님과 흥정하거나 거래하는 것은 거의 범죄 행위나 다름없다."고 설명했다. 따라서 야곱을 "범죄적 흥정가"로 놔두던가 하나님의 말씀을 바꿔 야곱을 훌륭한 신앙인으로 만들든가 둘 중 하나를 선택해야 되는데, 이때 모든 주석가들과 성경 비평가들은 사람에게 영광을 돌리고 싶었는지 성경을 고치는 쪽을 늘 택하고 말았다. 이로써 형편없는 죄인이 정당화되기 위해 하나님의 말씀이 잘못되었다고 판정이 내려진 것이다(마 27:17,21,22). 이것이 사실이고 거짓말이나 과장이 아니라는 사실을 확인하기 위해서는 여러분은 로젠뮬러, 헹스텐베르그, 케일, 칼리쉬 등이 야곱은 훌륭한 사람인 반면 성경은 오류가 있다고 판정을 내려서 성경을 뜯어고쳤다는 사실을 직접 읽어 보면 된다(〈강단의 주석〉, 제1권, p.351). 『**만일 하나님께서 나와 함께 계시며**』(20절)가 "만약 엘로힘께서 나에게 여호와가 되신다면"으로 변개되었고 『**그때에는 주께서 나의 하나님이 되실 것이요**』(21절)가 "여호와가 나에게 엘로힘이 될 것이며"라고 변개되었는데, 이는 그렇게 고쳐야만 야곱이 하나님과 흥정하는 범죄자가 되지 않기 때문이다. 로젠뮬러, 헹스텐베르그, 케일, 칼리쉬 등은 자기 자신들에 대해 너무도 모른다. 인간에 대해 몰라도 너무 모른다는 생각이 든다. 순종을 제공한다는 조건으로 하나님을 자기편으로 끌어오려고 애써 보지 않은 인간이 어디 있는가? 자기를 위해 최선을 다해 주는 하나님을 (혹은 정교를) 받아들이지 않는 인간이 어디 있는가? 이들 주석가들이 현실 감각을 잃고 환상의 세계에 빠져 있는 동안 야곱은 이들이 마음속으로 생각하는 바를 솔직하고 무뚝뚝하게 표현하고 만 것이다. 야곱의 제안에 놀라야 할 이유가 무엇인가? 자기 아버지에게 거짓말을 했고 형에게 장자권을 빼앗았고 형에게 거짓말을 하며(창 33:14!!) 전쟁을 피해 도망을 치면서 하나님의 약속들을 의심했고 죽기 한 달 전에마저 "대단한" 행동을 한(창 48:14,19) 그 사람이 20,21절과 같은 흥정을 하는 것은 지극히 당연한 것이 아닌가? 야곱은 빼앗는 자였지 아시스의 성 프란시스코가 아니었다. 야곱이 하나님과 흥정을 벌이는 사건에 대한 주석가들의 태도는 은혜가 아니고 "행위로" 구원을 얻으려는 자들의 태도를 보여 준다고 하겠다. 주석가들은 구원받은 사람은 야곱의 행동과 같은 짓을 안 하리라고 믿는 것 같다. 만약 그런 짓을 하는 사람이 있다면 그 사람은 구원받지 못한 사람이라는 것을 입증한다고 생각하는 것이다. 그러나 야곱은 그런 짓을 했다. 그의 제안은 분명히 "하나님 당신께서 이것을 나를 위해 해 주시면 저도 당신을 위해 그것을 하겠습니다."였다. 야곱의 십일조에 대해 대단히 긍정적인 평가를 내렸던 윌리엄스는 그 후 성경 그 어디에도 야곱이 십일조를 했다는 기록이 없음을 전혀 모르는 것 같다. 아마 하나님께서 그의 십일조를 강제로 징수했는지도 모르겠다(창 31:41). "성도들을 너무 옹호하지 마시오. 다른 사람이 보면 당신 자신의 변명처럼 들릴지 모르니까!" 주석가들은 존 알렌이 한 이 말을 잘 기억해야 할 것이다.

야곱은 4층 지붕에서 미끄러져 떨어졌던 목수를 생각나게 한다. 그가 4층 자갈바닥으로 떨어지자 그는 "주여, 도와주소서."라고 외쳤다. 그의 옷이 지상에서 한 6m 정도에서 못에 걸려 추락사를 면하자 그는 "괜찮습니다. 주님, 염려 마십시오. 못이 나를 붙들고 있으니까요."라고 했다고 한다. 무신론자임을 자처하던 켄터키의 한 등반가는 급류에 빠져 "오, 하나님, 도와주소서. 오, 하나님, 자비를 베푸소서. 오, 도와주소서. 하나님, 제발요."라고 외치기 시작했다. 곁에서 지켜보던 사람들이 그를 익사 직전에 건져내었다. 사람들이 그가 하나님을 부르더라는 말을 전해 주자 (그런데 이는 그의 무신론 신념과는 정반대의 행동이었다.) 그는 "그러니까 하나님이 아니 계실지라도 사람들이 이와 같은 곤경에 빠지면 도와줘야 할 분이 계셔야 하지 않겠습니까?"라고 말했다고 한다.

우루과이에 선교사로 갔던 텍사스 출신의 스테플러 형제는 하나님께서 자기 요구를 들어주시면 선교사로 가기로 하나님과 흥정을 했다고 고백했다. 하나님께서는 요구 조건을 들어주셨지만 그는 머뭇거렸다. 하나님께서는 이 형제가 결단을 내리도록 도우시기 위해 한밤중에 고속도로에서 그 형제를 만나 주셨다. 그는 트레일러를 몰고 있었는데, 오른쪽 앞바퀴가 펑크가 나면서 트레일러는 갓길을 85마일로 내닫고 있었다. 500m도 채 안 가서 갓길은 끝나고 하수구가 설치되어 있었다. 스테플러는 그때야말로 결단을 내릴 때인 줄 깨닫게 되었다. 그는 "하나님, 빨리 어떻게 좀 해 주십시오. 제가 선교사로 나가겠습니다. 저는 갑니다. 제발 차 좀 붙들어 세워 주세요." 다행히도 트레일러는 멈추었다. 갓길 밑 낭떠러지 2m 앞에서 트레일러는 멈추었던 것이다. 창세기를 조금만 더 읽어가노라면 야곱의 흥정 역시 실천에 옮겨야 할 상황이 등장하게 된다(창 32:7,24-28).

우리는 이처럼 하나님의 말씀이(창 28:20,21) 기록된 그대로를 의미하며, 피조물들의 생각과 마음을 다 알고 계시는 분께서 그 말씀을 아무런 오류 없이 그대로 기록하고 보존해 놓으셨음을 확인해 보았다. 이

홍정은(창 25:31-34에서처럼) 육신적인 것이었는지도 모르지만 적어도 야곱은 하나님의 복에 커다란 가치를 두고 있었음을 보여 준다고 하겠다. 오늘날 미국의 신학교 교수들보다 훨씬 나은 사람이 아닌가?

『내가 기둥으로 세운 이 돌이 하나님의 전이 될 것이며, 주께서 내게 주실 모든 것에서 내가 반드시 십분의 일을 주께 드리겠나이다』(22절). 이것은 창세기 14:20에 이어 두 번째로 십일조에 대한 언급이다. 이번 십일조는 구체적인 장소 즉 벧엘과 연관되어 있다(아모스 4:4과 관련해서 읽어 보라). 창세기 14장에서는 십의 일조가 이방인 제사장의 생계부양과 관련되어 있었는데, 창세기 이후에는 유대의 제사장 계급의 생계부양과 관련된다(민 18:26).

훨씬 이후에 야곱은 "하나님의 집"에 관해 교훈을 배우게 되는데, 사실 이 교훈은 집을 세우시는 분(하나님 자신 - 히 3:3)이 "집"(창 35:7)보다 훨씬 더 중요하다는 것이다. 오늘날 이 교훈을 배운 그리스도인들은 많지 않다. 우리는 "하나님의 집"을 세우는 동안 하나님을 잊어버릴 수 있다(호 8:14). 우리는 성전에 십일조를 하면서도 하나님을 십자가에 못박을 수 있다(마 23:23). 우리는 "하나님의 집"에서 하나님을 내몰아 버릴 수도 있다(암 4:4). 그러나 하나님께서는 전혀 후회하심이 없이 그분의 "집"을 파괴시켜 버릴 수도 있다(마 24:1-3; 23:38, 렘 7:12-14). 심지어는 "하나님의 성전"인 그리스도인들도(고전 5:5; 3:16,17; 6:19,20) 멸망당할 수도 있다(물론 육체적인 죽음을 뜻한다). 성경이 계속해서 확실하게 가르치는 한 가지 교훈이 있다면 그것은 우리는 구원을 받기 위해 눈에 보이는 종교 의식이나, 교회당이나, 유품이나, 묵주나, 성전 그 어느 것도 신뢰해서는 안 된다는 사실이다(사도행전 7:47-50의 스테판의 설교 참고). 하나님은 영이시다. 따라서 하나님께 경배하는 자는 "주일에 예배당에서" 경배하는 것이 아니라 "영과 진리로" 하나님을 경배해야만 하는 것이다.

창세기 29장

29:1 그후 야곱이 계속 이동하여 동쪽 사람들의 땅으로 들어와서,
2 보았더니, 보라, 들에 한 우물이 있고, 보라, 그 곁에 양들 세 떼
가 누워 있었으니, 이는 목자들이 그 우물에서 양떼에게 물을 먹
임이라. 큰 돌로 우물의 입구를 덮었다가,
3 모든 양떼들이 거기에 모이면, 그들이 우물의 입구에서 그 돌을
굴려 내려 양들에게 물을 먹이고 나서, 그 돌을 제자리로 가져와
우물의 입구를 다시 덮더라.
4 야곱이 그들에게 말하기를 "나의 형제들이여, 어디서 왔느냐?" 하
니, 그들이 말하기를 "우리는 하란에서 왔노라." 하더라.
5 야곱이 그들에게 말하기를 "나홀의 아들 라반을 아느냐?" 하니,
그들이 말하기를 "아노라." 하더라.

6 **야곱이 그들에게 말하기를 "그가 안녕하시냐?" 하니, 그들이 말**
하기를 "안녕하시다." 하더라. 그런데 보라, 그의 딸 라헬이 양
들을 몰고 오는지라,
7 **야곱이 말하기를 "보라, 아직 한낮이니, 가축이 모일 때가 아**
니라. 양들에게 물을 먹이고, 가서 풀을 뜯기라." 하니,
8 **그들이 말하기를 "모든 양떼가 다 모일 때까지는 우리가 그리**
할 수 없노라. 목자들이 우물 입구에서 돌을 굴려 내리고 나서
야, 우리가 양들에게 물을 먹일 것이라." 하더라.
9 **○ 야곱이 그들과 말하고 있는데 라헬이 자기 아비의 양들과 함**
께 오니, 이는 그녀가 그 양들을 돌봄이었더라.
10 **야곱이 자기 어머니의 형제 라반의 딸 라헬과 자기 어머니의 형**
제 라반의 양들을 보고, 가까이 가서 우물 입구에서 돌을 굴려
내고, 자기 어머니의 형제 라반의 양떼에게 물을 먹이고
11 **야곱이 라헬에게 입맞추고 소리 높여 울더라.**
12 **야곱이 라헬에게 자기가 그녀의 아비의 형제요, 리브카의 아들**
임을 말하였더니 그녀가 달려가서 자기 아비에게 말하였고
13 **라반이 자기 누이의 아들 야곱의 소식을 듣고 달려가서 그를 만**
나 포옹하며 입맞추고 그를 집으로 데려오니 그가 라반에게 이
모든 일들을 말하더라.
14 **라반이 그에게 "참으로 너는 나의 뼈요 나의 살이라." 말하고, 그**
가 한 달간을 라반과 함께 거하였더라.

『**동족 사람들의 땅**』(1절)은 메소포타미아일 것이고 이는 셈족들은 인류의 세 인종 중 몽골 인종(Mongoloid)이라고 분류되는 사람들임을 암시해 준다(창 11장에서 셈의 족보에 대한 주석 참고). 우물 입구를 덮는 큰 돌은 저수지를 덮는 넓고 평평한 돌로서 이 돌 한가운데에는 구멍이 뚫려 있고 이 구멍 위에도 다른(둥근 것) 돌로 덮어 비와 먼지를 막아 준다. 3절은 주석이 필요 없을 만큼 분명하다.

야곱은 목동들에게 말을 걸었고 곧이어 그의 친족과 접촉하게 된다. 5절의 "아들"은 실상은 손자이다(마 1:1의 이에 관한 주석 참고). 라헬은 "여자 목동"으로 그 단어의 의미는 "암양"(삼하 12:1-4)이라는 뜻이다.

야곱은 목동들에게 한 가지 충고를 했으나 목동들은 그 충고를 따를 수가 없었다. 야곱은 목동들에게 물을 먹이고 가서 풀을 뜯기라고 했으나 목동들은 양떼가 "다 모일 때까지는" 물을 먹일 수가 없다고 대답했다. 이 구절은 여러 가지로 해석이 가능하다. 대다수의 주석가들은 다른 목동들이 그곳에 가서 함께 돌을 들어내야만 하기 때문이라고 한다. 즉 그 돌이 너무도 무거웠다는 것이다. 그러나 이 해석은 10절을 보면 잘못된 추측임이 입증된다. 야곱과 같은 평범한 사람도 돌을 굴려 낼 수 있었기 때문이다. 또 다른 주석가들은 목동들끼리 서로 협정을 맺어 공평하게 물을 사용하기 위해 같이 모였을 때만 물을 길렀다고 한다. 칼리쉬에 따르면 돌을 자주 굴려 내면 먼지가 자꾸 들어가니 하루에 한 번만 뚜껑을 여는 것을 택했을 것이라고 한다. 이보다 더 가능성이 있는 해석은 그 어떤 목동도 다른 목동이 자기보다 먼저 물을 먹이거나 풀을 뜯게 하기를 원치 않았을 것이기 때문이다. 만약 어떤 양떼가 먼저 풀을 뜯어먹어 버리면 다른 양떼는 뜯을 풀이 없기 때문이다. 이것은 미국 서부의 카우보이들에게도 당연히 정해진 규율이었다.

9절은 주석이 필요 없다. 창세기를 기록한 모세는 10절에서 "어머니"라는 단어를 세 번이나 썼는데, 이는 "그의 살과 뼈"를 만나게 된 야곱의 기쁨을 표현하기 위함(칼리쉬의 주장)보다는 리브카와 야곱의 친밀한 관계를 강조하기 위함으로 보인다. 이것은 프로이트 학파가 주장하는 "어머니상"(mother image)으로 이들에 따르면 남자는 자기 어머니와 같은 아내를 찾거나 - 아니면 정반대의 여자를 찾는다고 한다(이는 어린 시절의 경험에 따라 달라진다고 하니 심리학은 사회학과 마찬가지로 대단히 "정확한" 과학인가보다!!). 11-13절은 주석이 필요 없이 자명하다. 야곱은 창세기 27장과 28장의 사건을 설명하고 왜 자신이 그곳에 오게 되었는지를 설명한다. 야곱은 라반과 한 달간을 지냈고, 이제 라반은 야곱에게 투자를 해서 유익을 보고자 마음을 정하게 된다.

29:15 ○ 라반이 야곱에게 말하기를 "네가 나의 형제지만 그렇다고 해서 어찌 내가 너를 거저 일을 시키겠느냐? 내게 고하라, 무엇이 네 삯이 될 수 있겠느냐?" 하더라.

16 라반에게는 두 딸이 있는데, 큰딸의 이름은 레아요, 작은딸의 이름은 라헬이라.

17 레아는 눈매가 부드러우나, 라헬은 *몸매가* 아름답고 얼굴도 예쁘더라.

18 야곱은 라헬을 사랑했으므로, 말하기를 "내가 외삼촌의 작은딸

라헬을 위하여 외삼촌께 칠 년을 봉사하리이다." 하니,
19 라반이 말하기를 "내가 그녀를 다른 사람에게 주는 것보다 네게
주는 것이 더 나으니, 나와 함께 있으라." 하더라.
20 야곱이 라헬을 위하여 칠 년간 봉사하였으나, 야곱이 그녀를 사
랑했으므로 그 기간들이 그에게는 불과 며칠 같았더라.
21 ○ 야곱이 라반에게 말하기를 "내 날들이 찼으니 내 아내를 내
게 주소서. 그래야 내가 그녀에게 들어가겠나이다." 하니,
22 라반이 그곳의 모든 사람들을 모아서 잔치를 베풀었더라.
23 저녁 때 그가 그의 딸 레아를 데려다가 그에게 보내니 야곱이
그녀에게로 들어갔더라.
24 라반이 그의 딸 레아에게 그의 여종 실파를 몸종으로 주었더라.
25 아침이 되었는데, 보라, 레아더라. 야곱이 라반에게 말하기를 "외
삼촌이 어찌하여 내게 이같이 행하셨나이까? 내가 라헬을 위하
여 외삼촌께 봉사하지 않았나이까? 그런데 어찌하여 외삼촌이
나를 속였나이까?" 하니,
26 라반이 말하기를 "큰딸보다 작은딸을 먼저 주는 것은 우리 지방
에서 하지 아니하느니라.
27 그녀의 이레를 채우라. 우리가 이쪽도 너에게 주리니, 네가 그녀
를 위해서도 내게 칠 년을 봉사해야 하리라." 하더라.
28 야곱이 그렇게 행하여 그녀의 이레를 채우니 라반이 야곱에게
그의 딸 라헬도 아내로 주었더라.
29 라반이 그의 딸 라헬에게 그의 몸종 빌하를 그녀의 여종으로 주
었더라.

30 야곱이 라헬에게도 들어갔고 레아보다 라헬을 더 사랑하였으며 다시 칠 년을 라반을 위하여 봉사하였더라.

우리는 15절에서 형제(brother)란 단어가 조카(nephew)라는 의미로 쓰이고 있음을 주목해야 한다. 창세기 14:16에도 동일하게 사용되었었다. 라반의 고용 제안은 (라반과 야곱이 무엇을 할 때는 늘 그러했듯이) 이중의 동기를 갖고 있었다. 첫째는 야곱을 빈둥거리게 해서 먹을 것과 입을 것을 축내게 하느니 일을 시켜 숙식비라도 벌도록 하는 것이고, 두 번째는 라반은 인생이 무엇인지를 잘 알고 있었기 때문에 의도적으로 덜 예쁜 레아를 결혼시킬 계획을 갖고 있었던 것 같다. 그 어떤 젊은이도 두 여자 사이에서 지내면서 그 중 하나에게 관심을 갖지 않는 법은 없기 때문이었다. 그래서 라반은 처음부터 야곱이 선택하지 않을 레아를 먼저 결혼시킬 책략을 갖고 있었던 것처럼 보인다. 야곱은 이미 라헬을 먼저 만났고 그녀 역시 양을 쳤으므로(창 29:6; 31:38) 야곱이 그녀를 사랑하게 될 것은 뻔한 일이었다(창 29:17). 그러나 라반은 이미 레아를 먼저 시집보내기로 작정해 두었다(창 29:26).

레아("짜증나게 된," "지루한" 혹은 "핀으로 찌르는"의 뜻)는 눈매가 부드러웠다(17절). 〈칠십인역〉은 히브리어 "라크"를 "아스테네이스"(약한 혹은 병든)로 번역하였고 이에 근거하여 현대의 주석가들은 〈킹제임스성경〉을 수정하였다. 따라서 이들에 따르면 "레아는 약한 눈을 가졌으나 라헬은 아름다운 눈을 가졌다"는 식으로 본문이 결정된다. 그러나 이것은 잘못된 번역이다. "아름답다"라는 단어(히브리어로 "예파트토아르")는 항상 형태의 아름다움, 즉 몸매에 관하여 쓰이는 단어이다(신

21:11, 삼상 16:12, 겔 16:13 등). 따라서 본문의 의미는 "레아는 눈매가 부드러우나(부드럽고 청순한 눈매) 라헬은 (몸매가) 아름답고 얼굴도 예쁘더라"는 뜻이 된다. 다시 말해 레아는 눈만 예쁜 반면 라헬은 "끝내 준다"는 뜻이다("기가 막히다," "굉장하다"... 그 어떤 식으로 표현하든 간에). 남자는 눈으로 보는 것으로 사랑에 빠진다(이 때문에 가장 형편없이 생긴 여자는 늘상 그 어딘가에 거울을 갖고 있는 것이다). 라헬은 야곱의 첫사랑으로 "첫눈에 반한" 여인이었기에 7년간의 봉사의 "대가"를 치르겠다고 나선 것이다. 어쩌면 바로 이것이 라반이 바라던 바였을 것이다. 7년간 무보수 노동이라니! 18절부터 야곱은 자기가 심은 것을 "거두기" 시작한다. 라반의 대답에는(19절) 다음의 사실이 빠져 있다.

1. 결혼식 날짜
2. 레아에 대한 언급(26절)
3. 직접적인 허락 언질

이제 성경에 등장하는 것 중 가장 오랜 약혼기간인 7년이 시작된다(가장 오랜 약혼기간은 고린도후서 11:1-3에 나오는 약 2,000년간이다). 야곱은 7년간을 사랑에 빠져 지냈다(20절). 그에게는 2,520일이 "며칠" 같았다고 한다. 그는 꿈속을 헤매고 있었으니 그럴 수밖에 없었을 것이다. 양우리에서 병든 암소처럼 달빛 아래 사랑의 시를 쓰고 별과 달에게 모노드라마식의 사랑의 고백을 했을 것이고 라헬의 장막문 앞에서 세레나데를 불렀을 것이다.

라반은 혼인 잔치를 베풀었고 이 잔치는 아마 7일간 열렸을 것이다(22절, 판 14:10). 옛날 혼인식은 간단했다. 결혼 허가서, 혈액형 검사,

결혼 예식 등은 없었다. 잔치 자체가 혼인식이었고 그저 아버지가 딸을 신랑에게 넘겨주면 되는 것이다.

때는 밤 8시쯤 되었을 것이다. 혼인 잔치는 끝나고 야곱은 자기의 장막으로 돌아갔다. 1시간쯤 후 바깥에서 들려오는 발자국 소리에 야곱은 벌떡 일어나 그의 사랑하는 자를 맞이하러 간다. 그는 무려 2,520일을 기다렸다. 드디어 기다리고 기다리던 그 밤이 찾아온 것이다. 달빛에 신부가 너울을 쓰고 있는 모습이 보이고 딸을 신랑에게 넘겨주기 위해 라반이 옆에 서 있다(그는 딸 외에는 아무것도 준 것이 없다). 신랑과 신부 사이에는 말이 별로 없었을 것이다. 만약 말이 오갔다면 "레아"는 목소리를 꾸며 대느라 꽤나 힘들었을 것이다. 아마 야곱은 신부의 목소리가 첫날밤의 긴장 때문이라고 생각했을 것이다. 이 순간 라반은 "침묵은 금"이라는 격언을 실천했을 것이다. 야곱은 장인에게 작별 인사를 하고 "라헬"을 번쩍 들어 장막 안으로 들어갔을 것이고 라반은 콧노래를 부르면서 물러갔을 것이다. 아침까지는 이처럼 모두가 행복해 보였다(25절).

어떤 사람들은 "7년 동안이나 데이트를 해 놓고 자기 옆에 누가 누워 있는지도 모르다니 그럴 수가 있느냐?"고 따진다. 그러나 이에 대한 대답은 야곱은 7년 동안 단 한 번밖에는 그녀에게 입 맞춘 적이 없고(11절) 따라서 오늘날 미국식 데이트 속도와는 전혀 상관없는 구식 데이트를 한 셈이다. 레아는 입을 다물고 있었을 것이요 자기가 선택받은 신부인 것처럼 행동했을 것이다.

『**아침이 되었는데, 보라, 레아더라**』(25절). 야곱은 오랜만에 기분 좋게 늦잠을 잤고 느긋하게 깨어났다. 어젯밤의 행복한 순간을 생각하며 앞으로 이어질 행복한 나날들을 생각하니 미소가 절로 지어졌다. "오!" 그런데 이게 웬일인가? 그의 옆에 누워 있는 여자는 딴 여자였던 것이다.

이후 전개된 30분간의 대화는 짐작이 가고도 남는다. 레아는 고양이처럼 미소를 지으면서 천연덕스럽게 거짓말을 늘어놓고 야곱은 주정뱅이가 두통으로 머리를 싸쥐고 있듯이 침대 맡에 앉아 어찌할 바를 모르고 있다. 레아는 "이봐요, 여보. 이런 식으로 신혼 생활을 하실 거예요?" 라고 하면서 "부드럽게" 눈길을 던진다. 그 "부드러운" 눈길은 지난 7년간 야곱의 면전에서 떠나지 않았던 그 눈길이었다. 오페라 가수와 사랑에 빠져 결혼한 어떤 사람이 아침에 일어나 보니 화장기가 없는 신부의 얼굴을 보고(립스틱, 마스카라, 분, 의치...) "오, 여보. 제발 빨리 한 곡조 불러 줘!"라고 했다고 한다. 야곱의 상황이 바로 이와 비슷한 것이다.

야곱은 옷을 입고 라반의 장막 앞뜰로 게슈타포 요원이 스파이를 체포하러 가듯이 달려갔다. 그러나 라반은 이미 만반의 태세를 갖추고 야곱을 기다리고 있었다. 『**어찌하여 내게 이같이 행하셨나이까?**』(25절) 『**어찌하여 외삼촌이 나를 속였나이까?**』(25절) 올바른 질문이었다. 그러나 이때 야곱은 자기가 과거에 저질렀던 그 일은(창 27:19-26) 전혀 기억하고 있지 못한 것이다. 야곱은 이 사건과 자기가 저지른 사건과의 인과 관계를 전혀 짐작하지 못했던 것이다. 창세기 29:25에서 야곱이 왜 외삼촌이 자기를 속였느냐고 말하는 순간 그는 "그의 아버지를 속인" 장본인이라는 사실은 전혀 생각지 못한 채 "어째서 내가 속아야 하는가?"에만 관심이 쏠려 있었던 것이다. 라반의 대답은 그 내용이 사실인지 아닌지를 떠나 야곱이 교회 출석을 그만 둔 이래 가장 필요로 했던 정통 설교였다. 『**큰딸**[the firstborn]**보다 작은딸을 먼저 주는 것은 우리 지방에서 하지 아니하느니라**』(26절). 이 말을 듣자 야곱의 의문에 찬 항거는 사라지고 입을 다물고 만다(26-28절). 야곱은 한마디 대꾸도 못했다. 이는 그가 라반의 입에서 "큰딸"(the firstborn)이란 단어를 듣자마자 창세기 25:31의 사건이 떠올랐기 때문이었다. 이렇게 해서 주님께서는 야곱의 아픈 곳을 찔렀고 야곱은 주님의 메시지에 순종키로 한 것이다. "이 사건은 야곱아, 내가 장자의 권리에 대해 너에게 교훈을 주기 위함이라."

결국 야곱은 라헬도 아내로 얻게 된다. 라반은 약속을 지켰다. 『**그녀의 이레를 채우니**』(28절)라는 말은 레아의 혼인잔치 7일을 의미하는 것일 수도 있고(22절의 주석 참고) 아니면 야곱이 레아와의 혼인잔치 7일 기간 도중에 라헬을 아내로 맞이했다면 혼인잔치 7일 중 나머지 기간을 채웠다는 의미도 될 수 있다. 야곱은 라헬을 얻기 위해 7년을 더 일해야 했지만(라반의 책략은 실로 성공적이었다고 할 수 있다) 그 칠 년간의 봉사가 시작되기 전에 "선불"로 그녀를 받았던 것 같다. 이는 창세기 29:31-35; 30:1-6에 나오는 "아이 낳기 경쟁"을 볼 때 분명하다. 빌하("수줍어하는," "수수한"의 뜻)와 실파("몰약을 떨어뜨리는" 혹은 "즙을 떨어뜨리는"의 뜻)와 더불어 두 명의 아내를 거느린 신혼살림이 드디어 시작된 것이다.

미국의 카우보이들이 부르는 "7년간을 잘못된 여자와"라는 노래는 바로 창세기 29장에서 비롯된 것이다. 섹스에 미쳐 있는 미국인들은 4명의 여인을 거느린 야곱이 매우 부러울지 모르지만(할리우드와 TV만을 보고 사는 미국인들은 착각 속에서 살고 있다), 성령님께서는 "한 여인만으로 족하다"는 교훈을 가르쳐 주시기 위해 야곱의 실생활을 우리에게 제공해 주고 계신다(창 30:1,2; 29:31; 30:15; 31:2; 31:14,19,36,40,41; 32:7,11,32; 34:2; 35:22).

29:31 ○ 주께서는 레아가 미움받는 것을 보시고, 주께서 그녀의 태를 열어 주셨으나, 라헬은 임신하지 못하더라.

32 레아가 임신하여 아들을 낳아 그의 이름을 르우벤이라 불렀으니, 이는 그녀가 말하기를 "참으로 주께서 나의 고뇌를 살펴보셨으므로 이제는 내 남편이 나를 사랑하리로다." 하였음이라.

33 그녀가 다시 임신하여 아들을 낳고 말하기를 "주께서 내가 미움받는 것을 들으셨으므로 이 아들도 내게 주셨도다." 하고, 그의 이름을 시므온이라 불렀더라.

34 그녀가 다시 임신하여 아들을 낳고 말하기를 "내가 그에게 세 아들을 낳아 주었으니 내 남편이 이제는 나와 결합하리로다." 하고, 그리하여 그의 이름을 레위라 불렀더라.

35 그녀가 다시 임신하여 아들을 낳으니, 그녀가 말하기를 "이제 내가 주를 찬양하리로다." 하고, 그리하여 그의 이름을 유다라 불렀으며, 그녀의 생산이 멎었더라.

야곱은 이스마엘이 스스로 선택한 운명 속으로 강제적으로 빠져들고 말았다(즉 자매를 아내로 둔 것이다). 이것은 레위기 18:18에는 금지되어 있다. 만약 야곱이 그의 할아버지만큼 거룩했더라면 그는 레아를 취한 후 라헬은 내버려두었을 것이다. 그러나 야곱은 아브라함과 달랐다. 그는 여전히 라헬을 사랑했던 것이다. 주님께서는 이 모든 일을 알고 계셨다. 뿐만 아니라 주님은 야곱이 레아를 싫어하고 미워한 것도(33절) 알고 계셨다. 라헬이 레아를 미워한 것은 레아가 자식을 낳은 후였다(창 30:1,2). 창세기 29:31,33의 미움은 야곱이 레아를 미워한 것이다.

『**그의 이름을 르우벤이라 불렀으니**』(32절). 르우벤은 장자였고 장자는 비록 장자의 어미가 미움을 받는다손 치더라도(신 21:17) 두 몫을 유업으로 받게 된다(르우벤은 창세기 35:22에서 이 장자의 권리를 빼앗긴다). 르우벤은 이스라엘 12지파가 열거된 23번 가운데 12번에 걸쳐 첫 번째로 등장한다. 그는 모든 지파가 모두 기록된 곳에서 한 번 제외되었고(민 34장), 일부 지파들만 기록된 곳에서도 한 번 제외되었다. 그는 4번은 유다 지파에 의해 대체되었고 단 지파에 의해 한 번, 에프라임 지파에 의해 한 번 그리고 시므온 지파에 의해서도 한 번 대체되었다. 흉배 위에 놓인 첫 번째 보석은 아마 르우벤을 대표하는 것일 것이다(출 28:9,10과 28:17-21). 이 보석은 홍보석(Sardius, Sardine, 계 21:20, 겔 28:13, 출 39:10 등)으로 새 예루살렘의 여섯 번째 기초석이다(계 21:20). 이 보석은 붉은색, 혹은 꿀색을 한 투명한 보석이다. 르우벤은 어쩌면 열두 구분에 있어 베드로에게 상응되는 것 같다(계 21:24 주석 참고). 이 구분에 따르면 이방인들에게는 1월이요 유대인들에게는 3,4월에 해당된다. 새 예루살렘의 기초석에 따르면 이방인들에게는 6월이요, 유대인에게는 8,9월이다. "르우벤"이란 단어는 "보라, 아들이로다!"라는 뜻이다(창 49:3 주석 참고).

레아의 발언(혹은 기도)은(32절) 야곱이 그녀를 미워했음을 분명히 보여 준다.

르우벤은 계속되는 11명의 자녀들(베냐민 이전, 창 35:18) 가운데 첫째이며, 야곱은 디나라는 딸을 하나 둔다. "여호와"라는 이름은 이들 중 다섯 아들에게 사용되었고 "엘로힘"은 6명에게 사용되었다. 결국 그라프-벨하우젠 이론은 여기서 또 한 번 엉터리임이 입증되고 만다. 레아는 첫아들을 가지고도 야곱의 사랑을 얻지 못했다. 왜냐하면 레아가(첫아들을 낳은 후) 둘째 아들을 낳고서 말하기를 『**주께서 내가 미움받는 것을 들으셨으므로, 이 아들도 내게 주셨도다.**』라고 말했기 때문이다. 『**그의 이름을 시므온이라 불렀더라**』(33절). 시므온은 "듣는다"라는 뜻이다. 시므온은 성경에서 이스라엘 12지파가 열거된 23번의 경우 중 12번에 걸쳐 2번째로 등장하며 나머지 중 9번은 잇사칼, 레위, 갓, 베냐민, 아셀, 르우벤에 의해 대체되었고 두 번은 유다에 의해 대체되었으며 한 번은 아예 제외되었다. 흉배의 두 번째 보석은 시므온을 대표하는 "황옥"(Topaz)이다. [〈강단의 주석〉은 출애굽기 28장 당시에는 황옥에다 새기는 것이 불가능하다는 억측을 가지고 〈킹제임스성경〉을 수정하려고 든다. 그러나 이런 식의 성경 비평은 근거 없는 비평을 위한 비평일 뿐이다. 성경은 흉배에 보석을 박아 끼우는 일을 했던 사람은 "하나님의 영으로 충만케 된 지혜와 명철과 지식과 기술을 갖춘"(출 31:1-4) 사람이라고 말하고 있다.] 황옥은 새 예루살렘의 아홉 번째 기초석이며(계 21:20) 아라비아 연안 홍해에 있는 한 섬에서 최초로 발견되었다. 성경에 나오는 황옥은 오늘날의 탄생석에서는 찾아볼 수 없는 초록빛을 띠고 있다. 이방인에게는 이 보석은 11월에 해당되고 유대인들에게는 11,12월일 것이다(즉 9번째 기초석에 해당된다면). 만약 흉배에 나와 있는 순서대로 하자면 황옥은 이방인에게는 2월이며 유대인에게는 4,5월에 해당된다. 2월의 탄생석은 자수정(Amethyst)이다. 시므온은 열두 지파 중 가장 용맹한 자이다(창 49:5).

『**내 남편이 이제는 나와 결합하리로다... 그리하여 그의 이름을 레위라 불렀더라**』(34절). 레위는 12지파 전체가 열거된 20번의 경우 중 8번만 세 번째로 등장하고 23번의 경우 중 (전체가 아닌 일부가 열거된 경우 포함) 8번은 제외되어 있다. 이는 레위 족속이 출애굽기와 민수기에서 "제사장 지파"가 되었기에 당연한 일이었다. 제사장 지파는 지파로서 계수되지 않았기 때문이다. 흉배에서 레위 지파에 해당되는 보석은 "홍옥"(carbuncle)이다. 출애굽기 28:17과 39:10에는 홍옥이 세 번째 보석으로 나와 있는 반면 새 예루살렘의 기초석에는 홍옥이 빠져 있다. 따라서 이 홍옥은 이방인에게는 3월이요 유대인에게는 5,6월이며 새 예루살렘에 따른 해당되는 달은 없다. 3월에 해당되는 탄생석은 남극(Aquamavine) 혹은 혈석(Bloodstone)이다. [성경 학도들은 성경 어딘가에는 정확한 점성술에 관한 계시가 숨겨져 있을 것이라는 것을 알 수 있을 것이다. 왜냐하면 황도 12궁은 우리가 지금 제시한 내용들과 틀림없이 맞아 떨어지기 때문이다. 그러나 주님께서는 너무도 이 체계를 복잡하게 해 놓으셨기 때문에 아직까지 그 신비가 벗겨지지 않고 있다. 어떤 사람이 이스라엘 12지파를 기준으로 해답을 찾으려고 한다면 그는 20번의 경우에는 12지파가 다 들어 있지만 3번의 경우는 불완전한 리스트임을 보게 된다(이 리스트들은 창세기, 출애굽기, 민수기, 신명기, 여호수아, 재판관기, 역대기상, 에스겔, 요한계시록 등에 나와 있다). 이 20번의 전체 지파 리스트 중 단 두 개 만이 한 번 일치하며 3개끼리 한 번 일치한다. 흉배에 박아 놓은 보석은 민수기 1:1-15, 1:20-43 혹은 2,7,10장이나 13,26,34장 등과 일치하나, 창세기 29장의 순서와는 일치하지 않는다. 우리는 현재 흉배의 보석들과 창세기 29장의 열두 지파들과 일치시키고 있다.] 홍옥은 이사야 54:12과 출애굽기 39:10에도 나와 있다.

『**그리하여 그의 이름을 유다라 불렀으며 그녀의 생산이 멎었더라**』(35절). 성경에서 가장 뛰어난 지파인 유다는 "찬양"이란 뜻이다. 그의 보석은 "에메랄드"일 것이다. [〈강단의 주석〉은 앞서와 마찬가지로 이번에도 성경에 대해 틀렸다고 비평을 가하고 있다. "여기 나오는 보석은 잘못된 것이다. 왜냐하면 에메랄드나 사파이어 및 금강석은 고대에는 가공될 수 없었기 때문이다." 이 주석을 쓴 학자들은 성경에 기록된 그대로 믿는 나 같은 사람은 "무식한 고집쟁이"라고 생각할 것이다. 그러나 우리는 성경을 기록하신 성령께서 옳고 모든 성경 비평가들은 틀렸다고 단정한다.] 빛나는 초록빛 돌인 에메랄드는 새 예루살렘의 네 번째 기초석이다. 만약 이 기초석에 따라 정한다면 이 보석은 이방인들에게는 4월이며, 유대인들에게는 6,7월이 된다. 이번에는 흉배의 보석에 의하거나 새 예루살렘의 기초석에 의하거나 동일하다. 모두 네 번째로 나와 있기 때문이다.

우리는 유다를 바울에 비길 수도 있지만 원칙적으로 바울은 열두 사도가 아닌 열세 번째 사도이다. "빌립"은 사도들의 리스트에서(2번) 네 번째 사도로 등장한다. 그러나 사도들의 리스트는 2번이 아닌 3번이

나온다(마 10장, 막 3장, 눅 6장). 이렇게 되면 이 체계는 다시 복잡해진다. 성경에 나와 있는 모든 자료를 정확히 체계화시키려면 아인슈타인보다 더 뛰어난 수학자가 필요하다. 아인슈타인 정도로 머리가 뛰어난 자들은 교만하거나 아니면 상식을 결여한 경우가 대부분이어서 구원을 받거나 진리를 찾지 못한다(고전 1:19,21,25-28, 딤후 3:7). 이로써 하나님의 점성술 체계는 휴거 이후까지는 숨겨진 채로 남아 있게 될 것 같다.

열두 사도, 열두 족장, 열두 달, 열두 탄생석, 열두 황도궁 및 열두 민족(신 32:7,8)이 뒤엉켜진 이 체계를 풀 수 있는 방도가 없다는 것은 이미 충분히 설명했기 때문에 앞으로는 야곱의 아들들에 대한 주석에서 다만 흉배의 보석과 해당되는 달, 그리고 해당될 가능성이 많은 사도들에 대해서만 간략히 짚고 넘어가도록 하겠다(그러나 우리는 성경에 기록된 그대로를 믿지 않고 어떻게든 비평하려는 자들에 대해서는 그들의 오류를 지적하고자 한다).

창세기 30장

30:1 라헬은 자기가 야곱에게 자식들을 하나도 낳아 주지 못함을 보
고 언니를 시기하여 야곱에게 말하기를 “나로 자식을 낳게 하라.
그렇지 아니하면 내가 죽으리라.” 하니,
2 야곱이 라헬에게 화를 내며 말하기를 “내가 네게서 태의 열매를
못 맺게 하신 하나님의 대리자겠느냐?” 하니,
3 그녀가 말하기를 “내 종 빌하를 보고 그녀에게로 들어가라. 그
녀가 내 무릎 위에 아이를 낳아 주리니 그러면 나도 그녀로 인
하여 자식들을 얻을 수 있으리라.” 하며,
4 그녀가 그에게 자기의 몸종 빌하를 아내로 주었더니 야곱이 그
녀에게로 들어갔더라.
5 빌하가 임신하여 야곱에게 아들을 낳았더니,

6 라헬이 말하기를 "하나님께서 나를 판단하시고 내 목소리도 들
으시어 내게 아들을 주셨도다." 하고, 그리하여 그의 이름을 단
이라 불렀더라.
7 라헬의 여종 빌하가 다시 임신하여 야곱에게 둘째 아들을 낳았
더니,
8 라헬이 말하기를 "내가 내 언니와 큰 싸움을 싸워 내가 이겼도
다." 하고, 그의 이름을 납탈리라 불렀더라.
9 레아가 자기의 생산이 멎은 것을 보고 그녀의 여종 실파를 데려
다가 야곱에게 아내로 주었더라.
10 레아의 여종 실파가 야곱에게 아들을 낳으니,
11 레아가 말하기를 "군대가 온다." 하고, 그녀가 그의 이름을 갓이
라 불렀더라.
12 레아의 여종 실파가 야곱에게 둘째 아들을 낳으니,
13 레아가 말하기를 "나는 행복하도다. 이는 딸들이 나를 축복받았
다고 부를 것임이라." 하고, 그의 이름을 아셀이라 불렀더라.

이 구절들에는 고전적인 두 가지 주제가 등장한다. 즉 질투와 불임이 그것이다[잠 30:15,16, 시 113:9; 창세기 11:30에 나오는 마리아의 일곱 유형(예표)에 관한 부분을 보라]. 우리는 1절에서 라헬의 성격에 대한 분명한 통찰력을 얻을 수 있다. 라헬은 상황이 상황이니 만큼 외적인 아름다움은 실로 겉치레에 불과하다는 사실을 여실히 입증하고 있다. 자기가 원하는 것을 얻지 못한다고 자살하겠다고 위협하는 여자는 즐겁게 잠자리를 같이하고, 식사하며, 이야기를 나누고 함께 여행할 만한 그런 여자는 아니다. 이와 같은 라헬에 대한 평가가 너무 지나친 것이 아니냐고 반문하는 사람은 한나 역시 동일한 상황에서 기도했다는 사실을 염두에 두기 바란다(삼상 1,2장). 반면 라헬은 이를 갈았다. 어쩌면 라헬은 이를 가는 동시에 기도했을 것 같다(6절). 그러나 창세기 30:1은 베드로전서 2:20에 해당하는 것 같지는 않다.

『**야곱이 라헬에게 화를 내며**』(2절). 그는 이미 레아에게는 화가 나 있었던 상태였으니 모두가 다 "행복한" 대가족을 이루고 있는 셈이다. 레아는 야곱으로부터 자기가 원치 않는 만용만을 받았을 뿐이고 라헬은 그녀가 원하는 남편을 독차지했지만 그것만으로는 아무 문제도 해결되지 못했다. 야곱은 원치 않는 자식이 계속 생겨난 반면 그가 사랑하는 여자는 그에게 불임에 대해 비난을 하고 있는 것이다. 이에 야곱은 결국 라헬에게 화를 내고 만다. 오늘날 새로운 도덕에 입각한 "혼전" 경험들은 대개 이런 식으로 끝난다. (아니면 이보다 훨씬 더 상황이 나쁘게 된다.) 구식 결혼관이 비실제적이라고 생각하던 요즘 젊은이들은 결국은 스스로 속고 마는 셈이다. 우리는 창세기 이 부분을 읽을 때 속뜻을 자세히 살피고 읽어야 한다. 그에게는 4명의 아내가 있었다(지금 현재로는 두 명임). 그는 이 네 여자들의 모든 불평, 불만, 원망, 질병, 수군거림, 비방, 비난, 필요, 개인 문제 등을 전부 다 처리해 주어야 하는 것이다. 『**내가... 하나님의 대리자겠느냐?**』(2절) 물론 아니다. 모든 것은 하나님께 달려 있다(창 29:31). 야곱은 힘이 없다(창 20:18을 보라).

『**내 종 빌하를 보고 그녀에게로 들어가라. 그녀가 내 무릎 위에 아이**

를 낳아 주리니』(3절). 이 모습은 사라를 연상시킨다(창 16:1-5). 이것은 물론 함무라비 법전에 의하면(제145항) 더할 나위없는 훌륭한 조치였다. 그러나 하나님께서는 고고학자들이 평가하는 대로 함무라비 법전을 인정해 주시지 않는다. 『**그러므로 너희는 그 열매들을 보고 나무들을 알게 되리라.**』(마 7:20)라는 기준에 의하면 사라의 경우(하갈과 이스마엘)와 라헬의 경우(빌하와 단)는 그 열매가 형편없었다. 하나는 이스라엘의 박해자와 원수가 되었고 또 하나는 적그리스도의 완벽한 예표가 되었기 때문이다(창 49:16,17 주석 참고).

『**그녀가 내 무릎 위에 아이를 낳아 주리니**』(3절). 이 구절에 대해 〈강단의 주석〉은 "이 구절의 문자적인 의미는 너무도 모순되기 때문에 반박할 필요조차 없다."라고 주석했다. 하나님의 말씀에 대한 이와 같은 방자한 태도 때문에 본 주석은 때로는 다른 주석가들에 대해 다소 강력한 언어를 사용할 수밖에 없는 것이다. 자신들의 맘에 들지 않는다던가, 이해할 수 없다든지 혹은 동의할 수 없다는 이유로 하나님의 말씀을 그런 식으로 무시해 버리는 자들에 대해 우리 역시 그들이 하나님의 말씀을 무시해 버리는 동일한 방식에 따라 그들을 무시해 버릴 것임을 밝혀둔다. 한 여인이 대리로 자식을 얻기를 원한다면 자기 스스로 유모가 되어 산모를 돕는 것보다 더 나은 방법은 없지 않겠는가? 출애굽기 1:16에 보면 "출산대"라는 단어가 나온다. 아이를 낳는 여인은 뭔가에 의지하거나 기댐으로써 도움을 받는 것이다. 그런데 〈국제표준성경백과사전〉에 기여한 250여 명의 학자들은 그것이 무엇인지를 모르는 것 같다. 사무엘상 4:19,20에 보면 유대 여인들은 자신들의 몸을 "구부리고"

자식을 낳는다. 이때 다른 여인들이 함께 한다. 주인마님의 아이를 대신 낳아 주는 몸종이 무릎을 꿇고 엎드리거나 아니면 마님의 무릎을 의지하는 것은 당연하지 않은가? (히브리어의 "카라"는 욥 39:3, 대하 7:3, 대하 29:28,29과 판 5:27, 왕상 19:18, 에 3:2,5, 시 22:29; 72:9 및 사 45:23 등에 동일한 의미로 동일한 방식으로 쓰였다.)

결론적으로 우리는 〈킹제임스성경〉은 창세기 30:3의 본문은 기록된 그대로를 의미하며, 5,000여 명의 주석가들의 주석은 반박할 필요가 없을 만큼 모순되다는 것을 인정하는 바이다.

『하나님께서 나를 판단하시고 내 목소리도 들으시어 내게 아들을 주셨도다." 하고, 그리하여 그의 이름을 단이라 불렀더라』(6절). 하나님께서 라헬을 판단(심판)하신 것은 그녀의 질투와 인내하지 못함과 심술에 대한 것이지, 그녀의 언니에 대한 복수를 위한 눈물의 기도에 대한 것은 아니었다. 이브는 라헬이 저지른 동일한 실수를 저질렀다(창 4:1과 그 주석 참고). 이브의 아들 카인과 라헬의 아들 단은 둘 다 앞으로 오게 될 적그리스도의 예표인 것이다.

"단"은 "판단"(심판)을 의미한다. 그는 다섯 번째 아들로(창 5:5 주석 참고). 그의 탄생석은 "사파이어"일 것이다. 이것은 새 예루살렘의 두 번째 기초석이며(계 21:19,20), 이방인들에게는 5월(혹은 2월)에 해당되고 유대인들에게는 7,8월(혹은 4,5월)에 해당된다. 5월에 해당되는 탄생석은 에메랄드(2월은 자수정)이다. 단은 안드레 혹은 바돌로매에 해당된다. 단 지파는 다윗이 태어나기 오래전에 배교해 버렸고 산헤립이 북이스라엘 지파들을 포로로 잡아갈 때까지(B.C. 727년 - 벌링거에 따르면

B.C. 616년!!) 배교 상태로 남아 있었다. 단은 "인을 갖지 못한 채"(계 7:4-9) 대환란을 통과하게 되지만 천년왕국에서는 지파의 자격을 회복한다(겔 48장).

라헬은 이제 하나님께서 "자기편"이 되셨다고 확신한다(판 17:10,13에서 "아버지"라고 불리게 되는 제사장을 보라). 이에 그녀는 다시 한번 아들을 낳기 위해 빌하를 들여보낸다. "납탈리"(히. "나의 씨름")는 두 번째 "대리 출산"의 결과이며(7절), 라헬은 마치 자기가 아이를 낳은 것처럼 자랑스러워한다(8절).

씨름은 에베소서 6:10-12에 나오는 것처럼 기도와 간절한 마음에 대한 언급이다. 납탈리는 여섯 번째 아들이며 그의 탄생석은 "금강석"인 것이다[금강석은 새겨 넣기에는 너무 단단하다는 〈강단의 주석〉의 설명(제1권, p.286)은 성경을 부인하려는 시도일 뿐이다. 더 단단한 금강석으로 덜 단단한 금강석을 새겨 넣을 수 있음은 상식이다]. 새 예루살렘의 기초석에는 금강석이 언급되어 있지 않다. 영어 개역본(RV)은 금강석이란 단어를 "석류석"(carbuncle)으로 변개시켰다. 이것은 그들이 하나님의 말씀을 믿지 못하기 때문이다. 납탈리는 바돌로매 혹은 안드레에 해당된다. 이 보석은 이방인들에게는 6월(진주 혹은 월장석)에 해당되며 유대인에게는 8,9월에 해당될 것이다.

이번에는 레아의 차례이다. 경쟁은 치열해지기 시작하고 레아는 자신의 여종 실파를 링에 내세운다. 이로써 야곱은 네 명의 아내를 "거느리게" 되었고 실파가 나은 첫아들 "갓"(11절)이 태어난다. 일곱 아이들이 거의 매년 한 명씩 태어났으니 당시의 사람들의 생활력은 대단한 것이었다. 일곱 명을 데리고 젖먹이고 기저귀를 갈아 주는 것도 보통 일이 아니지만, 이 아이들끼리 싸우고 울고불고 난리북새통을 쳐 댔을 테니 상상만 해도 끔찍스러운 일이 아닐 수 없다. 애 엄마들 4명은 서로를 위하기보다는 지극히 이기적으로 행했을 것은 물론이다. 인간의 육신은 그럴 수밖에 없는 것 아닌가!

"갓"은 "군대" 혹은 "행운"을 뜻한다("갓"은 바빌론의 "행운의 신"으로 주피터에 해당되는 단어임을 잊어서는 안 된다. 출애굽기 16:31에 나와 있는 "고수풀 씨앗"에 해당되는 히브리어를 보라, 그리고 요한계시록 12:6,14에 관한 주석을 참고하라). 일곱째 아들에 해당되는 보석은 리구르(Ligure)이다. 주석가들은 이 보석을 찾을 수 없었는지 본문에서 제거해 버렸고 출애굽기 28:19에는 세 개가 아닌 두 개의 보석밖에 없다고 주장하기에 이르렀다. 그러나 이것은 실로 무모한 짓이다. 왜냐하면 출애굽기 28:9,10은 열두 지파는 흉배 위의 열두 보석으로 대표되는데, 주석가들처럼 보석 1개를 내던져 버리면 11개의 보석으로 어떻게 열두 지파를 예표할 수 있다는 말인가? 이상한 학자들이 아닐 수 없다. 이 보석에 대한 히브리어는 "레쉼"으로 제신스나 오팔로 추정된다. 보석을 확인하는 데에 있어 발견되는 문제와 상관없이 그런 보석을 찾아볼 수 없다는 피상적인 이유로 그 보석을 없애 버릴 수는 없다. 그 어떤 진화론자나 성경 비평가들도 그 뼈를 찾아볼 수 없다는 이유로 선사 시대의 인간이나 동물을 없애 버리지는 않는다. 하나님의 말씀을 비난하는 사람들이 그럴 자유와 권리를 갖고 있다면 우리 역시 그들을 무시해 버릴 자유와 권리가 있음을 밝혀 두는 바이다.

만약 그 보석이 제신스라면 그것은 새 예루살렘의 11번째 기초석이다. 이방인들에게는 7월 혹은 11월이며, 유대인에게는 9,10월 혹은 2,3월에 해당된다. 7월에 해당되는 탄생석은 루비이다. 여기서부터는 족장들의 이름과 사도들의 이름을 관련짓는 것이 불가능하다. 아인슈타인보다 4배 이상 뛰어난 두뇌의 수학자가 나타나 사도들과 족장들의 리스트에 나와 있는 이름들의 위치를 확정짓는다면 혹시 가능할지도 모르겠다. 성경에는 23개의 족장들의 리스트와 3개의 사도들의 리스트가 나온다.

8번째로 태어난 아이는 아셀로 "복 받다" 혹은 "행복하다"란 의미이다. 그에게 해당되는 보석은 마노(Agate)로 새 예루살렘의 기초석에는 이 보석이 없다. 8번째인 아셀은 이방인에게는 8월에 해당되며 유대인에게는 10,11월에 해당된다. 8월에 해당하는 탄생석은 붉은 줄 무늬 마노이다. 13절을 보면 복 받았다는 것은 행복하다는 뜻이라고 해석되어 있다. 따라서 RSV(1952), ASV(1901) 등의 성서들이 마태복음 5:1-12에 나오는 복이 있다는 의미를 부각시킨다면서 "행복한"이란 단어로 변개시켜야 할 필요가 전혀 없는 것이다.

30:14 ○ 밀 추수 때에 르우벤이 나가서, 들에서 합환채를 찾아 어미 레아에게 가져오자, 라헬이 레아에게 말하기를 "부탁하노니, 언니 아들의 합환채를 내게 달라." 하더라.

15 레아가 그녀에게 말하기를 "네가 내 남편을 빼앗은 것이 작은 일이냐? 그런데 네가 내 아들의 합환채도 빼앗고자 하느냐?" 하니, 라헬이 말하기를 "그러므로 언니 아들의 합환채 일로 인하여 오늘 밤 내 남편이 언니와 동침하리라." 하더라.

16 저녁 때 야곱이 들에서 오니, 레아가 그를 맞으러 나가서 말하

기를 "당신은 반드시 내게로 들어와야 하는도다. 이는 내가 분
명히 내 아들의 합환채로 당신을 빌렸음이라." 하니, 그가 그날
밤 레아와 동침하였더라.

17 하나님께서 레아에게 경청하셨으니, 그녀가 임신하여 야곱에게
다섯째 아들을 낳았더라.

18 레아가 말하기를 "내가 내 여종을 내 남편에게 주었더니, 하나님
께서 내게 내 삯을 주셨다." 하고, 그의 이름을 잇사칼이라 하였
더라.

19 레아가 다시 임신하여 야곱에게 여섯째 아들을 낳았더니,

20 레아가 말하기를 "하나님께서 내게 좋은 선물을 주셨도다. 내가
내 남편에게 여섯 아들을 낳아 주었으니, 이제는 그가 나와 함
께 거하리라." 하고, 그의 이름을 스불룬이라 하더라.

21 그후에 그녀가 딸을 낳고, 그 이름을 디나라 하였더라.

14-16절은 매우 흥미 있는 거래인 것 같다. "합환채"로 언급된 식물은 짙은 초록색 잎을 지닌 당근 모양의 식물이다. 하얗고 불그스름한 꽃이 피며 노란색의 열매를 맺는다. 사과 정도의 크기이며 시금치 머리 부분과 비슷하게 생겼다. 학명은 Mandragora Officinarum으로 Solanaceae [가짓과(科)]에 속한다. 그 열매는 음식으로 사용되기에는 너무 독성이 강하다. 고대 사람들에 의해 최음제로 사용되었다. 이 식물은 다산을 촉진시키거나 불임을 치료한다고 여겨져 왔다. 아랍 사람들은 이것은 "베이드엘 진"("제니의 알" 혹은 "사탄의 사과들")이라고 부른다.

(성경의 비평가들이 - 언제나처럼 보수주의자들을 선두로 해서 - 창

세기 3장의 금지된 열매를 합환채라고 주장하지 않는 것은 다소 의외이다. 왜냐하면 이 식물은 그럴 만한 조건을 다 갖추고 있기 때문이다.)

라헬은 앞선 선언(6,8절)에도 불구하고 여전히 질투심을 감추고 있었다. 6,8절은 그러니까 소위 심리학자들이 말하는 "합리화"인 셈이었다. 거의 대다수의 여인들은 "합리적"이지 못한 고로 라헬 역시 속감정을 억누를 수 없었다. 그녀는 자식을 갖고 싶었던 것이다. 7,8세쯤 된 르우벤이 합환채를 들고 들에서 돌아오자 라헬은 그것을 갖고 싶었다. 그러나 르우벤은 레아의 아들이기 때문에 라헬은 언니와 흥정할 수밖에 없었다(14절). 레아는, 이런 상황에 처하게 되면 그 어떤 여자도 그러하듯이, 매우 심술궂게 행동하고 있다. 『**네가 내 남편을 빼앗은 것이 작은 일이냐? 그런데 네가 내 아들의 합환채도 빼앗고자 하느냐?**』(15절)

그러나 라헬은 바보가 아니었다. 그녀는 레아가 몇 년 동안 자식을 낳지 못하고 있음을 알고 있었고(창 29:35과 30:9을 비교 참고할 것), 레아 역시 자기만큼 자식을 낳기를 원하고 있음을 알게 되었다. 더 나아가 야곱이 레아와 동침하지 않는다면 합환채 역시 아무런 소용이 없는 것이다. 이에 라헬은 그녀의 남편의 허락도 없이 그를 레아에게 "빌려" 주고 만다. 『**그러므로 언니 아들의 합환채 일로 인하여 오늘 밤 내 남편이 언니와 동침하리라**』(15절).

이때쯤이면 주님께서는 야곱의 가족들의 기도에 "경청"하시느라고 바쁘셔서 우주를 운행하실 시간도 없으실 지경이었다(창 29:32,33; 30:6,8,17,22). 레아는 아홉 번째 아들을 낳고 잇사갈이라 하였다(이 아들은 그녀가 낳은 다섯 번째 아들이었다). 레아는 자기가 아이를 낳은 것은 여종을 남편에게 준 덕분이라고 생각했다(18절). 그러나 이는 잘못이었다.

왜냐하면 라헬도 몸종을 주었지만(4,7절) 여전히 자식을 낳지 못하고 있었기 때문이다. 이브(창 4:1), 사라(창 16:5), 라헬(창 30:6), 레아(창 30:18)의 찬송시는 한마디로 소리 나는 놋이나 시끄러운 꽹과리에 불과했다. 이 송가들은 "성결파" 여자 목사들을 연상시킨다. 진지하긴 한데 앞뒤가 안 맞는 말이 되고 만 것이다.

잇사갈의 보석은 자수정으로 새 예루살렘의 12번째 기초석이다. 자수정은 히브리어 본문의 "아흘라마"일 것이며 자주빛을 띤 투명한 보석이다. 창세기 29:32,33 체계를 따르면 이방인들에게는 9월 혹은 12월에 해당되며 유대인들에게는 11,12월 혹은 2,3월에 해당된다. 9월에 해당되는 탄생석은 사파이어[12월은 터키옥(Turquoise)임]이며 잇사갈은 "임금" 혹은 "보상이 있다"라는 뜻이다.

잇사갈에 뒤이어 스불룬이 태어났다(20절). 뒤이어 디나가 태어났고 이로써 야곱은 4명의 아내와 10명의 아들과 딸 하나를 거느린 가장이 된 것이다. 이 가정이 어떻게 돌아가고 있었는지는 여러분의 상상에 맡기겠다. 어쩌면 라헬은 한나처럼(삼상 1,2장) 울면서 기도했을 것이다. 이에 하나님께서는 라헬을 기억하셨다(22절).

스불룬은 "거주함"(창 49:13)이란 뜻이며 그의 보석은 녹보석(Beryl)으로 새 예루살렘의 8번째 기초석이다. 따라서 스불룬과 관련된 수는 8과 10이다. 〈칠십인역〉은 이 단어를 "감람석"(Chrysolithus)으로 번역했는데, 이는 잘못이다. 왜냐하면 이 보석은 새 예루살렘의 일곱 번째 기초석이기 때문이다(계 21:20). 이방인들에게는 8월 혹은 10월에 해당되며 유대인들에게는 10,11월(혹은 12,1월)에 해당된다. 8월에 해당하는 탄생석은 홍마노(Sardonyx)이며 10월에는 오팔이 해당된다. "디나"

는 "단"의 여성형이다. 레아가 딸의 이름을 디나라고 지은 동기는 육신적인 동기인 것 같다. 즉 라헬의 첫째 아들(창 30:6) 단을 상쇄시키기 위한 의도가 숨어 있는 것이다.

30:22 ○ 하나님께서 라헬을 기억하셨으며, 하나님께서는 그녀에게 들으시고, 그녀의 태를 여셨으니,

23 그녀가 임신하여 아들을 낳고 말하기를 "하나님께서 나의 치욕을 제거하셨다." 하고

24 그의 이름을 요셉이라 부르고 말하기를 "주께서 내게 또 다른 아들을 더해 주실 것이라." 하더라.

25 ○ 라헬이 요셉을 낳았을 때, 야곱이 라반에게 말하기를 "나를 보내서 내 본토 내 고향으로 가게 하시며,

26 내가 내 아내들과 내 자식들을 위해서 외삼촌에게 봉사하였으니, 그들을 주시어 나로 가게 하소서. 이는 내가 외삼촌에게 했던 봉사를 외삼촌께서 아심이니이다." 하니,

27 라반이 그에게 말하기를 "만일 내가 네 눈에 은총을 입었다면, 부탁하노니, 머무르라. 나는 이미 너로 인하여 주께서 나에게 복 주셨음을 경험을 통하여 배웠노라." 하고

28 또 그가 말하기를 "네 품삯을 정하라. 그러면 내가 그것을 주겠노라." 하더라.

29 야곱이 그에게 말하기를 "내가 어떻게 외삼촌을 섬겼는지, 또 외삼촌의 가축이 나와 함께 있으면서 어떻게 되었는지 외삼촌

이 아시나이다.
30 내가 오기 전에는 외삼촌이 가진 것이 적었는데 지금은 증가
하여 떼를 이루었나니, 내가 온 이후로 주께서 외삼촌에게 복
주셨나이다. 그런데 이제 나는 언제 내 집을 마련하리이까?"
하니,
31 그가 말하기를 "내가 네게 무엇을 주랴?" 하더라. 야곱이 말하기
를 "외삼촌께서는 내게 아무것도 주지 않아도 되나니, 만일 외
삼촌께서 내게 이것을 해 주신다면 내가 다시 외삼촌의 양떼를
치고 지키리이다.
32 내가 오늘 외삼촌의 모든 양떼 속을 두루 다니며, 이때부터 양
들 중에서 얼룩얼룩하고 점 있는 양들과 모든 갈색 양들 또 염
소들 가운데서 점 있고 얼룩얼룩한 것들을 가려내리니 그것들
이 나의 품삯이 되리이다.
33 내 품삯에 관한 것이 외삼촌의 면전에서 있게 될 때, 내 의가
장차 나를 위해 대답하리니, 염소들 중에서 얼룩얼룩하지 않거
나 점이 없는 것이나 양들 중에 갈색이 아닌 것이 있으면 내가
도둑질한 것으로 여기소서." 하니,
34 라반이 말하기를 "보라, 내가 네 말대로 하리라." 하고
35 그날 그가 모든 아롱아롱하고 점 있는 숫염소와, 얼룩얼룩하고
점 있는 모든 암염소와, 흰 점 있는 모든 것들과 양들 중에서
갈색인 것들을 모두 가려내어 그의 아들들의 손에 붙이고
36 자신과 야곱 사이에 삼 일 길을 두었으며, 야곱은 라반의 양떼
중 나머지를 먹이더라.

드디어 하나님께서는 "라헬을 기억"하셨다(창 8:1에 쓰인 표현에 대한 설명을 보라). "사랑받는 여인"이 드디어 겸손해졌고 더 이상 "분별없는 아리따운 여인"이 아니었다(잠 11:22). 라헬은 수치와 박탈감이라는 시련을 통과했고 결국 성경 전체에서 예수 그리스도의 가장 위대한 예표로 등장하는 요셉의 어머니가 될 자격을 갖추었던 것이다. 위대한 제련사이신 그분께서는(말 3:3) 금속이 얼마만큼의 열을 견뎌 낼 수 있는가를 알고 계시며(슥 13:9) 일단 제련을 거친 후에는 주인의 용도에 맞는 그릇이 되어 나오게 된다(단 11:35, 사 1:25, 욥 23:10).

『**하나님께서 나의 치욕을 제거하셨다." 하고 그의 이름을 요셉이라 부르고**』(23,24절). 라헬의 이번 발언은 합당한 발언이라고 할 수 있다. 왜냐하면 이번의 역사는 그녀 자신에게서 비롯된 것이 아니고 하나님께서 하신 것이기 때문이다. 『**주께서 내게 또 다른 아들을 더해 주실 것이라.**』는 예언도 올바른 예언이었다. 그녀는 죽기 전 두 번째 아들 베냐민을 낳았던 것이다(창 35:16-18). 요셉은 "그가 제거하다" 혹은 "그가 더하시기를"이란 뜻이다. 요셉은 야곱의 11번째 아들이요 그에 해당되는 보석은 (만약 그가 흉배에 열거되는 12지파에 해당된다면, 하지만 요셉은 흉배의 12지파는 아닐 것이다) 얼룩마노(Onyx)일 것이다. 이 보석은 새 예루살렘과 관련되어서는 언급되지 않는다(그런데도 〈칠십인역〉은 이 보석을 "berullos"와 연관시키려고 한다). 그러나 얼룩마노는 얼룩마노일 뿐이다. 12월에 해당되는 탄생석은 터키석(Turquoise)이다. 요셉은 150가지에 있어 예수 그리스도를 예표하고 있다. 요셉은 에프라임과 므낫세에 의해 17번에 걸쳐 대체되어 있다(출애굽기, 민수기, 신명기,

여호수아, 재판관기, 역대기상, 에스겔 등에서 발견된다). 요셉은 계시록 7장의 대환란 시기의 12지파 때 다시 등장한다. 레아는 라헬에 비해 세 배 이상 다산했지만 아들 중 요셉의 성품과 자질을 갖춘 아들은 유다밖에 없다.

『**라헬이 요셉을 낳았을 때, 야곱이 라반에게 말하기를 "나를 보내서 내 본토 내 고향으로 가게 하시며, 내가 내 아내들과 내 자식들을 위해서 외삼촌에게 봉사하였으니, 그들을 주시어 나로 가게 하소서. 이는 내가 외삼촌에게 했던 봉사를 외삼촌께서 아심이니이다." 하니**』(25,26절).

야곱은 약 17년 동안이나 라반을 섬겼다(창 29:20의 7년에다 11명의 아들과 1명의 딸이 태어난 것을 대략 8-10년으로 잡았다. 창 30:37-43의 사건이 일어난 기간을 치자면 9년으로 하는 것이 좋을 것 같다). 그것은 대단한 투자였음이 확인되었다(창 30:27). 『**나는 이미 너로 인하여 주께서 나에게 복 주셨음을 경험을 통하여 배웠노라**』(27절). 이 고백은 참된 고백이며 창세기 12:1-4이 진리임을 확인해 준다. 경험이란 단어는 히브리어로 "나하쉬"로 창세기 3:1에서는 "뱀"이란 단어로 쓰였다. 그러니까 "경험으로 배우는 것"은 이브와 라반의 발자취를 따르는 것인 셈이다. "나하쉬"는 또한 "자세히 관찰하다" 혹은 "표적들을 관찰하여 점치다. 예언하다."라는 뜻도 갖고 있다[히슬롭의 〈The Two Babylons〉에 바티칸이 예로부터 "점치는 밭"(예언의 밭)으로 알려진 땅에 세워졌다는 사실이 제시되어 있음을 주목하라.]

27-32절 사이의 흥정은 재치의 대결장이다. 따라서 우리는 그 속뜻을 읽어 내야만 한다. 그 속뜻은 다음과 같이 제시해 볼 수 있을 것 같다.

1. 머무는 것이 어떻겠느냐?
2. 그러고 싶지 않습니다.
3. 품삯을 정하면 지불하겠다.
4. 인정하셨듯이 내 임금을 많이 착복하셨습니다.
5. 좋다. 그러니까 임금을 정하면 준다니까.
6. 아무것도 필요 없습니다. 하지만 만약...

야곱은 자신의 임금을 올려야 하는 이유를 설명하였고 라반은 얼마든지 주겠다고 말했다. 하지만 라반의 말은 그리 신뢰할 것은 못 된다는 사실을 우리는 창세기 29:19에서 살펴본 바가 있다. 야곱은 자신의 처지를 설명했고(30절) 이에 라반은 『**내가 네게 무엇을 주랴?**』(31절)라고 말했다. 그러나 야곱은 그를 신뢰하지 않았다. 그렇지 않았다면 야곱은 "주급 100달러" 혹은 시간당 "2달러"라고 분명히 액수를 밝혔을 것이다. 야곱이 제안한 임금은 가장 안전한 임금이었다. 왜냐하면 하나님께서 야곱에게 축복을 해 주느냐 않느냐에 달려 있기 때문이다. 네 명의 아내와 열두 아이를 주신 것을 보면 하나님께서 "다산"의 복을 주신 것이 분명하다는 사실을 야곱이 모를 리가 있겠는가?

『**만일 외삼촌께서 내게 이것을 해 주신다면 내가 다시 외삼촌의 양떼를 치고 지키리이다. 내가 오늘 외삼촌의 모든 양떼 속을 두루 다니며**』(31,32절). 부패한 〈칠십인역〉은 이 구절을 "그가 너의 양을 두루 살피고 다녔다"라고 변개시켰다.

동방에서 키우는 양들과 염소들의 대다수는 완전히 검은색이거나 완전히 흰색이기 때문에 야곱의 미끼가 라반에게는 매우 매력적으로 보였을 것이다. 야곱이 자기 "임금"으로 요구한 것은 갈색 양, 얼룩얼룩한 것 그리고 점 있는 것뿐이었다.

1. 여기서 "가축"(cattle)은(창 30:32) 양과 염소 이외의 것들까지 포함하거나 아니면 단지 이 두 가지만을 지칭하는 것일 수도 있다(창 4:20, 시 50:10; 148:10, 창 7:23).
2. "갈색"이라는 단어는 주석가들에 의해 "검은"으로 변개되었다. 이는 동양에는 갈색 "가축"이 없다는 편견 때문이다. 성경 비평가들(근본주의자들이 가장 앞장섬)은 "가축"을 "염소"에만 한정시킨다. 그러고 나서는 "갈색 양"을 제외시켜 버린다. 성경을 기록대로 믿지 않겠다는 심보이다.
3. "갈색"이란 단어는 히브리어로 "춤"인데, 이 단어의 뜻은 "어두운"이란 뜻이며 "검다"는 뜻이 아니다. 히브리어의 검다는 단어는 "이숀" 혹은 "샤삭" 혹은 "케달"이다.

야곱의 계획은 7년 후 모든 갈색 가축, 얼룩얼룩한 가축 및 점이 있는 가축을 차지하는 것이었다. 하얀 가축과 검은 가축은 훔친 것으로 간주될 것이다(33절). 두 사람은 계약에 합의를 보았고 흥정은 성립되었다. 라반은 기분이 좋아서 떠났을 것이다.

[구약성경에 있는 15문단이 구두점으로서 이 단어(얼룩얼룩)로 표시되어 있다. 이 단어는 히브리어 "나쿳"으로 창세기 16:5; 18:9; 19:33; 33:4; 37:12, 민수기 3:39; 4:10; 9:10; 21:30; 29:15, 신명기 29:28,29, 시편 27:13, 사무엘하 19:20, 이사야 44:9, 에스겔 41:20; 46:22을 표시하는 데에 사용되었다. 이 말을 하는 것은 32,35,39절의 "점들"이 "짐승"에 의해 입맞추게 될 사람들의 어린아이들의 출산반점과 관련되어 있기

때문이다(〈짐승의 표〉를 보라. 이는 3차원의 TV와 전자 장치를 통해 달성될 것이다).

라반은 흥정을 받아들였고(34절), 야곱은 라반의 양떼 중 일부를 데리고 헤어졌다(36절). 라반은 그의 작전(35절)이 잘 들어맞을 것으로 생각하고 흥얼거리며 신이 나서 돌아갔을 것이다. 야곱은 속으로 "당신이 죽는 날 내 속이 풀리고 말 걸, 이 불한당아!"라고 중얼거렸을 것이다.

30:37 ○ 야곱이 푸른 포플라와 개암나무와 밤나무 가지를 꺾어 껍질을 벗겨 흰 줄무늬를 내서 가지들 속에 있는 흰색을 드러내었으며,

38 그가 그 껍질 벗긴 가지를 양떼들이 물 먹으러 올 때 양떼들의 앞, 개천의 물구유들에 세웠으니 양떼들이 물 먹으러 와서 새끼를 배도록 하려 함이라.

39 양떼들이 그 가지들 앞에서 새끼를 배어 아롱아롱한 것과 얼룩얼룩한 것과 점 있는 양을 낳는지라,

40 야곱이 새끼 양을 구별하고 양떼들의 얼굴을 라반의 양떼 중 아롱아롱한 양들과 모든 갈색 양들을 향하게 하였더라. 그가 자기 양떼들은 따로 있게 하고, 라반의 가축에 두지 않더라.

41 튼튼한 가축이 새끼를 밸 때면 야곱은 개천에다가 가축의 눈 앞에 그 가지들을 두어 그 가지들 사이에서 새끼를 배게 하고,

42 약한 가축이면 가지들을 두지 않았으니, 약한 것들은 라반의 것이 되고, 튼튼한 것은 야곱의 것이 되었더라.

43 그러므로 그 사람의 ***재산이*** **심히 증가하여 많은 가축과 여종들과**

남종들과 낙타들과 나귀들을 가졌더라.

야곱은 푸른 포플라와 개암나무와 밤나무 가지를 벗겨 흰 줄무늬(37절)를 만들었다. 시골에서 살아 본 사람이라면 이것을 다 할 줄 안다. 야곱은 이 껍질 벗긴 가지들을 양떼들이 와서 물을 마시는 개천의 물구유에 세웠다. 그는 동물의 발정기에 이렇게 함으로써 막대기를 보면서 임신하도록 했던 것이다. "출산반점"과 "동물양식"과 관련된 미신들에 대해 어떤 생각을 갖든지 간에 야곱은 긍정적인 결과를 얻어 냈다. 이런 식으로 해서 얼룩얼룩한 가축을 낳은 것들은 라반의 양떼들이었다(36,38,39절의 "양떼"). 야곱은 한 걸음 더 나아가 튼튼한 가축이 새끼를 밸 때만 나뭇가지를 세웠고 결국 튼튼한 양들은 모조리 "얼룩얼룩하고 점이 있는" 새끼를 낳은 것이다. 양이 121-180일 정도, 암소가 280일 정도의 수태기간이라면 야곱은 2년 안에 4대에 걸친 양과 2대에 걸친 소 중 약 75%를 얼룩얼룩하고 점이 있는 것들로 소유하게 되었을 것이다. 더군다나 이 모든 가축은 매우 튼튼한 것들뿐이었다. 『**약한 것들은 라반의 것이 되고 튼튼한 것은 야곱의 것이 되었더라**』(42절). 야곱은 에서를 앞지른 것과 동일한 방법으로 라반을 능가해 버린 것이다. 『**그러므로 그 사람의** *재산이* **심히 증가하여 많은 가축과 여종들과 남종들과 낙타들과 나귀들을 가졌더라**』(43절). 일은 고용기회를 만들어 내며 야곱은 아무리 반유태적 문학작품들이 야곱을 공산주의자로 미화시키려 할지라도 야곱은 분명히 자본주의자였다. 본문을 보면 분명하지 않은가?

[예언을 공부하는 학생은 "점"과 "줄"이 이번 장과 관련되어 있으며 37절의 밤나무는 붉은 갈색(로마와 아담 - 창 25:25; 2:7)과 관련되어 있음

을 주목해야 할 것이다. 이 나무의 기원은 이탈리아 혹은 소아시아이다. "탱크 위의 호랑이," "그는 진짜 호랑이," "호랑이를 잡으라," "호랑이 토니" 등은 모두 흰색, 갈색 그리고 검은색 반점을 지닌 고양이(〈짐승의 표〉 참고)인 표범의 예시라고 할 수 있다(계 13:1,2 참고).

창세기 31장

31:1 야곱이 라반의 아들들의 말을 들었는데 말하기를 "야곱이 우리
아버지의 것을 모두 빼앗아 갔으며 우리 아버지의 것으로 그가
이 모든 영광을 차지했도다." 하더라.
2 야곱이 라반의 안색을 보았더니, 보라, 자기에게 대함이 전과 같
지 아니하더라.
3 주께서 야곱에게 말씀하시기를 "네 조상들의 땅 네 친족에게로
돌아가라. 내가 너와 함께 있으리라." 하신지라,
4 야곱이 보내어 라헬과 레아를 자기 양떼가 있는 들로 불러서,
5 그들에게 말하기를 "내가 그대들의 아버지의 안색을 보니 나를
대함이 전과 같지 아니하도다. 그러나 내 아버지의 하나님께서는
나와 함께 계셨도다.

6 그대들도 아는 대로 내가 내 모든 힘을 다하여 그대들의 아버지
를 섬겼으나,
7 그대들의 아버지가 나를 속이며 내 품삯을 열 번이나 변경시켰
느니라. 그러나 하나님께서 그가 나를 해치도록 허락하지 않으셨
도다.
8 만일 그가 이같이 말하기를 '얼룩얼룩한 것이 네 품삯이 되리라.'
하면, 모든 양들이 얼룩얼룩한 것을 낳고, 만일 그가 이같이 말
하기를 '아롱아롱한 것이 네 값이라.' 하면 모든 양들이 아롱아
롱한 것을 낳았느니라.
9 이같이 하나님께서는 그대들의 아버지의 가축을 빼앗아 내게 주
셨느니라.
10 그 가축이 새끼 밸 때에 내가 꿈에 눈을 들어 보았더니, 보라, 가
축 위에 올라탄 숫양들이 아롱아롱한 것과 얼룩얼룩한 것과 회
색 무늬 있는 것들이더라.
11 하나님의 천사가 꿈에 내게 말씀하시기를 '야곱아.' 하시기에 내
가 말하기를 '내가 여기 있나이다.' 했더니,
12 그가 말씀하시기를 '이제 눈을 들어 보라. 가축 위에 올라탄 모
든 숫양은 아롱아롱한 것과 얼룩얼룩한 것과 회색 무늬 있는 것
이니라. 이는 내가 라반이 네게 행한 모든 것을 보았음이니라.
13 나는 벧엘의 하나님이라. 네가 거기에서 기둥에 기름을 붓고 네
가 거기서 나에게 서원하였으니, 지금 일어나 이 땅을 떠나서
네 친족의 땅으로 돌아가라.' 하셨느니라." 하니,
14 라헬과 레아가 대답하여 그에게 말하기를 "우리가 우리 아버지

의 집에서 가질 어떤 분깃이나 유업이 있으리요?
15 아버지가 우리를 팔고 우리의 돈도 다 먹어 버렸으니 아버지가
우리를 타국인으로 간주한 것이 아니뇨?
16 하나님께서 우리 아버지에게서 취하신 모든 재물은 우리의 것이
며 우리 자식들의 것이니, 이제 하나님께서 당신에게 말씀하신
것은 무엇이나 행하소서." 하니라.

돈과 권력은 실로 질투를 유발시키는 것이기에 야곱은 서서히 관심의 대상이 되고 있었다(창 31:1과 단 6:3,4을 비교하라). 이때까지 라반의 아들들은 전혀 언급된 적이 없다. 창세기 31:1은 11명의 자식과 4명의 아내 그리고 장모를 제외하고도 야곱은 라반의 첫 외손자가 태어날 때부터(창 29:32) 적어도 두 명의 사촌들로부터 눈총을 사고 있었거나 감시를 받고 있었던 것이다. 라반의 아들들은 드디어 수군거리기 시작했고 불평하기에 이르렀다. 라반 역시 야곱을 대하는 태도가 바뀌었다(창 31:2). 이 상황에서 하나님께서는 야곱에게 고향으로 돌아가라고 말씀하신 것이다. 『**네 조상들의 땅 네 친족에게로 돌아가라. 내가 너와 함께 있으리라**』(3절). 그러나 4-13절까지의 내용을 보면 야곱은 하나님께서 원래 주신 그 명령과 약속과는 약간 다르게 그것을 표현하고 있음을 보게 된다. 이에 대해 수많은 주석가들이 당황하다 못해 아예 주석을 포기해 버린다(커츠, 고스만, 델리취, 랑게, 나크마니즈, 부쉬, 워즈워드, 로젠뮬러, 머피, 캔들리쉬, 케일, 아인즈워스, 워즈워스). 대다수의 주석가들은 야곱의 "수태 조건"(창 30:37-43)을 두고 하나님께서 영감으로 계시해 주신 것으로 이는 하나님께서 야곱의 원수를 갚으신 것이며 스스로 보조할 수 있도록 도와주신 것이라고 한다. 다른 주석가들은 창세기 31:11-13의 환상은 야곱이 이미 자기 "임금"을 지불받은 이후에 나타난 것이라고 추측한다.

그러니까 야곱이 거짓말했다는 생각은 그 어떤 주석가도 갖지 못한 것 같다. 야곱은 이때쯤이면 능란한 거짓말쟁이가 되어 있었다(창 27:19, 20,24; 30:31; 33:14). 따라서 커츠, 고스만 등과 같은 학자들이 그 사실을 눈치 채지 못하고 있다는 것은 놀라운 일이 아닐 수 없다. 야곱은 이미 창세기 31:3의 말씀을 창세기 31:9-13의 말씀으로 꾸며댈 수 있는 그러한 사람이었다. 이 점에 있어서는 터툴로도 상당히 뛰어난 사람이었다(행 24:2-6). 물론 이 거짓말 대회에서 아카데미 주연상은 아렉인 후새에게 돌아갈 것이다(삼하 17:7-14). 물론 야곱이 레아와 라헬에게 말한 내용 중에는 진실인 것도 있다. 예를 들면 『**내 아버지의 하나님께서는 나와 함께 계셨도다.**』(5절)와 『**하나님께서 그가 나를 해치도록 허락하지 않으셨도다.**』(7절), 『**지금 일어나 이 땅을 떠나서 네 친족의 땅으로 돌아가라.**』(13절) 등이 그것이다. 그러나 전체 아홉 구절을 염두에 둔다면 이것은 지극히 일부에 불과하다. [발라암이 민수기 22:12의 말씀을 개정한 것을 주목하라. 발라암은 원문을 "복원"한답시고 했는지 몰라도 결과는 하나님의 말씀 중 3분의 1만 전달했을 뿐이었다(민 22:13). 발라암은 알렉산드리아의 서기관처럼 헤시키안 타입의 본문 즉 삭제된 짧은 본문을 선호한 반면 야곱은 "첨가"에 관한 한 서방계열 D 본문을 선호했던 로마의 서기관들을 훨씬 능가하고 있었다.]

야곱이 있는 힘을 다해 라반을 섬긴 것은 사실이었다(6절). 야곱은 최선을 다해 일했다(전 9:10). 그러나 문제는 야곱의 행위는(예후의 행위처럼) "자신에게는 충실된" 일인지는 몰라도 하나님께 대한 충성은 아니었다(골 3:23).

라반이 야곱을 속인 것도 사실이었다(7절). 어쩌면 10번이나 품삯을 속였을지도 모른다(매 2년마다 1번씩). 또한 야곱이 "마지막으로 가축을 몰고" 집으로 돌아올 때(창 30:36) 라반이 야곱을 죽이지 못하도록 하나님께서 은혜를 베푸신 것도 또한 사실이다. 그러나 이 사실을 두고 『**하나님께서는 그대들의 아버지의 가축을 빼앗아 내게 주셨느니라.**』(9절)라고 해석하는 것은 은행을 털고 난 후에 욥기 12:4을 인용하는 것과 같다. 칼빈은 어쩌면 요한복음 15:5(마지막 절)을 근거로 그렇게 해석한 것인지도 모르겠다. 그러나 양식 있는 사람이라면 존 칼빈과 동행할 사람이 어디 있는가? 그는 신학자였는지는 몰라도 성경 주석가는 결코 될 수 없었다. 신학자로서도 칼빈은 그리 훌륭하지 못했다. 칼빈은 사도행전 7:15,16, 마태복음 27:9, 스가랴 11:12,13이 영감받은 하나님의 말씀임을 부인했다. (종교개혁 당시 하나님께서 영적인 어린아이들의 글과 말을 사용하실 당시는 칼빈이 어느 정도 유용한 도구였을지 모르지만 20세기를 살고 있는 성경대로 믿는 사람들에게는 칼빈은 시프리안, 파피아스, 터툴리안, 어거스틴, 유세비우스, 이그나티우스만큼이나 우리에게 영적 양식을 제공해 줄 수 없다). 야곱은 그의 아내들에게 "하나님께서 그 일을 하셨다."라고 말하고 있는 것이다. 그러나 그런 식으로 보자면 그리스도를 거부한 바리새인들 역시 십자가 처형사건을 하나님께서 하신 일이라고 둘러댈 수 있을 것이다(행 2:23). 그러니까 이런 짓은 인간이 자신들이 해 놓은 짓을 두고 때로 하나님과 마귀에게 책임을 돌리는 것 이외에 아무것도 아니다.

『**그 가축이 새끼 밸 때에**』(10절)라는 표현을 주목하라. 왜냐하면 가축이 새끼를 밸 때에는 야곱은 이미 나뭇가지를 벗겨 개천에 설치해 놓은 이후였다(창 30:37-41). 그가 말한 것이 진실이라고 말할 수 있는 유일한 방법은 그가 이미 행한 일들을 하나님께서 후에 승인해 주셨을 것이라고 말하는 것뿐이다. 만약 우리가 본문의 말씀을 다른 성경 65권의 빛에 비추어, 인간의 본성의 빛에 비추어, 구절을 구절로 비교하는 방법으로, 본문을 있는 그대로 기도하는 마음으로 읽고 해석해 본다면 야곱은 3절에서 그가 하나님께 받은 메시지에다 5-12절의 내용을 첨가시켰고, 13절에 주어진 메시지만이 삭제도 첨가도 없이 하나님께로부터 받은 직접적인 메시지였음이 드러날 것이다.

하나님께서는 창세기 18-22장의 서원을 야곱에게 상기시키셨고 그를 약속의 땅으로 복귀시키기 위해 부르고 계신 것이다. 예표로 볼 때 본문의 교훈은 분명하다. 창세기 29,30장의 야곱은 이방인들 가운데서 고통당하고 있는 이스라엘 민족, 곧 복의 범주에서 벗어나 있는 유대인을 보여 준다고 하겠다. 이스라엘의 망명사가 여기에 기록된 것인 셈이다. 물론 창세기 39-50장, 출애굽기 1-12장, 다니엘 1-12장, 에스더 역시 동일한 내용을 담고 있다. [다니엘과 출애굽기는 주로 대환란 기간 동안에 광야에서 지내게 될(계 12장) 유대인을 보여 준다.] 라반과 함께 기거하고 있는 야곱은 징계를 받았다. 그러나 그는 보존되었으며 부자가 되었다. 이것이 바로 A.D. 70년에서 1948년 사이의 유대 민족의 모습인 것이다.

레아와 라헬은 떠나야 할 때라는 사실에 동의했다(14-16절). 그들의 발언으로 보아 그녀들의 아이들은 많은 것을 손해 본 것 같다. [적어도 라반의 생활수준과 비교할 때 형편없는 삶을 수년 동안 살았던 것은 분명하다. 레아와 라헬은 "팔렸던" 것이다(15절).] 반드시 그렇다고 말할 수는 없어도 라반이 "젊은이들의 사랑"을 인정해서 결혼을 시킨 것이 아닌 것은 창세기 29:23-28에서 분명하다고 하겠다. 라반의 마음에는 협동농장에서 얻게 될 이익이 숨어 있었던 것이다. 레아와 라헬은 이 모든 일에 있어 하나님의 손길을 인정했다. 『**이제 하나님께서 당신에게 말씀하신 것은 무엇이나 행하소서**』(16절). 이에 대해 야곱은 심히 기뻐했을 것이다. 왜냐하면 4명의 아내 중 적어도 두 명은 "선교지로의 출발"에 동의해 주었기 때문이다.

31:17 ○ 그때 야곱이 일어나서 자기 아들들과 아내들을 낙타들 위에 태우고

18 그의 모든 가축과 그가 얻은 모든 소유물을 운반하였으니, 이는 카나안 땅에 있는 그의 아비 이삭에게로 가기 위함이라. 그가 얻은 가축은 그가 파단아람에서 얻었던 것이라.

19 라반이 그의 양들의 털을 깎으러 갔을 때, 라헬은 자기 아비의 형상들을 훔쳤으며,

20 야곱은 그가 도주하는 것을 시리아인 라반에게 말하지 않고 그가 모르게 떠났더라.

21 이처럼 그가 그가 가진 모든 것과 더불어 도주하였으며, 그가 일어서서 강을 건너 자기 얼굴을 길르앗 산으로 향하여 두니라.

22 라반이 삼 일째 되던 날 야곱이 도주했음을 들은지라,
23 라반이 그의 형제들을 데리고 칠 일 길을 추적하여 길르앗 산에
서 그를 따라잡았더라.
24 밤에 꿈 속에 하나님께서 시리아인 라반에게 오셔서, 그에게 말
씀하시기를 "너는 선이든 악이든 간에 야곱에게 말하지 않도록
조심하라." 하셨더라.
25 ○ 그때 라반이 야곱을 따라잡으니, 이제 야곱은 산에다 그의
장막을 쳤고 라반은 자기 형제들과 더불어 길르앗 산에다 장막
을 쳤더라.
26 라반이 야곱에게 말하기를 "네가 내게 알리지 아니하고 마치 칼
로 잡은 포로들처럼 내 딸들을 몰래 데리고 갔으니, 네가 행한
짓이 무슨 짓이냐?
27 네가 어찌하여 내게서 빠져 나가 몰래 도주하였으며, 내게 말하
지도 않아서 내가 기쁨과 노래와 북과 하프로 너를 보내지 못하
게 하였느냐?
28 또 내 손자들과 딸들에게 입맞추지 못하게 하였더냐? 네가 그렇
게 행한 것은 어리석은 짓이라.
29 너희를 해칠 수 있는 능력이 내 손에 있으나, 너희 아버지의 하
나님께서 어젯밤 내게 일러 말씀하시기를 '너는 선이든 악이든
간에 야곱에게 말하지 않도록 조심하라.'고 하셨느니라.
30 이제 네가 네 아비의 집을 몹시 사모하니 꼭 돌아가야겠으나 어
찌하여 네가 내 신들을 훔쳐 갔느냐?" 하니,
31 야곱이 대답하여 라반에게 말하기를 "이는 내가 두려웠음이니,

내가 말하기를 '외삼촌께서 강제로 내게서 외삼촌의 딸들을 빼앗으리라.' 하였음이니이다.

32 외삼촌께서 외삼촌의 신들을 뉘게서 찾든지 그는 살지 못할 것이요 우리 형제들 앞에서 나와 함께 있는 것들이 외삼촌의 것으로 판별되면 외삼촌이 가지소서." 하더라. 이는 야곱은 라헬이 그것들을 훔친 것을 몰랐음이더라.

33 라반이 야곱의 장막과 레아의 장막과 두 여종의 장막에 들어갔으나 찾지 못하였고, 그후 그가 레아의 장막에서 나와 라헬의 장막으로 들어갔는데

34 이제 라헬이 그 형상들을 꺼내서 낙타의 안장 속에다 넣고 그 위에 앉았으니, 라반이 장막을 모두 뒤졌으나 찾지 못하였더라.

35 라헬이 자기 아비에게 말하기를 "내게 여자의 관행이 있어 내 주 앞에 일어설 수 없는 것을 내 주는 불쾌하게 여기지 마소서." 하더라. 라반이 뒤졌으나 그 형상들을 찾지 못하더라.

『그때 야곱이 일어나서... 그의 모든 가축과 그가 얻은 모든 소유물을 운반하였으니, 이는 카나안 땅에 있는 그의 아비 이삭에게로 가기 위함이라』(17,18절). 야곱은 라반이 멀리 떨어질 때까지 기다렸다가 행동을 개시했다(창 37:17과 38:12 참고). 이는 라반이 소식을 듣고(23절) 야곱은 따라잡는 데에 7일이 걸린 사실로 보아 분명하다고 하겠다. 야곱의 도피는 출애굽기 12-14장에 나오는 이스라엘 민족의 탈출을 상기시킨다. 이 사건들은 첫째로 1920-1948년 사이에 이스라엘 민족이 팔레스타인 땅으로 귀환한 것을 예표하고 있으며 둘째로는 적그리스도의 치리

동안 이스라엘의 도피를 보여 준다.

『**라헬은 자기 아비의 형상들을 훔쳤으며**』(19절). 라헬은 성깔이 보통이 아닌 것은 물론(창 30:1) 도둑질까지 했다. [어쩌면 하나님께서 사람의 아내가 "돕는 자"(창 2:18 주석 참고)가 되어야 한다고 말씀하셨을 때 이것을 염두에 두신 것인지도 모른다.] 야곱은 "도둑질을 해서 도망쳤고"(창 31:26) 라헬은 남편을 도와 라반의 신들을 훔쳤다. "형상"이란 단어가 성경에 처음 등장하는 곳이 바로 이곳이다. 우리는 하나님의 형상과 아담의 형상이란 표현이 창세기 1:27과 5:3에 나오는 것을 이미 보았으나 여기 등장하는 형상들은 사람이 만든 것들로(테라핌) 두 가지 종류의 크기로 되어 있었을 것이다. 하나는 낙타 목에 거는 수호신 같은 작은 사이즈로서 여행길에서 보호받기 위한 것이고 또 한 종류는 사람과 비슷한 크기일 것이다. 예를 들면 다윗의 침대에 눕혀졌던 형상은(삼상 19:13) 사람 크기일 것이고 다른 것들은 주머니에 넣고 다닐 만한 조그마한 것일 것이다(삼하 5:21과 겔 21:21 등 참고). "형상들"은 금이나 은으로 만들었으며, "예배 보조 수단"으로 사용되어 이방인들은 그 형상에 대고 기도하거나 경배하곤 했다(계 13:15, 단 3:2, 창 35:4, 출 32:31, 시 82:1; 96:5; 97:7,9, 고전 8:5; 10:20, 렘 44:8,15 등을 공부할 것). 우상들이나 그림들을 "예배 보조 수단"으로 사용하는 행위는 신구약에서 모두 금지되어 있다(성막 덮개들의 장식은 이 문제와는 아무런 상관이 없다). 이방인들 사이에는 물질적인 대상을 우상으로 만들려는 강박관념이 너무도 강력해서 오늘날 수십만 명의 미국인들(고등 교육을 받은 자들) 중에서도 동상, 그림, 유품, 성상, 성구 등을 "경외"하는 자들이 존재한다. 셈족은 이들보다 훨씬 현명하다. 부처는 이렇게 말했다. "거룩한 동상들은 없다." 바울도 이렇게 말한 적이 있다. "그것들은 아무것도 아니다"(고전 8:4). 그저 미신일 뿐이다. 그런데도 십계명 중 제2계명을 어기면서까지 사람들은 동상과 그림들에 매료되고 마는 것이다. 이들 중 대표적인 사람들은 케네디가(家), 드골가, 히틀러가, 무솔리니가, 프랑코가, 카스트로가의 사람 등이다. 이런 이유로 로마카톨릭 공식 출판물("오류 없음"으로 확정된 것들)에는 십계명에서 두 번째 계명이 버젓이 빠져 있는 것이다. 로마카톨릭 교회는 출애굽기 20:4을 지워 버리고 10번째 계명을 두 개의 계명으로 만들어 하나님의 무오한 계시들을 제멋대로 고쳐 버렸다.

라헬이 형상들을 훔친 동기가 무엇이었든지 간에 그녀의 행위가 낳은 열매는 분명하다(창 35:4). 그녀의 우상 숭배는 전 가족에게 악한 영향을 끼쳤다. 라헬은 "몸매가 아름답고 얼굴도 예뻤으나"(창 29:17) 하나님에 의해 겸손하게 되었다가 복을 받게 되자(창 30:22) 다시 하나님을 떠나 버린 많은 여자들과 비슷하다. 바질, 그레고리, 나지 안젠 및 테오도렛 등은 이러한 라헬을 "지지"하고 나선다. 그들에 따르면 라헬은 아버지를 우상 숭배의 풍습으로부터 벗어나도록 하기 위해 형상들을 훔쳤다는 것이다. 그러나 그것은 말이 안 된다. 왜냐하면 이 일 후 아버지가 뒤쫓아 올 때까지도 그녀는 형상들을 버리지 않은 채 간직하고 있었기 때문이다. 7일은 물론 향후 7년 동안이나 이 형상들을 간직한 사실은 어찌된 일인가? 우상들이 상수리나무로 만들어진 사실과(사 44:9-14) 압살롬이(적그리스도의 예표임) 상수리나무에 걸려 죽은 것과 - 『**나무에 매달린 자는 누구나 저주받은 자라.**』(갈 3:13) - 라헬의 형상들이 상수리나무 밑에 묻힌 것은(창 35:4) 시사하는 바가 크다고 하겠다.

야곱은 남서쪽을 향해 요단강 쪽으로 향했다. 그는 열한 명의 아이들과 네 명의 아내 그리고 가축, 여종, 남종 등으로 인해(창 30:43) 빨리 이동할 수는 없었다. 그는 유프라테스강을 건넜고(21절) 이때부터 정남쪽으로 이동해 갔다. 그가 떠난 지 사흘째 되던 날 야곱의 도주 소식이 라반에게 들렸다(22절). 라반의 추적은 서부 영화를 보는 것과 다를 것이 없다. 주제와 상황이 그러한 것이다. 세상의 모든 이야기들은 성경에서 베낀 것이다. 사람들이 TV와 영화는 보면서도 창세기를 읽지 않는 것은 성경에는 사건과 사건 사이에 인간의 본성을 들춰내는 진리의 소금이 뿌려져 있기 때문이다.

여섯째 날 저녁 라반이 다음 날 야곱을 어떻게 다룰 것인지 골몰하면서 잠들었을 때 『**밤에 꿈 속에 하나님께서 시리아인 라반에게 오셔서, 그에게 말씀하시기를**』(24절)이라는 사건이 생겼다. 메시지는 간단했다. 미국식으로 표현해 보자면 "내 아들아, 들으라 야곱은 내 아들이니라. 내 아들들이 매 맞을 짓을 하면 내가 때린다(히 12:5-8). 그를 만나게 되면 입을 다물거라. 만약 그를 위협하거나 궁지에 몰면 내가 집에 있는 네 가축들을 몰살시킬 테니까. 알아듣겠나?" 라반은 깨어나면서 "예, 알겠습니다. 뭐든지 시키는 대로 하겠습니다."라고 대답했을 것이다.

길르앗은 요단강 북쪽 끝에 있으며 강 동쪽 편에 위치해 있다. 이 지역은 갈릴리 바다의 남동쪽에 위치한 것으로 라못-길르앗이란 성읍으로 유명한 곳이다(왕상 4:13; 22:4-12, 왕하 8:28; 9:1, 신 4:43, 수 20:8; 21:38). 이 성읍은 모세의 율법에 의해 세워진 "도피 성읍들" 가운데 하나였다. 야곱은 하루 20마일 정도의 속도로 여행하고 있었던 반면, 라반은 45마일의 속도로 뒤쫓아 왔을 것이다. "길르앗산"은 마하나임과 숙곳 근처 얍복강 북쪽의(25절) 산등성이를 말한다. 라반은 산 저쪽 등성에 진을 쳤을 것이다. 이어서 전개되는 대화 내용은 달아오르는 성질과 거짓 고발과, 자기 의에 가득 찬 변명과, 절망에 찬 답변과 거친 과장 등으로 일관되어 있다.

1. 26절: 『**마치 칼로 잡은 포로들처럼**』 그러나 이 말은 레아와 라헬의 발언과는 전혀 어울리지 않는다(14-16절 참고).

2. 27절: 『**내가 기쁨과 노래와 북과 하프로**』 과연 그랬을까? 여러분이 상상해 보라(43,50절에서 그의 발언을 잘 주목하라).

3. 29절: 『**너희를 해칠 수 있는 능력이 내 손에 있으나**』 결코 그렇지 않다. 하나님께서는 라반의 손과 발은 물론 "입"까지 묶으셨다.

4. 30절: 『**어찌하여 네가 내 신들을 훔쳐 갔느냐?**』 야곱이 훔친 것은 얼룩얼룩하고 점 박힌 양과 염소와 가축 떼뿐이었다. 라반의 이 발언은 묵주, 염주, 촛불, 종, 십자가 목걸이, 동상, 형상 등을 존중하는 종교인들에게는 위대한 교훈을 가르쳐 준다. 도대체 훔쳐 갈 수 있는 신이 무슨 쓸 데가 있단 말인가? 태워 버릴 수 있는 신들도 마찬가지이다(사 44:15-18). 이것을 우리는 재판관기 17,18장에 나오는 "미카 종교"라고 부른다. 인간이 훔치거나, 태우거나, 먹어 버릴 수 있는 그런 신은 햄버거만큼이나 전능하지도 못하고 전지하지도 못한 존재들이다. 그래서 칼 마르크스와 트로츠키, 레닌은 이런 종교를 "민중의 아편"이라고 부른 것이다. 그들의 판단은 실로 올바른 것이 아닐 수 없다.

야곱은 사실을 말하고 있다. 『**이는 내가 두려웠음이니**』(31절). 이것은 창세기 27:24에 비해 대단히 진보한 셈이다. 『**외삼촌께서 외삼촌의 신들을 뉘게서 찾든지 그는 살지 못할 것이요**』(32절). 이 발언 역시 훌륭한 간증이라고 할 수 있다. 야곱은 우상 숭배에 대해서는 분명한 인식을 갖고 있었다. 동시에 야곱은 우상을 훔치는 것과 소유하는 것에 대한 합당한 보응은 사형(수 7:21)이라는 사실을 알고 있었음을 본문을 통해 알 수 있다. B.C. 1700년경에 살았던 야곱은 A.D. 1990년대에 살고 있는 카톨릭 신자들보다 영적으로 도덕적으로 훨씬 뛰어난 사람이었다고 할 수 있다.

32절은 야곱이 형상을 훔친 도둑이 라헬이라는 사실을 알았더라면 그처럼 즉각적으로 심판을 선언하지는 않았을 것임을 보여 준다. 사실 다윗도 사무엘하 12:5에 나오는 양 도둑에 대해 심판을 인도할 때 그 범인이 누구였는지 몰랐던 것이다. 만약 야곱과 다윗이 누가 범죄자인가를 알았다고 한다면 이 심판은 실로 더 공정한 심판이 되었을 것이다. 33-35절은 주석이 필요 없을 것이다. 라헬은 위기에 처하자 거짓말을 둘러댔고 라반은 형상들이 있는 그곳만을 빼고 모든 곳을 다 뒤진 셈이었다. 『**라반이 뒤졌으나 그 형상들을 찾지 못하더라**』(35절).

31:36 ○ 야곱이 진노하여 라반을 나무라며, 야곱이 대답하여 라반에게 말하기를 "나의 허물이 무엇이니이까? 나의 죄가 무엇이기에 나를 그렇게 급히 쫓아오셨나이까?

37 외삼촌께서 내 물건들을 다 뒤져 보시고 외삼촌의 모든 집안 물건 중에서 무엇을 찾아내셨나이까? 여기 내 형제들과 외삼촌의

형제들 앞에 그것을 놓아두고 그들로 우리 둘 사이를 판단하게 하소서.

38 이 이십 년을 내가 외삼촌과 함께 지냈으나 외삼촌의 암양들과 암염소들이 낙태하지 아니하였고 또 외삼촌의 양떼 가운데서 숫양은 내가 먹지 않았으며,

39 짐승들에게 찢긴 것은 내가 외삼촌에게로 가져가지 아니하고 내가 그 손실을 보충하였으며, 낮에 도둑을 맞았거나 밤에 도둑을 맞았거나 외삼촌께서는 내 손에서 그것을 요구하였나이다.

40 이와 같이 나는 낮에는 갈증으로, 밤에는 서리로 지쳤으며, 눈붙일 겨를도 없었나이다.

41 이같이 내가 외삼촌의 집에서 이십 년을 지냈으니, 외삼촌의 두 딸을 위하여는 십사 년을, 외삼촌의 양떼를 위하여는 육 년을 봉사하였으나, 외삼촌은 내 품삯을 열 번이나 변경하였나이다.

42 내 아버지의 하나님, **아브라함의** 하나님, **이삭의 두려워하는 분이 나와 함께 계시지 않았더라면, 외삼촌께서는 분명히 나를 이제 빈손으로 보내셨겠지만,** 하나님**께서는 나의 고난과 내 손의 수고를 보셨기에 어젯밤에 외삼촌을 책망하셨나이다." 하더라.**

자, 이번에는 야곱이 무대에 등장해서 "오스카상"을 타기 위해 연기하기 시작한다.

1. 36절: 『**나의 죄가 무엇이기에**』. 야곱의 죄는 한두 가지가 아니었다. 다만 라반이 그것을 찾아낼 수 없었을 뿐이었다.
2. 38절: 『**외삼촌의 암양들과 암염소들이 낙태하지 아니하였고 또 외**

삼촌의 양떼 가운데서 숫양은 내가 먹지 않았으며』. 매우 가능한 발언이다. 만약 이것이 사실이라면 야곱은 가장 위대한 목동이었을 것이요 다윗을 훨씬 능가하는 목동이었을 것이다.

3. 40절: 『**나는 낮에는 갈증으로, 밤에는 서리로 지쳤으며, 눈붙일 겨를도 없었나이다.**』 사실이다. 그러나 그 대가도 만만치 않았다. 네 명의 아내, 11명의 자식, 남종들, 여종들, 가축, 낙타, 나귀 등등... 41절에 나오는 시간들로 보아 7년 동안 11명의 아이들이 태어난 것으로 추정된다(창 29:33에서 시작되었을 것임) 또한 약 6년간에 걸쳐 가축이 계속 늘어나기(창 30:37) 시작했을 것이다(창 31:1 이전까지). 그러나 창세기 29장과 30장에 나오는 아이들이 넉넉하게 잡아 그 6년 기간 중에 태어났을 수도 있다. 그 6년의 일부에 『**외삼촌의 양떼를 위하여**』(창 31:41) 봉사한 기간이 포함되었을 가능성이 있는데, 말하자면 야곱이 라반의 양떼를 위해 일한 기간에 야곱이 그의 양떼를 불리기 위한 술수(창 30:37)를 쓰기 이전 기간이 포함될 수 있다는 것이다. 어쨌거나 야곱은 마지막 아들이(요셉) 태어날 때까지는(창 30:25) 고향으로 떠나겠다는 말을 하지 않았다.

야곱은 42절에서도 진실을 말했다. 이는 29절에서 라반이 자신도 모르게 하나님께서 꿈속에서 그를 다루셨음을 고백했기 때문에 야곱이 용기를 얻었기 때문이었다.

결국 라반은 수세에 몰렸고 야곱은 기회를 놓치지 않고 라반을 몰아붙였다. 『**하나님께서는 나의 고난과 내 손의 수고를 보셨기에 어젯밤에 외삼촌을 책망하셨나이다**』(42절).

31:43 ○ 그러자 라반이 대답하여 야곱에게 말하기를 "이 딸들은 내 딸
들이요, 이 아이들도 내 아이들이요, 이 가축들도 내 가축들이요,
네가 보는 것은 다 내 것이라. 내가 오늘 이 내 딸들에게나 그들
이 낳은 자식들에게 무엇을 할 수 있겠느냐?
44 그러므로 이제 오라, 나와 너, 우리가 언약을 세워 그것으로 나
와 너 사이에 증거가 되게 하자." 하니,
45 야곱이 돌을 들어 그것으로 기둥을 세우고,
46 야곱이 그의 형제들에게 말하기를 "돌들을 모으라." 하니, 그들
이 돌들을 주워 무더기를 만드니, 그들이 거기 무더기 위에서
먹더라.
47 라반은 그것을 여갈사하두다라 불렀으나 야곱은 그것을 갈르엣
이라 부르더라.
48 라반이 말하기를 "이 무더기가 오늘 나와 너 사이에 증거니라."
했으니, 그러므로 그 이름을 갈르엣이라 불렀더라.
49 또 미스파라 하였으니, 이는 그가 말하기를 "우리가 서로 헤어져
있을 때, 주께서 나와 너 사이를 감시하시느니라.
50 만일 네가 내 딸들을 박대하거나 내 딸들 외에 다른 아내들을
얻는다면 우리와 함께하는 자는 없지만, 보라, 하나님이 나와 너
사이에 증거하시느니라." 함이었더라.
51 라반이 야곱에게 말하기를 "내가 나와 너 사이에 쌓아 둔 이 무
더기를 보고 이 기둥을 보라.
52 이 무더기가 증거가 되고 이 기둥이 증거가 되나니 내가 이 무
더기를 넘어 너를 해치려 너에게 가지 아니할 것이며, 너도 이

무더기와 이 기둥을 넘어와 나를 해치지 말라.

53 아브라함의 하나님, **나홀의** 하나님, **그들의 조상의** 하나님**께서 우리 사이를 판단하신다." 하니, 야곱이 그의 아버지 이삭의 두려워하는 분을 두고 맹세하더라.**

54 그리고 나서 야곱은 산 위에서 희생제물을 드리고 음식을 먹으라고 자기 형제들을 부르니 그들이 음식을 먹고 산에서 그 밤을 지내더라.

55 아침 일찍 라반이 일어나서 그의 아들들과 딸들에게 입맞추고 그들을 축복하고, 라반은 떠나 자기 거처로 돌아가더라.

『**내가 오늘 이 내 딸들에게나 그들이 낳은 자식들에게 무엇을 할 수 있겠느냐?**』(43절) 당신이 정상적인 사람이라면 할 수 있는 일이라고는 아무것도 없다. 라반은 화가 났고, 좌절했으며 심히 불쾌했으나 그럼에도 그가 할 수 있는 일이라고는 아무것도 없었다. 그는 야곱에게도 화를 낼 수가 없었다. 그랬다가는 "아브라함과 이삭과 야곱의 하나님"께서 그를 파산시키고 마실 것이기 때문이다. 라헬과 레아 역시 그의 딸들이기에 뭐라고 할 수도 없었다. 손자들도 결국은 자기 손자들이기에 라반은 결국 포기하고 만다.

『**그러므로 이제 오라, 나와 너, 우리가 언약을 세워 그것으로 나와 너 사이에 증거가 되게 하자**』(44절). 언약을 위해 증거물로 돌을 사용하는 것은 일반적인 관행이었다(수 24:26,27; 4:1-6, 눅 19:40). 45절의 기둥은 히브리어로 "마체바"로 창세기 28:18에 나오는 것과는 다른 것이다.

"여갈사하두다"는 칼데아어로 "증거의 무더기"라는 뜻이며 야곱은 그것을 히브리어로 "갈르엣"이라고 불렀는데, 그 뜻은 역시 "증거의 무더기"라는 뜻이다. 여기에 등장하는 아람어 표현은 모세 혹은 야곱이 히브리어와 아람어를 둘 다 알고 있었는지에 관한 신학논쟁을 일으켰다. 어떤 사람들은 모세의 기록에 누군가가 이 표현을 첨가시켰을 것이라고도 했고 이를 두고 B.C. 800년경에야 창세기가 기록되었을 것이라고 추정하는 사람도 있고 아람어는 히브리어에서 왔든지 아니면 그 반대일 것이라고 추정하는 사람들도 있다. 이 문제를 가지고 쓸데없는 논쟁을 하기보다는 칼데아어도 시리아어도, 후일 발전된 것이라는 사실을 주목하는 편이 나을 것이다. 아브라함은 바벨탑 사건 이후 칼데아 지방에서 떠나왔다. 그는 카나안 땅에서 아담, 이브, 노아, 셈(멜키세덱!) 등이 사용하던 히브리어를 택했다. 그러나 야곱은 시리아적 배경을 완전히 버리지는 못했을 것이다. 그는 라반만큼이나 "시리아어"를 알고 있었을 것이고 이 시리아어는 서아람어로 때로 "칼데아어"라고도 불린다. 야곱이 사용하던 히브리어는 서아람어도 아니며 동아람어도 역시 아니다(이 언어는 바빌론 포로 이후 칼데아어라고 불림). 히브리어는 천상의 언어로 홍수 이전에 지상에서 사용되던 언어이며 칼데아어와 시리아어는 바벨탑 사건에서 유래된 것으로 히브리어의 변형이라고 할 수 있다. B.C. 820년 훨씬 이전의 기록들에는 팔레스타인 지방 바깥에 살던 유대인 이외의 사람들이 히브리어와 아람어를 섞어 사용한 흔적이 보인다. 이 사실은 아람어는 히브리인들이 포로기 동안 채택한 언어였다는 그라프-벨하우젠 이론을 뒤엎고 만다. 레아, 사라, 라헬, 리브카, 야곱, 실파, 빌하 등은 모두 B.C. 1600년 이전에 "아람어들"을 팔레스타인 지방에 들여온

장본인들이었던 것이다. “아람어 어휘”들에 관한 가장 유명한 주장은(이런 이론은 모세오경이 훨씬 나중에 기록되었다는 것을 입증하기 위해 동원되는 것임) 카우츠쉬의 것으로 그는 약 350단어를 성경에서 뽑아 “아람어 어휘”라고 주장했다. 그러나 거듭난 그리스도인인 프린스턴 대학교의 로버트 딕 윌슨에 따르면 그 중 100여 개는 그 어떤 아람어 문서에도 등장하지 않으며 135개 역시 A.D. 200년 이전의 문서에는 나오지 않는다고 한다. 그 나머지 중 75개는 히브리어뿐 아니라 바빌론 문서들이나 아랍어 혹은 에티오피아어에도 나타나는 어휘들이며 모세오경에 등장하는 아람어 어휘들 50개 중 온켈로스의 탈굼에는 단지 24개만이 쓰였다고 한다(아람어로 된 탈굼). 그런데 이 중 16개는 히브리어 단어와 마찬가지로 아람어에서 어근이 나온 단어들이라고 한다. “갈르엣”과 “미스파”는 히브리어로 야곱이 이렇게 부른 이유는 아브라함과 이삭이 하란을 떠나 “약속의 땅”으로 왔기 때문이었다. 라반은 시리아어로 그것을 불렀는데, 이는 그가 결코 메소포타미아에 있는 파단-아람을 떠나지 않았기 때문이며 그곳을 떠났다가도 그곳으로 되돌아갔기 때문이다. “미스파”는 “파수대”라는 뜻으로 이때 파수한다는 것은 “우리 다시 만날 때까지 하나님께서 너와 함께 하시기를”이란 뜻이기보다는 “우리가 서로 헤어지기 때문에 내가 너를 감시할 수 없으니 하나님께서 너를 잘 감찰해 주시기 원하노라.”는 뜻이 숨어 있다고 하겠다.

이번 언약은 히브리인이 이방인과 맺는 세 번째 언약이다(창 26:28-30). 두 사람이 증거의 무더기로 서로 맹세하고 서약할 때는 조상을 언급하게 되어 있다. 라반은 “나홀과 아브라함의 조상”인 테라(창 11:27)의 하나님을 불렀고 야곱은 “강” 건너(수 24:3) 시절까지는 언급하지 않았고 다만 이삭(53절)을 언급하기만 했다. 이 사실은 두 사람 사이의 "친교" 문제가 완전히 해결된 것이 아님을 시사해 준다. 야곱은 그의 맹세에 아브라함을 넣을 수 있었다(24시간 후의 그의 모습을 보라, 창 32:9). 그런데도 야곱은 라반이 언급한 아브라함을 의도적으로 뺀 것이다. 이 것은 순전한 악의에서 나온 것이다. 라반은 야곱을 제외한 모든 사람에게(55절) 입을 맞추고 떠나갔다. 라반과 야곱은 쓴 뿌리를 품에 안은 채 헤어진 것이다.

창세기 32장

32:1 야곱이 그의 길을 계속 가더니 하나님의 천사들이 그를 만났
더라.
2 야곱이 그들을 보고 말하기를 "이는 하나님의 군대라." 하고, 그
곳의 이름을 마하나임이라 하였더라.
3 야곱이 에돔 지역의 세일 땅에 있는 그의 형 에서에게 자기 앞
서 심부름꾼들을 보내며,
4 그들에게 명하여 말하기를 "너희는 내 주 에서에게 이같이 고할
것이니 '당신의 종 야곱이 이같이 말하기를, 내가 라반과 더불어
기거하며 거기에서 지금까지 머물렀나이다.
5 내게는 소들과 나귀들과 양떼들과 남종들과 여종들이 있는데 보
내어 내 주께 전하고 내 주의 목전에서 은총받기를 바라나이다

하더이다.' 하라." 하였더라.

6 ○ 심부름꾼들이 야곱에게 돌아와서 말하기를 "우리가 당신의 형 에서에게 갔더니, 그도 사백 명을 데리고 당신을 만나러 오더이다." 하니,

7 야곱이 몹시 두려워하고 불안해 하여, 자기와 함께한 사람들과 양떼들과 소떼들과 낙타들을 두 무리로 나누고,

8 말하기를 "만일 에서가 와서 한쪽 일행을 치면, 남은 다른 일행은 피하리라." 하더라.

9 ○ 야곱이 말하기를 "오 내 아버지 아브라함의 하나님, **내 아버지 이삭의** 하나님**이여, 주께서 내게 말씀하시기를 '네 고향 네 친족에게로 돌아가라. 내가 너를 잘되게 하리라.' 하셨나이다.**

10 나는 주께서 주의 종에게 베푸신 모든 자비와 모든 진리의 가장 작은 것이라도 받을 가치가 없사온데, 내가 내 지팡이만 가지고 이 요단을 건넜으나, 지금은 두 무리나 이루었나이다.

11 내가 주께 간구하오니, 나의 형 에서의 손에서 나를 구하소서. 내가 그를 두려워하는 것은 혹 그가 와서 나와 처자들을 칠까 함이니이다.

12 주께서 말씀하시기를 '내가 반드시 네게 선을 베풀어, 네 씨가 많아서 셀 수 없는 바다의 모래 같게 하리라.' 하셨나이다." 하더라.

『**하나님의 천사들이 그를 만났더라**』(1절). 이들은 창세기 28:12에 언급된 천사들로 추정된다. "마하나임"(2절)이란 단어의 뜻은 "두 군대들"

혹은 "무장한 진영들"이다. 어쩌면 두 무리의 군대가 "오르락" "내리락"(창 28:12에서처럼) 하고 있었는지도 모른다. 주석가들의 여러 가지 추측은 본문 해석에 별반 도움이 안 된다. 문맥을 보면 야곱은 고향을 등질 때와 마찬가지로 이번 귀향에서도 천사들의 도움을 필요로 하는 상황에 있다. 천사들을 본 사람은 오직 야곱뿐이었으므로 그들은 지난번처럼(민 12:6) 꿈에 나타났을 가능성이 높다.

3절에서 야곱이 말한 것으로 보아서는 그의 의도는 얍복강을 건너 사해 남쪽 끝부분을 돌아 브엘세바, 세겜, 헤브론 쪽으로 돌아가려고 했던 것 같다. 하지만 창세기 32:16,17에 나와 있는 내용으로 보면 야곱은 여정을 바꾸어 요단강 쪽으로 갔다. 아마 그가 떠나 온 그대로 돌아간 것처럼 보인다(창 28장). 그는 숙곳에 이르렀는데, 그곳은 얍복강 북쪽이었다(에서가 남쪽으로 떠난 이후임). 우리는 야곱이 라반을 섬길 때 얻은 "가축" 가운데 소들이 들어 있음(창 30:32과 32:5을 참고)을 주목해야 한다. 그러니까 야곱이 얻은 가축을 "양과 염소"로만 한정하는 행위는 오늘날 신학교의 95%가 성경을 거부하는 "경건한 학문"의 전당임을 입증해 주는 것이 아닐 수 없다.

야곱은 자신의 지난날에 대해 아직도 구태의연한 모습을 보이고 있다. 그는 "당신의 종 야곱이 이같이 말하기를 '내가 집에서 도망쳤으나 이제는 돌아오는 것이 안전하다고 생각했나이다.' 하더이다."라고 말하지도 않았고 "아브라함의 하나님, 그리고 우리 아버지 이삭의 하나님께서 나에게 돌아가라고 명하셨나이다."(창 31:13에서의 발언과 비교하라.) 라고 말하지도 않았다. 그 대신 그는 이렇게 말했다. 『**내가 라반과 더불어 기거하며 거기에서 지금까지 머물렀나이다**』(4절). 야곱은 아직도 배워야 할 것이 남아 있는 셈이다.

심부름꾼들이 가져온 보고서는 형 에서가 400명을 데리고 "만나러" 온다는(6절) 두려운 소식이었다. 요즘 같았으면 얼른 약장을 열어 우황청심환부터 꺼내 먹었을 것이다. 그는 그의 종들을 불러 두 그룹으로 나누었다. 두 그룹으로 나눈 이유는 8절에 분명히 나와 있다. 레아와 그의 아들들은 전방에 배치하고 라헬과 요셉은 후방에 배치시켰다(창 33:7). 실파와 빌하 그리고 그의 자식들을 척수병으로 최전방에 배치했음은 물론이다(창 33:2). 야곱의 이와 같은 행동은 야곱이 아직도 레아와 라헬에 대한 그의 감정을 극복하지 못했음을 여실히 보여 준다. 우리의 주목을 끄는 것은 나쁜 소식을 듣고 나서 야곱이 기도 가운데 계속 거하기보다는(느 2:4) 작전 계획부터 짰다는 사실이다. 육신적 그리스도인들 역시 무릎을 꿇고 기도해야 할 시점에 어떤 계획이나 프로그램을 짜내느라고 애쓰고 있다. 어떤 그리스도인은 "베드로가 변형산에서 두려워하고 있었을 때 그는 어찌 줄 몰라(막 9:5,6) 하면서 '장막 건축 계획'을 제안했었다."고 지적한 바 있다. 야곱은 "하나님께서는 스스로 돕는 자를 돕는다."고 생각한 것 같다. 그러나 야곱은 이 교훈보다 더 중요한 교훈을 배우게 되는 것이다(24절). 그는 믿는 사람이 "매달리는" 상황까지 와야 비로소 참된 복이 올 수 있다는 사실을 배우게 된 것이다.

9절에서 드디어 야곱은 그가 전열을 정비하기 이전에 마땅히 해야만 했던 그 자리로 돌아온다. 그는 이제야 하나님의 약속을 상기시키며 하나님께서 말씀하신 것을 하나님께 말씀드린다(9절). 그는 자신의 무가치함과 자신의 불의함을 인정하며(10절) 하나님의 선하심과 베푸심에 대해 감사한다(10절). 결국 그는 숨김없이 있는 그대로를 고백하며 하나님께 마음을 쏟아 놓는다(11절). 그러고 나서 그는 이삭의 "희생"의 대가로 하나님께서 주신(창 22:17의 바다의 모래를 주목하라.) 아브라함의 복을 간구한다.

32:13 ○ 야곱이 그 밤을 거기서 유숙하고, 자기가 가지고 있는 것 중
에서 자기 형 에서를 위한 선물을 택하니,
14 암염소가 이백 마리요, 숫염소가 이십 마리며, 암양이 이백 마리
요, 숫양이 이십 마리며,
15 젖 나는 낙타 삼십 마리와 그들의 새끼들이며, 암소가 사십 마
리요, 황소가 열 마리며, 암나귀가 이십 마리며, 새끼 나귀가 열
마리더라.
16 그것들을 각 떼로 나누어서 자기 종들의 손에다 맡기고, 자기
종들에게 말하기를 "나보다 앞서 건너서 떼와 떼 사이에 간격을
두라." 하고
17 맨 앞에 선 자에게 명하여 말하기를 "내 형 에서가 너를 만나
물어 말하기를 '네가 뉘 사람이냐? 네가 어디로 가느냐? 네 앞에
있는 이것들은 뉘 것이냐?' 하거든,
18 그때에 너는 말할지니 '그들은 당신의 종 야곱의 것이오며 그것
은 나의 주 에서에게 보내는 선물이옵니다. 또 보소서, 야곱도
우리 뒤에 있나이다.' 하라." 하고
19 또 둘째와 셋째와 그 떼들을 따라오는 모두에게 그렇게 명하
여 말하기를 "너희도 에서를 만나거든 이같이 그에게 말할 것

이니라.

20 또 너희는 더 말하리니 '보소서, 당신의 종 야곱이 우리 뒤에 있나이다.' 하라." 하니, 이는 그가 말하기를 "내가 내 앞에 보낸 선물로 형을 달래고, 그후에 내가 그의 얼굴을 보면, 혹시 그가 나를 받아 주리라." 함이라.

21 그리하여 그 선물은 그의 앞서 갔고, 자신은 무리 가운데서 그 밤을 묵었더라.

22 그가 그 밤에 일어나서, 그의 두 아내와 두 여종과 열한 아들을 데리고, 얍복 여울을 건넜는데

23 그가 그들을 데리고 와서 시내를 건너 보내고, 그의 소유도 건너 보냈더라.

행함과 기도가 있은 후에도 야곱은 여전히 마음의 화평을 갖지 못했다. 결국 야곱은 (계획과 죄를 써서 자신을 보존하려는 사람들이 종종 행하는 것처럼) 제3의 죄를 짜내게 된다. 그러니까 야곱은 여전히 자신의 행위를 신뢰하고 있는 셈이다. 그는 에서에게 선물을 보내기로 한다(13-16절). [우리는 이 모든 계획과 프로그램이 필요 없는 일이었음을 잠시 후 알게 된다(창 33:9). 그러니까 야곱은 기도를 했음에도 불구하고(창 32:9-12) 여전히 하나님께서 응답하실 것을 믿지 않았다는 말이 된다. "긍정적 사고방식"을 지닌 사람들은(이들은 늘 성경을 희생시켜서라도 인간의 본성을 정당화시키려는 자들이다) "야곱은 최선을 다해 기도했고 그리고 나서 최선을 다해 행했다."라고 말할 것이다. 바로 이것이 신정통주의적 사고방식이다. 그러나 그의 애쓴 노고와 수고는 아무런 쓸모가 없었다는 것이 판명되었고 하나님께서는 야곱의 계획은 전혀 사용하시지 않았다.」 550마리의 짐승들과 그 새끼들이 실파와 빌하 앞에 보내졌다. 물론 이것들은 에서에게 보내는 뇌물이었다(14,15절). 이 짐승들은 다섯 무리로 나누어졌고(14,15절) 실로 그럴듯한 계획이었다. 야곱은 이 뇌물의 행렬이 진노한 에서의 마음을 푸는 데에 유용하게 쓰일 것으로 생각했다. 에서는 첫 번째 선물에 살인의 감정이 누그러질 것이고 두 번째 선물을 보고는 화를 풀 것이고 결국 다섯 번째 선물을 보고는 "감사"의 마음까지 가질 것이 아닌가? 그러나 이 인간적인 계획에는 확실성이 없었다. 그래서 야곱도 "혹시"(창 33:20)라는 단서를 달았던 것이다. 그러니까 야곱의 머릿속에서 나온 인간적 생각은 바벨탑을 짓던 사람들이 "하늘에 닿을지도" 모를 탑을 쌓아 하늘로부터 응답을 기대했던 것과 동일한 것이었다. 그러나 그 계획은 무산되었다. 하나님께서 그 계획을 무시해 버리신 것이다.

세 사람만이 야곱의 지시를 받은 것처럼 보이나(17,19절) 19절 하반부에 "그 떼들을 따라오는 모두"라는 말로 미루어 성령께서는 첫 세 무리만을 들어 야곱의 계획을 설명하시고자 하시는 것 같다.

『**젖 나는 낙타**』(15절)는 우유를 제공하는 낙타이다. 그들이 에서를 만나기 전날 밤 묵은 곳은 얍복강 북편이었다. 아침에 모든 무리가 강을 건너 남쪽으로 향했다. 다만 야곱만은 여전히 북쪽에 남아 있었던 것 같다. 왜냐하면 프니엘이란 지명은(창 32:30) 항상 얍복강 북쪽을 지칭하기 때문이다. 24절에 야곱이 홀로 남았다는 말 역시 이 사실을 뒷받침해 준다. 그러나 아내들과 아이들은 에서를 만나러 보내고 자신은 후방인 강 건너에 남아 있었다는 사실로 보아 야곱은 다소 비겁한 사람인 것처럼 보인다. 어쨌든지 야곱은 홀로 남아 날이 샐 때까지 싸움을 벌이게 되었다. 그런데 그가 하나님과 대면한 후 곧바로 에서를 만난 것으로 보아(창 33:3) 어쩌면 프니엘은 얍복강의 남쪽 면에 위치해 있을지도 모른다.

32:24 ○ 야곱이 홀로 남았는데 어떤 사람이 거기서 야곱과 날이 샐 때까지 맞붙어 싸우다가,

25 그 사람이 야곱을 이기지 못하는 것을 알고는, 야곱의 넓적다리의 우묵한 곳을 치니, 야곱의 넓적다리의 우묵한 곳이 그와 싸울 때에 위골되었더라.

26 그 사람이 말하기를 "날이 새니, 나로 가게 하라." 하니, 야곱이 말하기를 "당신이 나를 축복하지 아니하면 가게 하지 아니하겠나이다." 하였고

27 그 사람이 야곱에게 말하기를 "네 이름이 무엇이냐?" 하니, 그가 말하기를 "야곱이니이다." 하더라.

28 그 사람이 말하기를 "네 이름이 더 이상 야곱이라 불리지 아니할 것이요, 이스라엘이라 불리리라. 이는 네가 통치자로서 하나님과 사람들과 더불어 겨루어 이기었음이니라." 하니,

29 야곱이 그에게 물어 말하기를 "내가 간구하오니, 당신의 이름을 말해 주소서." 하니, 그가 말하기를 "어찌하여 내 이름을 묻느냐?" 하며, 거기에서 야곱을 축복하더라.

30 그러므로 야곱이 그곳의 이름을 프니엘이라 하였으니, 이는 '내가 하나님을 대면하여 보았지만 내 생명이 보전되었도다.' 함이더라.

31 그가 프누엘을 통과할 때에 해가 그 위에 솟았고, 그는 그의 넓적다리를 절뚝거렸더라.

32 그러므로 이스라엘 자손들이 오늘까지도 넓적다리의 우묵한 곳에 있는 줄어든 큰 힘줄을 먹지 아니하였으니, 이는 그 사람이 야곱의 넓적다리의 우묵한 곳을 쳐 큰 힘줄이 줄어들었기 때문이라.

성경에는 선명하게 남게 될 만한 그러한 장면들이 많이 나온다. 바로 이 장면도 그중 하나다. 성경을 읽은 사람이라면 사자굴에 들어간 다니엘과, 노아와 방주, 그리고 물 위를 걸은 베드로, 다윗과 골리앗, 그리고 주의 천사와 씨름한 야곱을 어찌 잊을 수 있겠는가? 때는 밤이었고 야곱은 무릎을 꿇고 있었다. 그는 어쩌면 해가 떨어지자마자 무릎을 꿇고 기도를 드리기 시작했을 것이다. 그의 얼굴은 눈물로 범벅이 되어 있었다. 그는 기억나는 죄란 죄는 다 자백했다. 어쩌면 아직 저지르지도 않은 죄까지 다 자백했을지도 모른다. 그는 하나님께서 하신 모든 약속들을 다 하나님께 상기시켜 드렸고 아직은 주어지지도 않은 것까지도 미리 몇 개 만들어 냈을지도 모른다. 이제는 하나님을 이기는 것과 강제로 약속에 대한 대가를 받아내는 것만 남았다. 밤 9시쯤 그는 거의 기진해 있었을 것이다. 그는 외로운 철야기도를 마치고 고개를 들고 일어났다. 그런데 바로 옆에 젊은 사람 하나가 서서 팔짱을 끼고 그를 바라보고 있었다. 반은 경멸하는 것 같기도 하고 반은 재미있다는 투로 그를 바라보고 있었던 것이다.

야곱은 무릎으로 그 젊은 사람의 발 쪽으로 다가가서 그의 다리를 붙들고 외쳤다. "오, 하나님, 당신은 저를 도와주셔야 합니다. 당신은 반드시 저를 도와주셔야 한다고요!" "도대체 무슨 근거로 내가 하나님이라고 생각하느냐?" 그 천사가 묻는다. "당신이 바로 사다리 꼭대기에 계셨던 분 아닙니까?" "저기 벧엘에서부터 당신이 어디 계시든 나는 알아요, 저를 도와주십시오." 야곱은 울면서 대답했다. "정말, 내 도움이 필요하냐?"

"물론입니다. 에서가 오고 있어요. 400명을 데리고 온답니다. 무기도 많을 테고… 나는 빈손입니다."

"흠, 네 능력껏 해 보지 그래."

"예…옛, 뭐라고요?"

"'능력껏' 해 보라고 말했다."

"그러나 주님, 지금은 농담할 시간이 아닙니다. 아이들, 아내들, 오 주여, 빨리 손 좀 써 주십시오."

"자, 우리 불꽃놀이 한 번 하면 어떨까? 유성이 떨어지는 것을 본 적이 있느냐? 실로 멋진 밤이구나."

"오, 주여, 지금 그럴 때가 아닙니다. 에서가 오고 있다니까요! 제 말 들리십니까? 에서가 온다니까요. 에서는 나보다 4배나 병력이 많구요, 그는 사냥꾼인데다가… 오, 나의 하나님 우린 모두 죽을 겁니다!!"

"글쎄, 언젠가는 죽을 텐데 뭘 그러느냐?"

"오, 하나님, 오, 주여, 오, 도와주세요."

만약 잠언 1:26이 사실이 아니라면 위에서 묘사한 내용은 도저히 이해할 수 없을지도 모르겠다.

드디어 새벽 4:30이 되었다. 그 천사는 30분쯤 침묵을 지킨 후 한 발을 빼면서 "나는 가겠다."라고 말했다. 야곱은 큰 소리로 외쳤다(그러나 아마 이미 목이 쉬어 버렸을 것이다). "나를 축복하고 기도에 응답해 주실 때까지는 안 됩니다." 다시 30분의 침묵이 흘렀다. "나는 가겠다." 천사가 말했다. "나를 가게 하라. 아니면 끝장을 내겠다." 야곱은 이 말에 절망적인 몸짓으로 천사를 부둥켜안는다. 절대로 놓지 않겠다는 투다. "안 됩니다." "가야 한다." "안 됩니다." "가야 한다니까." "절대로 안 됩니다." "복을 주실 때까지는 안 됩니다!!"

"에서도 나에게 그렇게 울부짖었지만 소용이 없었다. 너도 그래 봐야 아무런 소용이 없을 게다."

야곱은 더욱더 천사의 정강이에 얼굴을 갖다 대고 두 팔로 천사의 무릎을 부둥켜안았다.

"이봐, 어리석은 자여, 나로 가게 하라. 나는 이 새끼손가락으로도 너를 저 얍복강에 내던질 수 있어." 그러나 야곱은 천사의 옷을 이빨로 물고 늘어지며 더욱 팔에 힘을 조였다. "이봐, 나는 가야 한다. 나는 네 가족과 네 가축들에게 나타나려고 온 것이 아니야. 너는 환상을 본 것으로 충분하니까. 자, 이제 정말 시간이 없구나. 나는 가야겠다." 야곱은 이를 악물고 더욱 천사의 다리를 껴안았다. 새벽 5시 45분, 드디어 주의 천사는 허리를 굽혀 야곱의 엉덩이를 만졌다. 그 순간 야곱의 눈물과 함께 뼈에서 근육 같은 것이 빠져나왔다. 야곱은 고통으로 소리를 질렀고 무의식간에 뒤로 물러서고 말았다. 다리 하나가 옆으로 접질려진 것이다. 앞으로 고꾸라진 야곱은 그의 팔을 천사의 발목을 붙들기 위해 뻗

쳤으나 그는 슬쩍 피해 이미 저만큼 물러 서 있었다. 야곱은 무릎으로 기어 그에게 다가갔다. 그의 눈에는 눈물이 가득 고여 있었다. 부상당한 넓적다리와 엉덩이 부분을 부축한 채 그는 천사의 발 있는 쪽으로 기어갔다. 그때 천사가 웃으며 이렇게 물었다. "네 이름이 무엇이냐?" 야곱은 멈추었다. 야곱은 고통으로 끙끙거리고 있었다. 천사가 다시 묻는다.

수건이 벗겨지는 것 같더니만 갑자기 브엘세바에서의 사건이 눈앞에 전개된다. 주님은 야곱에게 그 사건을 보게 하고자 했던 것이다. 아버지 앞에 젊은 청년이 무릎을 꿇고 있고 아버지는 "내 아들아, 네가 누구냐? 네가 정말 내 아들 에서냐?"(창 27:18,24)라고 묻고 있다. 늙은 야곱은 땀과 먼지와 눈물로 범벅이 된 채 젊은 시절의 자신의 모습이 꿈결에 스쳐 가는 것을 본 것이다. 천사는 여전히 미소를 짓고 있다. "네 이름이 무엇이냐?"

야곱의 머리는 이미 푹 숙여져 있었다. 이제까지 그는 계속해서 싸워 온 것이다. 비참한 모습으로 그는 무릎 위에 있던 진흙덩이를 툭툭 턴다. 그는 몇 번이고 말을 하려다가 억제하더니만 드디어 자신의 모습을 인정할 때가 온 것이다.

"제 이름은 야곱입니다. 저는 불법자요, 저는 범법자이며, 저는 탈취자입니다. 저는 야곱입니다."

(사랑하는 성도 여러분! 여러분이 심판석에 섰을 때 전능하신 하나님께서 심문하실 때 여러분은 "제 이름은 베티, 진, 빌, 짐, 조지, 헨리, 메리입니다."라고 말하지 못할 것이다. 그 대신 여러분은 "제 이름은 '탐욕,' '쾌락,' '자기 영광,' '탐심,' '게으름,' '거짓말쟁이,' '속임수,' '더러움,' '왜곡됨'입니다"라고 대답해야 할 것이다. 빌립은 "말을 사랑하는 자"라

는 뜻이요 요한은 "사랑받는 자," 나단은 "하나님의 선물" 그리고 베드로는 "돌"이란 뜻인지 모르지만, 당신의 이름은 무엇인가? 우리의 이름이 하나님께서 보시기에 "정직," "완전함," "순수함," "신실함," "선한 마음"이라고 할 수 있겠는가? 우리가 야곱과 같은 처지에서 우리의 이름을 묻는 하나님께 아무 이름이나 대거나 별명을 댈 수는 없을 것이다. 야곱은 드디어 오직 진실만을, 다만 진실만을, 온전한 진실만을 고백하고 있는 것이다.

그때 주의 천사는 불꽃 같은 눈동자로 눈을 부릅뜨고서 『**네 이름이 더 이상 야곱이라 불리지 아니할 것이요, 이스라엘이라 불리리라. 이는 네가 통치자로서 하나님과 사람들과 더불어 겨루어 이기었음이니라**』(창 32:28)라고 말씀하셨다. [이 선언과 더불어 하나님께서는 이사야 27:5에 기록된 자신의 말씀을 확인하신 것이다.]

천사가 돌아서 가려고 하는 순간 야곱은 이미 회개의 상태에서 회복된 것처럼 보였다! 하나님으로부터 단 한마디의 위로는 그가 온전한 모습을 되찾는 데에 필요한 바로 그것이었다. 그 천사가 공중으로 사라지기 직전(판 13:20) 야곱은 『**당신의 이름을 말해 주소서.**』(29절)라고 묻는다. 그때 천사는 『**어찌하여 내 이름을 묻느냐?**』(29절)라고 하면서 "너는 응답을 받았느니라. 에서는 네 머리털 하나도 손대지 못할 것이다. 너에게 이 사실을 알게 하는 것이 나으리라고 생각했지만 땀을 흘리며 기도할 필요가 있었느니라. 자, 이제 네 옆을 보라. 이스라엘아."라고 말했을 것이다. 그 순간 천사는 하늘로 사라져 버렸다.

(이와 같은 스타일의 주석을 계속해 가면 독자들이 실망할 것 같아서 본문에 기록된 대로 원래의 주석으로 되돌아가기로 한다.)

1. 야곱과 씨름한 것은 천사였다(호 12:4).
2. 천사 한 사람은 185,000명을 힘 안 들이고 죽일 수 있기 때문에 (왕하 19:35) 실제적인 씨름을 했다고 볼 수 없다.
3. 모든 "천사들"은 성경에 나올 때 젊은 남자로 등장한다(창 6:1-6 주석 참고).
4. "넓적다리의 위골"(25절)은 웃을 일이 아니다. 위골이란 뼈 속에 있던 힘줄이(32절) 바깥으로 빠져 나온 것을 말한다. 콜레라의 마지막 순간의 증상이 바로 이것이라고 한다(〈Bamboo Doctor〉, Dr. Stanley Pavillard, 1960, St. Martins Press).
5. 벌링거의 본문 수정은 정확하지 못하다. 그는 28절의 통치자는 에서와 라반을 이긴 데에 대해 야곱을 책망하시는 하나님이라고 주장했다(Companion Bible, p.47, 각주). 벌링거는 "이스라엘"을 "하나님과 싸우는" "하나님의 전사" 혹은 "하나님의 통치자" 대신 "하나님께서 명하신다"는 뜻으로 잘못 해석했다. 그의 해석에 따르면 야곱은 "사람들을 이김으로써" 통치자로서 (잘못) 행동했기에, 이제부터는 하나님께로부터 명령을 받게 될 것이라고 한다. 재미있는 추측이기는 하지만, 성경은 다른 곳에서 이 본문을 있는 그대로 해석해 주고 있다. 『**그는 태에서 그의 형의 발뒤꿈치를 잡았고, 또 자기 힘으로 하나님과 힘을 겨루었도다. 정녕, 그가 천사와 힘을 겨루어 이겼고, 그가 울며**』(호 12:3,4). 이와 같이 우리는 히브리어 실력만을 가지고서는 성경을 올바로 해석할 수 없음을 여러 번 증명해 왔다. 오히려 영어 성경으로 히브리어를 바로잡을 수 있는 것이다. 야곱은 라반이나 에서를 이긴 것이 아니고 천사와 겨루

어 이겼다. 따라서 "이스라엘"은 "하나님께서 명하신다."라는 뜻이 아니고 "하나님의 군인" 혹은 "하나님의 통치자"라는 뜻이다.

6. 천사가 이름을 밝히지 않은 이유는 재판관기 13:18과 잠언 30:4에 나와 있는 이유와 동일하다. 성경을 유의해서 읽는 독자라면 천사들의 이름은(위의 언급한 두 구절의 문맥에서 보듯이) "놀라운 분"(판 13장)이며 "하나님의 말씀"(잠 30:5)이며, "너는 그의 이름을 예수라 하라"(갈 4:14과 마 1:21 참고)임을 알 수 있을 것이다.
7. 『**대면하여 보았지만**』(30절)이란 표현은 재판관기 13장이나 출애굽기 24:10과 같이 만났다는 의미이다. 이것은 요한복음 1:18이나 디모데전서 6:16과 같은 직접적인 대면이 아니라 현현하신 분과의 대면이었다(창 16:7 주석 참고). "브니엘"은 "하나님의 얼굴"이란 뜻이다.
8. 『**그러므로 이스라엘 자손들이 오늘까지도 넓적다리의 우묵한 곳에 있는 줄어든 큰 힘줄을 먹지 아니하였으니**』(32절). 이 부분은 알렉산드리아의 변개자들에 의해 "마비된 신경"이라고 번역되었다.

본문의 영적 교훈은 다음과 같이 분명하다.

a. 우리 모두는 구원받은 후에도 여전히(롬 27장) 그 어떤 점에 있어 "절뚝"거린다.
b. 우리는 우리의 "옛 사람" 즉 야곱에 의해 평생 고뇌한다(롬 6,7장).
c. 육신은 우리 자신을 끝장내기 위해 우리를 붙들고 있다.
d. 이 육신은 죽기까지는 결코 "뿌리 뽑을" 수 없다(요일 1:6-9).
e. 육신은 계획을 세우고, 꾀를 짜내며, 이것저것을 구상하며 우리의

생을 잘 이끌 수 있다고 생각하지만, 육신은 반드시 물러서야만 한다(갈 5장).

f. 그리스도인들은 때로 복을 받을 때까지 무기력한 "매달림"의 상태에까지 가도록 부서져야만 한다. 야곱은 "문제가 생기면 적어도 도망은 칠 수 있겠지."라고 생각했지만, 위골이 된 지금은 도망을 칠 수도 없는 것이다!

창세기 33장

33:1 야곱이 눈을 들어 보았더니, 보라, 에서가 사백 명을 거느리고
오는지라, 야곱은 자식들을 나누어 레아와 라헬과 두 여종에게
맡기며,
2 여종과 그들의 자식들을 맨 앞에 두고, 레아와 그녀의 자식들은
그 뒤에, 그리고 라헬과 요셉을 맨 뒤에 두더라.
3 그는 그들을 앞서 나가서 자기 형에게 가까이 갈 때까지 땅에
일곱 번 절하니라.
4 에서가 달려와서 그를 만나 얼싸안고 그의 목에 마주대며 입맞
추고 그들이 울더라.
5 에서가 눈을 들어 여인들과 아이들을 보고 말하기를 "너와 함께
한 저들이 누구냐?" 하니, 그가 말하기를 "하나님께서 형님의 종

에게 은혜로 주신 자식들이니이다." 하니,
6 그때에 몸종들이 자기 자식들과 함께 가까이 나아와 절하
더라.
7 레아도 자기 자식들과 가까이 나와서 절하고, 뒤에 요셉과 라헬
도 가까이 나와서 절하더라.
8 에서가 말하기를 "내가 만난 이 모든 떼는 무슨 뜻이냐?" 하니,
그가 말하기를 "이것들은 내 주의 면전에서 은혜를 얻고자 함이
니이다." 하니,
9 에서가 말하기를 "내 아우야, 나는 내게 있는 것으로 충분하니,
네 소유는 네가 가지라." 하더라.
10 야곱이 말하기를 "아니니이다. 이제 내가 형님 면전에서 은혜를
얻었사오면, 간구하오니 내 손에서 선물을 받으소서. 이는 내가
형님의 얼굴을 뵈오니 마치 내가 하나님의 얼굴을 본 것 같사오
며, 형님께서 나를 기뻐하심이니이다.
11 하나님께서 내게 은혜를 베푸시니 나도 충분하니이다. 내가 간
구하오니, 형님께 드리는 나의 축복을 받으소서." 하고 그에게
강권하니, 그가 받으니라.
12 에서가 말하기를 "우리가 길을 떠나 가자. 내가 네 앞서 가리
라." 하니,
13 야곱이 그에게 말하기를 "내 주께서 아시거니와, 내 자식들은 허
약하고 내게 있는 양떼들과 소떼들은 새끼를 배었으니, 만일 사
람이 하루만 그들을 과도히 몰면 모든 떼가 죽으리이다.
14 내가 간구하오니, 내 주께서는 주의 종을 앞서 가소서. 나는 내

앞에 가는 가축과 자식들이 견딜 수 있는 대로 천천히 인도하여 세일로 가서 내 주께로 가리이다." 하더라.

15 에서가 말하기를 "내가 이제 내게 딸린 사람들 중 몇 명을 네게 남겨 두리라." 하니, 그가 말하기를 "무슨 필요가 있나이까? 나로 내 주의 면전에서 은혜를 얻게 하소서." 하더라.

이야기는 야곱이 절름발이가 된 사건에서 곧바로 에서를 만나는 장면으로 넘어간다. 우리는 비록 천사와의 만남과 그의 축복에도 불구하고 야곱이 여전히 주님보다는 자기의 머리를 신뢰하고 있다는 사실을 주목하지 않을 수 없다. 『**야곱은 자식들을 나누어 레아와 라헬과**』(1절). 야곱은 하나님을 비롯해서 그 누구도 신뢰하지 않았다. 그는 오직 자신의 머리만을 믿고 있는 것이다. 그는 천사가 실수를 했거나 아니면 자신이 천사의 말을 너무 문자적으로 받아들였다고 생각했는지 자기 스스로 기도 응답을 받아보려고 애쓰고 있는 것이다. 『**여종과 그들의 자식들을 맨 앞에 두고, 레아와 그녀의 자식들은 그 뒤에, 그리고 라헬과 요셉을 맨 뒤에 두더라**』(2절). 그러나 이 전력은 기도 응답과는 상관없는 것으로 그가 야곱에서 이스라엘로 이름이 바뀌기 전에 세워 놓은 것이다(창 32:7,8). 〈강단의 주석〉(제1권, p.399)은 이 구절에 대해 전혀 언급이 없다. 다만 2절과 3절은 "안전을 보장하기 위한 현명한 조치"였다는 것을 슬쩍 암시하는 것으로 주석을 대신하고 있다.

하나님을 불신하는 것을 "현명한 안전 조치"라고 생각하는 사람들은 어찌된 사람들인지 모르겠다. 성경은 이렇게 말씀하고 계신다. 『**전쟁의 날을 위하여 말이 예비되어도, 구원은 주께 속한 것이니라**』(잠 21:31).

야곱은 하나님께로부터 직접 응답을 받았다. 하나님께서 부주의하시거나 신뢰할 만한 분이 못 된다고 생각하기 전에는 "예방조치"를 취해야 될 이유가 무엇인가?

『그는 그들을 앞서 나가서 자기 형에게 가까이 갈 때까지 땅에 일곱 번 절하니라』(3절). 이 구절에서도 주석가들은(주로 성경 비평가들임) 혼돈에 빠지고 만다. "야곱의 행동은 교활한 위선이나 비겁함에서라기보다는 진실된 예절과 호의를 얻고자 하는 진지한 소망에서 비롯된 것이다." 이런 식의 주석은 케네디의 암살범에 대해 다음과 같이 주석하는 것과 다름없다. "오스왈드의 행위는 케네디를 살해하거나 다치게 할 의도에서 저질러졌다기보다는 조국과 하나님에 대한 참된 사랑과 충성에서 비롯된 것이라고 볼 수 있다." 이번에도 "긍정적 사고방식"을 소유하고 있는 자들은 성경이 인간의 추악한 본성을 들추어내는 것을 몹시 싫어하고 있다는 사실을 여실히 드러내고 만 것이다. 이런 자들은 유다와 헤롯의 죄들은 간과해 버리려는 자들이다. 이것은 그들이 성경이 죄에 대해 말씀하고 있는 바를 피상적으로 이해하고 있거나 혹은 무지하다는 사실을 보여 주는 것이다. 3절에 나와 있는 야곱의 행동을 "참된 예절"의 표시라고 하는 것은 야곱이 이집트의 파라오 앞에서 취한 행동을 볼 때(창 47:7) "너무 지나친" 해석이 아닐 수 없다. 어째서 예의 바른 사람이 왕에게 마땅히 표시해야 할 예절을 갖추지 않았는가?(벧전 2:17) 육신적 사냥꾼 앞에서는 일곱 번이나 얼굴이 땅에 닿을 정도로 절을 했던 사람치고는 너무하지 않은가?

야곱의 행동에 대해 야곱은 여전히 두려워하고 있으며 하나님을 불신하고 있다는 사실을 인정하지 않은 채 주어진 그 어떤 주석도 피상적인 사기극에 불과하다. 야곱은 달려 나가서 얼굴을 땅에 대고 절하고 다시 일어나 몇 걸음 가다가 다시 땅에 엎드려 절하기를 일곱 번을 했다. 이 또한 "예절"이 아닐 수 없다. 드디어 야곱과 에서의 무리는 만나게 되었다. 야곱의 무리는 긴장과 불안에 휩싸여 있는 반면, 에서의 부대(400명)는 "평안한" 가운데 있었다. 그들은 도대체 누구에게 굉장한 존경과 예절이 표시된 것인지를 보고자 했을 것이다. 드디어 에서는 야곱을 보았다. 『**에서가 달려와서 그를 만나 얼싸안고 그의 목에 마주대며 입맞추고 그들이 울더라**』(4절).

20년 동안이나 보지 못했던 동생을 만난 에서는 아버지가 탕자를 만났을 때와 같은 동일한 방식으로 동생을 받아 주었다(눅 15:20). 반면 야곱은 일곱 번째 절을 마치고 일어나 보니 건장한 체구에 활을 손에 든 채 어떤 사람이 다가오고 있는 것이다(양자의 입장 차이가 분명하지 않은가?). 아마 그 아찔한 순간 야곱은 에서를 바라보며 손을 입에 대고 "오, 나의 하나님! 저 사람으로 저를 죽이지 않게 하소서!"라고 중얼댔을 것이다(양심은 항상 우리 모두를 겁쟁이로 만드는 법이다). 잠시 후 묵직한 손과 가슴팍이 그를 껴안는 것을 본 순간 야곱은 에서가 자신을 치려는 것이 아니라 반가워하고 있음을 깨닫게 되는 것이다. 『**그들이 울더라**』(4절).

4절에 나오는 "입맞춘다"(kissed)는 단어는 히브리어에서 "예외적 구두점"(extraordinary pointing)을 찍는 단어이다. 구약성경에는 이런 단어가 15개가 나오는데, 그중 창세기에 6개가 나온다. 유대의 서기관들에 따르면 이 구두점은 이들 단어들이 본문에서 빠져야 된다는 사실을 보여 준다고 한다. 창세기 33:4의 경우에 에서는 야곱에게 입을 맞출 만큼 선한 사람이 될 수 없다는 이유를 댄다. 그러나 이것은 앞서도 언급했듯이 나쁜 사람은 과장해서 포장하고 좋은 사람은 항상 좋은 식으로만 생각하는 잘못된 태도에서 나온 것이다. 사실 학자들이 이 단어를 빼고자 하는 이유는(매우 사탄적인 발상임) 이 단어가 오리겐의 필사본들에 빠져 있고 그 이후에는(A.D. 150-235) 필사본들에 등장하지 않는다는 것이다. 다시 말하면 오리겐이 생각하기에 그 단어는 이곳에 있어서는 안 된다고 생각했기 때문에(하나님께서 나쁜 사람이 착한 일을 한다고 기록해서는 안 되니까 자기가 하나님을 돕고 싶다는 생각을 했을 것이다). 그 단어를 뺐으니 우리 모두 이 "위대한" 학자님의 견해에 따라야 한다는 것이다. [이와 같은 사고방식은 창세기 4:8; 6:2; 8:10; 11:12; 18:17; 19:33; 20:14 등에서 누차 반복되고 있다. A.D. 150-350년 사이에 〈칠십인역〉을 만들어 낸 서기관들은 신약성경을 보고 구약성경을 뜯어고쳐 두 가지가 가능하면 일치하도록 만들었기 때문에(인용 부분들) 후대의 학자들은 거꾸로 신약성경을 기록한 사람들이 기원전에 있었던 헬라어 구약성경을 인용했을 것이라고 단정해 버렸고, 결국 이들 학자들은 "칠십인역"은 B.C. 250년경에 존재했다는 억측을 사실로 받아들이고 마는 것이다. 이것은 플라토와 아리스토텔레스가 모세와 솔로몬의 기록을 자기들이 원조인 것처럼 위조해서 영광을 도둑질한 것과 하나도 다름이 없다.] 그러니까 서기관들이 말하는 "의문시되는 구두점"은 진리 자체보다는 헬라어 학자들의 말에 지나치게 귀를 기울였기 때문인 것이다. 5절부터 에서는 야곱의 대가족과 인사를 나누게 된다. 6,7절에 보면 모든 가족이 하나하나 소개되었고, 이제 모두 안심을 하게 되었다. 에서는 앞서 만났던 소와 양, 낙타, 노새 등이 무슨 뜻인지 물었고(8절), 야곱은 에서로부터 "은총"을 얻기 위해 주는 선물이라고 설명한다. 그러나 에서는 『**나는 내게 있는 것으로 충분하니, 네 소유는 네가 가지라.**』(9절)라고 대답한다. 그러나 야곱의 간청에 그는 그 선물을 받았다. 『**그에게 강권하니 그가 받으니라**』(11절). 〈강단의 주석〉에서는 "너그럽고 애정 어린 자세"를 견지했는데, 이렇게 볼 수 있는 이유는 그가 선물을 거절했기 때문이라고 한다. 그러고 나서는 11절에서의 에서의 행동에 대해 동양에서는 선물을 받지 않으면 선물을 준 사람에게 위협의 표시가 되기 때문에 에서는 선물을 "받아 주었다고" 설명한다. 이 주석은 아담 클라크를 인용하면서 "바로 이 때문에 야곱은 에서가 그의 선물을 받도록 강권했다."고 설명한다. 그것이 사실이라면 엘리사가 나아만의 선물을 거절한 것과 발라암이 선물을 거절한 것과 아브라함이 소돔 왕의 선물을 거절한 것과 같은 사건을 어떻게 해석해야 한단 말인가?(왕하 5장, 창 14장, 행 8장, 단 5장, 민 23,24장을 공부해 보기 바란다.) 다니엘과 베드로와 엘리사는 왕과, 마술사 시몬과 나아만의 적이 되었다는 말인가? "동양의 풍습"을 핑계 대면서 인간의 본성이 무엇인지도 모르는 학자들은 엉터리 주석을 하고 만 것이다. 에서는 항상 물질적인 호의에 관심이 있는 사람이다. 그것이 그의 성품인 것이다. 그는 충분한 소유가 있었기에 처음에는 거절했었지만(9절) 야곱이 강권하자 결국 받아들인 것이다. 다시 말해 창세기 25:31에서 내보였던 그의 성품 그대로였던 것이다. 이것이야말로 본문을 있는 그대로 주석한 것이다. "동양의 풍습"은 혼돈과 오해만을 불러일으킬 뿐이다.

에서는 야곱에게 여정에 동행할 것을 제안했다. 그는 야곱이 사해를 돌아 브엘세바와 헤브론 쪽으로 여행하리라고 생각했던 것 같다. 야곱은 400명의 "무장 군인"의(13,14절) 속도를 맞출 수 없다는 이유로 천천히 가게 해줄 것을 요청한다.

이에 에서는 세일산으로(16절) 떠나게 되고 반면 "선하고 신뢰할 만한" 야곱은 재빨리 기수를 돌려 얍복강 북쪽의 숙곳으로 이동해 간다(17절). 숙곳은 "칸막이 방"이란 뜻으로 성경에서 최초로 족장 중 한 사람이 "집"(17절)을 짓고 살았다는 기록이 나오는 바로 그곳이다. 장막절은 바로 야곱의 이 "임시 거처"와 관련된 것으로 이스라엘이 "약속의 땅에 안전하게" 거하게 될 것임을 예표하고 있는 것이다(왕상 4:25의 천년왕국의 예표, 겔 34:25,27,28에 나오는 천년왕국에 대한 직접적인 예언과 슥 14:11 참고).

『**천천히 인도하여 세일로 가서**』(14절). 이 말은 아첨일 뿐만 아니라 완전한 속임수였다. 야곱은 결코 세일로 가지 않았다. 그는 숙곳으로 갔고 요단강을 건너 살렘으로 갔다(17,18절). 이 주석을 놓고 〈강단의 주석〉과 클레리쿠스, 칼리쉬, 케일, 머피, 부쉬, 잉글리스, 클라크 등은 모두 "믿을 수 없는 가정"에 불과하다고 주장한다. 20,000페이지에 달하는 동양의 인사 방식, 예정, 예법, 풍습 등을 늘어놓는 주석가들은 4,9,10,11,13,14,15절에 관해서는 동양적 예법과 풍습은 싹 잊어버린 채 전혀 언급이 없다. 10-15절을 놓고 야곱과 같은 사람이 임시변통으로 상황을 모면하기 위해 해본 말에 불과하다는 해석이 왜 불가능하여 믿을 수 없다는 것인지 알다가도 모르겠다. 이처럼 주석가들은 인간 야곱에 대해 전혀 이해하고 있지 못하고 있음을 스스로 증명하고 있는 셈이다. "동양적 관습"과 "동양 언어"에 대한 그들의 지식은 하나님의 말씀을 해석하는 데에는 무용지물이 되고 만 셈이다. 야곱은 결코 세일 땅으로 갈 의도가 없었으며, 그의 가족도 마찬가지였다(31:13). "동양학의 대가들"께서는 핵심을 놓쳐 버린 것이다. 야곱은 에서와의 만남에서 하나님께서 그에게 원하시는 바가 무엇인지를 간증하지도 않았고 하나님께서 벧엘로 돌아가라고 말씀하셨다는 것도 말하지 않았다. 그는 하나님께서 그에게 나타나셨고 그의 기도에 응답하셨다는 사실도 감추었다(다만 하나님의 얼굴을 본 것 같다는 표현에서만 간접적인 언급이 나오지만 에서는 창세기 32:30의 사건을 전혀 모르고 있었기 때문에 무슨 말인지 몰랐을 것이다. 야곱은 자기의 "회심의 체험을 부끄러워" 말도 못 꺼낸 것이다). 비록 야곱이 천사와 더불어 겨루긴 했어도 야곱은 결코 천사가 못 되었다. 만약 그가 "형 에서와 입맞추지" 못한 채로 카나안으로 갈 수만 있었다면 야곱은 눈 하나 깜짝하지 않은 채 그렇게 행동할 사람이었다.

야곱은 에서의 호의를 거절했다(15절). 이 사실 역시 그가 남쪽으로 여행할 생각이 전혀 없었음을 보여 준다. 이들 호위병과 함께하면 세겜과 브엘세바를 거쳐 에돔 땅까지 130마일 여행해야 하지만 혼자 가면 헤스본과 모압의 알 지방을 거쳐 85마일만 여행하면 되기 때문이었다.

33:16 ○ 그러므로 에서는 그날 세일을 향하여 그의 길을 돌이키더라.
17 야곱은 숙곳으로 여행하여 자기를 위하여 집을 짓고 가축을 위

하여 우리를 만들더라. 그러므로 그곳의 이름을 숙콧이라 부르니라.

18 ○ 야곱이 파단아람으로부터 와서 카나안 땅에 있는 세켐 성읍,
살렘에 이르러 그 성읍 앞에다 장막을 쳤더라.
19 그가 자기가 장막을 친 들의 일부를 세켐의 아비 하몰의 자식들
의 손에서 돈 일백 개로 샀으며,
20 거기다 제단을 쌓고, 그곳을 엘엘로헤-이스라엘이라 하였더라.

권위역본의 본문을 용납할 수 없는 이들 학자들은 이번에는 살렘을 "평안히"(in peace)로 변개시켜 "야곱이 평안히 세켐 성읍에 이르러"라고 번역했다. 벌링거 역시 본문을 이런 식으로 받아들인다. 그러나 하나님의 말씀은 대적자들이 학문의 이름으로 변개시키려 했음에도 불구하고 버젓이 보존되어 오늘날 우리 손에 쥐어져 있는 것이다. "살렘"의 히브리어 본문에는 베트(ב)와 라메드(ל)가 붙어 있지 않다. 그러니까 이 단어를 "평안히"로 추정하는 것은 권위역본을 거부하기 위해 히브리어 본문을 변개시키는 행위에 불과하다. "리샬롬"(라메드가 첨가됨)이란 표현은 사무엘하 15:27에서 "평안히"라는 뜻으로 쓰였다. 사무엘하 19:24에서도 베트가 첨가된 "비샬롬"이 "평안히"라는 뜻으로 쓰였다. 따라서 본문에 나온 살렘(베트 혹은 라메드가 붙어 있지 않음)을 "평안히"로 해석하려는 짓은 히브리어 본문을 변개시키는 것 외에 아무것도 아니다. 하나님께서는 권위역본에 하나님의 말씀을 온전히 보존해 놓으셨으니 안심하고 성경 비평가들을 물리쳐 버리라.

본문을 보자면 학자들이란 작자들은 자신들과 성경이 동의하지 않는 부분에서는 성경을 과감히 변개시켜 버리는 무모한 자들이요(Amplified Version, 신약, 요한복음 18:36 참고), 동시에 자신들이 이해할 수 없는 본문은 자의적으로 고쳐 버리는 자들임이 분명해진다. 즉 창세기 33:18에 관한 혼돈은 학자들이 세켐을 성읍으로 추정한 때문이다(수 20:7, 판 9:1,2,3,6 등) 그들은 세켐이 성읍일 뿐 지역 혹은 지방이 될 수 없다고 단정한 것 같다. 이와 같은 추정은 학자들이 창세기 33:19과 34:2에서 세켐이 사람 이름이라는 사실을 보고 구상해 낸 것이다. 그러나 세켐은 살렘 성읍이 세워져 있던 "지방"이요 세켐은 여러 성읍들이 있었던 지방의 통치자였던 것이며 그 성읍들 가운데 하나가 살렘이었던 것이다. 언제나처럼 권위역본이 옳고 학자들은 틀린 것이다.

『**그가 자기가 장막을 친 들의 일부를 세켐의 아비 하몰의 자식들의 손에서 돈 일백 개로 샀으며**』(19절). 이 구절에 대해서는 창세기 23:9,17에서 이미 주석을 한 바 있다. 『**거기다 제단을 쌓고, 그곳을 엘엘로헤-이스라엘이라 하였더라**』(20절). 그의 후손들의 역사에서도 볼 수 있듯이 야곱은 벧엘 시절부터 살렘에 이르기까지 제단을 쌓은 적이 없었다(호 3:4에서 『**희생제도 없고**』를 주목하라). 예루살렘의 제단은 A.D. 70년 이래로 하나님께서 대환란 때까지 지정하신 예배 장소이다. 그런데 주님께서는 이스라엘로 그들의 율법을 지킬 수 없는 상황에 놓아두신 것이다. 야곱이 요단을 건너 장막을 친 후 제일 먼저 한 것은 제단을 쌓은 것이었다. "엘엘로헤-이스라엘"은 "하나님, 이스라엘의 하나님"이란 뜻이다. 이것은 야곱이 창세기 28:21에서 하나님께 한 약속을 나름대로 지키려는 행위였다. 그러나 불완전한 불순종으로 인해 비극은 발생했으니

(창 34:1-4) 이는 하나님께서 야곱에게 명령하신 것은 살렘이 아닌 벧엘로 돌아가라는 것이었기 때문이다(하나님의 집 - 창 31:13). 물론 구체적인 지명을 언급하시지는 않았지만 벧엘임이 분명한 것은 창세기 35:1에 나와 있는 하나님의 말씀으로 입증된다.

창세기 34장

34:1 레아가 야곱에게 낳은 딸 디나가 그 땅의 딸들을 보러 나갔
는데
2 히위인 하몰의 아들, 그 지방의 통치자인 세켐이 그녀를 보고 그
녀를 끌어들여서 그녀와 동침하여, 그녀를 더럽히니라.
3 그의 혼이 야곱의 딸 디나에게 연연하며, 그가 그 소녀를 사랑하
여 그 소녀에게 다정하게 말하더라.
4 세켐이 그의 아비 하몰에게 말하였으니, 말하기를 "이 소녀를 내
게 아내로 얻어 주소서." 하더라.
5 야곱이 그가 자기 딸 디나를 더럽혔다 함을 들었으나, 지금 자기
아들들이 들에서 그의 가축들과 함께 있으므로 야곱이 그들이 돌
아올 때까지 가만히 있더라.

본문 내용은 분명하다. 디나가 강간을 당한 것이다. 사태가 심각했던 이유는 그녀는 틀림없이 스스로 결혼을 결정할 수 있는 나이가 못 되었다는 것이다. 그 어떤 방식으로 계산해 보더라도 디나는 13-15세에 불과했다. 세켐은 히위족이었다(창 10:17). 성경에서 세 번째로 함족의 남자들이 살결이 하얀 여인들에게 관심이 있다는 사실을 지적하고 있는 셈이다(창 12:14; 20:2; 26:7을 참고할 것). 오늘날의 인종통합론자들과(RCC) 교회통합론자들(NCC)들의 생각에는 이런 구절들은 없었으면 좋겠다고 하겠지만 진리를 추구하는 사람들에게는 이런 계시들이 분명한 진리로 나타난다. 세켐은 암논과는 달리(삼하 13:14,15) 디나를 내버리지 않았다. 세켐은 오늘날의 심리학자들과 사회학자들에게 따르면 "혼전 성교"를 신뢰했던 자이다. (이 단어는 원래 "음란"이라고 되어 있는 것을 20세기 사람들이 죄책감을 덜기 위해 만들어 낸 것이다.) 성경적 기록에 따르면 디나는 더렵혀진 것이다(신 22:28,29). 야곱은 곧바로 행동을 취하고 싶었겠지만 폭력에 관한 한 대단히 신중한 사람이었다. 그는 자식들이 집에 돌아올 때까지 기다렸다가 그들에게 이 사실을 알렸다(5,7절). 그동안 디나는 세켐의 집에 머물러 있었다(26절).

34:6 ○ 세켐의 아비 하몰이 야곱과 더불어 대화하고자 그에게 왔는데
7 야곱의 아들들이 그 소식을 듣고 들에서 돌아오니, 사람들은 비
탄해 하고, 그들이 매우 분노하였더라. 이는 그가 야곱의 딸과
동침함으로 이스라엘에서 어리석은 짓을 행하였으니, 이 일은
행해서는 안 되는 일이기 때문이라.

8 하몰이 그들과 대화하여 말하기를 "내 아들 세켐의 마음이 너희
딸을 사모하니, 청컨대 그녀를 그에게 아내가 되도록 주라.
9 너희가 우리와 혼인하여 너희 딸들을 우리에게 주며, 우리의 딸
들을 너희가 취하라.
10 너희가 우리와 함께 거하며 땅도 너희 앞에 있으리니, 여기서
거하고 매매하여 여기서 너희 소유를 얻으라." 하고
11 세켐도 그녀의 아비와 오라비들에게 말하기를 "나로 당신들 눈
앞에서 은혜를 얻게 하라. 당신들이 내게 무엇을 말하여도 내가
주리라.
12 아무리 많은 지참금과 예물을 구할지라도 당신들이 내게 말한
대로 주리니 오직 그 소녀만 내게 아내로 달라." 하니,
13 야곱의 아들들이 세켐과 그의 아비 하몰을 기만하며 대답하여
말하였으니, 이는 그가 그들의 누이 디나를 더럽혔음이라.
14 야곱의 아들들이 그들에게 말하기를 "우리가 할례받지 않은 사
람에게 우리 누이를 주는 이 일을 행할 수 없노니, 이는 그것이
우리에게 치욕이 됨이라.
15 그러나 이런 것이라면 우리가 너희에게 동의하리니, 곧 너희 가
운데 모든 남자가 할례를 받고, 너희가 우리같이 된다면,
16 그때에는 우리가 우리 딸들을 너희에게 주고, 우리도 너희 딸들
을 우리에게 취해서 우리가 너희와 함께 거할 것이며, 우리가
한 백성이 될 것이라.
17 그러나 너희가 우리에게 경청하지 아니하고 할례를 받지 않는다
면, 그때에는 우리가 우리의 딸을 데리고 가리라." 하니,

18 그들의 말이 하몰과 하몰의 아들 세겜을 기쁘게 하더라.

19 그 청년이 그 일 행하는 것을 지체하지 않았으니, 이는 그가 야곱의 딸을 매우 기뻐함이며, 또 그가 자기 아비의 모든 집보다 더욱 존귀하였음이더라.

이 사건의 수습 과정에서 시므온과 레위는 르우벤의 실수로(창 35:22) 자기들에게 돌아올 장자권을 잃어버리게 된다. 하몰과 세겜(11절)은 야곱의 아들들이 들로부터 돌아오기 전에 야곱에게 와서 협상을 벌이고 있었다(6,7절).

『**이는 그가... 이스라엘에서 어리석은 짓을 행하였으니**』(7절). 이 구절은 이스라엘이란 단어가 처음으로 집합적으로 쓰인 구절이다. 문맥을 보면 세켐은 이스라엘의 전 가족들에게 매우 악하고 수치스러운 짓을 저지른 것임을 알 수 있다. 세켐의 아비 하몰은 사태의 심각성을 직시하고 야곱의 아들들의 진노를 가라앉히기 위해 모든 양보를 다했다(8,9,10절). 세켐은 그의 아버지보다 더 적극적으로 나서 신명기 22:28,29에 나와 있는 지참금을 지불할 것을 제안했다. 『**아무리 많은 지참금과 예물을 구할지라도**』(12절).

『**야곱의 아들들이 세켐과 그의 아비 하몰을 기만하며 대답하여 말하였으니**』(13절). 아들들의 행동에서 우리는 야곱이 아직도 자기가 뿌린 것들을 거두어들이고 있음을 보게 된다. 그는 이미 에서를 속인 데에 대해 라반에게서 라헬과 레아 문제로 속임을 당함으로써 대가를 치른

바 있고 하나님께 자신의 이름이 에서가 아니라 야곱이라는 사실을 고백해야만 했다. 그는 창세기 33:14에서 다시 형 에서를 속였고 그의 자식들은 하몰과 세겜을 속이고 있는 것이다.

야곱의 아들들의 제안은 실로 수치의 전당에다 모셔 놓아야 할 것들이다.

1. 언약의 표적(창 17:13)은 "집에서 태어난 사람과 돈으로 산 사람들"에게만 해당되는 것이다. 이것은 결코 사업을 확장하는 수단(창 34:10)으로 사용되어서는 안 된다.

2. 할례의 표적은 하나님께로부터 시작된 것이기에(창 17:8-12) 인간의 합의로 결정될 사항이 결코 아니다.

3. 이번에는 할례가 그들이 미워하는 자들을 죽이는 보조 수단으로 사용되었다. 시므온과 레위는 디나의 진짜 오빠들이었다(창 29:33,34과 30:21). 그들이 하몰의 집안에 할례의 언약을 제안할 당시 그들의 눈에는 "핏기"가 서려 있었을 것이다. 열한 구절도 지나기 전에 이 피는 칼 위에 놓이게 된다. 하몰과 세겜이 그 제안에 만족했고 세겜은 당일 할례를 행했다(19절). 이로 인해 그는 "자기 아비의 모든 집보다 더욱 존귀하였다"(19절).

34:20 ○ 하몰과 그의 아들 세겜이 그들의 성읍 문에 와서, 그들의 성읍 사람들과 대화하여 말하기를

21 "이 사람들이 우리와 화목할 수 있으니 그러므로 그들로 그 땅에서 거하며 거기에서 매매하게 하자. 보라, 그 땅이 그들에게

충분히 넓도다. 그들의 딸들을 우리가 아내로 취하며 그들에게
우리의 딸들을 주자.
22 우리 가운데 모든 남자가 그들이 할례를 받은 것같이 할례를 받
아야만 그 사람들이 우리와 함께 거하며 한 백성이 되는 것을
우리에게 동의할 것이라.
23 그리하면 그들의 가축과 재산과 그들의 모든 짐승이 우리 것이
되지 않겠느냐? 단지 우리가 그들에게 동의한다면 그들이 우리
와 함께 거하리라." 하니라.
24 그의 성읍 문에서 나갔던 모든 사람이 하몰과 그의 아들 세켐에
게 경청하여, 그의 성읍 문에서 나갔던 모든 사람, 즉 모든 남자
가 할례를 받았더라.
25 ○ 삼 일째 되어 그들이 아플 때 야곱의 두 아들, 디나의 오라비
시므온과 레위가 각자 자기 칼을 가지고 담대히 그 성읍으로 가
서 모든 남자들을 죽이고
26 칼날로 하몰과 그의 아들 세켐을 죽이고 세켐의 집에서 디나를
데리고 나왔더라.
27 야곱의 아들들이 살해된 자들 위로 가서 그 성읍을 약탈했으니,
이는 그들이 자기들의 누이를 더럽혔음이라.
28 야곱의 아들들이 성읍 안에 있는 것과 들에 있는 것과 그들의
양들과 소들과 나귀들과
29 그들의 모든 재산을 빼앗으며, 그들의 어린 자녀들과 아내들은
사로잡고 집 안에 있는 모든 것까지도 약탈하였더라.
30 야곱이 시므온과 레위에게 말하기를 "너희가 나를 괴롭혀 그

땅의 거민, 즉 카나안인들과 프리스인 가운데 나로 하여금 악취를 풍기게 하였도다. 나는 수가 적으니, 그들이 합쳐서 나를 대적하며, 나를 죽이리니, 그리하면 나, 즉 나와 내 집은 망하리라." 하니,

31 그들이 말하기를 "그가 우리 누이를 마치 창녀를 다루듯 해야 하니이까?" 하더라.

하몰과 세켐은 그들의 성읍 문으로 가서(20절. 창 19:1 주석 참고). 야곱 집안의 제안을 제시한다. 그들은 이 제안을 매우 그럴듯하게 설명했을 것이다.

1. 이 사람들은 평화로운 자들이다. (26절을 보면 이 말은 실수였다.)

2. 그 지역의 땅은 이스라엘과 함(21절)족에게 충분하다. (창 21:10을 보면 이것도 실수이다.)

3. 우리는 할례만 받으면 된다. (22절. 25절을 보면 이것도 실수이다.)

4. 결국에는 우리가 이익을 보게 될 것이다. (23절. 28,29절을 보면 이것도 실수였다.)

결국 성읍의 유지들은 찬성표를 던졌고 결과적으로 9일 후에 이들 모두는 죽게 된다. 그들의 재산 역시 모조리 몰수당했다.

[크노벨은 히위족이 할례를 받지 않았다는 사실을 보고 놀라워한다. 크노벨은 헤로도투스가 페니키아인들과 카나안인들이 할례를 실행한다고 말한 사실을 신뢰한 것 같다. 따라서 크노벨은 히위족은 함족 출신이 아닐 것이라고 추측한다. 그러나 크노벨과 헤로도투스는 성령께서

말씀하시는 것에는 전혀 관심을 기울이지 않았다. 하나님께서 이 표적을 가지고 한 민족을 "성별"하셨다면 할례가 그 어떤 곳에서도 일반적인 관행이 될 수 없음은 지극히 당연한 것이다(롬 12:1-3).]

결국 세켐의 모든 남자들은 지도자의 말에 따라 할례를 받았다. 그들이 살을 베어 낸 후 통증으로 아파하고 있을 즈음 사흘째에 시므온과 레위가 "그들의 거처 안에 있는 잔인한 도구"로서(창 49:5) 행동을 개시했다. 시므온과 레위는 살인을 저질렀고 다른 아들들도 이를 도왔다. 그들은 재산을 탈취했고 양들과 소들과 나귀들은 물론 여자들까지 약탈했다(29절). [35장 2절에 보면 야곱이 자기 가족과 자기와 함께한 모든 자들에게 이방 신들을 버리고 정결케 하고 옷을 갈아입으라고 명령을 내리게 되는데, 이는 라헬 이외에도 이들 히위족의 아내들이 이방신들을 섬겼었기 때문이다(왕상 11:4-7).]

『**야곱이 시므온과 레위에게 말하기를**』(30절). 야곱의 질책에 대해 시므온과 레위는 아직도 성이 덜 풀렸는지 아버지에게 대들었다. 『**그가 우리 누이를 마치 창녀를 다루듯 해야 하니이까?**』(31절) 이에 대해 야곱은 아무런 대답을 하지 않았다.

창세기 35장

35:1 하나님께서 야곱에게 말씀하시기를 "일어나 벧엘로 올라가서 거기
에 거하며 거기에서 네가 네 형 에서의 얼굴을 피하여 도주하던
때에 너에게 나타났던 하나님께 제단을 쌓으라." 하시더라.
2 그러자 야곱이 자기 가족과 자기와 함께한 모든 자들에게 말하기
를 "너희 가운데 있는 이방 신들을 버리고 정결케 하며 너희 옷
들을 갈아입으라.
3 그리고 일어나서 벧엘로 올라가자. 나의 고난의 날에 내게 응답
하시고, 내가 갔던 길에서 나와 동행하셨던 하나님께 내가 거기서
제단을 쌓으리라." 하니,
4 그들이 자기들의 손에 있는 모든 이방 신들과 그들의 귀에 있는
모든 귀고리들을 야곱에게 주었고, 야곱이 그것들을 세켐 근처에
있는 상수리나무 아래에다 감추었더라.

5 그리고 그들이 길을 갈 때, 하나님의 공포가 그들 주위에 있는 성읍들 위에 임하므로 그들이 야곱의 아들들을 뒤쫓지 못하더라.

6 ○ 야곱이 자기와 동행했던 모든 사람들과 카나안 땅에 있는 루스, 곧 벧엘에 이르러,

7 그가 거기서 제단을 쌓고 그곳을 엘벧엘이라 불렀으니, 그가 그의 형의 얼굴을 피하여 도주했을 때 그곳에서 하나님께서 그에게 나타나셨음이라.

8 리브카의 유모 드보라가 죽으니 그녀를 벧엘 아래 상수리나무 밑에 장사하고 그 나무의 이름을 알론바쿳이라 하였더라.

하나님께서는 창세기 34:25-31 사건 이후 야곱에게 말씀하신 것처럼 보이지만 어쩌면 창세기 35:1의 명령은 창세기 34:1 이전에 주신 것 같은 느낌을 떨쳐 버릴 수 없다. 벧엘은 세켐으로부터 30마일 정도 거리에 있다. 세켐은 "살렘"이 아니고(창 34:20) "그들의 성읍"이다. 어쩌면 야곱을 하나님께서 부르신 것은 보복당하는 데에서 보호하시기 위함일지도 모른다. 그럼에도 불구하고 주님께서는 야곱에게 하나님께서는 야곱을 보호하실 수 있는 분임을 상기시키고 계신다. 창세기 35:1의 『**네가 네 형 에서의 얼굴을 피하여 도주하던 때에**』라는 표현을 주목하라. 이는 마치 하나님께서 "야곱아, 네가 한때 죽을까 봐 두려워하던 때 내가 너를 보호했듯이 이번에도 내가 너를 보호할 수 있느니라."고 말씀하시는 것 같다. 야곱은 창세기 35:2에서 온 가족에게 자신의 계획을 설명하게 된다(2절).

1. 『**그리고 일어나서 벧엘로 올라가자**』(3절). 이곳은 계시의 장소요 "하나님께 다가서는" 장소이다. 그리스도인들에게는 벧엘이란 자신이 확신을 갖게 될 때이거나, 회심하게 된 때라고 볼 수 있다. 이 때는 믿는 자가 감정적으로 영적으로 최고의 체험을 하는 순간이라고 할 수 있다. 모든 그리스도인들은 가끔씩 "벧엘로 되돌아가야 한다." 야곱은 더렵혀진 딸, 살인을 저지른 아들들, 우상을 섬기는 아내, 그리고 사면에 적들이 깔려 있는 이 상황에서 벧엘로 올라가야 할 필요가 있게 된 것이다. 『**일어나서 벧엘로 올라가자.**』

2. 『**이방 신들을 버리고**』(2절). 이들은 바알, 아누, 아쉬테롯, 오시리스, 이시스 등과 같은 자들로 오늘날로 치면 "성 요셉," "성모 마리아," "성 유다," "성 안토니" 등의 형상을 말한다.

3. 『**정결케 하며 너희 옷들을 갈아입으라**』(2절). 정결례는 어쩌면 출애굽기 19:10 혹은 19:14이나 아니면 두 구절을 다 포함할 수도 있다. 미카엘리스는 "침례 의식" 혹은 "회개의 침례와 유사한 것"이라고 말한다. 이런 식의 해석은 그리스도의 교회(캠벨주의자)에서나 어울릴 뿐 본문과는 전혀 관계가 없다. 대다수의 주석가들은 본문이 율법 이전이라는 사실을 잊어버린 채 민수기 19:11,12과 레위기 14:4을 관련 구절로 내세운다. 물론 이 구절이 모세의 율법에 규정된 실행들과 무관하지는 않지만 그래도 율법 이전의 관례는 율법 이전의 실행과 관련짓는 것이 더 합당하다고 생각된다. 따라서 이 구절은 출애굽기 19장과 관련짓는 것이 나을 것 같다.

"이방 신들"과 귀고리들은 세겜 근처 상수리나무 밑에 묻었다(4절). 이것은 아마 아브라함이 그의 장막을 쳤던 근처였을 것이다(창 12:6).

그리고 어쩌면 여호수아 24:26에 나오는 상수리나무와 동일한 것일지도 모른다. 구약성경에는 상수리나무가 일곱 번 등장한다. 이들은 창세기 35:8, 사무엘상 31:13, 여호수아 24:26, 사무엘하 18:9, 재판관기 6:11, 그리고 열왕기상 13:14이다.

『**그리고 그들이 길을 갈 때, 하나님의 공포가 그들 주위에 있는 성읍들 위에 임하므로**』(5절). 야곱은 두려워할 것이 아무것도 없었다. 카나안인들과 프리스인들은 야곱을 공격하는 대신 오히려 두려움에 떨었다. 야곱의 행렬이 그들의 밭을 지나갈 때 그들은 모른 체하고 일하는 척하고 있었던 것이다. 그들은 속으로 야곱의 행렬이 빨리 지나가 주기를 바랐던 것이다. 『**그들이 야곱의 아들들을 뒤쫓지 못하더라**』(5절).

야곱은 아무런 손상 없이 벧엘로 귀환하게 되었다(6절). 그는 그곳에 하나님께서 명령하신 대로 제단을 쌓았다(7절). 그는 이번에는 이 제단을 "벧엘" 대신(창 28:19) "엘벧엘"이라고 불렀다. 하나님께서는(엘) 하나님의 집(벧엘)보다 먼저 와야 함은 물론이다. 이 순서가 뒤바뀌면 - 자유주의자들이 마태복음 22:37-39의 두 계명의 순서를 바꾸듯이 - 구원받지 못한 죄인은 살아 계신 구세주와 살아 계신 주님께로 인도되는 대신 유아세례나 미사로 인도되고 마는 것이다. 8절에서는 리브카의 유모 드보라가 죽는다. 그녀는 이방 신들처럼 상수리나무 아래 묻히게 된다. 드보라는 창세기 29,30장에는 언급되지 않았지만 어쩌면 30:43에 나오는 "여종들" 가운데 포함되어 있었을 것이다. "알론바쿳"이란 "울음의 상수리나무"란 뜻이다. 〈강단의 주석〉은 이 상수리나무(oak)를 테레빈 나무(terebinch kick)라고 주장하지만 이스라엘에서 30년 동안이나 선교사로 일했던 톰슨에 의하면(〈The Land and the Book〉, p.243) 이 나무는 분명 상수리나무이지 테레빈 나무가 아니다. 테레빈스, 와디, 아세라, 하비루, 세키나 등등의 히브리어를 구사하면서 독자들에게 자신들의 히브리어 실력을 자랑하며 권위를 내세우려고 하는 주석가들은 하나님의 말씀 대신 자신들의 의견을 최종권위로 삼는 자들이다. 이러한 원어들은 하나님의 말씀에 조명을 주기보다는 실력 과시용 전시 효과를 노리고 동원되는 것이 보통이다.

35:9 ○ 야곱이 파단아람에서 돌아오니, 하나님께서 야곱에게 다시 나타나시어 그에게 복을 주시더라.

10 하나님께서 그에게 말씀하시기를 "네 이름은 야곱이나, 네 이름이 더 이상 야곱이라 불리지 아니할 것이요, 이스라엘이 네 이름이 되리라." 하시고, 그의 이름을 이스라엘이라 부르시며,

11 하나님께서 그에게 말씀하시기를 "나는 전능한 하나님이라. 다산하고 번성하라. 민족과 민족들의 무리가 네게서 나올 것이며 왕들이 네 허리에서 나오리라.

12 내가 아브라함과 이삭에게 준 땅을 네게 주며, 네 뒤에 올 네 씨에게 그 땅을 주리라." 하시고

13 하나님께서 그와 말씀하시던 그곳에서 그를 떠나 올라가시더라.

14 야곱이 하나님께서 자기와 말씀하셨던 그곳에 한 기둥, 즉 돌기둥을 세우고 그 위에 술을 제물로 붓고 또 그 위에 기름을 붓고서,

15 야곱이 하나님께서 자기와 말씀하신 그곳의 이름을 벧엘이라 불렀더라.

16 ○ 그들이 벧엘에서 이동하여 길을 가다가, 에프랏에 조금 못미쳐서 라헬이 산고로 진통을 당하는데 산고가 심하였으니,

17 그녀가 산고를 겪고 있을 때, 산파가 그녀에게 말하기를 "두려워 말라. 네가 이 아들도 낳게 되리라." 하더라.

18 그녀의 혼이 떠나려 할 때, (이는 그녀가 죽었음이라.) 그녀가 그 아이의 이름을 베노니라 불렀으나 그의 아비가 그를 베냐민이라 불렀더라.

19 라헬이 죽으니 베들레헴, 곧 에프랏에 이르는 길에 장사하였으며,

20 야곱이 그녀의 무덤에 한 기둥을 세웠으니 라헬의 무덤 기둥이 오늘도 있더라.

9절의 말씀은 야곱이 파단아람에서 돌아올 때 곧바로 벧엘로 가고자 했음을 암시해 준다. 하나님께서 야곱에게 나타나신 것은 첫 번째는 벧엘에서였고 이번에도 역시 벧엘에서였다. 야곱은 하나님을 만난 후 두 번 다 "돌기둥"을 세웠다. 10절은 창세기 32:28의 반복으로 다시 한번 확인해 주시는 것이다. 11절은 이미 언급한 정치적인 약속들(창 25:23; 27:29에 관한 주석 참고)의 반복이다. 12절은 창세기 12:7과 13:15의 반복이다. 『**하나님께서 그와 말씀하시던 그곳에서 그를 떠나 올라가시더라**』(13절). 이에 대한 주석은 창세기 17:22에서 이미 했다. 14절은 "붓는" 제사를 언급한 것으로 결코 이 술제물은 마신 적이 없다(출 29:40

및 레 23:13과 비교하라). 이 술제물은 아마 포도주였을 것이며 기름은 올리브기름이었을 것이다. 15절에서는 창세기 28장에서 처음으로 사용했던 그 이름을 그대로 사용하고 있다. 7절에서 그는 그 장소를 "엘-벧엘"이라고 공식적으로 부른 바 있었지만 벧엘은 자신과 하나님 사이에 간직된 개인적인 것이라고 할 수 있다. "갈보리"와 "골고다"는 같은 곳임을 주목하라.

그들이 벧엘에서 이동할 때 매우 슬픈 일이 발생했다. 어쩌면 야곱의 생애에 있어 가장 절망적인 날이었을지도 모르는 그 날이 닥치고 말았다. 그 날은 아담에게도, 아브라함에게도 닥쳤고 이번에는 야곱에게 닥친 것이다. 야곱의 "아름답고 사랑받는" 아내가 아들을 낳다가 숨을 거둔 것이다(창 50:5, 겔 37:13, 렘 8:1). 이 단어는 히브리어로 "케벨"로 여호와의 증인의 지도자들인 러더포드와 러셀이 성구사전에서 발견치 못한 단어이다. 우리는 18절에서 그녀의 혼이 떠나게 된 후 19절에서 라헬이 죽었고 그 다음에 장사되었음을 성경을 통해 분명히 알 수 있다. 만약 "지옥"이 무덤이라면 라헬은 "지옥"으로 가기 전에 그녀의 혼이 몸을 떠나 버린 셈이다. 어처구니없는 억측에 불과하다. 지옥은 지옥이고 무덤은 무덤이기 때문이다.

야곱은 처음부터 끝까지 사랑했던 여인을 묻고 있다. 그의 심정을 한번 헤아려 보라. 비록 야곱 자신은 첫째 부인인 레아 옆에(창 49:31) 묻혔지만 야곱의 마음은 그의 뼈가 세켐 근처에 묻히기 오래전에 이미 베들레헴 근처 라헬의 묘에 묻혔을 것이다. "에프랏"은 베들레헴의 첫 번째 이름으로(룻 1:1,2) 그 단어의 의미는 "다산"이다. 라헬의 무덤에는 기둥이 세워졌고 700년이 지난 후에도 지역 경계표지로 남아 있게 된다

(삼상 10:2). 라헬은 B.C. 1728년경에 죽은 것이다. "라헬의 슬픔의 아들"은 "베노니"라고 불렸지만 야곱은 새 아들을 "베냐민"(나의 오른손의 아들)이라고 불렀다. 베냐민은 후일 유다의 사랑하는 형제가 되었다. 베냐민은 유다 지파와 함께 "유다의 집"(히 8장)이라고 불리는 이스라엘의 정치적 한 분파를 형성하게 된다. "오른손의 아들"인 베냐민 지파에서는 700명의 왼손잡이 전사들이 나왔고 이들은 10미터 이상에 있는 머리털을 맞출 수 있을 정도의 명사수였다(판 20:16). 또한 역사상 가장 위대한 그리스도인은 "나의 슬픔의 아들"의 후손이었다. 바울은 다름 아닌 베냐민 지파였던 것이다(빌 3:5). 야곱이 막내아들을 "나의 오른손의 아들"이라고 부른 것을 보면서 우리는 그가 얼마만큼 라헬을 사랑했는가를 알 수 있다. 다시 말해 야곱은 라헬을 자기의 오른손이라고 부른 것이다. 동양적 사고로 보자면 여자에게 이와 같은 처우를 한다는 것은 대단한 일이 아닐 수 없다.

35:21 ○ 이스라엘이 계속해서 길을 가다가 에달 망대 저편에 자기의 장막을 쳤더라.

22 이스라엘이 그 땅에 거할 때에, 르우벤이 자기 아비의 첩 빌하에게 들어가 동침하니 이스라엘이 그것을 들었더라. 그때 야곱의 아들은 열둘이라.

23 레아의 아들들은 야곱의 맏아들 르우벤과 시므온과 레위와 유다와 잇사칼과 스불룬이요

24 라헬의 아들들은 요셉과 베냐민이며,

25 라헬의 여종 빌하의 아들들은 단과 납탈리요,
26 레아의 여종 실파의 아들들은 갓과 아셀이니, 이들은 야곱의 아
들들이요, 파단아람에서 그에게 낳은 자들이라.
27 ○ 야곱이 아르바 성읍 마므레에 그의 아비 이삭에게로 왔으니,
그곳은 아브라함과 이삭이 기거하던 헤브론이라.
28 이삭의 날들이 일백팔십 년이더라.
29 이삭이 늙고 연수가 차서 숨을 거두고 죽어, 그의 백성에게로
합쳐지니 그의 아들 에서와 야곱이 그를 장사하였더라.

21절은 ASV(1901)와 RSV(1952)의 "원본"의 저자들에 의해 삭제되었다. 비록 이들 두 역본에는 이 구절이 포함되어 있지만 소위 "칠십인역"(LXX)이라고 불리는 4세기의 필사본에는 발견되지 않고 있다.

〈칠십인역〉의 저자들이 본문 21절을 삭제시킨 것은 벌링거가 "살렘"(창 33:18)을 "평안히"라고 변개시킨 이유와 동일하다. 그들은 에달 망대를 찾아낼 수 없었기 때문에 그런 짓을 한 것이다. 그러니까 헬라어 학자들이 고고학, 생물학, 심리학, 지질학 및 산스크리트 어원 등을 동원해서도 찾아내지 못한다면 그 지명은 존재하지 않는 것이 되어 버린다. 야곱이 기거하던 당시에는 "에달의 망대"가 있었다. 가스당(혹은 슐리만, 페트리, 굴렉, 람세이, 세이스, 혹은 울레이)이 그 지명을 찾아낼 수 없다는 사실은 파괴적 비평으로 하나님의 말씀을 판단하려는 자들 이외에는 아무도 관심을 기울이지 않는 것이다. 당시 팔레스타인 일대에는 전역에 걸쳐 망대들이 있었다. 그것들 중 몇몇은 "가축 떼를 지키기 위해" 목자들이 사용했던 것이며(왕하 18:8, 대하 26:10; 27:4, 합

2:1, 미 4:8) 그중 몇몇은 "포도즙을 짜는 틀"로 사용되었다(마 21:33, 막 12:1, 눅 14:28 등).

갑자기 창세기 3:15이 사건에 뛰어들게 된다. 이번에는 장자가 자신의 씨를 부패시키는 사건이 발생했다(창 35:22). [이 구절에서 우리는 "첩"이 아내로 여겨진다는 사실을 주목해야 한다 - 창 25:1; 49:4; 30:4.] 르우벤은 이 죄로 인해 장자권을 상실했다. 이 죄는 율법 아래에서 정죄되었으며(대상 5:1), 은혜 아래에서도(고전 5:1-4) 정죄되었다.

〈칠십인역〉을 만든 헬라어 학자들은 22절에 다섯 단어를 첨가시켰다(카이 포나론 에파나 에난티온 아우투).

이 사건에 뒤이어 성령께서는 출생 순서에 따른 야곱의 아들들을 열거하신다. 르우벤은 이번 범죄로 장자권을 잃었고 시므온과 레위가 살인으로(창 34:25) 인해 장자권을 잃었다면, 그 다음 서열은 유다인 것이다. 따라서 창세기 3:15을 추적하고 있는 그 자는 유다를 다음 대상으로 삼을 것이 분명하다. 결국 유다 역시 문제를 일으키고 만다(창 38:1-18).

26절 끝부분에 보면 『**이들은 야곱의 아들들이요, 파단아람에서 그에게 낳은 자들이라.**』라고 되어 있다. 엄격히 말하자면 베냐민은 카나안 땅에서 태어났다. 그런데도 그는 명단에 들어 있다(창 35:24). 성경 비평가들이 이 "모순"은 왜 안 고치려고 했는지 모르겠다. 그러나 이 명단은 성령께서 어떤 진리를 제시하고자 할 때 흔히 사용하시는 "요약 문제" (summary style)라고 할 수 있다(마태복음 1장에 나와 있는 족보에도 삭제된 사람이 있으며, 누가복음 3장에 나와 있는 이름 중 역대기상 혹은 역대기하에는 전혀 없는 것도 있다). 아들들의 출생 순서대로 족보를 기록하는 데에 있어(아내들의 순서도 역시 정확히 나와 있음을 주목하라.) 한 아이의 이름만을 빼내어 출생 장소를 따로 기록하는 대신 성령께서는 "요약 문제"를 사용하신 것일 뿐이다. 디나는 파단아람에서 태어났지만 명단에 없다는 사실을 염두에 둔다면 성령님의 의도는 분명해진다(성령님의 관심은 족보 전체의 명단이며 구체적인 출생 장소가 아니라는 말이다).

『**야곱이... 그의 아비 이삭에게로 왔으니**』(27절). 우리는 이때가 언제인지 모른다. 다만 히브리어 기자에 따르면 아브라함, 이삭, 야곱은 한때 동거했음을 알 수 있다(히 11:9). 아브라함은 야곱이 15살 때까지(B.C. 1822) 살아 있었다. 아마도 야곱은 그의 늙은 아비 이삭이 180세에 죽기(B.C. 1716) 전에 그와 적어도 10년을 보낸다. 이삭은 역사상 180세 또는 그 연수의 근처까지 이르는 마지막 인물이다. 27절의 아르바와 헤브론에 대해서는 창세기 13:18에서 설명한 바 있다. 여호와의 증인들은 이삭이 장사되기(29절) 훨씬 전에 "숨을 거두었으며" "그의 백성에게로 돌아갔다"는 사실을 주목해야 할 것이다.

에서와 야곱은 그들의 아버지를 장사 지냈다. 이 두 사람 사이에 세일 산으로의 여행에 대한 문제(창 33:14)가 있었다면 야곱은 이에 대해서도 기가 막힌 "전술"을 동원해서 해결했을 것이다.

창세기 36장

36:1 다음은 에서, 곧 에돔의 후대라.
2 에서가 카나안의 딸들 중에서 그의 아내들을 얻었으니, 힛인 엘
론의 딸 아다와 히위인 시브온의 딸인 아나의 딸 아홀리바마며,
3 또 이스마엘의 딸 느바욧의 누이 바스맛을 얻었더니,
4 아다는 에서에게 엘리파스를 낳고, 바스맛은 르우엘을 낳았으며,
5 아홀리바마는 여우스와 야알람과 코라를 낳았으니, 이들은 에서
의 아들들이요 카나안 땅에서 그에게 태어났더라.
6 에서는 자기 아내들과 자기 아들들과 딸들과 자기 집의 모든 사
람들과 자기의 가축과 자기의 모든 짐승들과 카나안 땅에서 얻
은 그의 모든 재산을 이끌고 자기 동생 야곱의 면전을 떠나 그
지방으로 갔으니,

7 그들의 소유가 함께 살기에는 너무 많았고, 그들이 타국인으로
있던 땅이 그들의 가축으로 인하여 그들을 수용할 수 없었더라.
8 그리하여 에서가 세일 산에 거하니, 에서는 에돔이라.
9 ○ 이것이 세일 산에 있는 에돔인의 조상인 에서의 후대니,
10 에서의 아들들의 이름은 이러하니라. 에서의 아내 아다의 아들
은 엘리파스요, 에서의 아내 바스맛의 아들은 르우엘이며,
11 엘리파스의 아들들은 테만과 오말과 스보와 가탐과 크나스요,
12 팀나는 에서의 아들 엘리파스에게 첩이었는데 그녀가 엘리파
스에게 아말렉을 낳았으니, 이들이 에서의 아내 아다의 아들
들이며,
13 이들은 르우엘의 아들들이니 나핫과 세라와 삼마와 밋사라. 이
들은 에서의 아내 바스맛의 아들들이라.
14 ○ 이들은 시브온의 딸인 아나의 딸, 에서의 아내 아홀리바마의 아
들들이니, 그녀가 에서에게 여우스와 야알람과 코라를 낳았더라.
15 ○ 이들은 에서의 아들 중에서 족장들이니, 에서의 맏아들 엘리파
스의 아들들은 테만 족장, 오말 족장, 스보 족장, 크나스 족장,
16 코라 족장, 가탐 족장, 아말렉 족장이니, 이들은 에돔 땅에 있는
엘리파스에게서 나온 족장들이요, 이들은 아다의 아들들이라.
17 ○ 이들은 에서의 아들 르우엘의 아들들이니, 나핫 족장, 세라
족장, 삼마 족장, 밋사 족장이요, 이들은 에돔 땅에 있는 르우엘
에게서 나온 족장들이며, 이들은 에서의 아내 바스맛의 아들들
이라.
18 ○ 이들은 에서의 아내 아홀리바마의 아들들이니, 여우스 족장,

야알람 족장, 코라 족장이요, 이들은 아나의 딸, 에서의 아내인
아홀리바마에게서 나온 족장들이라.
19 이들은 에서, 곧 에돔의 아들들이며, 또 그들의 족장들이더라.

창세기 36장은 길지만 영적이나 교리적인 내용은 거의 들어 있지 않기 때문에 우리는 사람들의 이름과 그에 해당하는 히브리어 의미를 열거한 후 짤막한 주석만을 덧붙이도록 하겠다.

"에서, 곧 에돔"(1절)에 대해서는 창세기 25:25에서 이미 주석을 단 바가 있다.

1. 아다: 엘노의 딸 "바스맛"(26:34)의 또 다른 이름이다.

2. 시브온의 딸인 아나의 딸 아홀리바마: 아홀리바마는 "산당의 장막," "대답함" 그리고 "사나운 도둑"이란 뜻이다.

3. 이스마엘의 딸 느바욧의 누이 바스맛: (창 28:9 주석 참고) 이 단어의 의미는 "달콤한 냄새"와 "산당"이라는 뜻이다. 대다수의 주석가들은 이 세 명이 에서의 모든 아내를 다 포함하고 있다고 설명한다. "헷인 브에리의 딸" 유딧(창 26:34)은 위에 나오는(2번) 아홀리바마인 것으로 추정하며 이스마엘의 딸 마할랏은 세 번의 바스맛으로 학자들은 추정한다. 만약 이 추정이 사실이 아니라면 에서는 세 명이 아닌 다섯 명의 아내를 두었다.

1. 아다 2. 아홀리바마 3. 바스맛 4. 유딧 5. 마할랏

왜 주석가들이 다섯 대신 셋으로 하려는지 알 수 없으나 야곱이 에서보다 후에 결혼했는데도 4명의 아내를 둔 것으로 볼 때 에서에게 다섯

명의 아내가 있었을 가능성은 충분하리라고 하겠다. 더군다나 주석가들이 야곱과 에서에 대해 주석을 단 내용을 비교해 본다면, 죽 한 그릇에 장자권을 팔았고 사냥꾼인 에서가 하나님의 복을 받기 위해 하나님과 씨름까지 한 야곱보다 아내를 덜 가졌을 것이라는 것은 받아들이기 힘들 것 같다. 36장에 유딧이나 마할랏의 자식이 열거되지 않았다는 이유로 두 여자를 없애 버릴 수는 없다. 또한 성경의 기록이 에서의 모든 자식들을 다 열거해야만 할 필요도 없다고 생각된다.

a. 엘리파스: 엘리파스는 "하나님의 힘" 혹은 "나의 하나님은 강하시다"라는 뜻이다. 그는 10절에 다시 언급되어 있으며 아마도 욥기 2:11; 4:1; 15:1의 "엘리파스"일 가능성이 높다. 엘리파스의 후손들은 15,16절에 열거되어 있고 10,11,12,13절에도 나와 있다.

b. 르우엘: "하나님의 친구"라는 뜻이며, 이것이 모세의 장인의 이름이었다(출 2:18). 르우엘의 후손들은 17절에 열거되어 있다.

c. 여우스, 야알람, 코라: 여우스는 "모으는 자" 혹은 "하나님께서 재촉하시는 자"라는 뜻이며, 야알람은 "하나님께서 숨기시는 자" 혹은 "산에 오르는 자"란 뜻이고, 코라는 "담대함"이란 뜻이다. 이 세 사람은 14,18절에 다시 언급되고 있다.

6,7절은 야곱이 귀환한 후 에서가 카나안 땅으로 돌아왔음을 암시하는 것 같다. 그랬다면 그것은 이삭이 죽기 전 이삭과 함께 있기 위해서였을 것이다. 그 기간은 약 10년쯤 되었을 것으로 에서는 모든 재산을 갖고 돌아와 있었다. 물론 에서는 그 전에 이미 에돔에 정착해 있었을 것이다. 왜냐하면 야곱은 창세기 32:3에서 에서에게 기별을 보낼 때 에돔으로 보냈기 때문이다. 이삭이 죽은 후 에서는 무슨 이유에서인지 떠

났다. 7절에 묘사된 상황이 아브라함과 롯이 처했던 상황과 비슷한 것으로 보아 우리는 야곱이 에서에게 우선권을 주고 선택하라고 했을 것으로 추정해 볼 수 있다. 이삭이 죽고 난 후(창 27:41,42) 야곱은 매우 불안해했을 것이다. 그러나 에서는 떠났고 그가 떠나 정착한 땅은 그때부터 에돔 땅이 되었다(8절).

『**이것이 세일 산에 있는 에돔인의 조상인 에서의 후대니**』(9절). 10절은 4절에서 이미 주석을 한 바 있다.

d. 테만(엘리파스의 아들): 이 단어는 "태양에 그슬린"이란 뜻이며 이 사람의 이름을 따 한 성읍이 불리게 된다(사 21:14, 렘 25:23). 이 성읍은 예수 그리스도께서 재림하셔서 요르단에서 유대 지방으로 들어가기 전에 통과하시게 될 재림의 여정에 놓여 있기 때문에 심판의 대상에 속한다(욥 6:19). (합 3:3과 계 14,19장 주석 참고).

e. 오말(엘리파스의 아들): "말솜씨가 뛰어난" 혹은 "산에 거주하는 자"

f. 스보(엘리파스의 아들): "망대"(대상 1:36에서는 스비라고 나와 있음).

g. 가탐(엘리파스의 아들): "그들의 접촉" 혹은 "말라 버린"

h. 크나스(엘리파스의 아들): "사냥"

i. 팀나(엘리파스의 첩): "억제"

j. 아말렉(엘리파스의 아들): "골짜기의 거주자" 혹은 "용사"

이쯤 되면 독자들은 히브리어는 매우 융통성이 강하고 여러 가지의 해석이 주어질 수 있다는 사실을 짐작할 수 있을 것이다. 예를 들면 아말렉이란 단어의 세 가지 어근은(아인, 멤, 라메드) "죄," "실수" 혹은

"괴롭게 하다" 등의 뜻을 갖고 있다. 아말렉은 크투라(첩)에게서 나왔든 팀나(첩)에게서 나왔든 간에 육신의 분명한 유형이며, 사실 택함받은 백성의 영원한 원수인 것이다(출 17장과 삼상 15장을 공부할 것).

k. 나핫(르우엘의 아들): "내려감"

l. 세라(르우엘의 아들): "올라감"

m. 삼마(르우엘의 아들): "낭비함" 혹은 "명성 혹은 유명한"

n. 밋사(르우엘의 아들): "두려움" 혹은 "물 뿌림"

『**이들은... 아홀리바마의 아들들이니**』(14절). 이 구절은 위의 5절의 반복이다.

15-19절은 9-13절의 반복으로 이번에는 족장(duke)이란 말이 첨가되었다. ASV는 이 단어를 "두목"으로 번역해서 구약의 인물들이 고대의 조그만 집단의 두목 정도인 것처럼 만들어 버렸다. RSV는 역대기하 1:51에서 이 "족장"이란 단어를 제멋대로 삭제시켰다. 족장(duke)이란 단어는(히브리어로 "알루프") 모든 영어를 사용하는 사람들에게 쉽게 이해될 수 있는 단어이다. 15절과 16절은 케니콧, 튜크, 크노벨, 델리취, 케일, 머피, 퀘리 및 기타 학자들에 의해 "오류"라고 설명된다. 그 이유는 "족장들"이(15,16,17절에 열거되어 있음) 에서의 아들들이 아닌 손자라는 것이다. 에서의 아들들인 족장들은 18절에 나와 있다. 따라서 이들 학자들에 따르면 우리 모두는 15,16,17절은 신뢰할 수 없는 것이 되고 주님께서는 오류투성이의 성경을 인류에게 남겨 주신 셈이 되는 것이다.

그러나 늘 그러하듯이 성경은 맞고 이들 학자들이 틀린다. 엘리파스는 맏아들이고 그는 야곱이 브엘세바를 떠나기 전에(창 28:1-6) 태어날 수 있었다. 아다는 창세기 26:34의 "바스맛"이므로 열거된 족장들은(창 36:15) 야곱이 파단아람에서 귀환할 때쯤이면 엘리파스의 아들들이 될 수 있었다. 바스맛(이스마엘의 딸)은 "이스마엘의 딸" 마할랏이 아니라 할지라도 초기의 아내이다(창 28:9). 아홀리바마(창 36:18)는 늦게 얻은 아내로 이를 유딧(창 23:34)과 동일시해 버린 주석가들은 혼선을 빚게 되는 것이다. 야곱이 고향을 떠나 있던 20년 동안 아다와 바스맛은 둘 다 자식을 키웠고 유딧은 자식이 없었다. 아홀리바마는 야곱의 귀환 무렵 때에 자식을 낳기 시작했거나 혹은 그 후였을 것이다. 그러니까 그녀의 자식들은 아다와 바스맛의 아들들이 10-25세 정도가 된 후에 태어나기 시작한 셈이다. 이 설명이 지나치다고 생각하는 독자들은 야곱의 첫째와 막내는 무려 22살의 차이가 있다는 사실을 염두에 두어야 할 것이다. 르우벤은 B.C. 1751년에 태어났고 베냐민은 B.C. 1728년에 태어났다. 다시 말해 르우벤의 아들은 르우벤의 형제가 자식을 낳기도 전에 자식을 가질 수도 있다는 말이 된다. 베냐민이 자식을 낳을 때쯤이면 르우벤은 10살쯤 된 손자들을 보고 있었을 것이다. 바로 이런 일들이 창세기 36장에서 있었던 것이다. 에서가 에돔으로 돌아갔을 무렵 그의 손자들이(아다와 바스맛으로부터 얻은) "족장"들로서 통치를 할 수 있었을 때 아홀리바마는 그제야 자식을 낳게 된다. 이 자식들은 아다와 바스맛의 손자들보다 10-20세 정도 위일 것이다. 따라서 성경 기록에는 아무런 모순이 없다고 하겠다. 야곱은 77세에 결혼해서(창 29장) 130세까지 살았다는 것을 생각해 보면 성경을 뜯어고쳐야 할 이유가 하나도 없다.

『**이들은 에서, 곧 에돔의 아들들이며, 또 그들의 족장들이더라**』(19절).

36:20 ○ 그 땅에 거주하던 호리인 세일의 아들들은 이러하니, 로탄과
소발과 시브온과 아나와
21 디손과 에셀과 디산이라. 이들은 에돔 땅에 있는 세일의 자손들
로서 호리인들의 족장들이라.
22 로탄의 자손들은 호리와 헤맘이요, 로탄의 누이는 딤나요,
23 소발의 자손들은 알완과 마나핫과 에발과 스보와 오남이요,
24 시브온의 자손들은 아야와 아나 둘이며, 이 아나는 그가 그의
아비 시브온의 나귀들을 칠 때에 광야에서 노새들을 발견했
더라.
25 아나의 자손들은 이러하니, 디손과 아나의 딸인 아홀리바마라.
26 이들은 디손의 자손들이니, 헴단과 에스반과 이드란과 그란
이라.
27 에셀의 자손들은 이러하니, 빌한과 사아완과 아칸이라.
28 디산의 자손들은 이러하니, 우스와 아란이라.
29 이들은 호리인들에서 나온 족장들로서, 로탄 족장, 소발 족장,
시브온 족장, 아나 족장,
30 디손 족장, 에셀 족장, 디산 족장이며, 이들은 세일 땅에 있는
그들의 족장 가운데서 호리로부터 나온 족장들이라.

『**호리인 세일의 아들들은 이러하니**』(20절). 세일은 "거칠다"란 뜻이며 호리인들은 거친 민족이다. 이들이 "동굴에 거주하던" 자들이라는 사실은 잘 알려져 있으나 신명기 2:12에 따르면 이들은 네피림과 르파임, 즉 창세기 6장의 "타락한 거인들"과 연관되어 있다는 사실은 일반적으로 잘 알려져 있지 않다. 에서가 이 민족과 혼인을 했다는 사실은 주목할 필요가 있다. 왜냐하면 그의 아내들 중 하나는 히위인(2절)이고 이 히위인은 창세기 36:20에서 "호리인"으로 성령에 의해 해석되어 있다("아나"를 보라). 엘리파스의 첩 딤나 역시 호리인이다(창 36:12,22과 비교하라).

1. 로탄: "둘러쌈"(22,29절 참고).
2. 소발: "흘러감"(23,29절 참고).
3. 시브온: "사나운 도둑"(2절 참고).
4. 아나(창 36:2의 설명 참고).
5. 디손: "황양"(25,26절 참고).

『**이들은 에돔 땅에 있는 세일의 자손들로서 호리인들의 족장들이라**』(21절). 그러니까 에서가 오기 전 에돔 땅에 살고 있던 원주민은 호리인이었다. 이들은 에서에게 쫓겨났다(신 2:10-12).

6. 호리(로탄의 아들): "자유로운 혹은 귀족"(〈강단의 주석〉은 제1권 p.422에서 아들 대신 지파라고 잘못 해석하고 있다).
7. 헤맘(로탄의 아들): "파괴 혹은 격동"(대상 1:39에서는 "호맘"이라고 나와 있음).
8. 딤나(로탄의 누이): 12절을 언급하는 것 같음.
9. 알완(소발의 아들): "불의한 혹은 교만한"(대상 1:40에는 알리안으로 나와 있음).
10. 마나핫(소발의 아들): "안식"
11. 에발(소발의 아들): "잎이 떨어진"

12. 스보(소발의 아들): "벌거벗음"(대상 1:40, 스비)
13. 오남(소발의 아들): "강한"
14. 아야(시브온의 아들): "비명을 지르는 자"
15. 아나(시브온의 아들): "대답함"

24절에서 모든 학자들은 〈킹제임스성경〉의 본문에 나와 있는 "노새들"(mules)을 "온천"(warm springs)으로 바꾸어 버린다. "예밈"이라는 히브리어 단어가 "온천"을 의미한다는 이론은 히브리어 어근에 근거한 것이 아니고 제롬의 〈라틴벌게이트〉 성서에 따른 것이다(게세니우스의 "Hebrew and Chaldee Lexicon", p.351 참고). 이것은 종교개혁 본문을 거부한 로마카톨릭의 주장이다. 본문이 까다로운 것은 "예밈"과 비슷한 그 어떤 단어도 "노새"(mule)를 의미하는 것 같지 않기 때문이다. 히브리어의 나귀(ass)는 "챠모즈"라고 하는데, "붉다," "발효되다," 혹은 "부풀어 올라 끓다"라는 뜻이다. "챠오즈"는 "역청"의 의미도 갖고 있다. 이와 같이 어려운 상황에서는 성경대로 믿는 사람들은 매우 조심해야만 한다.

1. 학자들은 〈라틴벌게이트〉에 나오는 제롬의 의견과 같은 흐릿한 증거에 근거한 권위역본의 본문을 거절할 것이 분명하다. 그런데 어째서 이번에는 받아들이려 하는가?

2. 권위역본이 여호수아 대신 "예수"(히 4:8) 그리고 성전들 대신 교회들(행 19:37)이라는 어휘를 사용한 것은 헬라어 학자들에게는 감추어져 있는 예언적인 진리를 보여 주는 것이다. 성령께서는 여호수아가 예수 그리스도의 예표임을 지적하시면서 여호수아 1-7장 사건이 대환란

때 다시 일어날 것임을 보여 주고 있다(계 12장 주석 참고). 두 번째의 경우 성령께서는 이교도 우상 숭배자들마저도 "교회들"을 갖게 될 것임을 보여 주시기 위해 "교회들"이란 단어를 사용하신 것이다. 만약 "성전들"(temples)이란 단어가 쓰였다면 독자들은 (사제들이나 추기경들과 마찬가지로) "성전들과 이교도 로마 제국"은 이제 사라졌고 기독교 기관인 "교회들과 기독교 로마"로 대체되었다고 생각할 것이다. 그러나 하나님께서는 권위역본에 "교회들"이란 단어를 사용하심으로써 이교도들 역시 교회들을 갖고 있음을 보여 주신 것이다.

3. 성경에는 "잃어버린 노새를 찾는" 이상한 이야기가 다른 한 곳에 언급되어 있다. 이 경우 모두 노새를 찾는 사건이 갑작스럽게 삽입되어 있어 독자를 얼떨떨하게 만들며, 두 경우 모두 적그리스도와 대환란을 다루는 사건들과 관계가 있다. 사무엘상 9:3의 등장인물은 사울이며(〈짐승의 표〉 참고), 이곳 창세기 36:24에서는 거인족들로부터 나온 "호리인"이고 그들의 땅인 에돔은 천년왕국 때 "불못"이 될 장소이다(마 25:30-44, 옵 1장, 사 34:6-10).

우리는 본문을 손대지 않고 있는 그대로 두는 것이 최선의 방책이라고 생각한다. 본문을 바꾸어 봐야 아무런 새로운 조명을 얻지 못한다. 본문을 바꾸는 것은 이제껏 헬라어 원문보다 훨씬 많은 사람들을 그리스도께로 인도한 그 성경을 고칠 수 있는 능력이 있다고 스스로 자부하는 히브리어, 헬라어 학자들의 자만심을 만족시키기 위한 것 외에 아무것도 아니다.

본문을 손대지 말라. 히브리어는 동일한 철자를 갖고 있는 어휘가 세 개의 뜻을 가질 수도 있으며, 어근을 추적해 보면 10개보다 더 많은 의미를 가질 수도 있다.

16. 디손(아나의 아들): “작은 영양”(gazelle)
17. 아홀리바마(아나의 딸): “산당의 장막,” 창세기 36:2 참고.
18. 헴단(디손의 아들): “즐거운”
19. 에스반(디손의 아들): “이성” 혹은 “명철”
20. 이드란(디손의 아들): “우월한” 혹은 “뛰어난 자”(이드로, 이드론 등등처럼)
21. 크란(디손의 아들): “하프” 혹은 “동료”
22. 빌한(에셀의 아들): “온건한” 혹은 “부드러운”
23. 사아완(에셀의 아들): “불안한”
24. 아칸(에셀의 아들): “뒤트는”(대상 1:42의 야칸)
25. 우스(디산의 아들): “모래의” 혹은 “확고함”(!) 창세기 10:23 주석 참고.
26. 아란(디산의 아들): “야생 염소” 혹은 “능력”

29,30절에서는 앞에서 언급한 것들의 중복으로 족장들이 열거되어 있다.

36:31 ○ 이들은 이스라엘 자손들을 치리하는 왕이 있기 전에 에돔 땅을 치리했던 왕들이라.

32 브올의 아들 벨라가 에돔을 치리하였으니, 그의 성읍의 이름은

딘하바이고

33 벨라가 죽으니 보스라인 세라의 아들 요밥이 그를 대신하여 치
리하였더라.

34 요밥이 죽고 테만인의 땅에서 나온 후삼이 그를 대신하여 치리
하였고

35 후삼이 죽자 모압 들에서 미디안인을 친 베닷의 아들 하닷이 그
를 대신하여 치리하였고 그 성읍의 이름은 아윗이라.

36 하닷이 죽으니, 마스레카의 삼라가 그를 대신하여 치리하였고

37 삼라가 죽으니 강가에 있는 르호봇의 사울이 그를 대신하여 치
리하였더라.

38 사울이 죽자 악볼의 아들 바알하난이 그를 대신하여 치리하
였고

39 악볼의 아들 바알하난이 죽고, 하달이 그를 대신하여 치리하니,
그의 성읍의 이름은 파우이며, 그의 아내의 이름은 므헤타벨이
니 마트렛의 딸이며 메사합의 손녀더라.

40 이들은 에서에게서 나온 족장들의 이름인데, 그들의 족속대로
거처에 따라 그들의 이름을 따른 것이라. 즉 팀나 족장, 알와 족
장, 여뎃 족장,

41 아홀리바마 족장, 엘라 족장, 피논 족장,

42 크나스 족장, 테만 족장, 밉살 족장,

43 막디엘 족장, 이람 족장이라. 이들은 그들이 소유한 땅에 그들
의 거처에 따라서 된 에돔의 족장들이며, 에돔인들의 조상은 에
서더라.

본문은 사울의 시대까지 에돔 땅을 다스린 왕들의 명단이 나와 있다(약 B.C. 1150년경일 것임. 벌링거에 따르면 B.C. 1000년). 레클렉, 블리크, 에발트, 볼렌, 케니콧, 클라크 및 랑게 등에 따르면 31절은 역대기상 1:43의 중복이거나 아니면 적어도 이 구절은 모세가 썼을 리가 없다고 주장한다. 이스라엘에는 사울이 등장하기까지 왕이 없었는데, 이 사실을 모세가 어찌 알 수 있겠느냐는 것이다.

1. 모세는 이스라엘이 왕을 갖게 될 것이라는 것을 알고 있었다. 왜냐하면 그는 어떤 종류의 왕을 가져야 할 것인지를 적어 놓았기 때문이다(신 17:14-20).

2. 야곱은 자신으로부터 왕이 나올 것이라는 사실을 약속받았다(창 35:11).

따라서 히브리어 필사본의 전문가인 케니코트도 보수주의 주석가 랑게도 아담 클라크도 그 밖의 모든 학자들도 다 틀렸을 뿐 아니라 하나님의 말씀을 "불신하는 자"라는 낙인이 찍히고 만 것이다.

1. 브올: "목자." 어쩌면 발라암의 아버지였을 것이다(민 22:5). 더 나아가 벨라(32절)는 발라암일지도 모른다. 〈칠십인역〉은 창세기 36:32에 "발락"을 삽입시켰는데, 이는 이 구절과 민수기 22:5을 연관 있는 것으로 간주했기 때문이다. 하지만 이제껏 두 구절이 연관이 어떻게 있는지는 밝혀진 바 없다. 발락은 그 어디에도 브올의 아들이 아니다.

2. 벨라: "소멸." 그는 브올의 아들로 브올은 성경에서 처음으로 왕으로 불린 사람이다. 15,16,17절에 보면 에서의 제1대 후손들은 왕이 아니었으므로 성경이 얼마나 정확한가를 보여 준다고 하겠다.

3. 딘하바: "숨기다" 혹은 "강탈의 장소"라는 뜻을 가진 에돔의 도시

(성읍).

4. 요밥: "사막" 혹은 "외침." 어쩌면 이 사람이 욥기의 주인공일지도 모른다. "욥"은 "박해받는 자"란 뜻이다. 요밥은 에돔의 제2대 왕이다.

5. 세라: 요밥의 아버지로 "새싹"이란 뜻.

6. 보스라: 에돔의 한 지역으로 "요새" 혹은 "양우리"라는 뜻. 이 지역은 성경에서 주요한 지역이다. 이 지역은 천년왕국 동안 "불못"이 될 장소이며, 환란기간 동안에는 유대인의 피난처가 될 곳이다. 이 지역은 시내 산에서 올리브 산에 이르는 예수 그리스도의 재림의 여정에 놓여 있다(사 34:6; 63:1, 그리고 미 2:12을 공부할 것).

7. 후삼: 에돔의 제3대 왕으로 "급하다"란 뜻

8. 테만인의 땅: 테만에서 유래됨. 북쪽 이두메에 있는 지방으로 테만이 수도임(창 36:11).

9. 하닷: 제4대 왕으로 "기쁨으로 외치다"란 뜻

10. 베닷: 하닷의 아버지로 "분리"라는 뜻

11. 아윗: 하닷의 치리 때 수도였던 성읍임. "파산" 혹은 "비틂"이란 뜻

12. 삼라: 제5대 왕으로 "덮음" 혹은 "옷"이란 뜻

13. 마스레카: 삼라의 아버지로 "포도원"이란 뜻

14. 사울: 제6대 왕으로 "요구받다"란 뜻

15. 르호봇: "강가에 있는" 성읍. "넓은 길" 혹은 "거리들"이란 뜻

16. 바알하난: 제7대 왕으로 "관대함의 주"란 뜻

17. 악볼: 바알하난의 아버지로 "새앙쥐"란 뜻

18. 하달: 제8대 왕으로 "움츠리는 불"이란 뜻(대상 1:50에서는 하닷)

19. 파우: 하달의 치리 때 수도였던 성읍("양이 울다" 혹은 "하품하다"

라는 뜻)

20. 므헤타벨: 하달의 아내로 "하나님께서 이롭게 하는 자"란 뜻

21. 마트렛: 므헤타벨의 어머니로 "밀어내다"란 뜻

22. 메사합: 마트렛의 어머니로 "금의 물"(딤전 1:4에서 바울은 "끝없는 족보"를 조심하라고 경고했는데, 그 이유를 이제 알겠는가?)

『**이들은 에서에게서 나온 족장들의 이름인데**』(40절).

이들은 15-18절에서 이미 언급된 바 있으며, 후에 가서는 이 명단이 바뀐다. 이러한 모순을 극복하기 위해서 그랬는지 보수주의 학자들은 또다시 성경 본문을 뜯어고쳐 40-43절에 나오는 명단은 지명이라고 주장한다. 그러니까 이 본문은 "딤나 족장" 대신 "딤나의 족장," "알와의 족장" 등으로 읽어야 된다는 것이다.

그러나 이것들이 모순처럼 보이는 것은 권위역본의 어휘들 때문이다. 이번 명단은 최종적인 것으로 호리인들의 왕의 명단 뒤에 등장한다. 왜냐하면 이것이 에서의 후손들이 그 지역을 완전히 정복한 후(신 2:12)의 에돔의 최종 상황이기 때문이다. 15-18절에 빠져 있는 것들도 최종 명단에 들어 있다. 40절에 보면 "그들의 족속대로" "거처에 따라" "그들의 이름을 따른 것이라"는 표현이 나와 있는데, 바로 이 명단이 최종적인 것임을 보여 준다. 에서의 자손들은 "자그마한" 족장이었다가 호리인들을 몰아내고 나서 그 땅을 완전히 차지했다.

23. 딤나(22절 참고)

24. 알와: "숭고함"(23절의 "알완"처럼)

25. 여뎃: "못" 또는 "순복"

26. 아홀리바마(2절)

27. 엘라: "힘" 또는 "상수리나무"

28. 피논: "어두운"

29. 크나스(11절)

30 테만(11절)

31. 밉살: "요새" 또는 "강한 성읍"

32. 막디엘: "통치자" 또는 "하나님의 위대한 자"

33. 이람: "시민"

『이들은 그들이 소유한 땅에 그들의 거처에 따라서 된 에돔의 족장들이며, 에돔인들의 조상은 에서더라』(창 36:43).

창세기 37장

37:1 야곱은 카나안 땅, 즉 그의 아비가 타국인이었던 그 땅에서 거
하였더라.
2 이것이 야곱의 후대라. 요셉이 십칠 세 되어 그의 형들과 함께
양떼를 치고 있었더니, 그 소년이 그의 아비의 아내들인 빌하와
실파의 아들들과도 함께 있었는데 요셉이 그들의 비행을 아비
에게 고하더라.
3 그때 이스라엘이 요셉을 그의 모든 자녀들보다도 더 사랑하였으
니, 이는 그가 늙어서 얻은 아들임이라. 그가 요셉에게 채색옷
을 지어 입혔더라.
4 그의 형들은 그들의 아버지가 모든 형제들보다 그를 더 사랑함
을 보고 그를 미워하여 그에게는 말도 온순하게 하지 않았더라.

5 ○ 요셉이 꿈을 꾸고 그가 그것을 자기 형들에게 이야기했더니, 그들이 그를 더욱 미워하였더라.

6 그가 그들에게 말하기를 "내가 형들에게 청하오니 내가 꾸었던 이 꿈을 들으소서.

7 보소서, 우리가 들에서 곡식단들을 묶고 있는데, 보소서, 내 단이 일어서서 똑바로 서더니, 보소서, 형들의 단들이 둘러서서 내 단에 경의를 표하더이다." 하니,

8 그의 형들이 그에게 말하기를 "네가 참으로 우리를 치리하겠느냐? 아니면 네가 참으로 우리를 다스리겠느냐?" 하고 그들이 그의 꿈과 그의 말로 인하여 그를 더욱 미워하였더라.

9 ○ 그가 또 다른 꿈을 꾸고 그의 형들에게 이야기하여 말하기를 "보소서, 내가 또 꿈을 꾸었는데, 보소서, 해와 달과 열한 개의 별들이 내게 경의를 표하더이다." 하며,

10 그가 그 꿈을 그의 아비와 형제들에게 이야기했더니, 그의 아비가 그를 꾸짖어 그에게 말하기를 "네가 꾼 이 꿈이 무엇이냐? 나와 네 어미와 네 형제들이 참으로 가서 땅에 엎드려 네게 절하겠느냐?" 하더라.

11 그의 형들은 그를 시기하나, 그의 아비는 그 말에 주목하더라.

우리는 지루한 족보를 뒤에 두고, 구약 성도들의 흥미진진한 삶 속으로 다시 한번 들어가 보기로 하자. 그러나 우리가 예수 그리스도께서 사람은 "하나님의 입에서 나오는 모든 말씀으로 사느니라."고 하신 사실을 염두에 둔다면 족보에 등장하는 인물들의 이름 하나하나라도 소홀히 여겨서는 안 된다(계 20:11-15에 관한 주석에서 "생명의 책"에 대한 부분 참고). 지금은 매우 지루한 족보일는지 모르지만 마지막 심판석에서는 훨씬 더 흥미진진한 것일 수도 있음을 잊지 말라(한 청년이 자기 아버지를 미식 축구장에 처음으로 데려가면서 말하기를 "아버지, 입장권은 2달러밖에 안 하지만 그 달러의 대가로 아버지 생애에서 이제껏 보지 못했던 가장 흥미로운 것을 보게 될 겁니다."라고 했다. 그러자 그 아버지는 언짢다는 듯이 웃으며 "그 녀석 뭘 모르는군. 나는 22년 전에 2달러짜리 결혼티켓을 샀는데..."라고 대답했다고 한다). 성경 속의 2달러짜리 단어(잠 25:11)는 2만 달러의 가치가 있는 것이다(시 119:72).

사건(1-11절)은 요셉이 17세였을 때 일어난다. 그의 어머니는 아직 살아 있었을 것이다. 왜냐하면 10절의 꿈에 어머니가 등장하기 때문이다. 라헬이 산고를 치르다가 죽은 사실로 보아(창 35:18,19) 베냐민은 아직 태어나지 않았을 것이다. 그렇다면 창세기 37장은 과거 이야기를 기록한 것으로 창세기 35:16 이전에 발생한 사건인지도 모른다. 그러나 9,10절의 꿈에는 형제들을 예표하는 별이 11개가 나오는 것으로 보아 베냐민이 이미 태어났다고 볼 수 있다. 결국 해결책은 어머니가 이미 죽었지만 꿈속에서는 살아 있는 것처럼 등장했다고 추정하는 수밖에 없을 것 같다(벌링거는 라헬은 요셉이 노예로 팔리기 2년 전에 죽은 것으로 추정한다).

창세기 37장은 예수 그리스도를 계시하는 많은 내용들이 들어 있다. 이것들은 바로 예수님께서 "모세가 나에 관하여 기록한 것"(요 5:46,47)이라고 말씀하신 그것이다. 열린 마음으로 성경을 상고하는 사람이라면 창세기를 기록한 분이 1,400여 년 앞서 역사를 미리 알고 계셨다는 사실을 인정할 것이다.

『**요셉이 그들의 비행을 아비에게 고하더라**』(2절). 이 구절을 요한복음 7:7과 비교해 보자.

『**그때 이스라엘이 요셉을 그의 모든 자녀들보다도 더 사랑하였으니**』(3절). 이 구절과 마태복음 17:5을 비교해 보라.

『**그의 형들은... 그를 미워하여 그에게는 말도 온순하게 하지 않았더라**』(4절). 이 구절과 요한복음 15:24,25을 비교해 보라.

『**형들의 단들이 둘러서서 내 단에 경의를 표하더이다**』(7절). 이것을 빌립보서 2:6-12과 비교해 보라.

『**네가 참으로 우리를 치리하겠느냐?**』(8절) 이 구절과 누가복음 19:14을 비교해 보라.

『**그의 형들은 그를 시기하나**』(11절). 이 구절을 마가복음 15:10과 비교해 보라.

이 모든 구절들을 비교해 본 사람이라면 성경의 기록자는 미래에 대한 무오한 지식을 갖추고 있는 분임을 인정할 것이다. 만약 이 정도에서 그쳤다면 학자들, 교육자들, 교황들, 과학자들 및 "이방인"들이 어떻게든 알리바이를 만들어 낼 수도 있을 것이다. 그러나 창세기에는 이와 같은 예언이 무려 150여 개나 나오기 때문에 보이지 않는 초자연적인 손이 성경 기록에 참여했음을 부인할 길이 없다. 이것을 부인하려면 마태, 마가, 누가, 요한이 창세기의 기록을 의도적으로 관찰하여 그들의 복음서의 내용을 창세기 마지막 13장의 기록에 의도적으로 일치시켰다고 주장하는 수밖에 없다. 그러나 문제는 거기서 그치는 것이 아니다. 어떤 내용은 바울이 나타나기 전까지는 밝혀지지 않은 것들도 들어 있다. 마태, 마가, 누가, 이 세 복음서는 바울 이전에 기록되었다. 그렇다면 마태, 마가, 누가, 요한, 그리고 바울 이 다섯 사람이 예수 그리스도에 관해 기록하기 전 창세기의 요셉의 생애에 일치하도록 사전에 합의라도 했다는 말이 된다.

요셉은 동정녀 탄생을 한 것도 아니고, 십자가에 처형되지도 않았고 팔레스타인에서 죽지 않았으며, 기적도 행하지 않았고, 결혼했으며, 목수도 아니었고, 제자들도 없었고, 그저 인기 있는 인간일 뿐이라고 고백했는데도 어째서 마태, 마가, 누가, 요한, 바울은 그들의 기록들을 요셉의 생애에다 일치시키려고 했단 말인가? "그거야 창세기를 읽고 해당 사항들만 골라냈을 것이다."라고 말하는 사람들이 있는 것 같은데, 사실 창세기 37-50장을 읽는 사람들 중 90%는 요셉과 예수님의 생애의 동일한 부분을 찾아내지 못한다. 그러니까 사복음서와 13편의 서신서들이 역사의 실존 인물인 요셉의 생애에서 일어난 150가지의 사건들과 일치한다는 사실, 그리고 이 기록들의 주인공인 예수님에게는 10명 이상의 저자들이 48가지 이상의 예언을 해 두었다는 사실, 동시에 아직 발생도 하지 않은 사건을 동일한 분에 대해 20여 명의 저자들이 100여 가지나 예언해 두었으나 이들 간에 전혀 모순이 없다는 사실, 이 모두가 그냥 우연이라고 넘길 수는 없다. 태어나지도 않은 사람에 대한 48가지 예언이 그대로 성취될 확률은 10의 157승 분의 1이다. 창세기 37-50장에 나오는 예수님과 요셉의 생애의 유사점 150가지를 제외한다 할지라도 창세기부터 말라키에 이르기까지 예수님의 초림에 대해 48가지의 예언과 재림에 대해 400가지의 예언이 되어 있다는 사실은 어떻게 설명할 것인가? 이 모두가 성취될 확률은 10의 1,600승 분의 1, 즉 10에 동그라미를 1,600개 친 것 분의 1이라는 것이다. 이 우주에는 이만큼의 전자도 없다고 한다. 따라서 성경의 무오성을 믿지 않는 수학자는 위선자임에 틀림없다.

요셉은 아벨, 모세, 아브라함, 이삭, 그리고 야곱처럼 목자였다(창 37:2). 그는 또한 농부처럼 밭에서 일했다(창 37:7,8).

『**그가 늙어서 얻은 아들**』(3절)이란 말은 야곱이 베냐민을 낳을 때가 108세였고 요셉을 얻은 것은 99세였음을 감안한다면 약간 이해하기 어려운 표현인 것 같다. 그러나 창세기 37:3의 상황은 베냐민이 1살 정도 되었고 야곱은 베냐민이 태어나기 전에 있었던 막내아들, 즉 "늙어서 얻은 아들"과 9년간이나 함께 지낸 셈이었다.

『**그가 요셉에게 채색옷을 지어 입혔더라**』(3절). 이 구절에 접하자 모든 학자들은 채색옷이란 단어는 잘못된 번역이라면서 채색(many colours)은 여러 조각(many pieces)으로 번역해야 한다고 주장한다. 이와 같은 주장이 본문을 이해하는 데에 얼마나 많은 조명을 주는지는 몰라도 여러 조각이란 단어는 요셉이 야수에게 물려 죽은 후에나 어울리지 않겠나 생각된다. 『**요셉이 갈기갈기 찢긴 것이 분명하도다**』(창 37:33).

학자들은 그들의 "지식들"을 나열한 후에 당시 노예들이 입던 옷은 "채색옷"이었을 것이라고 결론을 내린다(Thornely Smith, "Joseph and His Times," p.12). 쓸데없는 일은 그만두고 성경 본문을 그대로 존중

하는 편이 낫다.

사실 요셉의 꿈은 모든 사람의 신경을 거슬리게 할 만한 내용을 담고 있었다. 아무리 그 내용이 사실이라 할지라도 그 말을 듣고 좋아할 사람이 어디 있겠는가? 유다, 르우벤, 시므온, 레위 등의 입장에서 볼 때 꼬마 동생이 자기 앞에서 형들이 절하더라는 이야기를 듣는 것보다 더 화가 나게 만드는 것은 없었을 것이다.

요셉이 곡식단에 관해 꾼 꿈은 사실 허풍 같았고 야곱마저도 해와 달과 별에 대한 꿈을 듣자 요셉을 꾸짖었던 것이다. 그런데 첫 번째 꿈은 문자적으로 성취되었고(창 44:14), 다른 하나는 예수 그리스도의 예표로서의 요셉의 생애에서 성취된다(시 2:6,9,10, 빌 2:6-12).

9,10절은 성령께서 계시록 12:1-3의 해석을 하실 때 사용하시는 구절이다. 그 누구의 도움도 필요 없이 성경은 성경을 스스로 해석하고 있다. 카톨릭 화가들은 계시록 12:1,2의 여인을 마리아로 그렸고 반면 콜럼버스 기사단이란 카톨릭 단체는(1950) 이 여인을 교회라고 해석함으로써 칼빈의 해석을 받아들였다. 그러나 성령께서는 계시록 12:12의 여인은 이스라엘이라는 사실을 창세기 37:9,10에서 해석하고 계신다. 더군다나 요셉은 출애굽기에서 유다서에 이르기까지 한 번도 지파로서 등장하지 않는 반면 계시록 7장에서는 열두 지파의 한 지파로 등장하고 있다. 결국 요셉은 계시록 12:1,2의 열두 별 중의 하나이며 그 여인은 이스라엘인 것이다.

『**그의 형들은 그를 시기하나**』(11절). 시기는 죄 중의 죄, 즉 죄의 뿌리라고 할 수 있다. 이 죄는 창세기 1:1 이전 영광만이 가득하던 때 등장했었고 이 죄는 아벨을 죽음으로 몰았고, 사울이 다윗을 죽이려고 했던 것도 바로 이 죄 때문이었고, 스테판을 돌로 친 것도 바로 이 때문이었으며, 예수님을 체포한 것도, 바울을 돌로 친 것도 모두 이 시기심 때문이었다. 이 지상에 1611년 이래로 등장한 모든 성서들 뒤에는 바로 이 죄가 도사리고 있다.

37:12 ○ 그의 형들이 세켐으로 아비의 양떼를 치러 갔는데

13 이스라엘이 요셉에게 말하기를 "네 형들이 세켐에서 양떼를 치지 않느냐? 오라, 내가 너를 그들에게 보내리라." 하니, 그가 아비에게 말하기를 "내가 여기 있나이다." 하더라.

14 아비가 그에게 말하기를 "내가 네게 부탁하노니, 가서 네 형들이 잘 있고 양떼도 잘 있는지 보고 내게 소식을 가져오너라." 하며, 그를 헤브론 골짜기에서 보내니 그가 세켐으로 가더라.

15 ○ 어떤 사람이 그를 만났는데, 보라, 그가 들에서 방황하고 있는지라, 그 사람이 그에게 물어 말하기를 "네가 무엇을 찾느냐?" 하니,

16 그가 말하기를 "내가 나의 형들을 찾고 있나이다. 내가 당신에게 청하오니, 그들이 어디서 양떼를 치는지 내게 말해 주소서." 하더라.

17 그 사람이 말하기를 "그들이 여기서 떠났느니라. 내가 그들의 말을 들으니, 그들이 '도단으로 가자.' 하더라." 하니, 요셉이 그의 형들의 뒤를 따라가서 도단에서 그들을 찾았더라.

18 요셉이 그들에게 가까이 오기 전에, 그들은 요셉을 멀리서 보고 그를 죽이기로 공모하며,

19 서로 말하기를 "보라, 이 꿈꾸는 자가 오는도다.

20 그러므로 이제 오라, 우리가 그를 죽여서 그를 구덩이에다 던져 넣고, 우리가 말하기를 '어떤 악한 짐승이 그를 잡아먹었다.' 하자. 그리고 그의 꿈들이 어떻게 되는지를 우리가 볼 것이라." 하는지라,

21 르우벤이 그 말을 듣고, 그가 그들의 손에서 그를 구해 내려고 말하기를 "우리가 그를 죽이지는 말자." 하며,

22 르우벤이 그들에게 말하기를 "피를 흘리지 말자. 그를 광야에 있는 이 구덩이에 던져 넣고, 그에게 손을 대지 말자." 하더라. 이는 그가 요셉을 그들의 손에서 구해 내어 그의 아비에게 돌려 보내려 함이었더라.

세켐(12절)은 헤브론으로부터 꽤 많이 떨어져 있다. 사실 그 거리는 40마일 이상이나 된다. 따라서 팔레스타인 땅에서 "기거"(sojourning)한다는 것이 그야말로 거주(dwell)가 아닌 기거임을 보여 준다고 하겠다. 도단(17절)은 세켐으로부터 북북서쪽으로 12-14마일이 떨어져 있다. 12절은 창세기 33:4에서 주석한 대로 소페림이란 학자에 따르면 "예외적 구두점"을 찍는 15개의 구절 중의 하나이다.

요셉은 형들의 소식을 가져오도록(13,14절) 심부름을 가게 된다. 주의 깊은 독자라면 양떼는 이스라엘이며(렘 13:17), 요셉은(예수님처럼) "자기 백성에게로"(요 1:11,12) "보내심"을 받는다(13절, 요 17;18).

예표는 여기서 멈추지 않고 계속 이어진다. 15절에서 요셉은 그의 형제들을 찾고 있다(16절). 그래서 신약성경은 『**인자가 온 것은 잃어버린 자를 찾고 또 구원하려는 것이라.**』(눅 19:10)라고 말씀한다. 예수님께서도 『**나는 이스라엘 집의 잃어버린 양 외에는 보냄을 받지 아니하였노라.**』(마 15:24)고 말씀하셨다.

『**요셉이 그들에게 가까이 오기 전에, 그들은 요셉을 멀리서 보고 그를 죽이기로 공모하며**』(창 37:18). 이미 앞서 지적한 대로 요셉과 예수 그리스도의 생애에는 놀라운 "일치점"이 있다(150여 개 이상). 따라서 성경의 기록자가 성령님이 아니고 그저 인간이라고 주장하는 사람은 마태, 마가, 누가, 요한, 및 바울이 우연히 요셉의 생애에 일치하도록 예수 그리스도에 관해 기록했다고 생각하는 사람이다. "들"(field, 신약에서는 "밭"으로 번역됨)이란 용어가 요셉의 생애와 그리스도의 비유에 동시에 사용되었다는 것은 복음서의 기자들이 그리스도의 생애, 출생, 죽음만 요셉과 일치시킨 것이 아니라 심지어는 그리스도께서 전하신 그 말씀조차도 창세기 37:15에 갖다 맞추도록 기록했다는 말이 된다. 따라서 우리는 창세기 37장을 기록하신 분은 마태복음이 어떻게 기록될 것인가를 알고 있었다는 말이 된다.

창세기 37:18을 『**내가 내 사랑하는 아들을 보내리라. 그들이 그를 보면... 그러나 그 농부들이 그를 보고 의논하여 말하기를 '이 사람은 상속자니, 자, 그를 죽이자. 그러면 그 유산이 우리 것이 되리라.**』(눅 20:13,14)와 비교해 보라. 성경에서 아버지의 재산을 관리하는 자들이 그의 사랑하는 아들이 그들에게 오는 것을 보고 죽이기로 공모하는 이야기는 단

두 곳에 등장하는데, 하나는 요셉이고 또 다른 하나는 예수 그리스도이시다. 이것을 어떻게 설명할 수 있겠는가? 어째서 모세와 예수님이거나 다윗과 예수님이거나 엘리야와 예수님이 아닌가? 이곳에서(창 37:18) 발견되는 것과 같은 예수 그리스도와 요셉의 유사점은 150여 개나 되는데, 성경의 40명 이상의 유력한 인물들의 인생에서는 130여 가지가 예수님의 생애와 일치하지 않는 것을 볼 때 이것을 의도적으로 조작됐다고 하기에는 너무한 감이 있다. 40여 명의 사람들의 인생에서 예수님의 생애와 비슷한 사건을 10여 가지 정도 끄집어내서 이야기를 조작하는 것은 혹시 가능할지 모르지만 어떻게 한 사람의 인생에서 150여 개의 사건들이 예수 그리스도의 생애와 일치하도록 조작할 수 있겠는가? 하나님께서 개입하시지 않고는 이런 일이 있을 수 없음은 분명하다. 아버지가 늙은 나이에 낳은 아들로 그들의 형제들이 팔레스타인 땅의 목동이며, 형제들의 비행을 아버지께 고발했다가, 결국 두 명의 죄수들과 함께 감옥에 갇혔으나 7년 동안 굶주리는 백성들을 부양하는 제2의 통치자가 된 두 사람은 이 세상 그 어디에서도 찾아볼 수 없다. 그런데 요셉과 예수 그리스도는(1,700년이나 떨어져 살았는데도) 방금 열거한 모든 사항에서 일치할 뿐만 아니라 그 밖의 140여 가지에서도 서로 일치한다. (그런데도 어떤 그리스도인들은 성경 말씀을 받아들이는 대신 교회나 다른 인간의 말을 신뢰하려고 하니 참으로 어리석은 일이 아닐 수 없다.)

독자는 사람들이, 마치 열한 명의 형제들이 요셉의 죽음에 관해 거짓말을 할 준비가 되어 있는 것과 똑같이, 예수 그리스도의 죽음에 관해서 거짓말을 한다는 점에 주목할 것이다. 『**우리가 말하기를 '어떤 악한**

짐승이 그를 잡아먹었다.' 하자』(20절). 사람들은 예수 그리스도의 죽음에 대해 진실을 말하려 하지 않는다. 그래서 오늘날의 현대주의 신학자들은 예수 그리스도께서는 "하나님의 사랑을 나타내기 위해"라든가 "인류를 거룩하게 하기 위해서"라든가 혹은 "여러 단체들과 지역 사회들을 화해시키기 위해서"라든가 "완전한 회개가 무엇인지 보여 주기 위해서" 죽었다고 주장한다. 자유주의자들은 더 나아가 그는 "순교자로서 죽었다." "그는 자신의 구원을 위한 대가를 지불했다." "그는 기절했을 뿐이다." "그는 약물의 영향으로 기절했다가 다시 살아났을 뿐이다."라고 주장한다. 한마디로 이들은 성경에 기록된 사실을 믿지 않겠다는 것이다. 학자들은 성경 기록을 "다시 숙고해 보자." "다시 발견해 보자." "다시 평가해 보자"(rethinking, rediscovering, reevaluating)라고 하면서 이 핑계 저 핑계를 대지만 신약성경의 기록에 따르면 예수 그리스도의 죽음은 화목제요, 죄인들의 죄들을 대속하기 위해 드려진 피의 속죄이다(고전 15:1-4, 벧전 3:18; 2:24, 히 9:28; 10:12, 롬 8:3, 요 1:29). 학자들은 피의 속죄를 "재평가"하고 "재숙고"할 때면 그들은 피의 속죄가 지옥으로 향하는 죄인 개개인의 구원의 유일한 수단이라는 사실은 무시한 채 사회주의적 공산주의적 희생정신의 표현으로 왜곡시켜 버린다. 이것이 학자들이 성경을 대하는 태도이다.

사람들은 요셉의 죽음에 대해 그의 형들이 거짓말한 것처럼(20절) 예수 그리스도의 죽음에 대해 거짓말을 한다.

르우벤은 "피를 흘리려는" 계획을 바꿔 보려고 다른 제안을 하게 되는데, 이는 요셉을 구해 내어 그의 아비에게 돌려보내려 함이었다(22절). 이 구절을 읽는 성경 독자들은 동일한 시도를 했던 신약의 위대한 르우벤이라고 할 수 있는 니코데모를 생각지 않을 수 없다(요 7:50,51). 창세기 42:22에서 르우벤은 『**내가 너희에게 말하지 않았더냐?**』라고 말하고 있는데, 이는 그의 충고(창 37:22)가 받아들여지지 않았기 때문이다. 요셉은 르우벤이 다른 일을 보고 돌아오는 사이에 구덩이에서 끄집어내어져 팔려 버리고 말았다(창 37:29). 그는 은 이십 개에 팔렸던 것이다.

37:23 ○ 요셉이 그의 형들에게 오니, 그들이 요셉에게서 그의 옷, 곧 그가 입은 채색옷을 벗기고

24 그들이 그를 붙들어 구덩이에다 던지니, 그 구덩이는 비어 있었고, 그 안에는 물이 없었더라.

25 그들이 음식을 먹으려고 앉았다가, 눈을 들어 바라보니, 보라, 이스므엘인들 한 무리가 길르앗에서부터 오는데 향료와 유향과 몰약을 낙타들에다 싣고 이집트로 내려가는 길이더라.

26 유다가 자기 형제들에게 말하기를 "만일 우리가 우리의 동생을 죽이고, 피를 감추면 무엇이 유익한가?

27 오라, 그를 이스므엘인들에게 팔고, 우리 손을 그에게 대지 말자. 그는 우리의 형제요, 우리의 골육이라." 하니, 그의 형제들이 동의하였더라.

28 ○ 그때 미디안 상인들이 지나가는데 그들이 요셉을 구덩이에서 들어올려서, 요셉을 이스므엘인들에게 은 이십 개에 파니, 그들이 요셉을 이집트로 데려갔더라.

29 르우벤이 구덩이로 돌아왔는데, 보라, 요셉이 구덩이에 없는지

라, 그가 자기 옷을 찢고

30 형제들에게로 돌아와서 말하기를 "아이가 없도다. 나는, 나는 어
디로 가랴?" 하더라.

31 그들이 요셉의 옷을 가지고, 염소 새끼를 죽여서 그 옷을 피에
다 적시고,

32 그 채색옷을 그들의 아비에게로 가져와서 말하기를 "우리가 이
것을 찾았으니 아버지의 아들의 옷인지 아닌지 보소서." 하니,

33 그가 그것을 알고 말하기를 "내 아들의 옷이라. 악한 짐승이 그
를 삼켰도다. 요셉이 갈기갈기 찢긴 것이 분명하도다." 하며,

34 야곱이 자기 옷을 찢고 굵은 베옷을 그의 허리에 두르고 자기
아들을 위하여 여러 날을 애도하더라.

35 그러자 그의 모든 아들들과 그의 모든 딸들이 일어나서, 그를
위로하나 그가 위로 받기를 거절하고 말하기를 "내가 애도하며
내 아들에게 음부로 내려가리라." 하며, 그의 아비가 그를 위하
여 울었더라.

36 한편 미디안인들이 이집트에서 파라오의 관원인 경호대장 포티
발에게 요셉을 팔았더라.

이번 장면은 매우 안타까운 일이 아닐 수 없다. "형제들"의 입장에서 보자면 건방진 동생에게 좋은 "훈계"로 잘못을 깨닫도록 해 주는 것인지 모르지만 실제 상황은 훈계를 넘어선 것이었다. 어린 소년은 살려달라고 애원했으나 그의 옷은 벗겨졌고(23절) 마른 구덩이 속으로 내던져졌다. 형제들은 동생의 애원에도 불구하고 "앉았다가"(25절) "눈을 들어 바라보았다"(25절). 이 장면을 읽는 성경 기록자들은 곧바로 옷이 벗겨지고(마 27:28), 물을 거부하셨고(출 12:9!!) 사람들이 "앉아서 지켜본"(마 27:36) 예수 그리스도를 떠올릴 것이다. 예수님께서 당시의 성경 번역자들에게 "성경을 상고하라"고 말씀하셨을 때 주님께서는 자신이 배반당할 것과 죽을 것에 대해 미리 알고 계셨으며 어떤 책에 자신에 관한 내용이 기록되어 있었는가를 알고 계셨던 것이다(요 5:45-47).

『**이스므엘인들**』(27절). 『**미디안 상인들**』(28절). 이스므엘인들은 이스마엘의 후손들인 아랍인들이며, 두 번째 그룹인 미디안 상인들은 아브라함과 크투라(창 25:2) 사이에서 나온 아랍인들이다.

28절과 36절을 두고 모순이라고 생각하는 사람들이 있지만 권위역본은 언제나처럼 이와 같은 모순을 쉽게 해결해 준다.

이 문제를 두고 랑게, 하베르닉, 로젠뮬러, 퀘리, 머피, 튜크, 블리크, 데이브드슨, 콜렌조, 클레리쿠스 및 케일 등과 같은 자들이 쓸데없는 논쟁을 벌이지만 우리는 성경으로 돌아가 재판관기 8:24-36을 통해 문제에 접근해 보도록 하자.

기드온은 "미디안인들"의 전리품을 나눌 때 그는 탈취한 금고리들을 따로 모았다. 재판관기 8:24에 보면 (이는 그들이 이스마엘인이므로 금귀고리가 있었음이더라)고 기록되어 있다. 따라서 우리는 창세기 37:25의 대상들이 이스마엘인들 즉 아랍인이라는 사실을 알 수 있으며 이들은 길르앗으로부터 요단을 건너 "해변의 길"(Via Maris)을 통해 이집트로 내려가는 길이었다(이들은 사해의 남쪽 지역으로 가지 않고 "해변의 길"을 지나다녔음). 이때 미디안 아랍인들이 지나가다가 이들과 합류했다.

28절에 보면 그 내용이 분명히 나와 있다. 결국 "미다안인" 혹은 "이스마엘인"은 함께 이동했고 동일한 그룹이었던 것이다. 다만 이스마엘 아랍인들은 귀고리를 하고 있는 것이 두드러진 특징이었다(판 8:24-26)(귀고리에 대한 자세한 논의는 창 24:22 주석 참고).

향료, 몰약, 유향 등은 모든 성경 사전에 설명이 나와 있다. 은 20개는(28절) 5-20세(레 27:5) 사이의 노예 소년에 해당되는 값이었다. 그러나 원래 노예 값은 은 30개였다(출 21:32). 요셉은 아직 성인이 아니었기에 값이 "덜 나간" 것이었다. 창세기 37장을 다 읽기 전에 주의 깊은 독자라면 다음과 같은 사실들을 찾아낼 수 있을 것이다.

1. 아버지의 사랑하는 아들.
2. "늙은 나이" 혹은 영원 전에 얻은 아들.
3. 총애하는 아들.
4. 다른 형제들의 비행을 고발하는 아들.
5. 이스라엘인들을 "형제"로 갖고 있는 아들.
6. 팔레스타인에서 살았던 사랑받는 아들.
7. 팔레스타인에서 목자로 지냈던 사랑받는 아들.
8. 시기의 대상이 된 사랑받는 목자 - 아들.
9. 미움의 대상이 된 사랑받는 목자 - 아들.
10. 그의 형제들로부터 시기받고 미움받은 사랑받는 목자 - 아들.
11. 언젠가 자기 앞에서 사람들이 절하게 될 사랑받는 목자 - 아들.
12. 언젠가 이스라엘 사람들이 자기 앞에 절하게 될 사랑받는 목자 - 아들.
13. 그의 말(말씀) 때문에 미움을 받은 사랑받는 목자 - 아들.

14. 자기 형제들을 감찰하러 갔던 팔레스타인의 미래의 왕.
15. 미래의 팔레스타인 왕으로 그의 형제들에게 모함을 당함.
16. 미래의 팔레스타인 왕으로 옷 벗김을 당함.
17. 미래의 팔레스타인 왕으로 은값에 배반당함.
18. 미래의 팔레스타인 왕으로 자기의 죽음에 대해 사람들이 거짓말을 함.
19. 그의 "형제들" 중의 한 사람에 의해 거의 구출받을 뻔했던 미래의 팔레스타인 왕.
20. 사랑받는 아들이었고 물이 없는 구덩이에 던져졌던 미래의 팔레스타인의 왕이신 목자.
21. 옷 벗김을 당한 후 형제들에게 지켜봄을 당했던 미래의 팔레스타인의 왕이신 목자.
22. 아버지에게 사랑을 받았으며, 형제들에게 배반당했고, 고난 중에 있을 때 형제들이 앉아서 지켜보고 있었던 미래의 팔레스타인 왕이신 목자.
23. 아버지의 사랑을 받았으며, 형제들에게 배반당했고 이방인들에게 유다라고 불리는 사람에게 팔린(창 37:26의 유다를 주목하라!) 미래의 팔레스타인의 왕이신 목자.

어떤 사람이 "성경이 하나님의 말씀인지 어떻게 아느냐?"고 묻는다면 나는 그에게 "당신은 당신이 숨을 쉬고 있다는 사실을 어떻게 알고 있느냐?"라고 답해 주겠다.

위에 열거한 것 중에는 8,16,20,22,23절에서 발견되는 내용 다섯 가지가 생략되어 있다. 만약 이러한 증거들에도 불구하고 학자들과 과학을 들먹거리는 사람들이 성경과 틀린 소리를 한다면 그들의 주장은 불못으로 던져지는 것이 마땅하다(마 25:41).

요셉은 거듭나지 못한 세상(코스모스)의 유형인 이집트로 팔려 갔다(28절). 르우벤이 돌아와 구덩이를 살펴보니 요셉이 없어졌다는 사실을 알게 되었다. 르우벤은 옷을 찢었다. 이 당시 사람들은 마음이 찢어지도록 아플 때면 옷을 찢었다. 그의 슬픔은 대단히 컸을 것이다. 왜냐하면 그는 장자였고 맏형으로서 동생들, 특히 막내를 보살펴야 한다는 책임감이 있었을 것이기 때문이다. 르우벤의 마음이 진정되자 그들은 헤브론으로 돌아갔다. 그들은 요셉의 피 묻은 옷을 아버지 야곱에게 보이면서(32절) 마치 들에서 요셉의 옷을 주워 왔다는 듯이 『**우리가 이것을 찾았으니 아버지의 아들의 옷인지 아닌지 보소서.**』(32절) 하니 야곱은 언제나처럼 최악의 상황을 생각하고는 『**내 아들의 옷이라.**』(33절, 이것은 맞는 말이다.)라고 하면서 『**악한 짐승이 그를 삼켰도다. 요셉이 갈기갈기 찢긴 것이 분명하도다.**』(33절, 이것은 틀리다.) 하면서 지레 절망하고 말았다. 이리하여 야곱은 르우벤처럼 옷을 찢고(34절) 이에 대해 굵은 베옷을 허리에 두르고서 몹시 슬퍼하였다. 오늘날로 치면 삼베옷이 가장 비슷한 것일 것이다. 아마 이 굵은베는 곡식 자루를 만드는 데에 사용되었을 것이다(창 42:15). 이 옷은 애도, 금식, 그리고 기도할 때 입는 옷이었다(암 8:10, 왕하 6:30, 왕상 21:27, 단 9:3, 욜 1:8, 욘 3:8, 마 11:21).

야곱의 슬픔은 매우 큰 것이었다(35절). 이미 잘 알고 있듯이 요셉은 야곱의 사랑하는 아름다운 아내 라헬의 소생이었고 그녀의 또 다른 소생 베냐민은 아직 걷지도 못하는 아기였다.

『**한편 미디안인들이 이집트에서 파라오의 관원인 경호대장 포티발에게 요셉을 팔았더라**』(36절). 포티발은 파라오의 형집행관으로(창 40:3) 마귀의 예표이다.

이번 장을 마치기 전에, 우리는 앞서 살펴본 28가지의 예표들 외에 몇 가지를 더 첨가해야 할 것 같다. 예수 그리스도의 옷 역시 피에 적셔지게 된다(사 63:1-6). 이 피는 숫염소의 피가 될 것이다(계 9:19,20과 단 8:8-12을 비교할 것). 예수 그리스도께서도 죽으실 당시에 찢기셨다(마 27:51). 그리고 하나님 아버지께서는 음부로 그분께 내려가셨다(롬 8:11).

창세기 38장

38:1 그때에 유다가 자기 형제들을 떠나가서 어떤 아둘람인에게로 갔
는데, 그의 이름은 히라더라.
2 유다가 거기서 어떤 카나안인 수아라고 하는 사람의 딸을 보고
그녀를 얻어 그녀에게 들어갔는데,
3 그녀가 임신하여 아들을 낳으니, 유다가 그의 이름을 엘이라 불
렀으며,
4 그녀가 다시 임신하여 아들을 낳으니, 그녀가 그의 이름을 오난
이라 불렀더라.
5 그녀가 또다시 임신하여 아들을 낳고, 그의 이름을 셀라라 하니
라. 그녀가 셀라를 낳을 때, 그는 케십에 있었으며,
6 유다가 그의 맏아들 엘을 위하여 아내를 얻으니, 그녀의 이름은

타말이더라.

7 주께서 보시기에 유다의 맏아들 엘이 악하므로, 주께서 그를 죽
이신지라,

8 유다가 오난에게 말하기를 "너는 네 형수에게 들어가서 그녀와
혼인하여 네 형에게 씨를 세우라." 하더라.

9 오난은 그 씨가 자기 것이 안 될 것을 알았으므로 그의 형수에
게 들어갔을 때 자기 형에게 씨를 주지 않기 위하여 땅에다 사
정하였더라.

10 그가 행했던 그 일이 주를 불쾌하게 하였으므로 주께서 그도 죽
이시니,

11 그때에 유다가 그의 며느리 타말에게 말하기를 "내 아들 셀라가
자랄 때까지 네 아비 집에서 과부로 남아 있으라." 하니, 이는
혹 셀라도 그의 형들처럼 죽을까 하여 말한 것임이라. 타말이
가서 그 아비 집에서 거하니라.

38장은 요셉을 포티발의 집에 남겨 둔 채 무대를 시내 반도 북쪽 끝에서 네겝을 지나 헤브론, 팀나, 아둘람 지역으로 옮겨 카메라의 초점을 유다에게로 돌린다(이 세 성읍은 헤브론에서부터 북서쪽으로 직선 25마일에 놓여 있다).

『**유다가 거기서 어떤 카나안인 수아라고 하는 사람의 딸을 보고**』(2절). 우리는 이 구절에서 다시 한번 뜨거운 감자인 인종 문제에 접하게 된다(창 9:25; 11:30; 12:17; 16:3; 22:10; 26:34; 28:8, 그리고 35:22).

유다는 이 여자에게서 세 아들을 얻게 된다(히라는 "귀족스러움"이란 뜻이고, 수아는 "부" 혹은 "도움을 위한 외침"이란 뜻임).

1. 엘("감시자")
2. 오난("힘")
3. 셀라("기도")

그리고 케십이란 성읍은 "속이는"이란 뜻이다.

유다는 맏아들 엘에게 타말이란 아내("야자수" 혹은 "뒤흔듦")를 얻어주었다. 비록 타말의 종족이 성경에는 나오지 않지만 그녀가 카나안 여인이라는 사실은 충분한 근거가 있다. 아모리인(라합), 암몬인(나아마), 그리고 모압인(룻), 그리고 힛인(밧세바) 등이 그리스도의 혈통에 들어있는 것을 보면 주님께서는 그 어디에선가 카나안인의 혈통도 집어 넣으셨을 것이다(마 1:3-7). 더군다나 "야자수 나무"는 저주받은 성읍 여리코에 붙여진 이름이다(신 34:3). 그리고 "대추야자"는 바로 "아세라"(아쉬토렛)인 것이다. 카나안의 주민은 카나안인이고(창 38:2), 만약 타말이 야곱의 후손 중의 하나라면(디나처럼) 그녀는 라헬, 실파, 빌하 혹은 레아와 관련지어 언급되었어야만 한다. 그러나 타말은 헤브론이나 마므레 지역 그 어디에서도 언급된 바가 없다. 그녀는 팀나 지역에 있었고(팀나는 삼손이 함족 출신 여인을 만난 곳이다). 아둘람 지역에도 있었다(아둘람은 다윗이 사울로부터 피해 필리스티아인들의 땅으로 도망했을 때 숨었던 곳이다).

『**주께서 보시기에 유다의 맏아들 엘이 악하므로, 주께서 그를 죽이신지라**』(7절). 악에 대한 즉각적인 형벌이다. 『**악한 일에 대한 징벌이 속**

히 집행되지 않으므로 사람들의 아들들의 마음이 그들 안에서 악을 행하기로 완전히 정해졌도다』(전 8:11). 이 말씀과 달리 엘의 경우는 즉시 징벌이 왔다. 그는 욥기 36:14에 나오는 사람처럼 죽고 말았다. 욥기 36:14에 나오는 더러운 자는 히브리어로 "소돔인"들이다. 어쩌면 이 사실이 유다의 아내가 카나안인이라는 사실을 가장 잘 보여 줄지도 모른다(창 10:14,19과 창 9:24,25을 비교하라). 엘의 장례가 끝나자마자 유다는 둘째 아들 오난에게 형수 타말에게 들어가 형을 위해 씨를 세우라고 명했다. 이것은 신명기 25:5,6에 따른 것이며 대다수의 율법은 마음과 양심에 기록되어 있기에(롬 2:14,15) 돌판에 기록되지 않고도 이해될 수 있는 것이었을 것이다.

『**오난은 그 씨가 자기 것이 안 될 것을 알았으므로**』(9절). 이 구절 이후로 전개되는 사건은 군대에 새로 들어온 졸병들에게 다음과 같이 인용되곤 한다. "너희의 씨는 길가에 버려지는 것보다는 창녀의 배 안으로 들어가는 것이 더 낫다." 신병들을 "홍등가"로 끌고 가기 위해 수세기 동안 사용되어 왔던 이 "성경 구절"은 영어를 사용하는 사람들 사이에는 너무도 깊게 뿌리가 박혀 있어서 나이든 사람마저도 자기 어머니의 무덤 앞에서 이 구절은 성경에 들어 있다고 맹세할 정도이다. 그러나 위에 인용된 "구절"은 성경에 들어 있는 것이 아니다. 그것은 창세기 38:15과 마태복음 13:4을 융합시킨 것이다.

오난은 수음 혹은 조루를 저질렀는데, 카톨릭 사제들은 매년 자기 교회의 회원을 늘리기 위해서라도 이런 짓을 해서는 안 된다며 창세기 구절을 들어 가르친다. 만약 이것이 로마카톨릭의 주장대로 강제적인 "산

아제한"이라고 한다면 미국인들이 은혜 시대에 살고 있는 것은 퍽 다행이다. 그렇지 않고 율법 시대라고 한다면 모조리 오난처럼 젊어서 죽어버렸을 것이기 때문이다. "오나니즘"(성교중단, 수음)은 바로 오난의 죄에서 유래된 것으로, 이에 대한 윤리적인 관점이야 어찌되었든 오난이 이 죄를 저지른 후 하나님께서 그를 죽이셨다. 『**오난은 그 씨가 자기 것이 안 될 것을 알았으므로**』라고 말했지만 남자의 씨는 어떤 여자와 관계해서든지 "자기 씨"로 남는다(창 3:15 주석 참고). 그러나 이번 경우는(창 16:1-4에서처럼) 대리모 혹은 대리부를 통해 자식을 얻고자 하는 경우이기 때문에 "자기 형에게 씨를 주지 않기 위하여"라고 말하고 있는 것이다(창 38:9). 이것은 형의 아내가 곧 형 자신과 동일한 것으로 간주되었음을 보여 준다.

유다는 결혼할 만한 나이에 이른 자식을 모두 잃었다. 셀라는 아직 성장하지 않았다(창 38:11). 11절의 내용은 엘과 오난 두 사람 모두 결혼하기에는 너무 일렀음을 암시하고 있다. 『**이는 혹 셀라도 그의 형들처럼 죽을까 하여 말한 것임이라**』(11절).

38:12 ○ 얼마 후에 유다의 아내 수아의 딸이 죽은지라, 유다가 위로를 받은 후에 그의 친구 아둘람인 히라와 함께 팀낫으로 가서 그의 양털 깎는 사람에게 갔더니,

13 누군가가 타말에게 말하기를 "보라, 네 시아비가 자기 양들을 깎으려고 팀낫에 올라왔다." 하는지라,

14 그녀가 자기의 과부 의상을 벗고, 너울로 얼굴을 가리고, 또 몸

에 두르고서, 팀낫으로 가는 길가 넓은 곳에 앉았더라. 이는 셀
라가 장성함을 보았는데도 그녀를 그에게 아내로 주지 않았음이
더라.
15 유다가 그녀를 보고 그녀를 창녀로 간주하였으니, 이는 그녀가
자신의 얼굴을 가렸음이라.
16 그가 길가에 있는 그녀에게로 돌아서서 말하기를 "보라, 내가
네게 청하노니, 나로 네게 들어가게 하라." 하니, (이는 그녀가 자
기의 며느리인 줄을 알지 못했음이라.) 그녀가 말하기를 "당신
이 내게 무엇을 주고 들어오려느뇨?" 하니,
17 그가 말하기를 "내가 내 떼에서 염소 새끼를 보내 주리라." 하더
라. 그녀가 말하기를 "당신이 그것을 보낼 때까지 약조물을 주
겠느뇨?" 하니,
18 그가 말하기를 "내가 무슨 약조물을 네게 주랴?" 하더라. 그녀가
말하기를 "당신의 인장과 팔찌와 당신 손에 든 지팡이로 하라."
하니, 그가 그것들을 주고 그녀에게로 들어갔더니 그녀가 유다
로 인하여 임신하였더라.
19 그녀가 일어나 떠나가서, 너울을 벗고, 그녀의 과부 의상을 입으
니라.
20 유다가 그의 친구 아둘람인의 손을 통해 염소 새끼를 보내고,
그녀의 손에서 약조물을 돌려받으려 하였으나 그가 그녀를 찾
지 못하였더라.
21 그때 그가 그곳 사람들에게 물어 말하기를 "길가에 드러나게 있
던 창녀가 어디 있느냐?" 하니, 그들이 말하기를 "이곳에는 창녀

가 없다." 하더라.

22 그가 유다에게 돌아와서 말하기를 "나는 그녀를 찾을 수도 없었
고, 그곳 사람들도 말하기를 '이곳에는 창녀가 없다.' 하더라."
하니,

23 유다가 말하기를 "우리가 수치를 당하지 않도록 그녀로 그것을
가지고 있게 하라. 보라, 내가 이 염소 새끼를 보내었으나 그대
가 그녀를 찾지 못하였느니라." 하더라.

타말은 그녀의 아버지와 살게 되었고 유다는 아내의 죽음 후에 "휴가 여행"을 떠났다. 주님께서는 나오미에게 역사하신 것처럼(룻 1:1-6) 유다에게도 역사하고 계셨다. 그러나 흔히 보듯이 질병이나 죽음마저도 어떤 사람들을 고칠 수가 없는 법이다. 유다는 셀라가 다 자랐는데도 타말에게 주고자 하지 않았다. 유다는 타말이 홀로 있어야만 할 "야자나무"라고 결론을 내렸던 것 같다. 14절로 미루어 셀라는 성장했을 것이 분명하다. 유다는 자기 친구 히라와 함께 팀낫으로 갔다. 그는 아들을 결혼시킬 마음이 없었던 것이다. 타말은 유다가 어디에 있는지 알게 되었고(13절) 팀낫으로 올라가서(14절) 어쨌든지 자식을 얻고자 했다. 그녀는 너울로 얼굴을 가려 유다로 자기를 알아보지 못하게 했고, 팀낫으로 가는 길가 넓은 곳에 앉아 있었다(14절). 〈칠십인역〉과 ASV(1901), RSV (1952), 개역한글판성경에는 "에나임 입구에," "에나임 문에"라고 성경을 뜯어고쳤다. 그러나 이것은 잠언 9:13-18을 읽어 보지 못한 서기관들의 추측일 뿐 올바른 본문이 될 수 없다.

유다는 새끼 염소 한 마리를 화대로 주기로 하고 그 약조물로 "인장과 팔찌와 지팡이"를 주었다.

유다가 만난 "창녀"는 매우 비싼 창녀였다. 이 창녀는 종교적 창녀(계 17:1-5)로 히브리어로는 "케데샤"라고 한다. 평범한 창녀는 그렇게 비쌀 수가 없다. 19세기 말 미국의 창녀의 몸값은 "괜찮은" 경우 1달러 정도였다. 싸구려 창녀들은 1930년 대공황 시절 당시 25센트의 화대로 만족해야 했다. 제1차 세계대전 당시 양키 달러를 얻으려는 창녀들은 1-10달러를 받았는데 상당히 물가가 인상된 가격이었다. 제2차 세계대전 당시에는 "양키 달러"는 페소(필리핀), 프랑(프랑스), 엔(일본), 파운드(영국), 마르크(독일)로 교환되어 캠프의 규모와 여자들의 수효에 따라(수요공급의 원칙) 1-25달러 사이였다. 담배, 초콜릿, 기타 식료품 등이 카미소리에서 불법으로 유출되었는데, 이런 것들은 "여자 친구"들에게 돌아갔고 직업 창녀들은 항상 현금을 원했다. 유다는 염소 새끼를 합당한 가격으로 간주했다. 오늘날로 치자면 적어도 100달러 이상이라고 할 수 있다. 오늘날에야 염소 새끼가 아무것도 아니지만 아브라함과 이삭과 야곱이 살고 있던 당시에는 상당한 것이었다. 다윗은 양 한 마리를 훔친 것에 대해 사형을 언도했다(삼하 12:5). 율법에 따르면 사람은 "양 한 마리에 양 네 마리로" 되갚아야 한다(출 22:1). 구약성경에 등장하는 가장 부자였던 사람이(율법 이전) 소유한 양은 7천이었다(욥 1:3).

창세기 38:15의 창녀는 성전 창녀였다. 아니면 타말은 적어도 성전 창녀인 체하며 유다에게 접근했고, 유다는 그녀를 "케데샤"라고 불렀다. 이 창녀들의 화대 중 일부는 신들에게 바쳐졌다는 사실을 염두에 둔다면 유다는 이중으로 범죄를 저지른 셈이다. 그는 아브라함과 이삭과 야곱의 자손인데 아쉬토렛과 바알과 무슨 상관이 있다는 말인가?(판 10:6,10)

[요한계시록 2:14,20에 관한 주석을 자세히 읽어 보라.]

타말은 유다의 아이를 갖게 되었는데(18절), 이는 그들이 "피임"을 하지 않았거나 혹은 실패했음을 뜻한다. 타말은 그녀의 시아버지와의 만남 후 집으로 돌아가(레 20:12) 남편이 죽은 후에 입고 있었던(창 38:10) 과부의 의상으로 바꿔 입었다.

성경에는 9명의 과부가 등장한다(삼하 14:5, 왕상 7:14, 막 12:42, 눅 2:37; 7:12; 18:3, 왕상 17:9, 왕상 11:25).

유다는 친구 히라를 시켜 염소 새끼를 주고 약조물들을 찾아오려고 했으나 그는 그녀를 찾지 못했다. 뿐만 아니라 그 지역 사람들은 창녀는 그곳에 없다고 그에게 말해 주었다. 유다는 당황했다. 어쩌면 그 창녀는 전국을 돌아다니며 "어떤 형편없는 유대인이 자기에게 들어와 놓고는 화대도 주지 않고 가버렸다."며 자기의 인장과 팔찌와 지팡이를 보여 주고 떠들고 다닐 것이다. 유다는 그것이 두려웠다. 그래서 그는 "우리가 수치를 당하지 않도록"이라고 말을 했던 것이다(23절).

38:24 ○ 약 삼 개월이 지나서 누군가가 유다에게 이야기하여 말하기를 "당신의 며느리 타말이 창녀짓을 하였도다. 보라, 그녀가 음행함으로 임신하였다." 하니, 유다가 말하기를 "그녀를 끌어내서 불사르라." 하더라.

25 그녀가 끌려 나갈 때에, 그녀가 그녀의 시아버지에게 보내어 말하기를 "이 물건의 임자로 인하여 내가 임신하였나이다." 하며, 그녀가 말하기를 "내가 당신에게 청하오니, 이 인장과 팔찌와 지

팡이가 누구의 것인지 분별하소서." 하더라.
26 유다가 그것들을 시인하고 말하기를 "그녀가 나보다 더 의로웠
으니, 이는 내가 그녀를 내 아들 셀라에게 주지 않았음이라." 하
고, 다시는 그녀를 가까이하지 않았더라.
27 ○ 그녀가 임신하였을 때에, 보라, 그녀의 태에 쌍둥이가 있더라.
28 그녀가 해산할 때에 손이 나오니, 산파가 주홍색 실을 가져다
그의 손에 묶어 주며 말하기를 "이 아이가 먼저 나왔다." 하고
29 그가 그의 손을 도로 들이니, 보라, 그의 형제가 나오는지라, 산
파가 말하기를 "네가 어찌하여 갑자기 튀어나오느냐? 갑자기 나
옴이 너에게 있으라." 하니, 그의 이름을 파레스라 불렀더라.
30 또 그의 형제, 즉 주홍색 실을 손에 묶은 자가 뒤에 나오니, 그
의 이름은 사라라 불렀더라.

시간이 지나 약 3개월 후 타말이 임신했음이 드러났고(24절), 유다는 다윗왕처럼 재빠르게(삼하 12:5), 그리고 정확하게 심판을 내렸다. 비록 마태복음 7:1,2이 두 사람 모두에게 관련이 없는 것은 아니지만 적어도 다윗과 유다 두 사람은 진리를 말했다는 점에서는 옳았다. 오늘날 현대의 자유주의자들은 마태복음 7:1,2을 근거로 해서 다음과 같은 주장을 펴고 있다. 모든 사람이 죄를 범했으므로(이것은 사실이다) 그 누구도 다른 사람을 정죄할 수는 없으며(이것도 사실이다) 그 누구도 그 범죄의 사실을 분별하거나 발설해서는 안 된다(이것은 사실이 아니다. 고전 6:2-7 참고). 하나님께서는 결과가 두려워 진리를 말하기를 거부하는 도덕적인 설교자보다는 10명의 유다(음행을 저질렀음)와 10명의 다윗(간음을 했음)을 택하실 것이다. 다윗왕과 유다 지파의 사자이신 예수 그리스도께서는 둘 다 창세기 38:24을 선포한 유다의 자손이었다. 유다는 자신의 잘못이 드러나자 다윗과 마찬가지로(시 51편) 진실을 직시하고 그대로 준수한다. 우리는 유다의 죄도 다윗의 죄도 정당화시킬 수는 없다. 오직 하나님께서만이 죄인을 의롭다 하실 수 있고 그 경우에라도 하나님께서는 그 죄를 정죄하셔야만 한다(롬 3:24-26). 그러나 유다는 적어도 그 문제를 다루는 데에 있어서는 정직했다. 이 점은 현대주의자나 자유주의자들에게서는 찾아보기 힘든 바로 그것이다.

『**그녀를 끌어내서 불사르라**』(24절). 이것은 모세의 율법에 따른 것이며(레 21:9) 함무라비 법전 157조에도 나와 있다. 유다는 우리 모두와 마찬가지로 타말의 죄는 현미경으로 들여다본 반면, 자기 자신의 죄는(창 38:15) 망원경을 뒤쪽으로 돌려놓은 채 바라보고 있다. 타말은 끌려나오면서 정중히 절을 하고 엷게 미소를 지으면서 옷 안에서 유다가 맡긴 약조물을 꺼내고서는 『**이 물건의 임자로 인하여 내가 임신하였나이다... 내가 당신에게 청하오니, 이 인장과 팔찌와 지팡이가 누구의 것인지 분별하소서.**』(25절)라고 말했다. 유다는 이 상황에서 얼마든지 거짓말을 할 수 있었다. 그런 물건을 지닌 자들은 당시 팔레스타인 지역에 많이 있었다.

더군다나 유다는 딤낫에서 있었던 일에 대해서는 아무도 알고 있지 않은 케십으로(5절) 돌아와 있었다. 그가 마음만 먹으면 타말을 거짓말쟁이로 만들 수 있었고 유다는 어려움을 겪을 필요가 없었다. 그러나 유다는(다윗과 마찬가지로) 진리에 대해 반응할 수 있는 마음을 갖고 있었다. 유다는 사실을 인정했다(요 3:21). 『**그녀가 나보다 더 의로웠으니**』

(26절)란 말은 자기의 죄를 분명히 인정한 죄인의 고백인 것이다. 신약성경에 보면 창녀들이(이곳에서 타말로 예표됨) 바리새인들보다 먼저 "하나님의 나라에 들어간다"(마 21:31)고 되어 있음을 알 수 있다. 예수 그리스도께서는 이와 동시에 『**너희의 의가 서기관들과 바리새인들의 의보다 뛰어나지 못하면**』(마 5:20)이라고 경고하셨다. 유다는 "좁은 문"으로 들어갈 수 있지만 바리새인들은 결코 그럴 수 없었다. 유다는 자기 죄를 자백했고(26절) 그가 동침했던 여인은 그녀의 며느리라는 사실을 인정했기에 그는 율법에 따라(레 20:12) 그녀를 다시 가까이 하지 않았다(26절).

요셉을 다루고 있는 여러 장들 사이에 삽입된 이 짤막한 사건은 성령께서 유다는 다른 형제들보다 뛰어나다는 사실(창 49:8)을 지적하기 위해 기록하신 것이다. 『**유다가 그의 형제들보다 뛰어났으며**』(대상 5:2)라고 한 것은 그가 자신을 굽힐 줄 알았기 때문이다. 『**누구든지 자신을 높이는 자는 낮아질 것이요, 자신을 낮추는 자는 높아지리라**』(마 23:12).

타말(이브와 리브카처럼)은 쌍둥이를 낳았다(27절). 그들은 "틈"이란 이름을 가진 파레스와 "화려함" 혹은 "새싹"이란 이름을 지닌 사라였다. 해산이 시작되자 산파가 먼저 나오려는 아이의 손에 주홍색 실을 묶어 장자를 확인해 두려고 했다. 왜냐하면 둘 다 너무 똑같아 누가 장자인지 구분하기 어려웠기 때문이다. 그러나 사라는 먼저 나오지 못했고, 다른 아이가 먼저 나왔다. 이리하여 파레스가 장자이다. 그러나 원래대로 보자면 사라가 장자였다. 파레스는 그리스도의 계보에 있는 것으로 판명되는데(마 1:3), 이로써 그는 두 번째 태어난 자(아벨, 셈, 이삭, 야곱 등)가 선택받는다는 원칙에 첫 번째 예외가 되었다.

창세기 39장

39:1 요셉이 이집트로 끌려왔는데 파라오의 관원인 경호대장 이집트
인 포티발이 그를 그곳으로 데려간 이스므엘인의 손에서 그를
샀더라.
2 주께서 요셉과 함께하셨으며 그가 형통한 사람으로 그의 주인
이집트인의 집에 있었으니,
3 그의 주인은 주께서 요셉과 함께하심을 보았고, 또 주께서 그가
하는 모든 일을 그의 손 안에서 번성케 하신 것을 보았더라.
4 요셉이 그의 목전에서 은혜를 얻어 그를 섬기니 그가 요셉을 그
의 집을 관리하는 관리인으로 세워 그가 소유한 모든 것을 그의
손에 맡기니라.
5 그가 요셉을 자기 집과 그가 소유한 모든 것을 관리하는 관리인

으로 세운 때부터 주께서 요셉으로 인하여 그 이집트인의 집에
복 주시니, 주의 복이 그의 집과 들에 있는 모든 소유 위에 임하
더라.
6 그는 자기가 소유한 모든 것을 요셉의 손에 맡기고 그가 먹는
음식 외에는 그가 가진 것이 무엇이든지 알지 못했더라. 요셉은
용모가 수려하고 잘생겼더라.
7 ○ 이런 일들 후에 그의 주인의 아내가 요셉에게 눈길을 보내며
말하기를 "나와 동침하자." 하나,
8 요셉이 거절하며, 자기 주인의 아내에게 말하기를 "보소서. 나의
주인이 집 안에서 내가 하는 일은 아는 체를 아니하고, 그가 소
유한 모든 것을 그가 내 손에 맡기셨으니,
9 이 집에 나보다 더 큰 사람은 없으며 당신말고는 나에게 아무것
도 금한 것이 없으니 이는 당신이 그의 아내임이라. 그런데 내
가 어찌 이 큰 악을 행하여 하나님께 죄를 지으리이까?" 하더라.
10 그녀가 날마다 요셉에게 말하여도 요셉이 그녀에게 경청하지 아
니하고, 그녀와 동침하거나 그녀와 함께 있지도 아니하더라.
11 그럴 즈음에, 요셉이 자기 일을 보려고 그 집에 들어갔더니, 그
집 안에는 사람들이 아무도 없더라.
12 그러자 그 여인이 그의 옷을 붙잡고 말하기를 "나와 동침하자."
하니, 요셉이 자기 옷을 그녀의 손에 두고 도망하여 빠져 나왔
더라.
13 그녀가 요셉이 자기 옷을 그녀의 손에 두고 도망쳐 나가는 것을
보고서,

14 자기 집의 사람들을 불러 그들에게 이야기하였으니, 말하기를
"보라, 주인이 히브리인을 우리에게 데려와서 우리를 희롱하게
하는도다. 그가 나와 동침하려고 내게 들어오기에 내가 크게 소
리질렀더니,
15 그는 내가 목청을 높여 소리지르는 것을 듣고 그의 옷을 내게
두고 도망쳐 나갔느니라." 하고,
16 그녀가 요셉의 주인이 집에 올 때까지, 그의 옷을 자기 곁에 놓
아두니라.
17 그녀가 이런 말로 그에게 이야기하여 말하기를 "당신이 우리에
게 데려왔던 그 히브리 종이 나를 희롱하려고 내게 들어왔기에,
18 내가 목청을 높여 소리를 질렀더니 그가 옷을 내게 남겨 두고
도망쳤나이다." 하니,
19 그의 주인은, 그에게 일러 말하기를 "당신의 종이 내게 이런 짓
을 했다." 하는 자기 아내의 말을 듣고 심히 노하더라.
20 그리하여 요셉의 주인이 그를 잡아 감옥에다 넣으니 그곳은 왕
의 죄수들을 가두는 곳이었더라. 그가 거기 감옥에 갇혔더라.
21 ○ 그러나 주께서 요셉과 함께하시고, 그에게 자비를 보이시어,
간수의 목전에서 그에게 은총을 베푸셨으니,
22 간수가 감옥에 있는 모든 죄수들을 요셉의 손에 맡겼으므로 그
들이 거기서 행한 모든 일을 그가 맡아 처리하였더라.
23 간수는 그의 손에 있는 것은 어떤 것이라도 돌아보지 않았으니,
이는 주께서 그와 함께하셨고 그가 행한 것을 주께서 형통하게
하셨기 때문이더라.

만약 독자들이 성경에서 성(sex)에 대해 찾고자 한다면 얼마든지 찾을 수 있다. 문제는 성경에서 성은 항상 도덕적이냐 혹은 비도덕적이냐 하는 문제에 초점을 맞추고 있다는 것이다. 불순한 행위들은 성경에서 결코 미화된 적이 없으며 성적인 죄들은 항상 나쁜 열매를 맺게 되며 그에 상응하는 심판을 받게 된다. 또한 죄는 항상 심각하게 다루어질 뿐 농담의 대상이 될 수 없다. 따라서 일반적인 죄인들은 성에 관해 성경보다는 킨세이, 프로이트, 헤밍웨이, 포크너, 보카치오를 선호하게 마련이다. 본문 내용은 분명 한 여인이 젊은 청년을 유혹하려는 사건이다. 평범한 미국인들이라면 새벽 1시까지 "심야 쇼"를 TV로 보는 것이 상례이다. 그러나 성경은 일반인들의 예상과는 항상 정반대로 스토리가 전개된다. 젊은 주인공은 여자의 유혹을 뿌리치고(13절) 그녀는 그에 대해 거짓말을 한다(18절). 여인이 젊은 청년에게 눈길을 보냈지만 그는 성경을 인용하며 거절했다(9절). 그의 순결과 순수함의 대가로 그는 왕국을 부여받게 된다(창 41장). 이와 같은 이야기와 할리우드의 영화 스토리는 전혀 어울리지 않는다.

창세기 39:1-3은 요셉이 디모데전서 6:1-3과 에베소서 6:5,6의 교훈에 순종했음을 보여 준다.

인권운동가들이나 시민운동가들이 와서 요셉을 면담했을지라도 그는 그들에게 동조하지 않았을 것이다. 요셉은 어떤 사람이 하나님과 올바른 관계를 맺고 있다면 비록 그가 노예일지라도 하나님의 "자유인"이라는 사실을 알고 있었다(고전 7:21-23을 공부하라). 요셉은 여기서도 예수 그리스도의 예표가 분명하다.

1. 예수 그리스도께서는 요셉과 마찬가지로 팔렸다(슥 11:12,13, 창

39:1).

2. 그리스도께서는 요셉처럼 하나님께서 함께하셨다(행 10:38, 창 39:20).

3. 사람들이 볼 때 하나님께서 요셉과 함께했던 것처럼 사람들은 하나님께서 예수 그리스도와 함께하심을 보았다(요 10:41,42, 창 39:3).

4. 예수 그리스도께서 하신 일은 번성하였다(사 53:10, 창 39:3).

5. 그리스도께서는 요셉처럼(창 39:4) "집안의 모든 자들" 위에 계셨다(히 3:1-4).

6. 그리스도께서는 요셉처럼 하나님의 목전에서 은혜를 발견하였다(시 45:2, 창 39:4).

7. 하나님께서는 요셉으로 인하여 포티발의 집에 복을 주셨듯이(창 39:5) 그리스도를 위하여 그리스도인과 이스라엘에게도 복을 주셨다(엡 4:32).

8. 포티발이 자기가 소유한 모든 것을 요셉의 손에 맡겼듯이(창 39:6) 하나님께서도 모든 소유를 예수님께 맡기셨다(마 28:16-20).

9. 예수 그리스도께서도 요셉과 마찬가지로(창 39:7) 시험을 당하셨다(눅 4:1-10).

10. 그리스도께서는 요셉이 죄를 짓지 않았듯이(창 39:9) 하나님께 대해 죄를 짓지 않으셨다.

11. 예수 그리스도께서는 요셉처럼 거짓 고소를 당하셨다(창 39:15, 마 26:60).

12. 예수 그리스도께서는 요셉처럼 감옥에 갇히셨다[창 39:20(눅 4:18을 참고할 것)]. "왕의 죄수들"이 묶여 있는 감옥에 들어가셨다(엡 4:8-10).

13. 하나님께서는 요셉에게 자비를 베푸신 것처럼(창 39:21) 예수님께도 자비를 보이셨다(행 2:25-28).

이쯤 되면 독자들은 창세기를 기록한 분이 1,700여 년 후에 일어날 일들(과 기록될 일들)을 다 알고 계셨다는 사실을 인정하고도 남을 것이다. 사건만이 일치하는 것이 아니라 사건을 묘사하는 용어들까지 일치한다는 사실을 주목하기 바란다.

요셉은 그의 어머니를 닮아 용모가 수려하고 잘 생겼다(창 39:6). 포티발의 아내는 그에게 눈길을 주었고 요셉의 아이를 낳고자 결심했다. 성(sex) 문제는 여전히 집요하게 성경을 장식하고 있으며 벌써 다섯 번째 인종혼혈 문제가 언급되고 있는 셈이다. (번역자들은 이러한 부분이 나오면 어떻게 해서든지 제거해 버리려고 애써 왔지만 성공하지 못했다.) 헤로도투스(ii. III.)와 윌킨슨[〈Ancient Egyptians〉, 제1권, p.392.] 그리고 헹스텐베르크[〈Egypt and the Books of Moses〉, i. 25.]에 따르면 "이집트 여인들은 결혼한 후에도 방탕과 부도덕으로 정평이 나 있었다."(이것이 인종적 편견이 아니라면 도대체 뭐가 편견이란 말인가? 그러나 이들은 평생 동안 함족의 풍습, 관습, 생활양식, 종교, 습성, 도덕성 등을 연구한 전문가들이다. 그들은 "편견" 같은 사실을 말했을 뿐이다.)

요셉에게 시험의 때가 온 것이다. 그러나 요셉은 르우벤과 유다처럼(대상 5:1) 실패하지 않고 시험을 잘 통과했다.

요셉은 포티발을 섬기고 있었다. 그는 집안의 모든 관리를 맡고 있었기에 모든 곳에 들어갈 수 있었다. 그런데 포티발의 아내는 침실에 머물러 있지 않고 온갖 유혹적인 몸치장을 한 후 요셉에게 다가와 "나와 동침하자."라고 유혹을 했다.

요셉은 죄는 기본적으로 하나님께 짓는 것임을 인정했다(9절). 이 사실은 오늘날을 사는 현대인들은 잘 모르는 일이다(창 4:7에 나오는 자세한 설명을 보라). 누가복음 15장의 탕자도 이 사실을 인정하였고 다윗도 마찬가지였다. 그러나 오늘날 현대인들은 죄에 대해 말하거나 정의를 내릴 때면 "자아"에 상처를 주거나 "이웃"에게 상처를 주는 것만을 생각한다. 한마디로 현대인은 도덕적인 문제에 있어 하나님의 목적과 임재에 대해 전혀 감각이 없는 자들이다. 극소수의 성경대로 믿는 그리스도인들만이 도덕에 관한 진리를 그대로 보존하고 있을 따름이다. 죄란 기본적으로 "옳지 않은 무엇"이며 본질적으로 개인이 창조주의 뜻을 거슬러 자기 뜻을 내세우는 자기의 지적 행동이다(사 14:12-15, 요 5:40, 잠 21:4; 21:9, 요일 1:8, 롬 9:20, 요일 5:17).

포티발의 아내는 몹시 화가 났다. 그녀는 매일매일의 유혹에도 전혀 요동치 않는 요셉을(집안 사람을 모두 없게 만들어 놓은 후에 - 포티발의 아내의 작전이었을 것이다) 붙들고 늘어지면서 동침하자고 요구했던 것이다(12절). 그러나 요셉은 청년의 정욕을 피하라는 명령(딤후 2:22)에 순종하여 옷을 벗어 놓은 채 도망을 쳤다. 그는 비록 옷과 직업과 명예와 "기회"를 잃어버렸는지는 몰라도, 적어도 그의 성품(character)은 보존할 수 있었다. 반대로 롯은 모든 것을 일시적으로나마 향유할 수 있었는지는 몰라도 성도로서의 성품은 잃어버린 것이다.

어떤 사람은 말하기를(The Morning Bride, 1692, Congreve) "망신당한 여인은 지옥보다 더 무섭다."라고 했다. 포티발의 아내는 젊은 애송이에게 그 누구보다 더 망신을 당한 셈이었다. 그녀는 이를 갈며 주먹을 불끈 쥐고서 온갖 욕을 퍼부었을 것이다. “야, 너 ××야, ×××.” 여인의 마스카라, 속눈썹, 로션, 향수의 저 밑에는 참 여인의 모습이 숨겨져 있는 법이다(모든 여인은 자기가 남자에게 먼저 몸을 던진 것을 누군가가 보았을지 모른다는 생각에 치를 떠는 법이다. 세속적인 여자는 자기의 성품보다는 자기의 “명예”에 더 관심이 있다).

사건은 곧바로 집안에 알려졌고(14,15절) 포티발이 돌아오자 그녀는 요셉을 중상모략한다. 아마 포티발은 요셉에게 사건의 진상을 물었을 것이고 요셉의 진술을 믿었을 것이다. 그간의 요셉의 행실과 성품을 알고 있었던 포티발은 요셉 때문이 아니라 어쩌면 자기 아내 때문에 이런 일이 더 이상 발생하지 않도록 하기 위해 요셉을 감옥에 가두었을지도 모른다. 이렇게 해서 요셉은 감옥에 갇히게 되었다.

『그러나 주께서 요셉과 함께하시고, 그에게 자비를 보이시어... 이는 주께서 그와 함께하셨고 그가 행한 것을 주께서 형통하게 하셨기 때문이더라』(21,23절). 시편 1:3이 요셉의 생애에서 성취된 것이다(렘 17:7,8). 요셉은 감옥에 들어가자마자 포티발의 집에서처럼 감옥의 일을 맡아 처리하게 된다(8절과 23절 비교). 요셉은 간수의 “대리인”이 된 것이다. **『그들이 거기서 행한 모든 일을 그가 맡아 처리하였더라』**(22절).

창세기 40장

40:1 이런 일들 후에 이집트 왕의 술 맡은 자와 빵 굽는 자가 그들의
군주 이집트 왕에게 범죄한지라,
2 파라오가 그의 두 관리, 즉 술 맡은 책임자와 빵 굽는 책임자에
게 노하여,
3 그들을 경호대장의 집에 있는 감방에 가두었으니, 그곳은 감옥,
곧 요셉이 갇힌 곳이더라.
4 경호대장이 요셉으로 그들과 함께 있게 하였으니 그가 그들을
섬겼더라. 그들이 감방에 한동안 계속해서 갇혀 있더라.
5 ○ 감옥에 갇혀 있는 이집트 왕의 술 맡은 자와 빵 굽는 자 두
사람이 다 꿈을 꾸었는데, 각자가 한 밤에 자기 꿈을 꾸었으나,
각자가 해석이 다른 꿈을 꾸었더라.

6 요셉이 아침에 그들에게 들어가서 그들을 보니, 보라, 그들이 슬
펴하는 기색이더라.
7 요셉이 자기 주인 집의 감방에 자기와 함께 갇혀 있는 파라오의
관리들에게 물어 말하기를 "어찌하여 오늘은 그처럼 슬퍼 보이
나이까?" 하니,
8 그들이 그에게 말하기를 "우리가 꿈을 꾸었으나, 그 꿈을 해석
할 자가 없도다." 하니, 요셉이 그들에게 말하기를 "해석들은 하
나님께 속하지 아니하나이까? 내가 당신들에게 청하오니 내게
이야기하소서." 하더라.
9 술 맡은 책임자가 자기 꿈을 요셉에게 이야기하였는데 말하기를
"보라, 내 꿈에 내 앞에 포도나무가 있는데
10 그 포도나무에 세 가지가 있고 싹이 나는 것 같았는데 꽃이 피
고, 그 포도송이에 익은 포도가 열렸더라.
11 파라오의 잔이 내 손에 있어, 내가 포도를 따서 파라오의 잔에
다 즙을 짜서 그 잔을 파라오의 손에다 주었노라." 하니,
12 요셉이 그에게 말하기를 "그것의 해석이 이러하니, 그 세 가지
는 삼 일이라.
13 이제부터 삼 일 안에 파라오가 당신의 머리를 들어올려서, 당신
의 자리를 회복시키리니, 당신이 전에 그의 술 맡은 자였을 때
했던 대로 당신은 파라오의 손에 그의 잔을 건네주리이다.
14 그러나 일이 잘되거든 나를 생각하고 내가 당신에게 부탁하오
니, 나에게 친절을 베풀어서 나에 대해 파라오에게 고하여 나를
이 집에서 나가게 하소서.

**15 나는 진정으로 히브리인들의 땅에서 남몰래 끌려온 자요, 여기
서도 그들이 나를 지하감옥에 넣을 만한 일을 내가 한 적이 없
나이다." 하더라.**

요셉은 감옥에 있었다. 만약 감옥에 가야 한다면 그 이유는 베드로전서 2:18-21에 나와 있는 그것이 되어야 할 것이다. 요셉 역시 예수 그리스도, 바울, 베드로, 야고보, 예레미야, 후스, 틴데일, 존 번연, 존 낙스 등과 동일한 이유로 감옥에 갇혔다(엘리야와 엘리사도 누군가에 의해 체포되었더라면 동일한 부류에 속하는 사람들이다). 요셉은 감옥에서 나올 때가 30세였으므로 12년을 감옥에서 지낸 셈이다. 시편 105:17,18에 따르면 요셉은 간수의 "대리인"이 되기 전 얼마 동안 쇠사슬에 매였고 차꼬에 상했다(행 16:24의 사도 바울과 비교하라). 시편 105:19에 따르면 요셉은 감옥에서 주의 말씀으로 연단을 받았다. 우리는 요셉이 감옥에 갇히기 전 포티발의 집에서 약 3년 정도 지냈을 것으로 추정해 볼 수 있다.

1-3절은 두 명의 새로운 죄수를 소개하고 있다. 술 맡은 자란 왕의 잔을 받쳐 드는 자이며 이는 11절을 보면 분명해진다. 빵 굽는 자는 글자 그대로(17절) 빵을 굽는 자이다. 요셉은 밤에는 묶여 있었으나 아침에는(6절) 이들을 섬겼다(4절). 두 사람이 한동안 갇혀 있었다는 말은 약 3개월쯤 될 것이다(창 8:2과 비교하라). 이 두 사람은 모두 파라오의 관리들로(7절) 요셉은 이들 특권층 죄수들을 섬겼던 것이다. 이 두 사람은 꿈을 꾸었는데(5절), 둘 다 꿈을 해석할 수가 없었다. 결국 그들은 그들의 무지에 슬퍼할 수밖에 없었다(6절). 그들은 해석할 자가 없었기에 슬

폐할 수밖에 없었던 것이다. 요셉은 모든 성경대로 믿는 근본주의자들처럼 그 어떤 사전, 어휘집, 성구집, 학위, "자격 있는 권위," 참고 도서 등의 도움 없이 즉각적으로 이렇게 대답했다. 『**해석들은 하나님께 속하지 아니하나이까?**』 그렇다. 해석은 하나님께만 속한 것이다.

1. 인간은 사실을 직시하고자 할 때만(신 18:21) 하나님께서 무엇을 말씀하셨는가를 알 수 있다.

2. 하나님께서는 자기를 두려워하는 사람들에게 비밀들을 계시하신다(신 29:29, 시 25:14).

3. 하나님께서는 하나님의 말씀들이 말하는 바를 믿을 수 없다는 그 이유만으로 분명한 말씀들을 거부하는 "학식 있는 자들"에게는 아무것도 보여 주지 아니할 것이다(사 29:12,13).

4. 하나님께서는 "어린아이들"에게 가장 위대한 진리들을 계시해 주신다(사 28:9, 눅 10:21).

5. 그 어떤 교회도, 사제도, 교황도 미래에 관련된 그 어떤 것도 해석할 수 없다(벧후 2:20,21). 왜냐하면 하나님께서는 앞으로 있을 이스라엘의 회복(단 2:10,23,28)의 교리를 거부하는 사람들에게는 예언적 진리들을 결코 계시해 주시지 않기 때문이다.

6. 지식, 학력, 두뇌, 지적 능력, 사고력, 재치, 그 어떤 것도 미래의 계시를 이해하는 것과는 아무런 관련이 없다(단 2:30, 벧전 1:12).

7. "예수의 증거는 예언의 영"이다(계 19:10). 따라서 주님께서는 제사장들이 아닌 선지자들에게(암 3:7) 그의 비밀을 계시해 주신다.

8. 성령께서 성경을 성경으로 비교해서(고전 2:13) 가장 평범한 그리스도인에게 계시해 준 것을 가장 위대한 헬라어, 히브리어 학자라 할지

라도 그가 "성경 해석자"로서의 성령님을 어휘집과 지식으로 찬탈하려고 한다면 결코 확인할 수도 없고 확신할 수도 없고 깨달을 수도 없다(고전 2:10-15, 눅 24:5).

9. "세대주의자"가 아닌 사람은 하나님의 말씀을 그 어떤 논리적인 방식으로도 설명할 수가 없다. 왜냐하면 하나님의 말씀은 마땅히 구분되어야 할 합당한 구분들이 있으며 그 구분들은 존중되어져야만 하기 때문이다(딤후 2:15).

성령께서 직접 정해 놓으신 무오하고 절대적인 이상 9가지의 기준에 의하면 그 어떤 교단이나 신학 노선을 따르든지 간에 85% 이상의 모든 학자와 주석가들의 성경 해석은 책을 펼쳐 볼 필요도 없다. 이들 85% 이상의 신학자들과 주석가들이 영적으로 전혀 무지하다는 증거는 이들이 후천년주의자이거나 무천년주의자이기 때문이다. 우리는 그 사람들이 "나쁜 사람" 혹은 "배우지 못한 사람" 혹은 "구원받지 못한 사람"이라고 말하고 있는 것이 아니다. 우리의 주장은, 이들 학자들과 주석가들이 쓴 책이나 가르침이 1611년판 권위역본과 단 한 가지라도 모순된다면 그들 학자들의 주장은 그들이 하나님의 말씀을 거부한 방식 그대로 거부되어야만 한다는 것이다. 다시 말해 이들의 주장은 일고의 가치도 없이 내던져 버려야 한다는 것이다.

요셉이 해석을 할 때(12절) 그는 약 5분간 기도했을 것이다(창 41:16). 따라서 성경을 올바르게 해석하는 방법은 당신이 다니는 교회가 그 구절에 대해 어떻게 생각하느냐가 중요한 것이 아니고, "축적된 근본주의 학문"의 도움을 받는 데에 있는 것도 아니며, 헬라어, 히브리어의 어원을 찾아내는 것도 결코 아니다. 올바른 성경 해석은 성경이 말씀하시는 바 그대로를 있는 그대로 받아들여 믿는 것이며, 한 곳에서 말씀하는 바를 다른 곳에서는 어떻게 말씀하고 있는지를 성경으로 비교해 보는 것이다. 일단 어떤 단어가 변개되면 쇠사슬처럼 연결되어 있는 성경의 연결 고리가 끊겨 버린다. 이 연결 고리는 꼬리에 꼬리를 물고 무한정 계속되는데, 단어 하나를 바꿈으로써 성경은 유한한 책이 되고 마는 것이다. 그러나 성경은 결코 유한한 책이 아니다(딤후 2:9).

요셉은 즉각적으로 하나님의 계시를 해석해 냈다. 엘리코트, J.F. 브라운, 클라크, 윌리엄스, 랑게, 헨리, 더멜로우 같은 사람들에 비하면 요셉은 "주의 천사"에 해당될 정도이다. 『**술 맡은 책임자가 자기 꿈을 요셉에게 이야기하였는데**』(9절).

꿈은 "새 포도주"(New Wine, 즉 포도즙)에 관한 것이었다. 이 "새 포도주"는 주의 만찬 때(영성체... 등) 사용된 것이었다. 이 새 포도주는 포도송이에서 직접 짜낸 즙이라는 사실을 주목하기 바란다. "새 포도주"는 "포도송이"에서 나오는 것이므로(사 65:8) 예수님께서 "포도 열매에서 난 것"(마 26:69)이라고 말씀하신 것이다. 성경의 첫 번째 책인 창세기에 나오는 "해석은 하나님께 속한다"(8절)는 경고에 따라 성령께서는 즉각적인 시험을 요구하신다. 성공회와 카톨릭 신자들은 이 시험에서 탈락하고 만다. 그들은 "포도 열매에서 난 것"이 "발효된 포도주"로 병에 담긴 것을 말한다고 해석하기 때문이다. 바로 이것을 두고 성령께서는 "사사로운 해석"이라고 말씀하시는 것이다. 주정뱅이나 술을 즐기는 사람이 아니라면, 그런 종류의 해석을 하지 않을 것이다. 성경은 예수님께서 말씀하신 포도주는 새 포도주이고(마 26:69) 이는 포도송이에서 짠 즙(사 65:8)을 말한다(창 40:11).

이처럼 권위역본은 그 어떤 사적인 의견과 해석과 상관없이 오직 하나의 무오하고 정확한 해석을 제공해 준다. 민속, 전통, 풍습, “물이 나쁜 고장,” 불순물을 제거하기 위한 발효 과정 등등의 그 어떤 핑계를 갖다 대도 사사로운 해석은 용납될 수 없다.

요셉은 해석했다. 『**그 세 가지는 삼 일이라. 이제부터 삼 일 안에 파라오가... 당신의 자리를 회복시키리니... 당신은 파라오의 손에 그의 잔을 건네주리이다**』(12,13절). 지난 200여 년 동안 학자들 중 일부는 이집트에는 포도가 없었다고 하면서 성령을 무시하고 포도 대신 “익은 딸기”(ripe berries)라고 번역했다(군켈). 그런데 이번에는 다른 학자들(윌킨슨, 헹스텐베르그, 스미스 및 롤링슨 등)이 이집트에 포도가 있었음을 발견해 냈다. 그러자 학자들이 이번에는 이집트에는 옥수수(corn)가 없었다고 딴 소리를 하고 있다(어떻게든 성경 본문은 안 믿겠다는 심보가 아니고 무엇인가?) 이와 같은 학자들의 태도가 가장 뚜렷하게 나타난 곳 중의 하나는 RV(1881-1884)가 재판관기 5:14에서 만들어 낸 조작이다. 그라프-벨하우젠 이론(창 16:7 주석 참고)을 추종한 RV 편집자들은 권위역본의 번역자들은 “당시 그들이 갖고 있던 제한된 자료를 가지고는 최선을 다했다” 하지만 새로운 자료들의 도움이 필요하다고 결정해 버렸다. 결국 이들 학자들은 RV에서 재판관기 5:14의 “글쓰는 자의 펜”(pen of the writer)을 “장군의 지팡이”(Marshall's staff)로 바꾸어 버렸다. 실로 과학은 대단한 존재이다! 이와 같이 성경을 뜯어고친 근거는 B.C. 1200년경에는 사람들이 글자를 사용하지 않았을 것이라는 이유 때문이었다. 그러나 얼마 후 “Tel Armana Tablets”(이집트, 1888)가 발굴되었고 결국 언제나처럼 1611년에 나온 권위역본이 옳다는 사실이 입증되었다(B.C. 2300년 전에도 문자를 사용한 기록이 나온다).

방금 언급한 내용은 성경대로 믿는 사람들("그리스도인"이란 용어가 너무도 피상적으로 쓰이는 요즘은 성경대로 믿는 사람들이란 용어를 쓸 수밖에 없음을 이해해 주기 바란다)에게는 매우 교훈적이며 시사하는 바가 많다. 과학, 고고학, 학문, 혹은 교황 등이 권위역본을 고치는 경우 이는 진리에 대한 무지 때문이다. 오류인 것 같지만 시간이 지나면 학자들이 틀리고 성경이 맞다는 사실은 이제껏 수도 없이 반복되었다. 따라서 성경대로 믿는 사람들은 차분히 기다리면 된다.

요셉은 술 맡은 관원에게는 긍정적인 해석을 주었다. 그러나 18,19절을 보면 그 해석이 부정적인 경우였더라도 직선적으로 대답해 주었을 것이다.

요셉은 자기가 성경을 해석해 준 것에 대해 아무런 보상을 요구하지 않았다. 다만 "위에 있는 권세"와 함께하게 되면, 자신은 잘못한 게 없으니 감옥에서 나가게 해 달라고만 했다(14절).

요셉의 말에 보면 "히브리인들의 땅"이란 표현이 나오는데, 사실 히브리인들은 아직은 땅을 갖고 있지 못했다. 그들은 다만 기거하는 사람들이요 순례자였을 뿐이다. 그러나 포티발의 아내가 이 용어를 사용한 것으로 보아(창 39:14) 그리고 그 땅이 그들에게 약속된 것으로 볼 때 그들은 믿음으로 그 땅을 자기 땅으로 부를 수 있었을 것이다(창 13:15에 상세한 주석을 달았음). 14절에서는 집이라 하고 15절에서는 감옥이라고 한 것으로 보아 요셉은 밤에는 감옥에서 보내고 낮에는 풀려나 집안일을 돌본 것 같다.

40:16 빵 굽는 책임자가 그 해석이 좋은 것을 보고 요셉에게 말하기를 "나도 꿈을 꾸었는데, 보라, 내 머리 위에 흰 광주리 세 개가 있고,

17 맨 위에 있는 광주리에 파라오를 위하여 만든 여러 가지 구운 음식이 있는데 새들이 내 머리 위에 있는 광주리에서 그것들을 먹더라." 하니,

18 요셉이 대답하여 말하기를 "그 해석이 이러하니, 세 광주리는 삼 일이라.

19 이제부터 삼 일 안에 파라오가 당신의 머리를 끊어서 들어올릴 것이요, 당신을 나무에다 매달리니, 새들이 당신의 살을 뜯어 먹으리이다." 하더라.

20 ○ 삼 일째 되던 날은 파라오의 생일이었으므로 그가 그의 모든 신하들에게 잔치를 벌였는데 그의 신하들 가운데서 술 맡은 책임자와 빵 굽는 책임자의 머리를 들어서,

21 술 맡은 책임자는 그 술 맡은 직책을 회복시키니, 그가 파라오의 손에다 잔을 건네주더라.

22 그러나 파라오가 빵 굽는 책임자는 매어 달았더라. 요셉이 그들에게 해석했던 것과 같았으나,

23 술 맡은 책임자는 요셉을 기억하지 못하고 그를 잊어버렸더라.

빵 굽는 책임자는 첫 번째 해석에 고무되어 자기 꿈을 얘기했다(17절). 벌링거, 심마쿠스, 로젠 뮬러 등에 따르면 16절의 "흰 광주리"(white baskets)는 분명히 실수이며 "가늘게 엮은 광주리들"(wicker baskets)

이라고 한다. 어떻게든 본문을 믿지 않겠다고 하는 자들이다. 이곳에 쓰인 "흰"(white)(히. "코리")은 "가늘게 엮은"(wicker)이란 뜻이 아니다. 오히려 광주리 안에 흰 빵이 들어 있다는 의미이다. 일반 사람들에게는 상식으로 이해가 되는 것도 언어학자들은 쩔쩔매니 이 어찌된 노릇인가? 이번에는 부정적인 해석이 나왔다. 이 해석을 들은(18,19절) 빵 굽는 책임자는 "과격한 사람이구먼, 누가 그런 식으로 해석하라고 그랬어?"라고 대꾸했을지도 모르겠다. 이에 대해 요셉은 "내 해석을 뭐라고 명칭을 붙여야 할지는 모르지만 하나님께서 주신 해석 그대로입니다."라고 직선적으로 대답했을 것이다. 3일 후 그 예언은 그대로 이루어져 술 맡은 책임자는 회복되었고 빵 굽는 책임자는 교수형을 당했다(21,22절). 인간은 은혜를 쉽게 잊어버리는 법이다. 술 맡은 관원은 요셉을 잊어버렸고 그를 감옥에 그대로 내버려두고 말았다.

우리는 이번 장에서도 성령께서 예수 그리스도에 관해 계시하는 많은 내용들을 찾아볼 수 있다.

1. 요셉과 마찬가지로 두 명의 죄수가 그리스도와 함께 있었다(마 27:38).

2. 그 가운데 한 명은 "회복"되었고, 다른 한 명은 "저주"받았다(신 21:23, 갈 3:13, 눅 23:39-42).

3. 예수님은 요셉과 같이 "범죄자들과 더불어 헤아림을 받았다"(마 15:28).

4. 그러나 예수님은 요셉처럼 무죄했다(사 53:1-8).

5. 왕의 진노는 두 명의 강도에게 있었던 것처럼 두 명의 죄수에게 있었다(고후 5:21, 롬 1:18).

6. 예수님은 요셉처럼 묶였다(요 18:12, 창 40:3).

7. 예수님은 요셉처럼 "죄인을 섬겼다"(창 40:4, 요 13:1-13).

8. 예수님은 요셉처럼 왜 죄인들이 슬퍼하는지 알기를 원했다(창 40:7, 눅 24:17).

9. 예수님은 요셉처럼 무오한 해석을 해주실 수 있었다(눅 24:45).

10. 주의 만찬의 두 가지 요소인 빵과 포도즙이 창세기 40장에도 나온다(창 40:10,17).

11. 창세기 40장의 포도즙은 포도 열매에서 난 "새 포도주"(new wine)와 동일한 것이었다(창 40:10, 마 26:69).

12. 포도송이는 "짜져서" 잔에 떨어졌다(창 40:11). 예수님께서도 포도 열매를 짜서 잔에 받아 제자들에게 주셨다.

13. 술 맡은 관원의 꿈과 회복 사이는 3일간의 간격이 있었고(13절) 회개한 강도의 죽음과 회복 역시 3일간의 간격이 있었다(마 12:40, 눅 23:41-43).

14. 예수님은 요셉처럼 히브리인이었다(15절).

15. 빵 굽는 사람의 사형 방법이 "나무"(9절)에 달리는 것인 것처럼 회개하지 않은 강도 역시 십자가에서 죽었다.

이 모든 증거들(창 37,39장에 나오는 모든 증거들과 합해)에도 불구하고 우리들은 무신론자, 불신자, 회의론자, 불가지론자들에 따르면 성경이 "다른 종교 경전" 혹은 "고대 문헌"에 불과하다고 믿어야만 한다.

이와 같은 현상이 일어나는 책이 이 세상 그 어느 곳에, 그 어떤 종교의 경전에 있다는 말인가?

이런 현상은 코란, 사서삼경, 수트라, 베다, 샤스타, 프라나, 오디세이,

〈사자(死者)의 서(書), The Book of the Dead〉, 사해 사본(성경의 필사본에 해당되는 것은 제외), 탈무드, 외경(성경을 베낀 것은 제외), 노스트라다무스, 진 딕슨, 에드가 케이시, 브리디 머피나 아킬레스, 소포클레스, 에우리피데스, 플라토, 사포, 페트라르카, 요세푸스, 헤로도투스... 그 누구의 책에도 결코 일어난 적이 없다.

따라서 성경대로 믿는 사람들은 향후 일어날 일에 대해 한 사람의 생애에서 150여 가지의 예언을 적중시킨 그러한 책이 나오지 않는 한(그것도 출생 1,400년 전에) 그 무엇과도 성경을 바꿀 수 없다. 그러지 않는 한 이 세상의 모든 "경전들"과 "문학작품"과 "문헌들"은 조용하고 겸손하게 입을 다물고 성경이 말씀하시는 바에 귀를 기울여야만 할 것이다. 아멘!

창세기 41장

41:1 만 이 년 후에, 파라오가 꿈을 꾸었는데, 보라, 그가 강가에 서
있더라.
2 그런데 보라, 잘생기고 살진 암소 일곱 마리가 강에서 올라와
풀밭에서 뜯어 먹고
3 또 보라, 그 뒤를 따라 흉하게 생기고 야윈 다른 암소 일곱 마리
가 강에서 나와 강둑에서 그 암소들 곁에 섰더라.
4 그 흉하게 생기고 야윈 암소들이, 일곱 마리의 잘생기고 살진
암소를 먹은지라, 파라오가 깨었다가,
5 다시 잠들어 두 번째 꿈을 꾸었는데, 보라, 한 줄기에서 일곱 이
삭이 나오는데 무성하고 충실하더라.
6 보라, 또 그 뒤를 따라 깡마르고 동풍으로 시든 일곱 이삭이 솟

아 나오더니,

7 그 깡마른 일곱 이삭이 무성하고 가득 찬 일곱 이삭을 삼켜 버린지라, 파라오가 깨었으니, 보라, 꿈이더라.

8 아침이 되니 그의 영이 불안하기에 보내서 이집트의 모든 마술사와 모든 현명한 사람들을 불러서 파라오가 그들에게 자기 꿈을 이야기했으나, 파라오에게 그것을 해석해 줄 수 있는 사람이 아무도 없었더라.

9 ○ 그때에 그 술 맡은 책임자가 파라오에게 고하여 말하기를 "내가 오늘 내 잘못을 기억하나이다.

10 파라오께서 종들에게 노하사, 나를 경호대장의 집에 있는 철창에 *넣으실 때* 나와 빵 굽는 책임자를 넣으셨나이다.

11 어느 날 밤 우리, 즉 나와 그가 꿈을 꾸었는데 우리는 각자가 해석이 다른 꿈을 꾸었나이다.

12 그곳에는 경호대장의 종인 히브리인 한 젊은이가 우리와 함께 있었는데 우리가 그에게 말했더니, 그가 우리의 꿈들을 해석해 주었는데 각인에게 꿈대로 해석해 주었으며,

13 그가 우리에게 해석해 준 대로 그렇게 되었으니 나는 나의 직책을 회복하였고, 그는 매달렸나이다." 하더라.

『**만 이 년 후에**』(1절). 이 기간은 빵 굽는 관원의 사형집행으로부터 계산되어야 할 것이다. 이는 요셉이 30세까지는 감옥에서 나오지 않았기 때문이다(창 41:46).

학자들은 창세기 41:1에 나오는 파라오가 누구인지에 대해 상당히 고

심하는 것 같다. 이들은 여느 때와 마찬가지로 하루살이는 걸러 내고("갈대 바다," "테러번," "아세라," "온천"... 등) 낙타는 삼켜 버린다(이스라엘의 회복, 예수 그리스도의 실제적, 가시적 재림과 다윗의 보좌에서 다스리시는 천년왕국, 전천년 휴거, 그 밖의 정말 중요한 성경적 교리들). 윌킨슨은 이 자가 오시르타센 1세라고 생각하는 반면 스튜어트 풀은 그가 아이사(혹은 아시스)라고 생각한다. 오스본은 아포피스, 스탠리 리스는 토스메스 3세, 그리고 보노미는 람세스 3세라고 주장한다. 심지어 벌링거까지도 그가 누구인지 확실하게 모르고 있으니(Companion Bible, 부록 p.34) 이 문제는 접어 두는 편이 나을 것이다. 그 파라오가 누가 되었든 간에 그는 자기도 모르는 사이에 18개의 예언적 사실을 언급하고 만 것이다(37-45절 주석 참고).

파라오는 꿈속에서 나일 강가에 서 있었다. 잘생기고 살진 암소 일곱 마리가 강에서 올라와 풀밭에서 뜯어먹기 시작했다. 풀밭(meadow)은 히브리어로 "아추"인데, 이 단어 역시 주석가들이 뜯어고치려고 하는 대상 중 하나이다. 그들은 이 히브리어 단어가 "갈대" 혹은 "파피루스"를 의미한다고 주장한다. 그러나 이런 결론은 부패한 〈칠십인역〉에서 유래된 것이다. "파피루스"(갈대)에 해당되는 히브리어는 "아추"가 아니고 "아그몬"이다. 또한 갈대(reed)에 해당되는 히브리어 역시 "숲"이나 "아추"가 아니고 "아감"과 "콰네"이다(렘 51:32, 사 19:6 등).

이집트의 풀밭은 미국이나 영국의 풀밭과 다르기 때문에 본문을 결코 바꿀 필요가 없다.

뒤이어 흉하게 생기고 야윈 마른 암소 일곱 마리가 강에서 나와 잘생기고 살진 암소를 삼켜 버렸다(4절). 놀란 파라오는 잠에서 깨어났다.

이런 꿈을 꾸고서 안 깨어날 사람이 어디 있겠는가?

[이집트에서는 인도에서와 같이 소가 "신성한" 동물로서 풍요의 여신인 이시스(Isis)를 대변한다. 오시리스는 (대영박물관에 보면) 일곱 마리의 암소를 대동한 수소로서 대표된다. 오시리스는 바빌론의 니누스와 마찬가지로 흔히 이시스의 남편으로 불리며 때로는 그녀의 아들이라고 불린다. 이시스에 해당되는 로마카톨릭 여신은 "하나님의 어머니 마리아"이다. 하나님께서는 누가복음 1:35에서 남편이 해야 할 역할을 하셨음을 주목하라. 이에 대한 함족 출신의 흑인들의 표현이 있지만 여기서 언급하진 않겠다. 함은 성 문제를 갖고 있었다(창 9:22-25 주석 참고). 오시리스는 흑인으로 그리고 이시스는 백인으로 묘사된다. 이시스는 암소로서 양 귀 사이에 "님부스" 혹은 "할로"를 대표하는 금으로 된 디스크를 갖고 있는데, 이 디스크는 카톨릭 마리아에게도 주어졌다. 따라서 북아프리카에 그 기원을 두고 있는 카톨릭 교회의 니케아 공회에 참석한 함족 대표들이 "성모 마리아"가 신격의 두 번째라고 믿었다는 것은 놀랄 일이 못 된다(〈Quarterly Journal of Prophecy〉의 1852년 7월호 p.224에 인용된 님롯 제3권 p.329 참고). 이시스, 마리아, 아쉬토렛, 이쉬타르, 비너스, 다이아나, 베스타, 로렐라이, "엘레 여인" 사카, 시르체, 마돈나 등은 모두 동일한 여인이다. 이 여인들은 전 우주의 거대한 종교 창녀로 사탄의 신부를 예표하는 자들이다(계 17장 주석 참고). 팔레스타인 땅에서 살다가 예수 그리스도를 낳은 유대 여인 "마리아"와 로마카톨릭의 "마리아" 사이에는 사도 바울과 호찌민 사이만큼도 관련이 없다.]

파라오는 다시 잠을 청했다. 그는 다시 꿈을 꾸었는데, 이번에는 일곱 이삭에 대한 꿈이었다(5절). 처음에는 이삭이 무성하고 충실했다(5절). 무성하다(rank)는 단어가 오늘날에는 "냄새나는" 혹은 "악취의"라는 뜻이라고 억지 주장을 펴는 분들은 "rank"라는 단어가 여러 가지 지위를 언급한다는 사실을 일부러 잊으려고 하는 것이다(주지사, 시장, 소위, 소령, 상사 등등). 한 단어에 한 가지 뜻만 있다고 생각하는 것은 참으로 어리석은 일이 아닐 수 없다(신약성경에서 "let"는 세 가지 다른 의미로 쓰였음을 기억할 것). 학자들은 또한 히브리어의 "시볼렛"을 곡식 이삭(corn)으로 번역한 것을 트집을 잡지만, 이것은 신약성경의 요한복음 12:24에 해석되어 있다.

뒤이어 깡마르고 동풍으로 시든 이삭이 나왔는데(6절), 이에 대해 볼렘은 이집트에는 동쪽에서 직접 바람이 부는 것은 "드문" 일이라며 성경을 믿지 않으려고 한다. "동풍"은 성경에서 뜨겁고, 건조한 돌풍을 상징하며 그것이 시로코 열풍인지 아닌지는 별 문제될 것이 없다(합 1:9, 욥 27:21). 깡마른 일곱 이삭이 무성하고 충실한 일곱 이삭을 삼켜 버린 후 파라오는 깼다(7절).

아침이 되자 그는 불안한 마음에 느부캇넷살처럼(단 2:1-3) 모든 마술사들을 불렀다. 그러나 그것은 헛수고였다. 바로 그때 그 술 맡은 관원은 요셉이 생각났다. 『**내가 오늘 내 잘못을 기억하나이다. 파라오께서 종들에게 노하사**』(9,10절). 그는 창세기 40:12-19에 나오는 사건을 설명한 후 『**그가 우리에게 해석해 준 대로 그렇게 되었으니**』(13절)라고 결론을 내렸다. 이것이 바로 예수 그리스도의 무오한 증거, 즉 "예언의 영"이다(창 20:7 주석 참고). 만약 어떤 선지자가 "일이 잘 돼 갈 것이다"라고 말했는데 일이 잘 안 되어 가면, 그자는 거짓말쟁인 것이다. "하나님께서 이스라엘을 완전히 끝장내셨다."라고 어떤 선지자가 말했는데 유대인들이 자기 조국으로 돌아가고 있다면 그 선지자는 거짓말쟁이인 것이다. 어떤 선지자가 "구원받지 못한 사람들은 연옥으로 갈 것이다"라고 했는데, 그들이 지옥으로 가 버리면 그는 거짓말쟁이인 것이다. 선지자가 "화평이로다!"라고 외쳤고 그의 추종자들도 화평을 외쳤는데 화평이 오지 않는다면, 그들은 모조리 거짓말쟁이인 것이다(렘 4:10; 6:14; 8:15; 16:15; 28:9, 겔 13:10, 미 3:5, 살전 5:3, 사 48:2,3을 공부할 것).

41:14 ○ 그때 파라오가 보내어 요셉을 불렀더니, 그들이 그를 그 감옥
에서 급히 데려왔더라. 요셉이 수염을 깎고 옷을 갈아입고 파라
오에게 들어가니,
15 파라오가 요셉에게 말하기를 "내가 한 꿈을 꾸었는데 그것을 해
석할 수 있는 자가 아무도 없도다. 내가 너에 관하여 들으니 너
는 꿈을 깨달아 그것을 해석할 수 있다는 것이라." 하더라.
16 요셉이 파라오에게 대답하여 말하기를 "그것은 내 안에 있는 것
이 아니니 하나님께서 평안의 대답을 파라오에게 주시리이다."
하니,
17 파라오가 요셉에게 말하기를 "보라, 내 꿈에 내가 강둑 위에 서
있는데
18 보라, 살지고 잘생긴 암소 일곱 마리가 강에서 올라와 풀밭에서
뜯어 먹고,
19 또 보라, 초라하고 아주 흉하고 야윈 다른 암소 일곱 마리가 그

들을 뒤따라 나오는데 그처럼 흉한 것은 내가 아직껏 이집트 땅
에서 본 적이 없었으니,
20 깡마르고 흉하게 생긴 암소가 처음의 살진 일곱 마리의 암소를
먹어 버리더라.
21 그들이 그들을 먹어 버리고서도 먹은 것 같지도 않고 처음과 마
찬가지로 여전히 흉하더라. 그래서 내가 깨었고
22 또 내가 꿈에 보니, 보라, 한 줄기에서 일곱 이삭이 나오는데 가
득 차고 충실하더라.
23 보라, 파리하고 깡마르며 동풍으로 시든 일곱 이삭이 그들 뒤에
나오더니,
24 마른 이삭들이 좋은 일곱 이삭을 삼켜 버리더라. 내가 이 꿈을
마술사들에게 말하였으나, 그것을 내게 설명할 수 있는 자가 아
무도 없었느니라." 하더라.
25 ○ 요셉이 파라오에게 말하기를 "파라오의 꿈은 하나니이다. 하
나님께서 파라오에게 그분이 하실 일을 보여 주셨나이다.
26 좋은 일곱 마리 암소는 칠 년이며, 좋은 일곱 이삭도 칠 년이니,
꿈은 하나니이다.
27 그들을 따라 올라온 마르고 흉하게 생긴 암소 일곱 마리는 칠
년이며 속이 비고 동풍으로 시든 일곱 이삭은 칠 년의 흉년이
되리이다.
28 내가 파라오에게 말씀드린 것이 이것이니, 즉 하나님께서 파라
오에게 그분이 행하실 일을 보여 주시나이다.
29 보소서, 온 이집트 땅에 칠 년의 큰 풍년이 오겠고

30 그후에 칠 년의 흉년이 이르리니, 이집트 땅에서 모든 풍년은 잊어버리겠고 기근이 이 땅을 소멸시키며

31 뒤따르는 흉년 때문에 풍년을 이 땅에서 기억하지 못할 것이니, 이는 그 흉년이 매우 심할 것임이니이다.

32 그 꿈을 파라오께서 두 번 겹쳐 꾸신 것은 하나님께서 그 일을 정하신 것임이니 하나님께서 곧 그 일을 일어나게 하시리이다.

33 그러므로 이제 파라오께서는 신중하고 현명한 사람을 찾아서 이집트 땅을 치리하도록 세우소서.

34 파라오께서는 이 일을 행하시고 그 땅을 치리할 관리들을 임명하셔서 칠 년의 풍년에 이집트 땅의 오분의 일을 거두게 하며,

35 그 관리들로 다가올 풍년의 모든 식량을 거두고 그 곡식을 파라오의 수하에 쌓아 두어서 성읍들에서 식량으로 간직하게 하소서.

36 그 식량이 이집트 땅에 임할 칠 년의 흉년에 대비하여 땅에 저장되면 그 땅이 흉년으로 인하여 멸망치 않으리이다." 하니라.

본문은 그리 자세한 주석이 필요 없다. 요셉은 수염을 깎고 왕 앞으로 나아갔는데, 이는 수염과 양은 이집트인들에게는 가증스러운 것이었기 때문이다. 반면 유대인들에게는 머리와 수염을 깎는 것과 수소가 가증스러운 것이다(삼하 10:4, 출 8:26). 파라오가 요셉에게 꿈을 이야기하기 전 요셉은 하나님께서만이 해석을 하실 수 있음을 알림으로써 다시 한번 하나님께 영광을 돌리고 있다. 『**하나님께서 평안의 대답을 파라오에게 주시리이다**』(창 41:16). 평안의 대답이라고 하는 표현은 왕에 대한 예절이라고 할 수 있다. 요셉은 평안의 대답이 아닌 "진노의 대답"이라 할지라도 성경 변개자들처럼 삭제하거나 변개시키지 않고 있는 그대로 메시지를 전달하였을 것이다.

17-24절은 1-8절을 다시 되풀이한 내용이며 파라오는 **『그처럼 흉한 것은 내가 아직껏 이집트 땅에서 본 적이 없었으니』**(19절)라는 말을 덧붙였다. 21절 역시 꿈의 내용에 대한 파라오의 개인적인 의견이라고 할 수 있다. **『그들이 그들을 먹어 버리고서도 먹은 것 같지도 않고 처음과 마찬가지로 여전히 흉하더라』**(21절).

드디어 요셉의 때가 온 것이다. 지난 수년간의 기도와 주님과의 깊은 교제 가운데서 인내로 기다리고 있던 그 일이 드디어 다가온 것이다. **『하나님께서 파라오에게 그분이 하실 일을 보여 주셨나이다』**(25절). 꿈을 겹쳐 꾼 것(32절)은 분명한 사실임을 확인한다는 뜻이다(사 40:2; 61:7, 렘 16:18, 슥 9:12, 계 18:6) 요셉은 7년의 풍년(29절)이 온 다음 7년의 흉년(30절)이 올 것이며 이 흉년이 어찌나 심한지 사람들은 지난 7년간의 풍년을 기억하지도 못할 것이라고 말했다(31절). 이 흉년은 윌버가 세헬(첫 번째 폭포)에서 발견한 상형문자가 새겨진 비문에서 언급되었고 엘캅의 바바의 무덤에서 새겨진 비문에서도 다시 한번 언급되었다. 이 비문은 1908년 브룩쉬 베이에 의해 번역되었는데, 그 내용은 다음과 같다. "나일강이 7년 연속 범람하지 않았다. 이로 곡물이 시들고 말라 버렸고 그 땅은 곡식이라고는 찾아볼 수 없었다. 그 기간 중 기근과 비참한 생활이 전 이집트를 황폐화시켰다. 이 비문의 연대는 B.C. 1700년이고 어셔 주교의 연대표에 따르면 풍년이 끝난 해를 B.C. 1708년으로 잡고 있다. 거듭난 성공회 신자였던 어셔 주교(1581-1656)는 1900년대에 살고 있었던 과학자들과 고고학자들에게도 알려지지 않은 상형문자를 이미 손에 넣고 있었던 것처럼 보인다!

다가오는 흉년에 대비하는 대책은 풍년 기간 동안 수확의 5분의 1을 저장해 두는 것이며 이를 위해 관리들을 임명하는 것이었다(34절). 이들 관리들은 신중하고 현명한 사람 밑에서(33절) 그들의 임무를 수행해야만 될 것이다. 그렇지 않으면 식량 창고들은 다 동이나고 말 것이기 때문이다. ("기생"이란 단어는 원래 국고를 축내는 관리들의 관리 아래 놓인 "거룩한 창고"를 뜻하는 것이었다. 오늘날 이 단어는 원래의 의미에서 "퇴화"해서 오늘날 기생충, 기생 식물 등에 쓰이게 되었다.)

41:37 ○ 그 일이 파라오의 눈과 그의 모든 신하들의 눈에 좋게 여겨진지라,
38 파라오가 그의 신하들에게 말하기를 "우리가 이 사람과 같이 하나님의 영이 그 안에 있는 사람을 발견할 수 있으리요?" 하며,
39 파라오가 요셉에게 말하기를 "하나님께서 이 모든 것을 네게 보여 주셨으니, 너와 같이 신중하고 현명한 사람이 없도다.
40 너는 내 집을 치리하라. 나의 모든 백성이 네 말에 따라 다스림을 받으리니 내가 너보다 높음은 오직 보좌뿐이니라." 하고
41 파라오가 요셉에게 말하기를 "보라, 내가 너를 이집트의 온 땅을 치리하도록 세웠노라." 하고
42 파라오가 자기 손에서 반지를 빼서 요셉의 손에 끼워 주고 고운 세마포로 만든 조끼를 그에게 입혀 주고 금 사슬을 그의 목에

걸어 주더라.

43 파라오가 자기가 가지고 있는 둘째 병거에 그를 태우니 사람들
이 요셉 앞에서 소리지르기를 "무릎을 꿇고 절하라." 하더라. 파
라오가 그를 이집트의 온 땅을 다스리는 치리자로 세웠더라.

44 파라오가 요셉에게 말하기를 "나는 파라오라. 네가 없이는 아무
도 온 이집트 땅에서 자기 손이나 발을 들어 올릴 자가 없으리
라." 하며,

45 파라오가 요셉의 이름을 사프낫파아네아라 부르고, 또 온의 제
사장 포티베라의 딸 아스낫을 그에게 아내로 주었더라. 요셉이
나가 이집트의 온 땅을 치리하니라.

46 ○ 요셉이 이집트 왕 파라오 앞에 설 때에 삼십 세더라. 요셉이
파라오의 면전에서 떠나서 이집트의 온 땅을 시찰하니라.

권위역본의 문단 구분과 더불어(37절) 성령께서는 창세기 22장과 37장을 제외하고는 그 어떤 성경과도 비교될 수 없을 만큼 예수 그리스도를 잘 묘사하고 있는 내용을 기록하고 있다. 모세가 B.C. 1400년경 기록한 이 내용은 예수 그리스도의 "비하"(벧전 1:11)에 뒤이어 예수님께서 존귀를 받으시는 장면이다. 창세기 37-41장의 사건 순서를 유의해 보면 보이지 않는 손이 십수 세기를 앞서 모든 것을 다 내다보면서 창세기의 기록자에게 영감을 주고 계심을 인정하지 않을 수 없다. 창세기 37-41장까지의 내용은 단순히 예수 그리스도의 생애와 일치하는 것은 물론 사건의 순서까지도 정확히 일치하고 있지 않은가? 요셉은 37장에서 배반당하며 팔렸고, 39장에서는 거짓 고소를 당해 투옥되었으며, 40장에서는

"나무"(십자가)가 등장하고, 41장에서는 말씀으로 백성을 통치하기 위해 높임을 받는다! 왜 코란은 이와 같은 방식으로 기록되지 못했는가? 불경, 사서삼경, 기타 다른 경전들에는 왜 이런 현상이 없는가? "그거야 다른 사고방식을 가진 사람들이 다른 방식으로... 어쩌면 당신은 이런 식으로 문제의 핵심을 피해가려고 할는지 모르겠다. 그러나 독자들은 다른 책들을 쓴 자들에게는 앞으로 무슨 일이 일어날 것인지를 내다볼 능력이 없었다는 사실을 잊지 말기 바란다.

『**우리가 이 사람과 같이 하나님의 영이 그 안에 있는 사람을 발견할 수 있으리요?**』(38절) 물론 결코 찾을 수 없다. 우선 하나님께서는 예수 그리스도에게 성령을 한량없이 주셨다(요 3:34). 그분은 기쁨의 기름을 부음받아 동료들보다 우위에 놓이셨다(히 1:9). 이 땅에서 가장 성령으로 충만했던 사람들도 - 바울, 무디, 웨슬리, 토레이, 루터 등 - 거룩함에 있어 그분의 상대가 될 수는 없었다. 더군다나 소크라테스나 플라토가 영감을 받을 때마다 그 음성을 들었다고 자랑하는 "다이몬"(daemons)은 예수 그리스도를 충만케 했던 하나님의 영과는 아무런 상관도 없다.

『**하나님께서 이 모든 것을 네게 보여 주셨으니**』(39절). 파라오는 그의 꿈의 해석을 해 주신 하나님께 영광을 돌린다. 마찬가지로 예수님께 모든 것을 보여 주신 분은 하나님이셨다(요 5:20). 그리고 이 모든 일들을 그리스도인에게 보여 주시는 분은 하나님의 영이시다(요 16:15).

『**너와 같이 신중하고 현명한 사람이 없도다**』(39절). 예수 그리스도께서는 하나님의 지혜이시며, 하나님의 지혜가 육신을 입고 나타나신 분이시고, 하나님의 지혜가 계시되신 그분이시다(고전 1:22,30, 엡 3:10, 골 2:3, 계 7:12, 잠 8:1-36을 공부할 것).

『**너는 내 집을 치리하라**』(40절). 예수님께서도 자기 자신의 집을 치리하는 아들이시다(히 3:3). 그분의 집은 이스라엘의 집이었으나, 이 시대에는 하나님의 가족(the household of God)이 그분의 집이다. 그분은 신성을 지니신 신랑으로서 그분의 집과 신부의 머리가 되신다(엡 5장, 벧전 4:17, 마 23:7,38; 12:43-45, 요 8:34,35, 엡 2:19을 공부할 것).

『**나의 모든 백성이 네 말에 따라 다스림을 받으리니**』(40절). 구약에서의 방식도 동일하였으며(대하 34:21,26,27,30), 앞으로 동일한 방식으로 다스리실 것이다(살전 2:13). 입으로만 믿는다고 떠드는 그리스도인들은 자기들은 성경 대신 성령 혹은 예수 그리스도가 최종권위라고 주장하지만(실상 그들의 주장은 자기들이 생각하기에 예수님이 인도하고 있다고 생각하는 그것을 말한다) 진정한 그리스도인들은 말씀에 의해 인도함을 받는다. 루터는 그의 거짓 형제들이 "성경 우상 숭배자"라고 비난하는 동안 주님께 순종하면서 "내 양심은 그분의 말씀에 매여 있다."라고 고백했다. 성경 말씀에 의해 성경에 정의 내려져 있지 않은 그 어떤 주님도, 그리스도도, 성령도 마귀일 뿐이다(갈 1:8,9, 요일 4:1-3, 겔 33:31-33). 현대 기독교는 여자, 어린이, 사회적 표준, 교회 사역, 성경 "역본들," "믿음의 근본 사항들" 그리고 "말씀"[그들이 말하는 말씀은 구체적 어휘들로서의 말씀들(words)이 아니라, 말씀(Word)으로서 애매하고 추상적인 그 무엇이다.]에 의해 특징 지워진다. 이 애매하고 추상적인 "말씀"은 성경이 "마귀들의 교리들"과 미혹하는 "영들"(딤전 4:1-5)이라고 지적하는 바로 그것이다. 다시 말하지만, 하나님께서 여러 "역본들"을 통해서 일반적인 진리들을 전달하시고자 한다는 막연한 사실에 지배당하는 그리스도인은 하나님을 경시하는 반역자일 뿐이다(막 7:6,7,13).

『**내가 너보다 높음은 오직 보좌뿐이니라**』(40절). 40절 중반까지를 "내 백성 모두가 너에게 입을 맞추리라"고 해석을 한 칼빈, 슐텐스, 크노벨, 아인즈워스, 게세니우스, 푸르스트 그리고 워즈워드(〈강단의 주석〉)는 전체 구절의 전체적 적용은 놓쳐 버리고 말았다. 예수 그리스도에 대한 예표를 확연히 눈앞에 두고서도 〈강단의 주석〉은 전체적인 예표를 간과해 버리고 이를 전혀 언급하지 않고 있다(p.463-469, 1권). 37절에서 45절까지를 유의해 보면 40절의 하반절은 파라오가 하나님 아버지를 예표하고 있음을 보게 된다. 요셉은 둘째 병거를 탔다(43절). 신격의 제2위이신 예수님을 예표하기 때문이다. 이것이 지나친 해석이라고 생각되는 분은 다니엘이 왕국의 셋째 치리자가 되었으며(단 5:16) 그 문맥(단 5:14,15)은 분명 성령을 예표하고 있는 다니엘을 보여 주고 있음을 알 수 있을 것이다!(다니엘은 요셉과 마찬가지로 금 목걸이를 받았다. 성경을 조금이라도 아는 사람이라면 금은 신성을 상징한다는 사실은 알고 있을 것이다). 예수님께서는 "보좌"에 있어서만 아버지보다 한 단계 낮았을 뿐이다(고전 15:28, 요 10:29; 14:28). [어거스틴(A.D. 354)과 니케아공회(A.D. 325)는 이 사실을 좋아하지 않을 것이며 칼빈 역시 마찬가지다. 그래서 칼빈은 세르베투스(A.D. 1511)를 화형에 처한 것이다.]

『**보라, 내가 너를 이집트의 온 땅을 치리하도록 세웠노라**』(41절). 이렇게 해서 예수 그리스도께서는 강한 자의 재산을 강탈하셨고 하늘과 땅의 모든 권세를 얻으셨다(마 12:29; 28:19,20). 정치적인 의미에서 보자면 "이 땅의 왕국들"은 그분이 돌아오실 때까지(계 11:15)는 아직 예수 그리스도의 소유가 되지 못했지만 사탄은 영적인 패배로 말미암아(골 2:14,15) 이 세상 왕국들을 상실했다.

그러나 그 사실은 이 세상 정부, 제도, 교회, 학교, 사회, 종교 회의 등이 "기독교"화가 되었다는 뜻은 아니다. 이 모든 세상 것들이 하나님의 직접적인 뜻을 수행하고 있다는 뜻도 아니다. 이 세상은 현재 하나님의 허락하시는 뜻(permissive will) 아래서 사탄에 의해 통제되고 다스림을 받고 있다는 뜻이다. (슾 3:8,9, 슥 12:3, 마 13:30,40을 유의해서 공부하고, 이 문맥들이 에큐메니칼 사회주의를 다루고 있음을 주목하라.)

구원받지 못한 개신교도나 카톨릭교도는 마태복음 28:19,20이 기록되었으니 왕국은 이미 임한 것이며, 현재 계속해서 확장 중이라고 생각한다. 바로 이것이 구원받지 못한 사람들이 왕국에 대해 갖고 있는 전형적인 사고방식이다. 한마디로 다윈의 진화론을 성경에다 적용시킨 것이다. (요한계시록 11:15의 주석을 잘 살펴보라.)

『**파라오가 자기 손에서 반지를 빼서**』(42절). 여기서도 예표는 분명하다. 탄생석을 물린 반지들은 "아들들"을 위한 것으로 탕자 역시 귀환하였을 때(눅 15:22) 반지를 받았다. 이것은 하나님 아버지께서 아들을 영화롭게 하시는 것이다.

『**고운 세마포로 만든 조끼를 그에게 입혀 주고**』(42절). 역시 예표는 분명히 나타나 있다. 고운 세마포는 "의로움"을 상징한다(계 19:8; 6:11). 이것은 하나님께서 예수 그리스도께 그의 의로움을 주시는 것을 예표한다(사 61:10, 롬 10:1-4). 『**금 사슬을 그의 목에 걸어 주더라**』(42절). 금은 "신성"을 상징하기 때문에 예수 그리스도는 "육신으로 나타나신 하나님"이시다(딤전 3:16). (이 구절은 ASV, RSV, 네슬의 헬라어 성경, 웨스트코트와 홀트의 신약성경, 윌리엄즈, 리버사이드, 타르잔, 모팻, 다비, 듀이, 개역한글판성경, 그 밖의 모든 변개된 성서들에서 완전히 변개되어 버렸음을 잊지 말고 유의할 것.)

『**파라오는 자기가 가지고 있는 둘째 병거에 그를 태우니**』(43절). 성령의 예표(창 41:40 주석 참고)인 다니엘이 금사슬을 두르고 세 번째 병거를 탔듯이 아들을 예표하는 요셉은 금사슬과 함께 둘째 병거를 받았다. 『**사람들이 요셉 앞에서 소리지르기를 "무릎을 꿇고 절하라." 하더라**』(43절). 이 구절을 읽고서 빌립보서 2:9,10을 떠올리지 않을 사람이 어디 있는가? 그런데도 헬라어, 히브리어를 통달하고 평생을 성경을 주석하는 데에 바쳤다고 하는 자들이 이렇게 간단한 사실을 찾아내지 못했으니, 실로 이상한 노릇이 아닐 수 없다.

『**파라오가 그를 이집트의 온 땅을 다스리는 치리자로 세웠더라**』(43절). 이렇게 해서 예수 그리스도께서는 하나님께 도전하는 종교 집단들을 "뻗친 팔과 진노로" 다스리시게 된다(겔 20:33, 렘 21:5).

성경대로 믿는 사람들은(1967년에 채택된 새로운 장로교 "신조"와는 반대로) 고린도후서 5:18-21의 "화해"라는 것은 하나님과 구원받지 못한 사람과의 관계를 "완전히 화목케 되도록 확정한" 과거적 사건이 아니라는 사실을 주목하게 된다. 반대로 이 "화해"는 구원받지 못한 사람이 원하는 경우 화목을 가능케 할 수 있도록 해 주는 완성된 사건인 것이다. 고린도후서 5:18-21을 두고 모든 것이 "확정되었고" 남은 것은 "그 사실을 말해 주는 것뿐"이라고 가르치는 것은 다음의 구절들을 기록하신 하나님을 무시하고 거역하는 것이다.

『하나님의 진노가 불의 가운데서 진리를 붙잡는 사람들의 모든 불경건과 불의에 대하여 하늘로부터 계시되거니와』(롬 1:18).

『우리 모두가 이전에는... 다른 자들과 마찬가지로 본래 진노의 자녀였느니라』(엡 2:3).

『많은 사람이 그리스도의 십자가의 원수들로 행하고 있느니라. 그들의 종말은 파멸이며 그들의 하나님은 자기들의 배요』(빌 3:18,19).

『아들을 믿는 자는 영생을 가졌고 그 아들을 믿지 않는 자는 생명을 보지 못하고 오히려 하나님의 진노가 그 사람 위에 머물러 있느니라』(요 3:36).

고린도후서 5:18-21을 잘못 가르치는 자유주의 신학자들과 교회일치 운동가들은 진리를 파괴시켜 버렸다. 그들은 모든 사람이 하나님께서 다스리시는 "하나님의 자녀"라고 가르침으로써 거듭난 하나님의 자녀가 "죄와 허물로 죽어 있는"(엡 2:1-6) 성경을 거부하는 죄인과 동일한 취급을 받는 그런 "가족"을 제시하고 있는 것이다. 요셉의 통치권은 ① "나의 백성"에게(40절) ② "이집트의 온 땅에"(43절) 해당된다. 이 문제에 대해 사도행전 17:27,28은 분명한 구분을 하고 있다. 구원받지 못한 사람, 하나님의 자녀가 아닌 사람, 거듭나지 못한 사람, 믿지 않는 사람, 새로운 피조물이 아닌 그런 사람도 "하나님 안에" 있을 수 있으며 "하나님을 찾아 나설 수"는 있다(고후 5:17, 요 1:12,13, 롬 8:1-13). (창 41:40의 『**나의 모든 백성**』에 관한 주석 참고하라.)

『**네가 없이는 아무도 온 이집트 땅에서 자기 손이나 발을 들어 올릴 자가 없으리라**』(44절). 이것은 과장법적 표현이 분명하다. 이것은 예수 그리스도의 생애에 있어 요한복음 15:5에 해당한다. 파라오가 사용한 표현으로 볼 때 요셉은 절대 독재자로서 전 국민들 위에 절대권위를 행사할 수 있는 존재가 되었다. 요한복음 15:5에서 예수님께서는 자기 없이는 아무도 열매를 맺을 수 없다고 말씀했다. 이 세상에서 "열매"로 여겨지는 것들, 예를 들면 복지 단체, 심장병 기금, 암 기금, 평화 봉사단, 정신 병원, 기타 복지 단체들은 가장 뛰어나신 그분께(골 1:18, 고전 3:11, 막 8:38) 항상 계속해서 가장 뛰어난 첫째 자리를 내어 드리지 못하면 "나무와 풀과 그루터기"(고전 3:5-10)에 불과하다. 하나님의 아들을 인정하고 영화롭게 하지 못하는 이 세상 제도의 "열매"는 부패한 나무에서 맺은 썩은 열매일 뿐이다(마 7:17-20).

이 세상은 상속자를 죽이고서 그의 시체를 무덤에다 숨기고서는 그날로부터 그분께서 마호메트, 공자, 조로아스터, 그리고 부처와 같이 무덤에 여전히 머물러 계신 것처럼 주장하는데, 이것이 바로 이 세상이 심판받을 이유인 것이다(창 4:9-12과 마 21:38을 비교하라). "유산을 상속"받기 위해 아벨과 예수 그리스도를 죽인 자들은 모두 "종교적인" 사람들이었다. 따라서 이 세상은 매일의 삶에서 "먹고사는" 생활 가운데 예수 그리스도를 시인하기를 두려워하며 예수 그리스도를 시인하는 것을 부끄러워하고 예수 그리스도를 고백하지 않으려고 한다. 교황마저도 4억 명의 시청자들에게 4개의 TV 채널을 통해 연설하면서 예수 그리스도를 시인할 용기를 보이지 못했다(1968). 유엔은 그분의 이름으로 기도하려고 하지 않는다. 따라서 유엔의 미래는 이 세상의 나라들이 예수 그리스도의 발아래 무릎 꿇기까지는 "전쟁과 전쟁의 소문"으로 가득 찰 뿐이다. 이들은 사탄의 "그리스도"가 7년 동안이나 그들을 지배하고 난 후에야 심판을 통해 주님께 굴복할 것이다(계 11:6-16과 13:1-8 주석 참고).

요셉은 예수 그리스도처럼 새 이름을 받게 된다(창 41:45과 계 19:12을 비교하라). 이 이름은 "사프낫파아네아"이며 그의 아내의 이름은 아스낫으로 온의 제사장 포티베라의 딸이다.

1. "사프낫파아네아"란 "세상의 구주"(요 3:16)란 뜻이다. 파라오는 어떻게 해서 요셉과 같은 배경을 지닌 사람에게 그런 이름을 줄 수 있었는가? 요셉은 배반당해 팔려온 노예에다가 이집트인들이 싫어하는 히브리인이 아니었던가? 요셉 당시 이집트에는 50만 명의 노예들이 있었고, 그중 90%는 크레타섬, 누미디아, 리비아, 쿠레네, 아라비아, 에티오피아, 소아시아 등지에서 온 자들이었다. 그리고 왕국의 감옥에는 적어도 500명 이상의 죄수들이 있었을 텐데, 그중 한 죄수가 "세상의 구주"라고 불리다니 이 어찌된 일인가? 만약 자유주의자들 말대로 창세기는 모세가 쓴 것이 아니고 그 누군가가 B.C. 400년경에 기록한 것이라고 한다

면 이 사람은 어떻게 해서 요셉의 생애와 자기가 보지도 못한 예수 그리스도의 생애를 그처럼 일치시킬 수 있었는가? "사프낫파아네아"는 또한 "세상의 구원자," "세상의 생명의 통치자," "생명의 풍성함" 또는 "생명의 양식"으로 번역될 수 있다. 그러나 이 단어의 그 어떤 의미들도(30여 개를 지적한다손 치더라도) 동일한 범주에 속한다. "생명의 통치자"라는 칭호는 사도행전 3:15에 나오며, "생명의 빵"(요 6장)은 예수 그리스도께서 "이 세상의 생명"을 위하여 주시는 그분의 살이다(요 6:51).

2. "아스낫"은 "니트에게 바쳐진"이란 뜻으로 니트(혹은 니스)는 미네르바에 해당되는 이집트 여신일 것이다. 이 이름을 두고 어떤 사람들은 "이시스에게 봉헌된 여자"라고 해석하기도 한다. 성경을 진지하게 읽는 성경대로 믿는 그리스도인들에게는 이 단어의 의미에서 아스낫은 예수 그리스도의 신부의 완벽한 예표임을 찾아낼 수 있다.

a. 아스낫은 솔로몬의 신부처럼(솔 1:1-5) 함족 출신의 "흑인"이었다.

b. 따라서 그녀는 아내일 뿐만 아니라 "종들의 종"이다(갈 1:10의 바울을 보라).

c. 그녀는 참된 하나님에 대한 지식을 얻기 위해 이방의 우상 숭배를 버리게 된다.

d. 참되신 하나님께서는 그분의 예언의 말씀을 성취시킴으로써 자신을 입증하신다.

e. 그녀는 요셉을 만나기 전 마귀에게 바쳐진 자였으나(갈 4:8,9) 이제는 그녀의 남편에게 복종하는(엡 5:21-23) 쪽으로 방향을 선회했다.

3. "포티베라"는 "태양에게 바쳐진"이란 뜻으로 대다수의 이집트인들은(바빌로니아인들과 교황의 추종자들처럼) 태양의 숭배자들이었기에 아주 흔한 이름이었다(교황의 종교는 기독교 "전통들"과 니케아 신조 등으로 잘 위장되어 있으나 그 역사를 잠깐만 살펴보더라도 그것은 원래 바빌론 신비종교임이 드러나고 만다).

"온"은 그리스도인들이 "헬리오폴리스"라고 불렀던 도시로 "태양신의 성읍"이었다. 이 성읍은 투스카루사, 캠브리지, 뉴헤이븐, 시카고, 신시내티, 루이빌, 오스틴, 시애틀, 매디슨 등과 같이 "대학 도시"였다.

따라서 제사장의 집안에서 대학 교육을 마친 아스낫은 감옥에서 갓 출옥한 목동에게 시집을 온 셈이다. 엄청난 변화임에 틀림없다. 하나님께서는 선한 목자와의 결혼을 발전으로 간주하신다. 물론 우리의 목자께서는 "범죄자들과 같이 헤아림을 받으셨고" 불결한 문둥병자처럼(레 13:46) "진영 밖"으로 나가셔야만 했다(히 13:13). 아스낫은 자신이 살아오던 화려하고 사치스러운 아파트와 생활방식을 버리고 죄수 출신에게 시집을 오기 위해 제단으로 나아왔다. 아마 그녀의 친구들은 상당히 많이 수군거렸을 것이다. 물론 그녀가 왕국의 제2인자에게 시집을 갔기 때문에 "대놓고 입을 놀리지는" 못했겠지만, 파라오에게 고할 사람이 주변에 없을 때에는 그녀의 결혼에 대해 엄청나게 수다를 떨었을 것이 분명하다.

"이봐, 얘들아, 아스낫 말이야. 걔가 묵주를 내던지고 성경을 들고 다닌다더라. 성경을 말이야... 호호호..."

"걔야 원래부터 성경을 가지고 있었잖아..."

"물론이지. 그렇지만 그건 〈킹제임스성경〉 같은 구식이 아니었지! 케네디 대통령이 대통령 선서를 했던 그런 거였잖아. 게다가 걔가 언제 성경을 공개적으로 들고 다닌 적 있었니?"

"맞아, 아스낫이 요즘 찬송도 부른다던데?"

"뭐, 우리도 온에서 태양에게 찬송을 부르는데."

"물론 그렇지. 그렇지만 그 찬송가 가사가 기가 차더라고..."

"도대체 어떤 건데?"

"한번 들어봐. '대낮보다 더 밝은 곳, 우리는 믿음으로 그곳을 볼 수 있네. 우리 위해 처소를 예비하시는 아버지께서 기다리시네..."

"아니 그런 걸 다 믿고 있어?"

독자는 아스낫의 친구들의 대화나 카인과 아벨의 대화나 마찬가지라는 것을 짐작할 것이다. B.C. 1700년경 이집트에서나 1970년 노트르담에서나 이 세상의 반응은 동일하다(창 4:1-6과 그 주석 참고).

『**요셉이 이집트 왕 파라오 앞에 설 때에 삼십 세더라**』(46절). 이 구절을 읽으면서도 아직도 부족하다고 생각하는가? 30세는 하나님께서 예수 그리스도를 메시아의 사역을 위해 임명하심으로써 그분의 공생애가 시작되는 그때이다(눅 3:23). 〈강단의 주석〉은 이 구절에서도 예수 그리스도에 관한 모든 계시를 피해 가고 만다(우리는 이미 29가지를 제시한 바 있다). 이들은 이 구절들이 단지 요셉의 생애만을 보여 주는 역사 기록에 지나지 않는 것처럼 행동하고 있는 것이다. (37절에서 46절에 이르기까지 우리는 29가지의 세밀한 예표를 제시했다. 그리고 이 장의 후반에는 아직도 두 가지 예표가 더 남아 있다.)

41:47 칠 년의 풍년 기간에 땅은 많은 소출을 내더라.
48 그는 이집트 땅에 있는 칠 년간의 모든 식량을 모아서 성읍들마
다 그 식량을 쌓아 놓았으니, 각 성읍 주위에 있는 들의 식량을
성읍에다 쌓아 두었더라.
49 요셉이 곡식을 바다의 모래만큼 모았으나 너무 많아서 세는 것
을 그쳤으니, 이는 그 수가 한이 없음이라.
50 흉년이 들기 전에 요셉에게 두 아들이 태어났으니 온의 제사장
포티베라의 딸 아스낫이 그에게 낳은 것이라.
51 요셉이 그의 맏아들의 이름을 므낫세라 불렀으니 그가 말하기를
"하나님께서 나로 하여금 나의 모든 고생과 내 아버지 집의 모
든 것을 잊게 하셨다." 함이며,
52 둘째의 이름을 에프라임이라 하였으니 "하나님께서 나로 나의 고
난의 땅에서 다산하게 하셨다." 함이더라.
53 ○ 이집트 땅에 있었던 풍년의 칠 년이 끝나고
54 요셉이 말했던 바와 같이 기근의 칠 년이 시작되어 그 기근이
온 땅에 있었으나 이집트의 온 땅에는 식량이 있었더라.
55 이집트의 온 땅이 굶어 죽을 지경에 이르니 백성들이 식량을 달
라고 파라오에게 부르짖더라. 그러자 파라오가 모든 이집트인들
에게 말하기를 "요셉에게로 가서 그가 너희에게 말하는 대로 하
라." 하니라.
56 기근이 온 지면을 뒤덮으니 요셉이 모든 창고를 열고 이집트인
들에게 팔았으며 기근이 이집트 땅에 심해 가더라.
57 모든 나라에서 곡식을 사려고 이집트로 들어와 요셉에게로 왔

으니, 이는 온 땅에 기근이 심함이더라.

요셉은 34-36절에 나오는 그 계획을 시행하여 곡식을 모아 창고에 쌓아 두었다(47-49절). 곡식이 얼마나 많았는지 나중에는 더 이상 세는 것을 그쳤다.[〈Egypt and the Books of Moses〉, p.36, 헹스텐베르그.]

흉년이 시작되기 2년 전 주님께서는 요셉에게 두 아들을 주셨다. 두 아이가 태어난 시점이 따로 나와 있지 않은 것으로 보아 므낫세와 에프라임은 쌍둥이였을지도 모른다(카인과 아벨, 야곱과 에서처럼) 므낫세는(카인과 에서처럼) 장자였다(창 48:17). 므낫세와 에프라임은 탄생석과 흉배에 물린 보석과의 관계를 상당히 복잡하게 만들고 말았다(창 29:32,33 주석 참고). 만약 이 두 사람이 흉배 위에 있게 되면 요셉과 레위는 빠져야 한다. 왜냐하면 두 사람이 더해지면 12지파가 아닌 14지파가 되어 버리기 때문이다(이와 유사한 신약의 경우는 12사도에다가 바울과 바나바가 더해지는 경우이다. 행 14:14을 주목하라). 어쨌든 간에 이 두 소년의 이름은 예수 그리스도의 사역을 드높이고 있다.

1. 므낫세는 "잊어버림"이라는 뜻으로 이사야 53:11과 63:16과 직접적으로 관련된다. 만약 이런 적용이 무리한 것처럼 보인다면, 목자이며 그의 아버지의 사랑하는 아들이고 히브리인이며 죄수였고 형제들에 의해 이방인에게 은으로 팔렸으며 두 명의 죄수와 함께 갇혔으며 통치자의 지위에까지 올랐던 다른 인물이 있는지 찾아보기 바란다.

『**나의 모든 고생과 내 아버지 집의 모든 것**』(51절). 이것은 이사야 53:11과 63:16과 연관된다. 여기서의 "아버지의 집"은 야곱의 집을 말하는 것으로 로마서 11:1-29에 나오는 일시적으로 "대체된" 이스라엘을 말한다.

2. 에프라임은 "열매 맺음" 혹은 "두 배의 땅"이란 뜻이다. 이 이름은 요한복음 12:24, 베드로전서 2:21-24, 그리고 이사야 63:9과 직접적으로 관련된다. 그러니까 창세기 41장을 쓰신 분은 이 세 책을 이미 다 알고 있었다는 말이다. 믿음이 없는 사람들에게는 너무도 엄청난 일인지 모르지만 그것이 바로 하나님의 방식임을 왜 모르는가? 정 답답하면 이사야 41:21-24을 확인해 보라.

53-55절을 보면 요셉이 예언한 사건들이 그대로 일어났다. 이집트 백성들은 먹을 것을 달라고 아우성이었고 요셉은 이들에게 먹을 것을 팔았다. 기근은 이집트뿐만이 아니라 팔레스타인, 리비아, 에디오피아, 그리고 소아시아 일부까지 있었던 것 같다(57절). 그러나 밤과 아몬드 같은 작물은 기근의 영향을 받지 않았다(창 43:11). 이 기근은 매우 심각한 것이었다. 훗날 이집트는 이와 같은 기근이 몇 번 더 있었다. A.D. 1064-1071년의 7년 동안(Fatimee Khaleefeh El-Mustansir-Billah의 통치 때) 사람들은 기근으로 죽은 동물의 시체를 먹었고 개 한 마리가 5디나르, 고양이가 3디나르, 그리고 밀 한 되가 20디나르에 팔렸다(당시에 1디나르는 오늘날로 치면 10달러에 해당된다).

『**모든 나라에서 곡식을 사려고 이집트로 들어와 요셉에게로 왔으니**』(57절). 이번 장을 마감하면서 독자 여러분은 다음의 사실들을 주목하기 바란다.

1. 요셉은 예수님처럼 식량을 통제하고 있다(마 6:26; 13:52).

2. 요셉은 예수님처럼 그 누구도 빵이 없을 때 빵을 가지고 있다(요 6:35).

3. 요셉은 예수님처럼 "창고를 열 수" 있다(말 3:10).

4. 파라오가 사람들을 요셉에게 도움을 받으러 보낸 것처럼 사람들은 도움을 얻기 위해 예수께로 나오도록 요구받고 있다(55절).

5. 예수님의 어머니였던 마리아는 파라오가 53절에서 백성들에게 말한 그대로 말한 바 있다. 『**그가 너희에게 무엇을 말씀하시든지 그대로 행하라**』(요 2:5). [그런데 예수님께서는 『**땅에 있는 사람을 너희 아버지라 부르지 말라.**』(마 23:9)라고 말씀하셨다. 카톨릭교도들이여, 가서 이 말씀대로 하라!]

6. 요셉은 예수님처럼 이집트인들에게 "팔린다." 『**이는 죄의 삯은 사망이요**』(롬 6:23), 하나님의 선물은 돈으로 살 수 없기 때문이다(행 8:20과 롬 5:15-19을 공부하라). 요셉의 신부인 아스낫은 그 어떤 것도 살 필요가 없었다(45절 주석 참고). 요셉은 유명하게 되었어도 강직한 성품과, 높은 도덕 수준과 예의 바르고 친절한 태도와 기도하며 거룩한 생활과 하나님의 계명을 신실하게 붙들고 있는 그러한 사람으로, 아스낫은 그런 사람에게 시집갈 자격이 없는 여자였다. "아스낫은 요셉에게 주어졌고(요 17:6,8,11), 요셉도 아스낫에게 주어진 것이다"(요 3:16). 실로 놀라운 은혜가 아닐 수 없다. 주님을 찬양하라!!

우리는 창세기 41장을 끝내고(실로 영적으로 풍성한 장이었다.), 이제 이집트를 가로질러 동쪽으로 이동하여 아말렉인들의 고장을 통과해서 북쪽으로 헤브론에 이르게 된다. 파라오의 왕궁과 이집트의 화려한

궁정 생활을 뒤로하고 카나안의 초목지가 있는 계곡으로 가 보자. 그곳에는 일단의 그룹이 장막을 치고 살고 있다. 그곳에는 한 늙은 사람이 살고 있는데, 그의 아내들은 이미 다 죽었다(창 46:7). 그의 막내 베냐민은 거의 스무 살이 다 되었고 그의 나머지 열 아들은 다 결혼해서 자식들을 두고 있었다. 물론 이들 자식들이 아버지 가까이에 있긴 했지만 때로는 멀리 양을 치러 가기도 했다(창 37:13 주석 참고). 며느리들은 자식들을 키우면서 늙은 시아버지를 돌보았을 것이다. 베냐민이 19세 되던 해 주식시장은 폭락하고 은행이 문을 닫게 되었고, 이듬해 샤론의 골짜기는 황폐하게 되고 만다. 베냐민의 스무 번째 생일날 야곱과 그의 아들들은 기근으로 "허리띠를 졸라맬" 수밖에 없었다.

창세기 42장

42:1 그때 야곱이 이집트에 곡식이 있음을 보고 야곱이 그의 아들들
에게 말하기를 "너희들은 어찌하여 서로 쳐다만 보느냐?" 하고
2 그가 말하기를 "보라, 내가 듣기로는 이집트에 곡식이 있다 하
니, 너희는 그곳으로 내려가서 거기서 우리를 위하여 사오라.
그래야 우리가 살고 죽지 않으리라." 하더라.
3 ○ 그리하여 요셉의 열 형들이 곡식을 사러 이집트로 내려갔으나,
4 야곱이 요셉의 아우 베냐민은 그의 형들과 함께 보내지 않았
으니, 이는 그가 말하기를 '혹시 해가 그에게 미치리라.' 함이
었더라.
5 이스라엘의 아들들이 곡식을 사러 온 자들 사이에 있으니, 이는
기근이 카나안 땅에 있었음이라.

6 요셉은 그 땅의 치리자며, 그 땅의 모든 백성에게 파는 자가 바
로 그였더라. 요셉의 형들이 와서 땅에다 그들의 얼굴을 대고,
그에게 절하더라.
7 요셉이 그의 형들을 보고 알았으나 그들에게 모르는 체하고 그
들에게 엄하게 말하였으니, 그들에게 말하기를 "너희는 어디서
왔느냐?" 하니, 그들이 말하기를 "카나안 땅에서 식량을 사러 왔
나이다." 하더라.
8 요셉은 그의 형들을 알았으나, 그들은 요셉을 알지 못하였더라.
9 요셉이 자기가 그들에 대하여 꾼 꿈을 기억하며, 그들에게 말하
기를 "너희는 정탐꾼들이라. 이 땅의 실상을 보려고 너희가 왔느
니라." 하니,
10 그들이 그에게 말하기를 "내 주여, 아니니이다. 당신의 종들은
양식을 사러 왔나이다.
11 우리는 다 한 사람의 아들이며, 우리는 진실한 사람들이요, 당신
의 종들은 정탐꾼이 아니니이다." 하더라.
12 요셉이 그들에게 말하기를 "아니라. 이 땅의 실상을 보려고 너
희가 왔느니라." 하니,
13 그들이 말하기를 "당신의 종들은 열두 형제들로 카나안 땅에 있
는 한 사람의 아들들인데, 보소서, 막내 아들은 오늘 우리 아버
지와 함께 있고, 또 하나는 없나이다." 하니,
14 또 요셉이 그들에게 말하기를 "내가 너희에게 이야기하여 말하
기를 '너희는 정탐꾼들이라.' 한 것이 이것인데
15 너희는 이같이 하여 증명해야 하리니, 너희의 막내 아우가 여기

에 오지 않으면, 파라오의 생명으로 *맹세하노니*, 너희는 여기서 나가지 못하리라.

16 너희 중에서 하나를 보내어 너희 아우를 데려오게 하고, 너희는 감옥에 갇혀 있으라. 그리하여 너희 안에 진실이 있는지 너희의 말들이 증명되리라. 그렇지 아니하면 파라오의 생명으로 *맹세하노니*, 너희는 분명히 정탐꾼이니라." 하며,

17 그들 모두를 다 삼 일간 감방에 가두었더라.

창세기 42장은 하나님께서 "숨겨져 있는" 인간의 마음을 다루는 이야기들 중 가장 위대한 이야기가 시작되는 장이다. 창세기 42-44장은 사랑, 슬픔, 좌절, 극적인 상황, 격정의 순간들로 가득 차 있다. 이 세 장은 요셉이 그의 형제들을 다루는 이야기를 보여 줄 뿐만 아니라 죄인이 죄를 깨닫고, 죄인임을 확신하게 되고, 잘못된 구원의 확신으로 미혹되었다가, 정죄받고, 자신의 참된 실상을 인식하여 구원으로 인도되는 과정을 낱낱이 보여 준다. 아더 핑크(〈Gleanings in Genesis, 창세기 이삭줍기〉에서)는 이 세 장의 사건에 대해 훌륭한 주석을 하고 있다. 물론 "학자들"은 핑크 형제의 해설을 그리 신뢰하지 않으려 한다. 이 세 장에는 요셉 당시의 실제 사건과 죄인의 구원에 이르는 놀라운 과정이 제시되어 있는 이외에도 요셉의 발언과 행동 속에 예수 그리스도에 관한 수십 개의 예표들이 계시되어 있다. 〈국제표준성경백과사전〉(제2권, p.1214)에 보면 창세기 주석가들로 주로 자유주의 신학자들과 죽어 버린 정통주의자들만이 추천되어 있다. 하지만 이들은 창세기를 이해하는 데에 전혀 도움을 주지 못한다. (이들은 Dillman, Gunkel, Starke, Stade,

Keil, Delitzsch, Strack, Holzinger, Kuenen, Bandissin, Konig, Cornill, Driver, Budde, Sohulz, Kehler, Sievers, Orr, Urquhart, Kohler, Kittel, Oettli, Klostermann, Wellhausen, Marti, Smend, Harernick, Hengstenberg, Moller, Wiener, 그리고 Green이다.)

만약 당신이 평생 동안 이들이 쓴 책들을 연구한다 해도, 당신은 펨버나 핑크, 라킨, 류폴드가 쓴 각각의 책 한 권에서 얻을 수 있는 자료의 4분의 1정도 밖에 얻지 못할 것이다. 이것은 두 개의 영원한 운명과 인간의 두 영적 상태(구원과 멸망)가 있다는 것은 물론, 기독교 학자들이 성경을 대하는 방식에도 뚜렷한 두 가지 태도가 있다는 사실을 확연하게 보여 준다. 이들 학자 연맹은 펨버, 라킨, 스코필드, 벌링거, 류폴드, 핑크 같은 사람들은 참고자 명단에서 고의로 빼버렸다. 이와 같은 이유와 기타 여러 가지 이유로 인해 우리는 독자들이 〈강단의 주석〉의 창세기 주석 서문(제1권, pp. xcii, xciii)에 언급된 모든 학자들과 방금 열거한 사람들을 모두 무시해 버릴 것을 권면하는 바이다. 단지 존 피터 랑게만이 본문에 약간의 조명이라도 제공할 수 있는 유일한 사람일 것이다. 그러나 필자는 랑게마저도 아더 핑크, 류폴드, 클라렌스 라킨에게서 많은 것을 배워야 할 필요가 있음을 밝혀 둔다.

『**너희들은 어찌하여 서로 쳐다만 보느냐?**』(1절) 곡간은 비었고 냉동실과 냉장실도 비었으며 나머지 식량도 몇 개 남지 않았다. 단, 르우벤, 유다 등은 누군가가 대책을 내어놓기만을 기대하며 서로 쳐다보고 있었다. 어쩌면 창세기 12:10,11의 사건은 그들에게 아직은 덜 실감이 됐을지 모르겠다. 결국 야곱이 문제를 제기하고(2절) 자식들은 이집트로 내려갔다(3절). 베냐민은 사랑하는 아들 라헬의 유일한 자식으로 야곱과 함께 남았다(4절).

영적으로 적용해 볼 때, 기근은 죄인으로 하여금 자신의 필요를 볼 수 있게 해 준다(탕자를 생각해 보라). 죄인은 배가 고플 때까지는 영적인 것들을 찾지 않는다(마 5:6, 암 8:11). 죄인이 드디어 진리를 찾기 시작할 무렵 그는 잘못된 곳으로 가고 만다. 그곳은 다름 아닌 이 세상의 예표인 이집트이다(3절). 그 다음 그는 요셉(그리스도의 예표)에게로 가게 되는데, 이번에는 "값없는 선물"을 받으러 가는 것이 아니고 그것을 돈 주고 사려고 한다(사 55:12).

야곱의 아들들이 요셉에게 와서 그에게 절을 하게 되자(6절) 요셉은 자기가 꾼 꿈을 기억하게 된다(9절). 〈강단의 주석〉은 여기서 창세기 37:7,8이 성취된 것으로 주장하지만 실상은 37:9에서처럼 11명의 형제들이 요셉에게 절을 하게 되는 창세기 44:14에서야 꿈은 성취되는 것이다. 바로 이 때문에 요셉은 다른 형제도 보고자 했던 것이다(15절).

20년의 세월과 통역을 통해 다른 언어를 사용하는 것(23절) 등으로 형들은 요셉을 알아보지 못했을 것이다. 더군다나 미디안 상인들에게 팔린 노예가(창 37:28) 이집트의 제2인자가 되어 있으리라고는 요셉의 형제들은 꿈도 꾸지 못할 일이었다.

이 외에도 요셉은 총리의 위엄을 갖추고 그들을 거만하게 대하면서 음식을 잘못 날라 온 웨이터에게 호통을 치듯이 말하고 있었다(7절). 요셉은 그들을 정탐꾼으로 보았는데, 물론 이것은 의도적인 속임수였다(그는 그들이 정탐꾼이 아니라는 사실을 잘 알고 있었다). 요셉은 그의 형들이 자신을 판 죄에 대해 회개하고 있는지, 그래서 그것을 후회하고 있는지 그 징후를 찾고 있었다. 요셉은 단지 보복을 하기 위해 거짓말을 하고 있는 것이 아니다. (독자는 이 모든 내용과 이어지는 모든 내용을 통해서 구원의 순서가 질서 정연하게 제시되어 있음을 보게 될 것이다).

1. 죄인은 "식량"을 사러 와서 책망을 받는다.

2. 비록 죄인이 경배라는 종교의식을 행하기는 했으나(6절) 그는 "알지 못하는 것을 경배"하고 있는 것이다. 왜냐하면 "구원은 유대인으로부터 나오기" 때문이다(요 4:22).

3. 하나님께서는 죄인을 알고 계시며 죄인이 무슨 답변을 할 것인지를 보시기 위해 질문을 하신다(창 42:7과 눅 24:19을 비교하라).

4. 요셉의 형제들은 "그를 알지 못했다"(8절, 이 구절과 요 1:10,11을 비교하라).

5. 하나님께서는 그에게 나아오는 죄인에게 죄를 물으신다(9절).

6. 죄인은 즉각 자신을 정당화시키며 자기가 얼마나 훌륭한 사람인가를 자세히 설명하고 자신의 "혈통"을 강조한다(10,11절). (이 상황에서 진화론자들은 어떤 혈통을 들먹거릴지 매우 궁금하다.)

7. 하나님께서는 비록 당신이 아담으로부터 나오지 않았다 할지라도(12절) 죄인이라고 주장하신다. 바로 이것이 바리새인들이 저지른 실수이다. 그들은 자신들의 족보를 아브라함까지만이라고 했으나(요 8:33,37), 실상 아브라함 역시 타락하고, 자기 의지와 자기 의로 가득 찬 아담의 후손이 아니고 무엇인가? 어쨌든 모두가 다 아담으로부터 온 것을 부인할 수는 없다.

8. 이때부터 죄인은 변명을 하기 시작한다(13절). 그러고 나서 자기

는 "불구자"였다든가, "운이 나빴다"든가 "성장 여건이나 환경이 좋지 않았다"든가 "최선을 다해 살았다"는 핑계를 대면서 자신이 죄인임을 인정하지 않으려 한다(롬 2:15).

9. 이때 주님께서는 말씀을 계속하시며(14절) 무기력한 죄인에게 심판을 맛보게 하신다. 르우벤, 레위, 시므온, 유다 등은 결국 그들의 몫을 받게 된다. 그들은 요셉이 갇혔던 그 감옥에 들어가게 된 것이다. 요셉의 호의와 선한 성품이 아니었더라면 그들은 삼 일 만에 풀려나지 못했을 것이다(17절). 그들이 요셉처럼 10-13년을 옥살이했다면 아마 "반쯤 미친 상태"가 되지 않겠는가?

『**보소서, 막내 아들은 오늘 우리 아버지와 함께 있고, 또 하나는 없나이다**』(13절). 죄인은 그리스도를 예표하는 요셉과 계속적인 대화 끝에 일부를 자백하는 상황이 되었다. 이들 10형제들은 곡식을 사러 올 때 요셉에 대한 그 어떤 언급도 할 의도가 없었다. 그들의 입장에서 보자면 사태는 엉뚱한 방향으로 나아가고 있었고 점점 악화되어 가고 있었다(21-23절). 20년 전에 일어났던 그 사건이 갑자기 대두되었고 사태는 걷잡을 수 없이 진행되어 가고 있었다. 도대체 파라오에게서 곡식을 사는 것과 17살 먹은 소년이 노예로 팔린 것과 무슨 상관이 있단 말인가? 아마 그들은 그렇게 생각했을 것이다. 이것이 바로 "올바르게 바로잡혀지기" 전에 하나님의 채찍을 맞게 되는 죄인에게 떠오르는 생각인 것이다. 죄인은 그가 지은 죄들이 떠오르게 되고 그 죄책감을 없앨 도리가 없게 된다. 결국 많은 사람들이 시간당 35달러씩을 내고 정신과 병원을 찾아가 쓸데없는 잡담을 나누면서 그것을 대화 요법(Logotherapy)이라고 둘러대는 것이다.

10명의 형제들은 감옥에 갇힌 사흘 동안 그들 중 누가 카나안으로 돌아가 베냐민을 데려올 것인가를 놓고 논쟁을 벌였을 것이다. 요셉의 처음 제안은 9명이 감옥에 남고 한 사람이 베냐민을 데려오는 것이었다. 16-19절에서는 1명이 남고 9명이 고향으로 돌아가 베냐민을 데려오도록 하는 경위가 설명되어 있다. 현재로서는 죄인은 합당한 장소, 즉 감옥에 갇혀 있는 상황이다. 즉 자신들의 죄에 대해 확신하고 이 문제를 어떻게 해결할 것인지를 곰곰이 생각하고 있는 것이다. 이것이야말로 자신이 죄인이라는 사실을 분명하게 확신하게 된 죄인의 모습인 것이다.

42:18 요셉이 삼 일째 되던 날, 그들에게 말하기를 "너희는 이같이 행하여 살라. 이는 내가 하나님을 두려워함이라.
19 만일 너희가 진실한 자들이면, 너희 형제 중 한 사람만 너희 감옥의 집에 갇히게 하고, 너희는 너희 집안의 기근을 위하여 곡식을 가지고 가서,
20 너희의 막내 아우를 내게 데려오라. 그리하면 너희의 말들이 증명되고 너희가 죽지 아니하리라." 하니, 그들이 그렇게 하니라.
21 ○ 그들이 서로 말하기를 "우리가 우리의 아우에 대하여 참으로 범죄하였도다. 그가 우리에게 애원할 때, 우리는 그의 혼의 괴로움을 보고서도 들으려 하지 않았으니, 그로 인하여 이 고난이 우리에게 임하였도다." 하고

22 르우벤이 그들에게 대답하여 말하기를 "내가 너희에게 말하지
않았더냐? 말하기를 '아이에 대하여 죄짓지 말라.' 했으나, 너희
가 들으려 하지 않았도다. 그러므로 보라, 그의 피가 또한 요구
되는도다." 하더라.
23 그들은 요셉이 그 말들을 이해하는 줄 알지 못하였더라. 이는
그가 그들에게 통역을 통해 말하였기 때문이라.
24 요셉이 그들로부터 돌아서서 울고, 다시 그들에게 돌아와서 그
들과 대화하고, 그들에게서 시므온을 취하여, 그들이 보는 앞에
서 그를 결박하였더라.
25 ○ 그리고 나서 요셉이 그들의 자루에다 곡식을 채우고, 각인의
돈을 자루에다 도로 넣고, 길에서 필요한 양식도 주게 명령하였
으니, 그가 그들에게 그렇게 해주었더라.
26 그들이 곡식을 자기들의 나귀들에다 싣고, 그곳을 떠났는데
27 그 중 한 사람이 여관에서 나귀에게 여물을 주려고 자기 자루를
열었을 때 자기 돈을 발견하였으니, 보라, 그의 돈이 자루 아귀
에 있더라.
28 그가 그의 형제들에게 말하기를 "내 돈이 다시 들어 있도다. 보
라, 내 자루 속에 있도다." 하니, 그들의 마음이 내려앉고 두려워
하며, 서로 말하기를 "하나님께서 이런 일을 우리에게 행하심이
어쩐 일인가?" 하더라.

요셉은 삼 일 후에 형제들을 풀어 주며 말하기를 "하나님을 두려워한다."라고 고백한다(18절). 이 말은 요셉이 그들은 하나님을 두려워하지 않는 자들이라고 생각하고 있음을 암시한다. 요셉은 한 명만을 인질로 잡고 나머지는 고향으로 보내 베냐민을 데려오도록 시켰다. 이때 인질은 당연히 시므온이었다(24절, 창 49:5 주석 참고).

예표적으로 보자면 죄인의 양심은 그간 충분히 살아난 셈이다. 삼 일간의 감옥생활 동안 그들은 "그(요셉)가 범죄자들과 헤아림을 받았다"는 사실을 분명히 인식하게 되었던 것이다. 21,22절의 대화 내용은 요셉의 마음을 찢어 놓았을 것이다. 왜냐하면 바로 그것이 그가 기대했던 바였고 결국 그것은 달성된 셈이다. 요셉은 그들의 대화를 다 알아듣고 있었지만 전혀 못 알아듣는 체하고 서 있었다(23절).

"이봐, 내가 말했지. 창세기 9:5에 보면 '피는 피로 갚아야 된다'고 되어 있다고 했잖아. 이제 우리가 그 값을 치르게 된 거야."

"그럴 리가, 그 구절을 문자적으로 해석한단 말이야? 너는 너무 죄책감에 시달리고 있는 것 같은데."

"너는 그럼 죄책감도 없냐? 너도 그곳에 같이 있었잖아."

"그렇지만 우리는 요셉을 죽이지는 않았지. 다만 팔아 버린 거 아냐?"

"이봐, 요셉이 이 순간 왜 언급되는 거야? 이 사건이 요셉과 무슨 상관이 있느냐구."

"아직도 모르겠어? 우리는 우리가 뿌린 것을 거두고 있다니까."

"그 성경 구절을 너는 그대로 믿는단 말야?"

"그럼, 믿고말고."(유다는 이렇게 말했을 것이다. 창세기 38장을 염두에 둘 것.)

이때 르우벤이 나서서 "그것 보라고. 내가 요셉을 해치지 말자고 그랬잖아? 내가 몇 번이나 말렸냐? 이제 우리 꼴을 좀 봐. 이제 어쩔 거야?"라고 말했을 것이다.

요셉은 그가 원했던 것 모두를 다 달성했다. 그의 눈에는 눈물이 고였고 침을 삼키기 어려울 정도가 되자 그는 남이 그가 울고 있음을 눈치채지 못하도록 자리를 떴다(24절). 잠시 후 그는 되돌아왔고 시므온을 묶고 다른 형제들은 보내었다(24,26절).

드디어 죄인은 은혜를 체험하게 된다(25절). 죄인이 체험하는 첫 번째 은혜는 찬송시에 잘 묘사되어 있다. "그의 은혜로 내 마음은 주를 두려워하게 되었다네." 그들 역시 첫 은혜를 경험하게 되자(오늘날 이런 경험은 매우 드문 현상이 되고 말았다) 그들의 마음이 내려앉게 되었다(28절).

요셉은 길에서 필요한 양식 외에 그들의 돈을 자루에다 넣어 다시 돌려보냈다(25절). 이것은 마치 "하나님의 선물은 돈으로 살 수 없다"고 선포하는 것 같다. 그들은 그 곡식뿐 아니라, 자신들이 가지고 온 모든 것을 나귀들에 얹고 돌아가면서도 그 사실을 전혀 모르고 있었다.

그들은 여관에 도착했다. (히브리어로는 "룬"에서 파생된 "말룬"이다.) 성경비평가들은 이 단어가 "여관"을 뜻하는 것이 아니라고 주장한다. 그러나 이 단어는 출애굽기 4:24에서도 여관으로 쓰인다. 학자들은 이것도 부인한다. 히브리어의 의미는 "숙박하다" 혹은 "밤을 보내다"라는 뜻인데, 여관의 의미와 정확히 일치하고 있다. 그런데도 왜 억지를 부리는지 모르겠다.

여관에 도착한 그들 중 어쩌면 레위가 제일 먼저 자루를 열고 나귀에게 여물을 주려고 했을 것이다. 그런데 그 안에는 돈이 들어 있었다. 이에 놀란 그들은 마음이 두렵고 떨려 결국 『**하나님께서 이런 일을 우리**

에게 행하심이 어쩐 일인가?』(28절)라고 고백하고 있는 것이다. 드디어 죄인들은 올바른 판단을 내리고 있다. 그들은 더 이상 자신들의 불행과 곤경을 "운이 나빴다"라든가 "진화론적 과정"이라든가 "우연"이라든가 "인생에 늘 있는 일"이라든가 "인생사란 언제나 그런 것"이라고 둘러대는 대신, 상황을 섭리적으로 주관하시는 하나님의 손길을 보기 시작하는 것이다.

오늘날의 정신과 의사가 그곳에 있었더라면 이들의 이러한 행동에 대해, 요셉에게 값을 치르는 것을 깜박 잊어버린 것이라든가, 다른 사람의 자루와 바뀌었을 것이라고 하면서 문제의 본질을 호도했을 것이고 아마도 치료비를 상당히 요구했을지도 모른다.

그러나 유다와 르우벤은 이들의 해결책에 동의하지 않았을 것이다. 여기서 하나님께서는 자신을 죄인들에게 계시하기 시작하신다. 그러나 실로 "놀라운" 계시가 아닐 수 없다! 왜냐하면 비록 돌아가서 돈을 두 배로 돌려준다고 해도, 거기에는 그들이 돈을 훔쳤다는 정죄가 함께 딸려갈 것이기 때문이다. 만일 파라오가 레위가 도둑임을 알아냈다면, 어떻게 레위는 "전당 잡혀 있는" 시므온을 데리러 그의 형제들과 이집트로 돌아갈 수 있겠는가? 더군다나 이들이 집에 돌아와 보니(35절) "모두가 다 도둑으로 판명되고 말았지 않았는가?" 『**차별이 없느니라. 이는 모든 사람이 죄를 지었으므로 하나님의 영광에 이르지 못하다가**』(롬 3:22,23).

여관에서 헤브론까지는 약 190마일의 긴 여행이었다. 만약 그들이 여행 도중 자기 자루를 열어 돈이 들어 있다는 것을 알았더라면 삼 일간의 여행 중 잠이라도 제대로 잤겠는지 의심스럽다. 결국 그들은 지치고,

더럽고, 좌절하고, 불안한 마음을 지닌 채 고향으로 돌아왔다.

**42:29 ○ 그들은 카나안 땅 그들의 아비 야곱에게 돌아와 그들에게 일
어난 모든 일을 그에게 고하며 말하기를**
**30 "그 땅의 주인 그 사람이 우리에게 엄히 말하고 우리를 그 땅의
정탐꾼으로 여기기에**
**31 우리가 그에게 말하기를 '우리는 진실한 사람들이요, 정탐꾼이
아니니이다.**
**32 우리는 열두 형제들로 한 아비의 아들이니이다. 하나는 없으며,
막내는 오늘 카나안 땅에 있는 우리 아버지와 함께 있나이다.'
하였더니,**
**33 그 땅의 주인 그 사람이 우리에게 말하기를 '내가 이같이 하여
너희가 진실한 자들임을 알리니, 너희 형제 중 하나를 여기에
나와 함께 남겨 두고 너희 가족의 기근을 위하여 양식을 가지고
가서,**
**34 너희의 막내 아우를 내게로 데려오라. 그리하면 너희가 정탐꾼
이 아니고 진실한 자들임을 내가 알며, 내가 너희 아우를 너희
에게 돌려줄 것이며 너희가 이 나라에서 장사하리라.' 하더이
다." 하니라.**
**35 ○ 그들이 자기들의 자루를 쏟았더니, 보라, 각인의 돈 뭉치가
그들의 자루 속에 들어 있으니, 그들과 그들의 아비가 돈 뭉치
들을 보고 다 두려워하더라.**

36 그들의 아비 야곱이 그들에게 말하기를 "너희들이 나의 자식들
을 잃게 하였으니, 요셉도 없고 시므온도 없는데 너희가 베냐민
도 빼앗아 가려 하니, 이 모든 것들은 나를 거역함이라." 하니,
37 르우벤이 그의 아비에게 고하여 말하기를 "만일 내가 그를 아버
지께로 데리고 오지 않거든 나의 두 아들을 죽이소서. 그를 내
손에 맡기소서. 그리하면 내가 그를 다시 아버지께로 데리고 오
리이다." 하니,
38 야곱이 말하기를 "내 아들은 너희와 함께 내려가지 못하리니 그
의 형은 죽고 그만 홀로 남았는데 만일 너희가 가는 길에서 화
가 그에게 미치면, 그때는 너희가 나의 백발로 슬픔과 더불어
음부로 내려가게 하는 것이라." 하더라.

아홉 명의 형제들이 집으로 돌아왔을 때 그들은 할 얘기가 많았을 것이다(29절). 30-34절의 내용이 그들이 아버지에게 열심히 설명한 것이다. 다만 34절에는 요셉이 7-20절에서 말한 내용에 『**너희가 이 나라에서 장사하리라.**』는 말이 첨가되었을 뿐이다. 아마 요셉은 "너희가 자유롭게 오가며 사고 팔 수 있을 것이라"는 의미의 말을 했을지도 모르겠다.

35절에 보면 그들이 자기들의 자루를 쏟으니 돈이 나왔고 그들은 실로 두려움에 휩싸이게 되었다. 각자 지녔던 돈이 다 되돌아왔고 결국 전 가족이 파라오의 돈을 훔친 "도둑 가족"이 되고 만 셈이다(왕실의 물건을 훔치면 사형에 해당된다. 함무라비법전 제6항).

야곱은 곤경에 빠지고 말았다. 요셉은 "죽었고," 시므온도 잡혀갔고 이제 베냐민마저 빼앗길 처지에 놓인 것이다(36절). 상황은 어둡고 분위기는 침울했다. 야곱이 인생을 회의적으로 바라본 것은 옳은 것이다. 『**이 모든 것들은 나를 거역함이라**』(36절). 물론 사건의 마무리는 "해피엔딩"으로 끝나지만 그것은 오직 하나님의 은혜 때문이었다. 인생을 회의적으로 바라보는 것은 올바른 인생관이다. 다만 하나님의 은혜가 개입되는 곳에서만 긍정적 인생관이 자리 잡을 수 있는 여지가 있다고 할 수 있다. 오늘날 "현대인들"은 하나님의 은혜는 저버리면서도 인생을 낙관적으로 바라본다(창 4:20-22와 5:29의 주석을 잘 읽어 보라).

"이 모든 것들"이 야곱을 거역하고 있었다. 이것은 하나님께서 정하신 원칙에 기인한다. 왜냐하면 "죄의 삯은 사망"이고 그리스도인들마저도 "심은 대로 거두기 마련"이기 때문이다(갈 6장). 야곱은 교활하고, 속임수를 썼고, 이중적 가치관을 지녔고, 편견을 갖고 있었다(창 25:33; 27:24; 28:22; 30:37; 33:14 등). 그는 그가 젊은 시절에 뿌려 놓은 것을 늙은 나이에 "수확"하고 있는 것이다(사 17:11). 그는 이제 다리를 절면서(창 32:32) 눈은 반쯤 장님이 된 채(창 48:10) 그가 뿌려 놓은 것을 거두어들이고 있는 것이다.

르우벤은 37절에서 아버지에게 해결책을 제안했다. 그러나 늙은 야곱은 그 제안을 받아들이지 않으려 했다. 이는 야곱이 그의 첫 아들은 "물처럼 불안정"하다는 사실을 일찍이 배웠기 때문이다(창 49:3). 그는 아비가 없을 때 믿을 만한 자가 못 되었다(창 49:4). 『**내 아들은 너희와 함께 내려가지 못하리니**』(38절). 베냐민은 "아름답고 사랑스런" 라헬의 막내로 야곱은 그를 잃고 싶지 않았다.

『그때는 너희가 나의 백발로 슬픔과 더불어 음부로 내려가게 하는 것

이라』(38절). 1611년판 권위역본은 여기서 "스올"을 "음부"(Grave)로 번역했다. 이로써 지옥을 믿는다고 고백하면서 그 단어가 언급되는 것을 원치 않는 모든 학자들을 경악케 만들었다. [1901년 ASV와 "New" 스코필드 관주성경은 가능한 한 모든 구절에서 "지옥"을 삭제시켜 버렸고 이로써 사람들의 귀와 눈을 자극시키지 않으려고 애를 쓴다.]

1611년판 권위역본만이 지옥, 스올, 하데스, 그리고 음부 및 무덤과 관련된 모든 구절들을 긴밀히 연관시켜 죽음 이후의 생활을 정확히 묘사하고 있다는 점에서 유일한 성경이라고 할 수 있다(계 14:10,11 주석을 자세히 공부할 것).

창세기 43장

43:1 기근이 그 땅에 심하고,
2 그들이 이집트에서 가져온 곡식을 다 먹으니, 그들의 아비가 그
들에게 말하기를 "또 가서 식량을 좀 사라." 하니,
3 유다가 그에게 말하였는데 말하기를 "그 사람이 우리에게 엄격
하게 단언하며 말하기를 '너희 아우가 너희와 함께하지 않으면
너희는 나의 얼굴을 보지 못하리라.' 하였으니,
4 아버지께서 우리 아우를 우리와 함께 보내신다면 우리가 내려가
서 아버지께 식량을 사다 드리리이다.
5 그러나 아버지께서 그를 보내시지 않으시면 우리가 내려가지 아
니하리니, 이는 그 사람이 우리에게 말하기를 '너희 아우가 너희
와 함께하지 않으면 너희가 내 얼굴을 보지 못하리라.' 하였음이

니이다." 하니,
6 이스라엘이 말하기를 "너희가 어찌하여 너희에게 아우가 더 있
다고 그 사람에게 말하여, 나를 그처럼 해롭게 하느냐?" 하더라.
7 그들이 말하기를 "그 사람이 우리의 형편과 우리의 친족에 관하
여 꼼꼼하게 물어 말하기를 '너희 아버지가 아직 살아 있느냐?
너희에게 아우가 있느냐?' 하기에 우리는 이러한 말들의 취지에
따라 그에게 말했나이다. '너희 아우를 데리고 오라.'고 그가 말
할지 우리가 어찌 알았겠나이까?" 하고
8 유다가 그의 아비 이스라엘에게 말하기를 "그 소년을 나와 함께
보내소서. 그러면 우리가 일어나서 가리이다. 이는 우리와 아버
지와 우리의 어린 것들이 살고 죽지 않으려 함이니이다.
9 내가 그를 위하여 담보가 되리니, 아버지께서 내 손에서 그를
요구하소서. 만일 내가 그를 아버지께 데려와서 아버지 앞에다
세우지 못하면, 그때는 나로 하여금 그 질책을 영원히 지게 하
소서.
10 우리가 지체하지 않았더라면, 지금쯤은 틀림없이 두 번이나 다
녀왔으리이다." 하니,
11 그들의 아비 이스라엘이 그들에게 말하기를 "이제 그렇게 될 것
이라면 이렇게 행하라. 너희는 이 땅에서 가장 좋은 열매들을
그릇에 담아서 그 사람에게 선물로 가져가라. 즉 유향 조금과
꿀 조금과 향료와 몰약과 밤과 아몬드니라.
12 또 너희 손에 돈을 두 배로 가지고 너희 자루 아귀에 다시 가
지고 온 그 돈을 다시 가지고 가라. 혹시 빠뜨린 것일 수도 있

느니라.

13 너희 아우도 데리고 일어나서 다시 그 사람에게로 가라.

14 전능하신 하나님께서 그 사람 앞에서 너희에게 자비를 베푸시어
그 사람이 너희 다른 형제와 베냐민을 보내 주기를 바라노라.
만일 내가 내 자식들을 잃으면, 잃으리로다." 하더라.

『**기근이 그 땅에 심하고**』(1절). 야곱의 아들들이 이집트에서 가져온 식량은 수개월이 지나자 다 떨어졌을 것이다. 그중 얼마는 심었을지 모르지만 수확은 신통치 못했고 1년이 채 안 되어 야곱의 가족은 다시 굶주릴 판이었다. 『**또 가서 식량을 좀 사라**』(2절). 이 말은 『**내 아들은 너희와 함께 내려가지 못하리니**』(창 42:38)라고 말했던 사람의 입에서 나온 말이다. 야곱은 이제 폰티오 빌라도의 입장에 처해 있는 것이다. 그는 그리스도를 내보내고자 마음먹었지만 동시에 그는 그리스도를 대적하여 이스라엘의 장로들과 함께 모였다(행 3:13; 4:26,27). 야곱은 아들들이 이집트로 내려가서 식량을 사 오기를 원했지만 그 식량을 줄 수 있는 그 사람이 요구한 그 조건은 수용할 생각이 없었던 것이다. 하나님께서는 야곱을 굶어 죽게 되는 상황으로 몰아가심으로써, 야곱에게 복을 줄 상황을 만들고 계셨다.

이번에는 유다가 아버지에게 제안을 한다(8,9절). 르우벤은 베냐민 대신 자기의 두 아들을 제안했음에도(창 42:37), 베냐민을 안전하게 데려오겠다고 아버지를 설득한 아들은 유다였다(11절). 야곱은 르우벤의 말보다 유다의 말을 더 높이 샀다(창 43:9). 유다는 르우벤이 그의 두 아들을 "번제"로(르우벤의 격정적 성질이 잘 나타나 있다.) 드리겠다고 제안한 것과는 달리 자기가 영원히 질책을 지겠다고 제안했다(9절). 야곱은 유다를 신뢰하기는 했지만 여전히 베냐민을 놓고 싶지 않았다. 6절을 주목하라. 『**너희가 어찌하여 너희에게 아우가 더 있다고 그 사람에게 말하여 나를 그처럼 해롭게 하느냐?**』 야곱은 사태를 정확히 파악하고자 애를 쓰고 있는 것이다. "정확한 사태파악"이 문제의 해결을 가져올 것이라고 기대했던 것 같다. 오늘날 현대의 모든 교육자들과 과학자들의 태도가 정확히 바로 이것이다. "사태를 파악하면"(understanding the problem) 문제를 해결할 수 있다고(solve the problem) 믿는 사람들이 너무도 많다. 그러나 문제는 거듭남만이 해결할 수 있으며 거듭나더라도 예수 그리스도께서 다시 오실 때까지는 문제가 완전히 해결될 수는 없다. 여러분은 달, 지구, 별, 인간의 본성, 역사, 미술, 음악, 종교, 문학, 자연에 대해 모든 것을 "이해"할 수는 있을지라도 문제 해결은 할 수 없다. "문제를 이해"하면 지적인 행동을 취함으로써 문제를 해결할 수 있다고들 생각하지만, 문제는 인간은 죄 많고 타락한(한때 하나님과 교제를 갖고 있었다가) 존재라는 것이며 그 어떤 해결책도 이 문제를 해결할 수는 없다는 것이다. 왜냐하면 종교, 교육, 철학, 과학 등은 한결같이 이 문제 자체가 존재하지 않는다고 단정해 버리기 때문이다. 그 결과는 더 많은 전쟁들과 더 큰 전쟁들뿐이다. (인류 역사를 잘 숙고해 보라.)

유다는 차분히 창세기 42장의 사건을 아버지에게 설명하고 있다(7절). 그리고는 죽지 않으려면 보내 달라고 호소한다(8절). 그들이 식량을 얻지 못하면 죽게 되는 것이다. 이것은 과학, 교육, 철학, 종교와 아무런 상관이 없다. "배고픈 사람은 모든 것을 생각한다"(독일 속담). "필요는 발명의 어머니이다"(영국). 6절과 8절에서는 야곱 대신 이스라엘이란 이름이 쓰였다. 이번에는 어째서 제2이사야 이론이나 그라프-벨하우젠 이론을 들먹거리지 않는지 모르겠다(창 16:7과 그 주석 참고).

『**나로 하여금 그 질책을 영원히 지게 하소서**』(9절). 이 구절은 1611년판 권위역본을 변개시키고 비평하는 사람들의 위선을 드러내 주는 구절이다. 히브리어 본문은 "그리고 내가 영원토록 당신께 죄인이 될 것입니다."라고 되어 있다. 그런데 어째서 이번에는 수많은 주석가들이(20여 명의 유명 주석가들과 30여 명의 덜 유명한 자들) 이 구절의 〈킹제임스 성경〉 번역에 아무런 이의를 제기하지 않는 것인가? 이번에도 다른 구절들에서처럼 "히브리어 원문"에서 너무도 "동떨어진" 번역임에 틀림없다고 비판을 가해야 마땅하지 않은가? 그들의 침묵은 우리에게 이들 학자들(보수주의, 카톨릭, 불신자)의 속성에 대해 많은 것을 시사해 준다. 다시 말해 학자들은 본문과 같은 구절은 상식에 입각해서 그대로 받아들인다는 것이다. 왜냐하면 이런 구절에서는 그들의 원어 지식을 과시하여 스스로를 높인다든지 아니면 예수 그리스도의 신성이나 재림에 관한 구절들을 깎아내림으로써 진리를 거부하는 방식을 동원해 봐야 상식 밖의 일이기에 아무런 이득이 되지 못할 것이기 때문이다. 그럼에도 이들은 다른 구절들에서는 그들의 입을 함부로 놀려대는 것이다. 이것이 위선이 아니고 무엇이란 말인가?

유다가 지체하지 않았더라면 벌써 두 번이나 다녀왔을 것이라고 하자(10절) 이스라엘은 여행을 허락하게 된다(11절). 야곱은 아들들의 손에 "속죄"할 의향으로 아니면 진노를 가라앉힐 양으로 남아 있는 자기 고

장의 산품들을 들려 보낸다(창 33:8-10과 비교). 우리는 이를 통해 아직은 모든 식량이 동이 난 것은 아니라는 사실을 알 수 있다. 기근임에도 불구하고 밤과 아몬드 같은 열매는 여전히 많이 있었다. 문제는 빵 없이 과일 열매만 계속 먹는다는 것은 매우 심한 고역이라는 것이다.

야곱은 돈을 두 배로 주었다(12절). 지난번에 다시 가져온 돈과 새로 식량을 살 돈이었다. 그러고 나서 야곱은 믿음으로 하나님을 향해 움직이고 있다. 그는 이제 믿음으로 살겠다고 고백한다. 자식의 운명을 하나님의 손에 온전히 내어 맡긴 것이다(14절). 하나님의 다루심을 통해 결국 야곱은 모든 것을 하나님께 완전히 맡길 수밖에 없는 처지에 놓이게 된 것이다. 『**전능하신 하나님께서 그 사람 앞에서 너희에게 자비를 베푸시어 그 사람이 너희 다른 형제와 베냐민을 보내 주기를 바라노라. 만일 내가 내 자식들을 잃으면 잃으리로다**』(14절). 우리는 바로 여기서 참된 성도의 이상적인 균형 잡힌 신앙을 볼 수가 있다. 그는 불행을 확실하고 필요한 것으로 받아들이는 운명론적 태도를 갖고 있음과 동시에 전능하신 하나님께서는 시간과 여건을 변경시켜 죄인들에게 자비를 베푸시어 재앙을 피하도록 도우신다는 확신을 갖고 있다. "전능하신 하나님"(히브리어로 "엘샤다이")은 하나님께서 창세기 35:11에서 야곱에게, 창세기 17:1에서 아브라함에게 자신을 계시하실 때 사용하신 이름이다. 이 이름은 하나님께서 약속들을 수행하시는 언약의 하나님임을 보여 준다. 야곱은 이 순간까지 하나님의 이 이름을 말로 표현한 적이 없었다(성경에 기록된 자료로 보자면). (이삭은 창세기 28:3에서 복과 관련된 다루심을 받아들이면서 이 이름을 사용했다.)

역사적인 내용과 아울러 이제껏 살펴본 영적 교훈들을 보자면, 그 어떤 죄인도 "영원히 질책을 짊어질"(9절) 자세가 되어 있지 않으면 그 어떤 상황에서도 살 수 없음(8절)을 본문에서 찾아볼 수 있다. 또한 이 "영원한 질책"은 "나의 오른손의 아들"과 관련되어 있다(창 35:18; 43:17). 죄인은 아직도 자신 안에 자기 의의 요소를 간직하고 있으며 이는 오직 하나님께서만이 치유하실 수 있다. 그들은 하나님의 "은혜"를 여전히 돈으로 "살 수 있다"고 착각하고 있기 때문이다(11,12절).

43:15 ○ 그 사람들이 그 선물을 가지고 또 자기들의 손에 두 배의 돈을 가지고 베냐민을 데리고 일어나 이집트로 내려가서 요셉 앞에 섰더라.

16 요셉은 베냐민이 그들과 함께 있음을 보고 자기 집 관리인에게 말하기를 "이 사람들을 집으로 안내하고 *짐승을* 잡아 준비하라. 정오에 이 사람들이 나와 함께 먹으리라." 하니,

17 그 사람이 요셉이 명한 대로 하였으니 그가 그 사람들을 요셉의 집으로 데리고 왔더라.

18 그 사람들은 자기들이 요셉의 집으로 인도되어 오니 두려워하며 말하기를 "우리가 처음에 우리의 자루 속에다 넣어 다시 가져갔던 그 돈 때문에 우리가 인도되어 온 것이니, 그가 우리에게서 그 원인을 찾으려 함이로다. 또 우리에게 달려들어 우리를 붙들어 노예를 삼고 우리의 나귀들을 빼앗으려 함이로다." 하며,

19 그들이 요셉의 집 청지기에게 가까이 가서 그 집의 문에서 그와 대화하여

20 말하기를 "오 주여, 우리가 처음에 참으로 식량을 사러 왔는데
21 우리가 여관에 도착해서 우리의 자루를 열었더니, 보소서, 각인
의 돈이 고스란히 자기 자루 아귀에 있기로 우리가 우리 손으로
그것을 다시 가져왔나이다.
22 식량을 살 다른 돈도 우리 손으로 가져왔나이다. 우리의 돈을
우리의 자루들에다 누가 넣었는지 우리가 말할 수 없나이다."
하니,
23 그가 말하기를 "너희는 안심하고 두려워 말라. 너희 하나님, 너
희 아버지의 하나님께서 재물을 너희 자루에 넣으셔서 너희에게
주셨느니라. 너희 돈은 내가 받았느니라." 하고, 그가 시므온을
그들에게로 데리고 오더라.
24 그 사람이 그들을 요셉의 집으로 데리고 와서 그들에게 물을 주
자 그들이 자기들의 발을 씻더라. 그가 그들의 나귀에게도 여물
을 주더라.
25 그들은 요셉이 정오에 온다는 데 대비하여 선물을 준비하더라.
이는 그들이 거기에서 음식을 먹을 것이라고 그들이 들었음이
더라.
26 ○ 요셉이 집에 오니 그들이 선물을 손에 들고 집으로 들어가
그에게 가져와서 땅에 엎드려 절하니,
27 요셉이 그들에게 그들의 안부를 묻고 말하기를 "너희 아버지,
너희가 말했던 그 노인이 안녕하시냐? 아직도 살아 계시느냐?"
하니,
28 그들이 대답하기를 "당신의 종 우리 아버지는 건강하오며 아직

살아 계시나이다." 하고, 그들의 머리를 숙여 절하며 경의를 표하더라.

29 요셉이 자기 눈을 들어 자기 어머니의 아들, 자기 아우 베냐민을 보고 말하기를 "이 사람이 너희가 나에게 말했던 막내 아우냐?" 하고, 또 그가 말하기를 "아이야, 하나님께서 네게 은혜를 베푸시기를 원하노라." 하더라.

30 요셉이 자기 마음이 자기 아우를 갈망함으로 인하여 급히 서둘러 울 곳을 찾더라. 그가 자기 방으로 들어가 거기서 울더라.

31 요셉이 얼굴을 씻고 나와서 자제하며 말하기를 "음식을 차리라." 하니,

32 그들이 요셉에게 따로 차리고 그들에게도 따로 차리고, 요셉과 함께 먹는 이집트인들에게도 따로 차렸으니, 이는 이집트인들이 히브리인들과는 함께 음식을 먹지 않으려 함이니 그것이 이집트인들에게 가증함이기 때문이라.

33 그들이 요셉 앞에 앉되, 장자는 그의 장자권대로, 막내는 그의 젊은 서열대로 앉았으니, 그 사람들이 서로 기이히 여기더라.

34 요셉이 자기 앞에서부터 그들에게 음식을 집어 주는데 베냐민의 음식은 그들 중 누구보다도 많아 다섯 배나 되더라. 그들이 요셉과 함께 마시고 즐거워하더라.

이번 장면은 성경에서 가장 위대한 내용 중 하나이다. 주의 만찬, 부활하신 구주께서 다락방에 나타나신 사건, 욥의 회복, 그리고 므피보셋의 입양 등과 버금가는 드라마틱한 장면이 아닐 수 없다. 이번 장면은 세 부분으로 되어 있는데, 첫 번째는 창세기 43장이며, 그 다음은 창세기 44:1-13, 마지막은 창세기 44:14-34이 피날레에 해당된다. 예표적으로 보자면, "죄인의 회심"이 완결되는 모습을 보여 주며, 대환란 끝에 있을 이스라엘의 회심과 회복을 보여 주고 있다.

드디어 이들은 이집트로 돌아왔고(15절) 요셉은 아마 실내 발코니에서 이들 10명의 형제들이 오는 것을 바라보면서 이들을 어떻게 대할 것인가를 구상했을지도 모른다. 그는 베냐민이 2살 미만이었을 아기 때 보고 이번이 처음 보는 것이었다(할리우드 영화나 TV에 이런 스토리가 나오는 것을 기억해 보라). 형제들은 이번에는 요셉의 집으로 안내되었다. 관정이 아닌 요셉의 개인 집으로 안내된 그들은 뭔가 불길한 조짐을 느꼈을지도 모른다. 『**그 사람들은 자기들이 요셉의 집으로 인도되어 오니 두려워하며 말하기를**』(18절). 그들은 요셉이 자신들을 법적 절차를 생략한 채 가두고 재산을 빼앗은 후 노예로 삼으려는 줄 생각했다(18절). 이에 그들은 요셉의 집 청지기에게 자신들은 아무런 악한 의도가 없었으며 돈을 훔친 적이 없었다고 해명을 했다(20-22절). 그러자 그 청지기는 부드럽게 미소를 지으며 『**너희 돈은 내가 받았느니라.**』(23절)고 대답했다. 그는 요셉이 지시한 그대로 그들에게 답변을 했을 것이다.

드디어 시므온이 감옥에서 풀려 나왔다(23절). 시므온은 아마도 옛 성질을 못 버린 채 '어째서 그렇게 오래 걸렸느냐'고 따지고 들었을 것이다.

우리는 본문을 통해 죄인의 상태가 향상되어 가는 과정을 살펴볼 수 있다. 주님은 죄인이 주님을 보기 전에 미리 그를 알아본다(탕자를 참고할 것). 복음의 잔치(16절)는 미리 준비되어 있다(마 22:1-5). 이 복된 소식에 대한 죄인의 반응은 두려움이다(18절). 이는 그의 양심이 그가 그런 대접과 자비를 받을 만한 자격이 없는 자라고 지적하고 있기 때문이다(눅 5:8의 시몬 베드로 참고). 죄인은 이제 단순히 핑계를 대는 것에 그치지 않고 절망적으로 자신의 처지를 이해시키려고 애쓰며(21,22절) 그 어려움에서 빠져나오기 위해서는 진실을 말하려고 할지도 모른다(사 63:8, 오늘날 어떤 사람이 자신을 낮추어 진실을 말하려고 할 때면 그는 실로 부자연스러운 모습을 하게 된다).

이제 죄인은 왕과 함께 먹기 위해 "깨끗게" 되었다(24절). 그는 손을 씻는 것과(눅 11:38) 발을 씻는 것이(요 13:10) "예수님과 함께 식사"할 수 있는 자격을 부여하지 못한다는 것을 결코 몰랐을 것이다. 참된 자격은 마음을 씻는 것이기 때문이다(눅 11:39-48과 마 27:24의 빌라도를 비교하라).

식탁은 준비되었고 형제들은 거실로 안내되었다. 요셉은 관정에서 퇴청하여 집으로 돌아왔고 그들은 요셉에게 선물을 바쳤다(26절). 이번에야말로 창세기 37:7,8이 성취된 것이다. 물론 창세기 37:9은 예수 그리스도의 재림 때에 가서야 성취될 것이다. 〈칠십인역〉은 26절에서 "그들의 얼굴을 대고"라는 표현을 덧붙였는데, 이는 창세기 42:6에서 따온 것이다. 그러니까 오리겐, 유세비우스, 마르시온, 심마쿠스, 발렌티루스, 아퀼라 등은 하나님께서 실수를 하셨다고 생각한 것이다. 그들이 보기에는 창세기 42:6과 창세기 48:12에 "그들의 얼굴을 대고"라는 표현이 나오므로 이곳에서도 당연히 그래야 한다는 것이다. 바울과 요한이 죽은 지 오랜 후에 〈칠십인역〉을 제작한 이들 저자들은 주님께서는 자기들처럼 "일관성"을 갖고 계셔야 한다고 생각했다. 이들을 추종하는 그들의 후손들("New" Scofield Reference Bible) 역시 오늘날에도 더욱 "일관성 있는 번역"을 한다면서 하나님을 "도와 드리고" 있다. 하나님보다 자기들이 더 똑똑하다고 생각하는 자들하고 무슨 말을 하겠는가?

요셉은 그들에게 아버지의 안부를 물었다(27절). 그러나 형제들은 자기들의 처지에 대해 너무 심려한 나머지 이집트의 총독이 1년 이상이나 보지 못한 몇몇 외국인들의 가족 사항에 대해 그처럼 자세한 것까지를 기억하고 있다는 것이 뭔가 이상한 것 같다는 것조차 생각할 겨를이 없었던 것 같다!(요셉은 매일 10-1,000명의 사람들을 접견했을 텐데도 그들에 대해 그처럼 상세히 기억하고 있었는데도) 그들은 요셉에게 최고의 경의를 표했다(28절). 어쩌면 발에다 입을 맞추었을지도 모른다. 요셉은 계속해서 멋진 연기를 하고 있다(29절). 그는 이렇게 물었다. 『**이 사람이 너희가 나에게 말했던 막내 아우냐?**』 물론 그는 그것을 알고 있었고 "자루에 돈이" 들어 있었던 상황에서는 베냐민을 데려오지 않고서는 결코 자기를 보러 올 수 없으리라는 것도 잘 알고 있었다. 『**아이야, 하나님께서 네게 은혜를 베푸시기를 원하노라**』(29절). 요셉은 이 말을 마치자마자 더 이상 자제할 수가 없어 급히 방으로 들어가 울었다. 그는 그곳에서 10-15분 정도 기도했을 것이다(삼하 16:11 참고).

요셉은 얼굴을 씻고서(물론 그가 울었다는 사실을 아무도 모르게 하려고 그랬을 것이다) 식탁으로 돌아왔다. 식사는 요셉에게 한 상, 그의 종들에게 한 상, 그리고 히브리인들에게 한 상을 따로 차렸다(창 41:14 주석 참고. 잠언 29:27은 이 구절에 대한 매우 간단한 주석이다. 그리고 어째서 고린도후서 6:14-16이 지켜져야 하는지 그 이유를 보여 준다).

32절은 모세가 창세기의 저자임을 매우 강력하게 옹호하는 구절이다. 창세기의 저자는 이집트의 이름, 풍습, 그리고 표현들을 잘 알고 있어야만 하기 때문이다. 헤로도투스(B.C. 484-425)는 그의 〈역사〉(ii. 41)에서 이집트인들은 헬라인이 요리한 고기는 먹지 않으려고 했으며 헬라인이 손댄 칼이나 대접도 사용하려고 들지 않았다고 기록하고 있다("인종차별" 역시 해 아래는 새것이 없다는 말이 그대로 적용된다고 하겠다).

요셉의 형제들은 그들이 나이 순서로 식탁에 앉게 된 것을 보고(33절) 놀라지 않을 수 없었다. 르우벤, 레위, 시므온의 순서대로... 이 총독은 초능력자인가? 어떻게 해서 외국 사람이 자기들의 나이 순서대로 앉힐 수 있는가? 그것도 몇몇 형제들은 연년생도 있는데... 우연의 일치라고는 도저히 생각할 수 없는 일이 아닌가? 사람들은 때로 30살짜리가 35세로 보이기도 하고 50세 중년이 40세로 보이기도 하는 법인데, 어떻게 그렇게 정확할 수가... 그들은 이 사실을 기이히 여기며 조용히 앉아 음식을 먹었을 것이다. 흥청거리고 떠들 상황이 못 되었다. 요셉은 베냐민에게는 다섯 배의 음식을 주었다. [여기서도 창세기 5:5에서와 같이, 성령께서는 베냐민의 어머니가 산고를 치르다가 죽었다는 사실을 지적하고 계신다. 왜냐하면 5는 항상 죽음의 수이기 때문이다. 성경 66권 전체에서 5와 은혜가 관련되는 것은 예수 그리스도의 죽음뿐이다.]

그들은 요셉과 함께 마시고 즐거워했다(34절). 이 모든 것은 구원의 과정을 보여 준다. 죄인은 진실을 말함으로써 보상을 받았다(23절). (이것은 구원받기 전에 있었던 일이다.) 주님께서는 구원받지 못한 사람도 자신을 경배하도록 허락하신다(26절). 이것은 신약에서도 코넬료의 경우에서 볼 수 있다(행 10:1-6). 그러나 진지함이 있는 그곳에서는 경배의 형식으로 그치는 법이 없다(딤후 3:5). 이 경우 은총은 계속 이어져 (창 44:1,4,7,12,14,17) 결국 "형식"과 "종교의식"은 영과 진리로 바뀌게 된다. 이 상황에서 죄인은 이 여정을 멈추고 돌아설 수도 있다. 그렇게 되면 그는 영원히 잃어버린 바 되는 것이다. 성령께서 성경에서 예수 그리스도를 계시할 때 그분을 구주로 영접하지 못하면, 그 죄인은 불못에서 영원을 보내게 될 것이다. 이 세상에는 주 예수 그리스도를 영접하지(요 1:12) 못하게 할 목적으로 종교 지도자들이 고안해 낸 그리스도를 "영접"하는 20가지의 방법들이 즐비하게 널려 있다.

죄인은 드디어 일시적인 안식과 더불어 다가올 세상(내세)의 능력을 "맛보게 된다"(히 6:5). 그는 "기쁨으로 말씀을 받는다"(마 13:5,20). 창세기 43:31-34의 향연이 끝난 후 이들 형제들에게 물어 보면 그들은 놀라운 간증을 하게 될 것이다. 그러면 사람들은 "이 사람들은 틀림없이 요셉을 알고 있군."이라고 생각할지도 모른다. 그러나 그들은 요셉이 누구인지 몰랐다. 죄 문제를 다루고 이에 대해 개인적으로 하나님께 설명을 드리고 나서야(창 44:18-34) 비로소 요셉을 알 수 있기 때문이다.

창세기 44장

44:1 요셉이 자기 집 청지기에게 명하여 말하기를 "이 사람들의 자루
를 그들이 가지고 갈 만큼 양식으로 가득 채우고 각인의 돈도
각자의 자루 아귀에 넣고
2 또 내 잔, 즉 내 은잔을 가장 어린 자의 자루 아귀에 넣고 그의
곡식값도 넣으라." 하니, 그가 요셉이 지시한 말대로 행하더라.
3 아침이 밝자마자 그 사람들을 보냈으니, 그들과 그들의 나귀들
이라.
4 그들이 성읍을 떠났으나 아직 멀리 가지 않았을 때, 요셉이 그
의 청지기에게 말하기를 "일어나 그 사람들을 따라가서 그들을
따라잡으면 그들에게 말하되 '어찌하여 너희가 선을 악으로 갚
느냐?

5 이것은 내 주인이 마시는 데 쓰는 것이 아니냐? 참으로 그가 점
치는 데 쓰는 것이 아니냐? 너희가 이같이 행하므로 악을 행하
였도다.' 하라." 하더라.
6 ○ 그가 그들을 따라잡고 그들에게 그대로 말하니라.
7 그랬더니 그들이 그에게 말하기를 "어찌하여 나의 주께서 이런
말씀을 하시나이까? 당신의 종들이 이런 일은 결코 아니하나
이다.
8 보소서, 우리가 우리의 자루 아귀에서 발견한 돈도 카나안 땅에
서 당신께로 다 가져왔는데 어떻게 우리가 당신의 주인의 집에
서 은이나 금을 훔치리이까?
9 당신의 종들 가운데 누구에게서 발견되든지 그는 죽을 것이요,
또한 우리는 내 주의 종들이 되리이다." 하니,
10 그가 말하기를 "이제 너희 말대로 하리라. 그것이 발견되는 사
람은 나의 종이 될 것이요, 너희는 책망받지 않으리라." 하더라.
11 그러자 그들은 각자가 신속하게 자기의 자루를 땅에다 내려놓고
각기 자기 자루를 열더라.
12 그가 찾는데 가장 나이가 많은 자에서 시작하여 나이가 가장 적
은 자에게서 마치자 그 잔이 베냐민의 자루에서 발견되었더라.
13 그러자 그들이 자기들의 옷을 찢었으며 각자가 나귀에 짐을 싣
고 성읍으로 되돌아오니라.

식사는 끝났다. 요셉은 양해를 구하고 일어난 뒤 방 안으로 들어가서 청지기를 불러 『**이 사람들의 자루를... 가득 채우고... 돈도... 넣고... 내**

은잔을... 넣고 그의 곡식값도 넣으라.』라고 지시했다(창 44:1,2).

요셉은 베냐민에게 다섯 배의 음식을 주면서 형제들이 질투하는가를 이미 시험한 바 있었다. 그들은 과거에 자기에 대해 질투했음으로 요셉은 베냐민에 대해서는 어떤가를 알아보려고 "그들의 마음을 살폈고 영들을 시험해" 보았던 것이다. 이번에는 요셉의 형들은 질투하지 않았다. 적어도 그들은 한 가지 교훈을 얻은 셈이다. 그러나 "도덕적 개선"은 구원이 아니다(딛 3:5). 수많은 죄인들이 자신들이 몇 가지 교훈을 얻거나 "늘 하던 짓들"을 그만두었다는 사실을 그들이 회심했다는 증거라고 생각하지만, 그것은 개혁(reformation)일 뿐 회심(conversion)이 아니다(마 12:33-35).

자, 이제 열한 명의 형제들은 영적으로 기쁨에 차 있는 순간이다. 그들은 도둑으로 몰리지도 않았고, 좋은 식사를 대접받았으며, 자기 나귀들도 여물을 다 먹었고(창 43:24), 얻고자 하는 식량도 얻었으며 게다가 시므온과 베냐민까지 되찾게 되었다. 기쁨과 감사가 충만한 채 그들은 집으로 돌아가고 있는 것이다. 그들은 "옳은 일은 대가를 돌려받는다." "정직이 최상의 방책이다." "다른 사람이 네게 행하기를 원하는 대로 행하라." 이밖에도 여러 가지의 위조품 구원 계획들을 신뢰하면서 돌아가고 있었을 것이다. 그러나 이 모든 것들은 카인의 모델을 따른 것에 불과하다(창 4:1-5과 그 주석 참고).

그들이 얼마 가지 못했을 때, 사이렌 소리가 들리면서 경찰차가 추적해 오는 것이 아닌가? 베냐민이 제일 먼저 사이렌 소리를 들었을 것이고 나머지 형제들은 설마 하다가 결국 경찰이 따라 오는 것을 알게 되었을 것이다. 그러나 그들은 다른 도둑을 잡으려고 경찰이 오고 있다고 생각하면서(마 26:55) 계속해서 그들의 길을 가고 있었다(이처럼 죄인은 찔림을 주는 설교가 자기에게 해당되는 것인 줄 잘 모른다. "오늘 이 설교는 ○○ 씨에게 딱 맞는 설교구먼.").

요셉은 아무도 빠져나갈 수 없는 덫을 놓았다. 만약 요셉의 형제들이 출발 전에 자루를 살펴보았더라면 이런 불행은 막을 수 있었을 것이다. 그러나 창세기 43:34의 정중한 대접과 창세기 43:29의 축복을 해 준 그런 총독이 그처럼 사악한 계획을 세우리라고 어떻게 생각할 수 있었겠는가?(만 여 개의 "평화 메달"을 수여하고 온갖 그럴싸한 평화 메시지를 난발해 온 "그리스도의 대리자"(교황)께서 어떻게 전 세계의 모든 정부들을 자기 손아귀에 넣으려는 음모를 꾸밀 수 있겠는가?) 사람들은 인간에 대해서는 아무런 의심을 하려고 들지 않는 반면, 성경에 대해서는 어떻게든 의심을 하려고 한다.

"은잔"은 어쩌면 단순한 컵(5절)이 아니라 커다란 트로피 같은 것인지 모르겠다. 또한 단순히 마시기 위한 컵일 뿐 아니라 미래를 점치는 데에 쓰이는 도구였다. 점친다는 것(5절)은 사도행전 16:16과 사무엘상 28:8의 점을 치는 것과 예언하는 것과 동일한 의미이다. 점치는 풍습은 전 세계 모든 민족들에 의해 보편적으로 내려오는 풍습이다. 오늘날에도 이것은 여전히 전 세계에서 유행하고 있다. 오늘날 사람들은 손금을 본다던가, 골상학(관상학), 점성술, 강신술, 운수보기 등등을 여전히 실행하고 있다. 본 주석의 저자는 이런 점치는 법들에 대해 자세한 설명을 하지 않으려 한다. 이는 이들 모두가 미래를 다윈의 진화론적 관점에서 긍정적으로 내다보고 있기 때문이다. 인류는 A.D. 3000년 넘어서까지 발전을 거듭할 것이며 결국 "이 땅에 화평"이 있을 것이라는 예언의 배

후에는 단 하나의 "영"이 숨어 있다(계 21,22장 주석 참고). 이 영은 결코 성령님이 아니다. 이 영은 그것을 "초감각"(extra-sensory perception), 정신육체학(psycho-somatics), 유사심리학(para-psychology), 사고 전이(thought transference), 직관(intuition) 등 어떤 식으로 부르든지 간에 동일한 방식으로 예언을 한다. 이 영은 인간은 자신 안에 신이 될 수 있는 정신적 잠재력을 갖추고 있으며, 모든 인간은 다 형제이며, 그리스도는 영적 실재를 깨달은 "매개체" 중의 하나로 피의 속죄라는 교리는 난센스에 불과하다고 증거한다. 따라서 독자 여러분은 하나님의 말씀에 기록된 영감받은 예언들을 제외하고는 그 어떤 종류의 "점"이든 간에 아무런 열매를 맺지 못하는 추측에 불과하다는 사실을 분명히 인식해야 한다.

마술사 메를린도 요셉의 것과 유사한 잔을 갖고 있었고, 네스토르도(B.C. 850년, 호머에 따르면) 잔을 갖고 있었고 알렉산더도 갖고 있었다고 하니 실로 "해 아래에는 새 것이 없는 법이다." 오늘날 영국의 가정에서는 아이들의 돌 때 은잔을 선물하는 것이 관례이다.

요셉은 그의 형제들을 "빗어 가고" 있다. 그들은 결코 선을 악으로 갚은 적이 없다(4절). 그들은 또한 악을 행하지도 아니하였다(5절). 요셉의 청지기의 추궁에 그들은 결코 그런 적이 없다고 대답했다(7절). 이번에는 요셉의 형제들은 매우 화가 났을 뿐 아니라 심히 놀랐고 마음이 상했다. 그들은 올바로 행했다(요셉처럼!). 그런데 그들은 거짓 고소를 당하고 있는 것이다(요셉처럼!). 그들은 이제 체포당해야 한다(요셉처럼!). 그것도 그들이 행하지 않은 어떤 일 때문이다(요셉처럼!). 어쩌면 죄인은 여러 가지 범죄와 죄악에 있어 무죄할 수도 있고 여러 경우에 거짓 고소를 당하는 수도 있지만 그렇다고 해서 그 사람의 문제가 해결되는 것이 아니다. 왜냐하면 문제는 요셉이기 때문이다(마 27:22). 아무리 정결하고 깨끗하고 순진하고 의롭고 도덕적이고 윤리적이며 정직한 죄인이라고 할지라도 그는 양심과 율법의 증거와 그리고 성령의 증거에 의해 죄인인 것이다(롬 1,2,3장, 요 16:8-11). 이와 같은 이유로 죄인은 늘상 자기의 좋은 점만을 지적하는 것이다(이것을 보통 적극적인 접근 방식이라고 부른다). 죄인은 자신의 생애와 성품에 있어 두드러진 죄에 대해 이야기하려고 들지 않는다. 즉 죄인은 자기가 하나님의 의에 대항하여 자신의 의(그의 종교적 선행들)를 나타내고자 하는 욕망을 지니고 있으며 이것이 바로 가장 큰 죄인 것이다. 사람은 자기와 예수 그리스도와의 개인적 관계에 대한 것은 여간해서 이야기하려 들지 않는다(이것은 내 의견이 아니라 보편적인 법칙이다).

『**어떻게 우리가 당신의 주인의 집에서 은이나 금을 훔치리이까?**』(8절) 물론이다. 그렇지만 창세기 40:15을 보라. 요셉도 그랬지 않은가?

"죄가 없다는 선행자"들은 죄의 삯이 사망이라는 사실을 인정한다(9절). 그러나 이것은 그들이 죄가 없다는 사실을 확신하고 난 후이다. "현대인"들 역시 동일한 방식으로 문제에 접근한다(롬 1:32은 심리적인 농간에 대한 멋진 주석이라고 할 수 있다). 독자 여러분은 창세기 44:10과 창세기 44:12에서 죄의 인식에 대한 위대한 진리를 발견할 수 있을 것이다. "모든 사람은 각자 자기의 죄로 죽을 것이다"(10절, 겔 18:14-24). "마음을 살피시는 분은 성령의 생각을 아신다"(12절, 렘 17:10, 롬 8:27). 요셉의 형제들은 전혀 소망 없는 함정에 빠지고 만 것이다. 그들은(모든 죄인들처럼) 그들 스스로의 말에 의해 함정에 빠지고 만 것이다(10절). 바로 이것이 신약성경에서 말하고 있는 심판이다(마 12:37, 눅 19:22). 모든 죄인은 무의식적으로 이 사실을 알고 있다. 그래서 그는 그 어떤 경우든 옳고 그름을 판단하려고 하지 않는 것이다. 왜냐하면 그가 그런 판단을 내리게 되면 자기 자신이 옳고 그름을 알고 있다는 사실을 스스로 인정하는 셈이 되기 때문이다. 그렇게 되면 자기 자신의 눈 앞에서 자기를 정죄하게 되며 그를 알고 있는 사람들 앞에서도 정죄를 받게 될 것이다. 이와 같은 사고방식은 특히 종교 지도자들 가운데서 잘 나타난다(마 21:26,27). "관용" 혹은 "다른 사람의 잘못을 간과해 줌"과 같은 표현들은 실은 죄 자체를 정당화시키려는 욕망일 뿐이다.

잔은 베냐민의 자루에서 발견되었다. 요셉의 형제들은 이 사실이 의미하는 바가 무엇인지 알고서 옷을 찢고 마음이 부서지고 정신을 가다듬지 못한 채 헬리오폴리스(Heliopolis; "온," 창 41:45)로 돌아갔다. 자, 이제 그들은 하나님께서 그들을 위해 무언가를 하실 수 있는 상황에 놓인 것이다(눅 15:14-17). 이제 그들의 마음 밭이 옥토가 된 것이다. 영적으로 말하면 요셉의 형제들은 이제 하늘로 들어가는 문 앞에 서 있게 된 것이다. 하나님께서 모든 일이 반대로 나타나는 식으로 사건을 배열하신 사실이 너무도 놀랍지 않은가?(사 55:5-10) 인간이 "드디어 해냈다! 우리는 발전하고 있으며 빠른 속도로 전진하고 있다."라고 말하면 하나님께서는 "너희는 지옥으로 향하고 있다."라고 말씀하신다. 반대로 인간이 "나는 망했다. 나는 잃어버린 바 되었다. 나에게는 소망이 없다"라고 말할 때 하나님께서는 다음과 같이 말씀하신다. 『**땅 끝들에 있는 모든 자들아, 나를 쳐다보고 구원을 받으라. 이는 내가 하나님이요, 다른 이가 없**

음이니라... 그러나 이러한 사람은 내가 보살피리니 곧 영이 가난하고 통회하고 내 말에 떠는 자라』(사 45:22; 66:2). 『**하나님의 희생제들은 상한 영이니 오 하나님이여, 주께서는 상하고 참회하는 마음을 멸시하지 아니하시리이다**』(시 51:17).

이집트 땅에서 열한 명의 젊은이가 모든 "종교적 의식"과 "경건한 종교"와 "황금률"을 다 실행해 보았으나 결국 다시 돌이켜 요셉을 만나 그들의 죄에 대해 설명할 처지에 놓인 것이다(롬 14:12).

44:14 ○ 유다와 그의 형제들이 요셉의 집에 도착하니 요셉이 아직 거기에 있음이라. 그들이 요셉 앞에서 땅에 엎드리더라.

15 요셉이 그들에게 말하기를 "너희가 행한 이 일이 무슨 짓이냐? 내가 점을 잘 치는 그런 사람인 줄 몰랐더냐?" 하니,

16 유다가 말하기를 "우리가 나의 주께 무슨 말을 하리이까? 우리가 무엇을 고하오리이까? 아니면 우리가 어떻게 우리 자신을 정직하게 보이리이까? 하나님께서 당신의 종들의 죄악을 적발하셨나이다. 보소서, 우리, 곧 우리와 그 잔이 발견된 자는 내 주의 종이니이다." 하더라.

17 요셉이 말하기를 "내가 결코 그렇게 하지 아니하리라. 그의 손에서 잔이 발견된 자는 나의 종이 될 것이요 너희는 너희 아버지께로 평안히 돌아가라." 하더라.

18 ○ 그때에 유다가 그에게 가까이 가서 말하기를 "오 내 주여, 간구하오니 당신의 종으로 하여금 내 주의 귀에 한 말씀을 고하게

하소서. 당신의 종에게 노를 일으키지 마소서. 당신은 파라오와
도 같으심이니이다.
19 내 주께서 종들에게 물으시어 말씀하시기를 '너희는 아비가 있느
냐? 또한 형제가 있느냐?' 하시기에,
20 우리가 내 주께 말씀드리기를 '우리에게는 아비가 있으니 노인이
요 또 그의 노년에 얻은 한 어린 자가 있는데 그의 형은 죽었고
그 어미로부터 난 자로는 그 아이 혼자만 남아 그의 아비가 그
를 사랑하나이다.' 하였더니,
21 당신께서 당신의 종들에게 말씀하시기를 '그를 내게로 데려와서
나로 그를 직접 대면하게 하라.' 하시기에,
22 우리가 내 주께 말씀드리기를 '그 아이는 그의 아비를 떠날 수
없사오니, 이는 만일 그가 그의 아비를 떠나면 그의 아비는 죽
을 것이니이다.' 하였더니,
23 당신께서 당신의 종들에게 말씀하시기를 '너희의 막내 아우가
너희와 함께 내려오지 아니하면 너희가 다시는 내 얼굴을 보지
못하리라.' 하시기에,
24 우리가 당신의 종, 내 아비에게 올라가서, 내 주의 말씀을 그에
게 고했더니,
25 우리 아비가 말하기를 '다시 가서 식량을 조금 사오라.' 하시
기에,
26 우리가 말씀드리기를 '우리가 내려갈 수 없나이다. 만일 우리의
막내 아우가 우리와 함께 있으면 우리가 내려가리이다. 막내 아
우가 우리와 함께 있지 아니하면, 우리는 그 사람의 얼굴을 볼

수 없음이니이다.' 하였더니,
27 당신의 종 내 아비가 우리에게 말씀하시기를 '너희도 알다시피
내 아내가 내게 두 아들을 낳았는데
28 하나는 내게서 나갔으니 내가 말하지만 그는 분명히 찢겼고 내
가 그때부터 그를 보지 못하였는데
29 만일 너희가 이 아이도 내게서 데려가서 화가 그에게 미치면,
너희는 나의 백발로 슬픔과 더불어 음부로 내려가게 하는 것이
라.' 하였나이다.
30 그러므로 이제 내가 당신의 종 내 아비에게 갈 때 그 아이가 우
리와 함께 있지 않으면 그의 생명이 아이의 생명 안에 묶여 있
는 고로,
31 아비가 그 아이가 우리와 함께 있지 아니함을 보고 죽으리니,
그리하면 당신의 종들이 당신의 종 우리 아비의 백발로 슬픔과
더불어 음부로 내려가게 함이니이다.
32 당신의 종이 이 아이를 위하여 내 아비에게 담보가 되어 말씀드
리기를 '만일 내가 이 아이를 아버지께 데려오지 아니하면 내가
내 아버지께 영원히 질책을 지리이다.' 하였나이다.
33 그러므로 이제 내가 청하오니 당신의 종으로 그 아이를 대신하
여 내 주의 종으로 있게 하시고 그 아이를 형제들과 함께 가게
하소서.
34 그 아이가 나와 함께 있지 않는데 내가 어찌 내 아비에게로 올
라갈 수 있으리이까? 혹시 내 아비에게 닥칠 악을 볼까 함이니
이다." 하더라.

이제부터 성령께서는 성경에서 가장 감동적인 장면을 연출하고 계신다. 이것은 창세기 43:15에서 시작된 장면의 마지막 부분이다. 요셉은 아직 집에 남아 있었다. 그는 형제들이 떠난 후 침실에서 기도하고 있었을 것이다. 그리고 그는 그의 동생 베냐민을 곁에 두겠다고 다짐했다. 아마 그는 베냐민을 드높이고서 창세기 37장의 모든 이야기를 해주려고 했을 것이다. 그러나 이번에는 하나님께서는 죄인들의 편을 들어 주신다. 하나님께서는 요셉과 베냐민 사이에 유다를 강력하게 밀어 넣으심으로써 요셉은 완전히 자아를 비운 채 형제들을 완전히 용서하게 된다.

히브리인들은 요셉에게 되돌아와 그 앞에 엎드렸다(14절). 요셉의 질책에(15절) 유다가 대답한다. 유다가 보기에는 분명 베냐민이 잔을 훔친 것이다. 유다는 요셉의 전략을 알 리 없었고 모든 정황이 막내 동생이 유죄임을 입증한다고 생각했다. 『**하나님께서 당신의 종들의 죄악을 적발하셨나이다. 보소서, 우리, 곧 우리와 그 잔이 발견된 자는 내 주의 종이니이다**』(16절). 영적으로 말하면 죄인은 실로 하늘 문 가까이에 와 있는 것이다. 이것은 죄의 공개적인 고백이요, 책임을 면하려는 변명이나, 자신의 나약함을 핑계대거나, 책임을 회피하려 하거나, 결과를 피해보려는 그 어떤 시도도 없다. 이것이 바로 구약하의 세리였던 것이다(눅 18:13). 바로 이것이 시편 51편에 나오는 다윗인 것이다.

그러나 죄인은 아직 완전히 문제를 해결 본 것이 아니다. 요셉은 처음부터 그의 형들이 자기를 팔 만큼 자기를 돌아보지 않는 사람들이라면 이번에도 베냐민을 그대로 내버려둘 것이라고 생각했다. 그래서 그는 베냐민은 남고 나머지는 떠나라고 주장했던 것이다. (유다가 자원해서 모두가 노예가 되겠다는 말에도 불구하고 그랬음을 주목하라. 16,17절).

요셉은 그들의 속마음을 떠보기 위해 『**그의 손에서 잔이 발견된 자는 나의 종이 될 것이요 너희는 너희 아버지께로 평안히 돌아가라.**』(17절)라고 말했다. 요셉은 원치는 않았지만 이렇게 해서 마무리를 지으려고 했다. 이 순간 그는 형제들이 더 이상 지체하지 않고 눈물을 닦은 후 짐을 싸고 베냐민에게 작별 인사를 한 후 떠날 것이라고 생각했다. 그러나 그 순간 유다가 등장한 것이다.

『**그때에 유다가 그에게 가까이 가서**』(18절). 하늘에서는 이때 "축가"가 울려 퍼지면서 하나님께서는 유다 지파의 사자에게 왕관을 씌우실 준비가 된 것이다. 그러나 지상에서 모든 것이 정반대이다. 유다는 세상의 통치자 앞으로(이집트의 총독) 나아갔다. 유다는 요셉 앞으로 다가서는 순간 더 이상 파레스와 사라를 보지 못할 것이며, 그들도 더 이상 아버지를 보지 못할 것이고, 평생 노예로 지내게 될 것을 떠올렸을 것이다. 그러나 유다는 뭔가를 지니고 있었다(창 38:26 주석 참고). 요셉에게는 이 몇 분간의 순간이 미디안 상인들에게 팔렸을 때보다(창 37장) 더 괴로웠다. 그는 그의 형을 마치 이방인을 대하듯이 쳐다보면서, 엄격한 재판장이 엄격한 모습으로 재판을 하듯이 유다의 진술을 듣고 있었던 것이다. 유다의 발언은 그의 마음을 찢어 놓았을 것이다.

『**오 내 주여, 간구하오니... 한 말씀을 고하게 하소서... 우리가 내 주께 말씀드리기를 '우리에게는 아비가 있으니 노인이요 또 그의 노년에 얻은 한 어린 자가 있는데 그의 형은 죽었고 그 어미로부터 난 자로는 그 아이 혼자만 남아 그의 아비가 그를 사랑하나이다**』(18,20절). 이 순간 요셉은 주춤한다. 유다는 요셉 쪽으로 몇 발짝 더 다가섰고 나머지 10명의 형제들은 유다의 뒤에서 기도하며 울고 있다.

『우리가 내 주께 말씀드리기를 '그 아이는 그의 아비를 떠날 수 없사오니, 이는 만일 그가 그의 아비를 떠나면 그의 아비는 죽을 것이니이다』(22절). 유다는 이 말을 하면서 한 계단을 올라선다. 경호원들은 창으로 그를 막아섰고 이에 요셉은 손짓을 하면서 제지한다. 요셉은 유다의 얼굴을 쳐다보는 것이 더 이상 어려울 정도이다. 유다는 요셉에게 매우 가까이 와 있었고 그의 눈은 너무도 분명히 보였다. 유다는 집요한 눈초리로 애원하고 있는 것이다.

『당신께서 당신의 종들에게 말씀하시기를 '너희의 막내 아우가 너희와 함께 내려오지 아니하면 너희가 다시는 내 얼굴을 보지 못하리라.' 하시기에... 우리 아비가 말하기를 '다시 가서 식량을 조금 사오라.' 하시기에, 우리가 말씀드리기를 '우리가 내려갈 수 없나이다. 만일 우리의 막내 아우가 우리와 함께 있으면 우리가 내려가리이다. 막내 아우가 우리와 함께 있지 아니하면, 우리는 그 사람의 얼굴을 볼 수 없음이니이다.' 하였더니』(23,25,26절). 요셉의 눈에는 눈물이 고이고 앞이 어른어른 거리더니만 아버지가 채색옷을 입혀 주시며 등을 두드려 주던 그 모습이 떠오른다. 유다는 총독의 마음에 무슨 일이 벌어지고 있는지도 모른 채 한 발자국 더 다가선다.

『너희도 알다시피 내 아내가 내게 두 아들을 낳았는데 하나는 내게서 나갔으니 내가 말하지만 그는 분명히 찢겼고 내가 그때부터 그를 보지 못하였는데 만일 너희가 이 아이도 내게서 데려가서 화가 그에게 미치

면, 너희는 나의 백발로 슬픔과 더불어 음부로 내려가게 하는 것이라』(27-29절).

요셉은 더 이상 유다를 바라볼 수가 없다. 그는 유다의 눈길을 피하면서 그의 옷과 옷 장식 사이로 시선을 돌렸다. 유다는 애걸하는 눈으로 그를 바라보고 있었던 것이다. 마치 눈알이 튀어나와 요셉의 눈 안으로 빨려 들어올 것처럼 보였다. 유다는 한 걸음 더 다가섰고 요셉과는 팔을 뻗으면 닿을 만큼 가까이 다가섰다.

『**그러므로 이제 내가 당신의 종 내 아비에게 갈 때 그 아이가 우리와 함께 있지 않으면... 아비가... 죽으리니... 당신의 종 우리 아비의 백발로 슬픔과 더불어 음부로 내려가게 함이니이다. 당신의 종이 이 아이를 위하여 내 아비에게 담보가 되어 말씀드리기를 '만일 내가 이 아이를 아버지께 데려오지 아니하면 내가 내 아버지께 영원히 질책을 지리이다.' 하였나이다**』(30-32절). 바로 여기서 유다 지파의 통치자는 그의 동생 앞에 무릎을 꿇고 이렇게 간청한다. 『**그러므로 이제 내가 청하오니 당신의 종으로 그 아이를 대신하여 내 주의 종으로 있게 하시고... 그 아이가 나와 함께 있지 않는데 내가 어찌 내 아비에게로 올라갈 수 있으리이까? 혹시 내 아비에게 닥칠 악을 볼까 함이니이다**』(33,34절).

이 순간 요셉은 더 이상 참을 수가 없었다. 갑자기 눈앞이 흐려지더니만 그의 형들을 속이고서 그들로부터 자신을 숨기고 있던 자신의 죄가 그를 무너뜨리고 말았다. 그는 유다보다 더 깊은 죄책감을 느끼고 있었을 것이다. 그는 갑자기 두 손을 휘저으면서 "모두 물러가라!"고 외쳤다. 종들과 경호원들은 어찌할 바를 몰라 서로 쳐다보고만 있었다. 유다는 아직 입을 다물지 못한 채 굳어 버렸다. 땅바닥에 엎드려 있던 열

명의 형제들은 최후의 심판이라도 일어날 것처럼 벌떡 일어났다. “나가라. 너희는 모두 나가!” 총독은 소리쳤고, 이에 종들은 급히 물러갔다.

창세기 45장

45:1 그때 요셉은 자기 곁에 서 있는 모든 자들 앞에서 스스로를 억제
하지 못하고 소리질러 "모든 사람은 나에게서 물러가라." 하니,
요셉이 자신을 자기 형제들에게 알리는 동안 그와 함께한 자가
아무도 없더라.
2 그가 큰 소리로 우니 이집트인들과 파라오의 집이 듣더라.
3 요셉이 그의 형제들에게 말하기를 "나는 요셉이라. 내 아버지가
아직 살아 계시니이까?" 하나, 그의 형제들은 그에게 대답할 수
없었으니, 이는 그들이 그의 면전에서 불안해 함이더라.
4 요셉이 그의 형제들에게 말하기를 "내가 당신들에게 부탁하오니,
내게 가까이 오소서." 하니, 그들이 가까이 온지라, 또 그가 말
하기를 "나는 당신들이 이집트에다 팔았던 당신들의 동생 요셉

이니이다.
5 그러므로 당신들이 나를 이곳에 판 것을 이제는 슬퍼하거나 괴
로워하지 마소서. 이는 하나님께서 생명을 보존하시려고 당신들
앞서 나를 보내셨음이니이다.
6 이 두 해 동안 이 땅에 기근이 들었으나 아직도 오 년이나 이삭
이 패지도 못하고 추수도 못할 것이니이다.
7 하나님께서는 땅에서 당신들에게 후손을 보존하시고, 당신들
의 생명을 큰 구원으로 건지시려고 당신들 앞서 나를 보내셨나
이다.
8 그러므로 이제 나를 여기에 보낸 것은 당신들이 아니라 하나님
이시니, 그분이 나를 파라오에게 아비가 되게 하시고 그의 온
집의 주가 되게 하시며, 온 이집트 땅의 치리자를 삼으셨나이다.
9 당신들은 속히 내 아버지께로 올라가서 아버지께 말하기를 '아
버지의 아들 요셉이 이렇게 말하더이다. 하나님께서 나를 온 이
집트의 주로 삼으셨으니 지체하지 말고 내게로 내려오셔서
10 아버지께서는 고센 땅에서 거하소서. 아버지께서는 아버지와 아
버지의 자녀들과 아버지의 손자들과 아버지의 양떼와 아버지의
소떼와 아버지의 모든 소유가 나와 가까이 있게 하소서.
11 기근이 아직도 오 년이나 있으니 내가 거기서 아버지를 봉양하
리이다. 혹 아버지와 아버지의 가족과 아버지의 모든 소유가 궁
핍에 이를까 함이니이다 하더이다.' 하소서.
12 보소서, 당신의 눈들이 보고 있고 내 아우 베냐민의 눈이 보는
데서 당신들에게 말하는 것은 내 입이니,

13 당신들은 이집트에서의 나의 모든 영광과 당신들이 보았던 모든 것을 내 아버지께 말씀하시고 속히 내 아버지를 여기로 모시고 오소서." 하고
14 그가 자기 아우 베냐민의 목을 안고 우니 베냐민도 그의 목을 안고 울더라.
15 또 그가 그의 모든 형들과도 입맞추며 안고 울더라. 그제서야 그의 형들이 그와 이야기하더라.

드디어 요셉은 형제들에게 자기 자신을 나타내고 있다(1,2절). 이 장면은 모두를 망연자실케 하는 장면이 아닐 수 없다. 요셉은 손을 내밀고 유다의 손을 잡으면서 "유다, 나를 모르시오?"(요 14:9,11) 유다는 너무 놀라 입을 다물지도 못하고 있다. "이봐요, 유다. 나 요셉이오. 당신 동생 요셉이란 말이오" 유다는 목이 잠긴 채 "나... 나는..." 그는 입을 다물고 손으로 머리를 감싸 쥐면서 중얼거린다. "이게 어떻게 된 일이지! 이게 꿈인가, 생신가..." 열 명의 형제들은 무릎을 꿇은 채로 총독을 쳐다보고서는 서로 처음 보는 사람들처럼 서로를 쳐다본다. 요셉은 유다를 일으키고 이렇게 말한다. "나야, 나 요셉이야. 유다 형, 나를 못 알아보겠어?" 유다는 요셉을 응시한다. 유다의 눈은 자기 앞에 서 있는 사람의 관상을 연구라도 하듯이 하나하나 뜯어보고 있다. 요셉은 갑자기 웃으면서 『**너를 축복하는 자들을 축복하고 너를 저주하는 자를 내가 저주하리라.**』(창 12:3)라고 조상 아브라함이 하나님께 받은 복을 말했다. 유다는 요셉을 한 번 더 쳐다보더니 "요셉, 아니 네가..."라고 말문을 열었다. 요셉은 왕복을 벗어 던지고 두건을 벗고서는 이렇게 대답했다. "그래. 나 살아 있어, 형!"(딤전 3:16) 유다는 믿을 수가 없다는 듯이 한 번 더 쳐다보고는(눅 24:41) "아니, 어떻게 네가... 요셉, 너 이 녀석아, 네가 어떻게 여기에..." 하면서 말을 잇지 못했다.

이 장면을 한번 상상해 보라. 실로 감격스럽지 않은가? 모든 형제들이 큰 소리로 엉엉 우는 모습을 생각만 해도 가슴이 벅차오르지 않은가?(창 45:2) 적어도 10-15분 이상이 지난 후에야 이들은 서로 이야기를 나눌 정도로 진정되었을 것이다.

성경대로 믿는 그리스도인이라면 이 장면을 보고 스카랴 12:10, 13:6과 이사야 61-64장이 성취될 것임을 알아차렸을 것이다. 죄인에게 있어서는 - 우리는 이제껏 죄인의 구원 계획을 살펴왔음을 잊지 말기 바란다. - 이 순간이 예수 그리스도께서 자신을 "서기관들과 죄인들의 친구로서"(요 15:15) 그리고 "자기에게 순종하는 모든 사람에게 형제로서"(막 3:35) 나타내신 그 순간이다. 바로 이것이 바울이 말한 "그의 아들의 계시"인 것이다(갈 1:15,16). 이것이 없다면 그 어떤 카톨릭도 개신교도도 유대인도 도교신자도 불교신자도 모슬렘교도도, 그리고 그 어떤 무신론자도 이 시대에 있어 하나님의 얼굴을 평안한 마음으로 볼 수가 없다. 『**나의 아버지께서 모든 것을 내게 주셨으니, 아버지 외에는 아들을 아는 사람이 아무도 없고, 또 아들과, 누구라도 아들이 아버지를 계시하고자 하는 자 외에는 아버지를 아는 사람이 아무도 없나이다**』(마 11:27). 이 말씀은 엄격하고 독단적이며 무오한 예수 그리스도 자신의 말씀임을 잊지 말라.

1. 하나님께서는 저 외계(셋째 하늘)로부터 처음으로 지상에 내려오실 때 육체를 입고 자신을 나타내셨다(사 53:1; 40:5).

2. 그분의 생애와 십자가 위에서의 죽음은 그분 자신의 의를 계시하신 것이었다(롬 1:17, 사 56:1).

3. 이것은 죄인이 요셉의 형제들이 겪은 그 길을 그대로 밟을 때 내적으로 그에게 계시된다(삼상 3:21, 갈 1:16). 죄인이 "종교"를 택하든지 "종교 의식"을 행하든지, 그가 어떤 철학 사상을 주장할 때면 그는 자기 자신의 죄들과 자신의 의롭지 못함을 다루는 데에 있어서 자신이 정직하지 못하다고 선언하고 있을 뿐이다(눅 2:35, 마 10:26).

4. 주 예수께서는 부활 후에는(고전 15:1-10) 그의 제자들에게만 자신을 계시하셨으며, 그 뒤에 자신을 계시하실 때는 종교와 과학을 신봉하는 이 세상에 그의 진노를 나타내 보이실 것이다(살후 1:8, 눅 17:30).

독자 여러분은 계시가 인식론(진리가 무엇인가를 다루는 학문 분야)에 있어 중요한 요소임을 이미 간파하셨을 것이다. 그러나 철학자들과 심리학자들은 자신들의 이성만을 가지고 진리를 탐구할 뿐 하나님의 계시는 전혀 무시하고 있다. 하나님께서 자기 자신을 계시하지 않으셨다는 것은 확률적으로도 불가능하다는 것을 우리는 이미 살펴본 바 있다(창 37:1-35에서 제시한 과학적 증명을 확인할 것).

과학은 하나님의 계시 대신 "귀납법," "객관적 실험," "중립적 접근," "통제된 상황 설정," "물리적 실험" 방법을 통해 진리를 찾아내려고 애를 쓰고 있다. 그 결과 과학이 맺은 "열매"는 전쟁과 전쟁의 소문뿐이다. 오늘날의 "보수주의 학자들"(잉글리쉬, 샤프, 페팅길, 게벨라인, 뵈트너, 메이첸, 와필드, 무로 등)은 히브리어 헬라어 지식과 "알렉산드리아 전통들," 교부들의 저서들, 그리고 "과학적 해석"을 가지고 계시를 대체해 버렸다. 이로써 20세기 말을 살고 있는 우리에게 과학, 종교, 교육, 혹은 "기독교 학문" 등은 참된 진리를 알려 주는 데에 아무런 공헌도 하고 있지 못하는 것이다.

A. 과학은 도덕적, 윤리적, 혹은 영적인 것과는 아무런 상관이 없이 그저 물질과 에너지에 관한 자세한 자료만을 제공할 뿐이다. 심리학이 도덕적, 영적 분야를 다루고자 하지만 적절한 "관점"을 가지고 그 어떤 죄도 모두 용납해 버리는 그런 사람들만을 만들어 내고 말았다. 탈레스(B.C. 640-546)와 헤라클리투스(B.C. 535-475) 이래 그 어떤 과학적 발명도 전쟁이나 죽음의 가능성을 줄여 본 적이 없다.

B. 종교는 그저 자신들의 의만 내세우는 데에 기여했을 뿐이다(창 4:1-6).

C. 교육은 스스로를 저주하고 말았다. 교육받은 이교도 역시 이교도일 뿐이다. 인간이 인간이고, 또 인간이 동물이라면, 교육받은 인간도 교육받은 원숭이일 뿐이다. 독일과 일본은 전 세계에서 문맹률이 제일 낮은 민족인데, 20세기의 큰 전쟁은 도맡아 했다(제2차 세계대전 때 이들의 만행을 기억할 것).

D. 기독교 학문은 권위역본에 대한 불신을 조장했으며 하나님의 말씀을 비평의 대상으로 삼았고, 학자들이 성경대로 믿는 그리스도인들보다 우월하다는 편견을 조장해 왔다.

이와 같은 네 가지 요소를 동원하여 이 세상은 - "기독교계"를 포함하여 - 하나님의 계시의 말씀을 단번에 영원히 제거하는 데에 전력을 쏟고 있는 것이다. 이 세상은 참 하나님의 말씀인 성경을 제외하고는 모든 것을 용납한다. 왜냐하면 성경을 제외하고는 인간의 정치 역사를 다루면서 미리 예언을 하고 있는 그 어떤 "경전"이나 책도 없기 때문이다(자세한 내용은 〈하나님의 나라와 천국〉을 참고할 것).

주님께서 자신을 계시하시면(창 45:21) 당신은 그분을 알 수 있다. 그러나 만약 그분이 자신을 계시하지 않으시거나 당신이 그분께서 주신(계 1:1) 그분의 계시를 거부한다면, 과학이나 교육, 종교, 기독교 학문이 당신을 위해 그 무엇을 한다 해도, 그것들로는 당신이 불못에서 영원을 보내는 것을 막지 못할 것이다. 시험관을 들여다보거나, 현미경, 혹은 망원경을 살피거나, 혹은 빵 조각을 예수 그리스도의 살이라고 생각하며 받아먹거나, "아버지와 아들과 성령의 이름으로" 물로 적셨다는 사람치고 영생의 확신과 죄 사함의 확신을 갖고 있는 사람은 아무도 없다. 이들에게 한번 물어 보기 바란다.

요셉의 형제들은 처음에는 불안해했다(3절). 이처럼 죄인은 해결책이 눈앞에 계시된 그 순간에도 자기가 잘못된 상황에 놓여 있다는 생각을 당장 떨쳐 버릴 수가 없는 것이다(욥 42:1-6). 그러나 계시가 계속되어 가는 동안(창 45:4-13) 그들은 마음이 진정되고 결국 자신들이 구원을 받았다는 확신이 들게 된다. 그리고 나면 기쁨의 축제가 시작된다.

요셉은 그가 팔리어 온 때부터 현재까지 일어났던 모든 일들을 요약해서 설명했을 것이다. 비록 그는 포티발의 집에서 있었던 사건과 감옥 생활에 대해서는 언급하지 않았지만 요셉의 설명을 들은 형들은 그제야 그가 자신들의 동생 요셉이라는 사실을 분명히 알게 되었을 것이다.

『하나님께서 생명을 보존하시려고 당신들 앞서 나를 보내셨음이니이다』(5절). 이처럼 "사람의 진노"가 하나님의 목적을 달성하기도 한다. 그것

은 그분의 독생자의 십자가 처형의 경우에도 마찬가지였다(행 2:23). 요셉은 하나님의 긍정적인 목적은

1. 생명을 보존하는 것(5절).

2. 후손을 보존하시는 것(7절).

3. "당신들의 생명을 큰 구원으로 건지시는 것"(7절)이라고 선언했다. 비록 요셉의 형제들이 요셉이 팔려 온 것에 대한 책임이 있지만 요셉은 그 사건을 하나님의 관점에서 바라보고 있으며 그래서 이렇게 결론을 내리고 있다. 『**그러므로 이제 나를 여기에 보낸 것은 당신들이 아니라 하나님이시니**』(8절). 바로 여기에 하나님의 주권과 인간의 자유의지가 분명히 공존하고 있는 것이다. 이 두 가지는 동시적이요, 상호보완적이고, 뒤섞여 있을 수도 있지만, 두 가지 모두 그 기본 속성은 그대로 독립적으로 유지된다. 다시 말해 하나님의 주권과 인간의 자유의지는 요셉의 해석 그대로 적용되는 것이다. 바로 이것이 이 두 가지 주요 교리에 대한 올바른 접근법이다(눅 17:1). 칼빈(1509-1564)이나 알미니우스(1560-1609)는 이 두 가지 교리와 해석에 기여한 바가 없다. 우리는 성경이 이 두 가지 교리에 접근하는 그 방식을 채택하면 되는 것이다.

『**그분이 나를 파라오에게 아비가 되게 하시고**』(8절). 이 구절은 재판관기 17:10과 비교해 보아야 한다. 두 경우 모두 "아버지"란 제사장 혹은 종교적 조언자를 의미한다. 두 경우 모두 이 세상의 이교적 우상 숭배와 관련된다. 두 경우 모두 "아버지"란 기독교가 등장하기 이전의 이방 종교들과 연관되어 있다. 파라오의 눈에 요셉이 어떤 사람이었는가는 의심의 여지가 없다(창 41:38). 요셉은 그의 "수호신"이 아니다. 그는

"파라오의 두 번째 생명의 창시자," 즉 영적인 제사장이었다.

이 사실은 요셉에게 있어 그리 잘못된 것은 아닌 것 같다. 왜냐하면 요셉은 우리의 고백하는 바 사도이며 대제사장이신 분의 예표이기 때문이다(히 3:1,2). [히브리서 3:1,2은 로마카톨릭 교황이 가짜임을 입증해 주는 구절임을 주목하라.] 요셉은 제사장일 뿐 아니라(창 41:45) 또한 선지자이며(창 41:25-31), 어느 정도는 왕이기도 하다("주"와 "치리자"란 용어가 창세기 45:8에 나와 있음을 주목하라).

요셉은 이제 형제들에게 고향으로 돌아가 아버지를 데려오라고 말한다(9,17,18절). 그것은 그들에게 "고센" 땅을 주고자 함이었다(10절). 고센 땅은 이집트의 동북쪽 끝에 있는 비옥한 땅으로 피돔과 라암셋(출 1:11)을 포함하고 있다. 어쩌면 헬리오폴리스("온," 창 41:45)도 포함될지도 모른다. 이곳은 비옥한 초장으로(창 47:6,11), "람세스의 땅"이라고 불린다[요세푸스(A.D. 37-101)의 〈유대고대사〉, 제2권, p.6]. 요셉은 흉년이 아직 5년이나 더 남았으며(11절), 그 기간 동안 자기가 형들의 가족을 전부 부양하겠다고 말했다(10절). 그러고 나서 그는 베냐민을 부둥켜안고 나서 모든 형제들에게 진정한 화해의 표식(15절)을 보여 주었다(솔 1:2, 시 2:12).

신중한 독자들은 이 열다섯 구절에서 예수 그리스도의 예표 21가지를 찾아낼 수 있을 것이다. 그 중에서도 구원받은 죄인이 가서 다른 사람과 기쁜 소식을 "나누라"는 명령을 받았다는(9절) 사실은 가장 복된 말씀이 아닐 수 없다. 또 한 가지 중요한 것은 예수 그리스도와의 교제는 계시를 받고 그분을 영접하기 전에는 결코 시작될 수 없다는 것이다(15절).

45:16 ○ 파라오의 집에 소문이 들려 말하기를 "요셉의 형제들이 왔
다." 하니 파라오와 그의 신하들이 매우 기뻐하며,
17 파라오가 요셉에게 말하기를 "네 형제들에게 말하기를 '너희는
이렇게 하라. 너희는 너희 짐승에다 싣고 가서 카나안 땅에 도
착하면,
18 너희 아버지와 너희 가족들을 데리고 내게로 오라. 그러면 내가
너희에게 이집트 땅의 좋은 것으로 주리니 너희가 그 땅의 기름
진 것을 먹으리라.
19 이제 네가 명을 받았으니, 너희는 이렇게 하라. 너희는 이집트
땅에서 수레들을 가져다가 너희 자녀들과 아내들을 태우고 너
희 아비를 데리고 오라.
20 또한 너희의 물건들을 중히 여기지 말라. 이는 온 이집트 땅의
좋은 것이 너희의 것임이라.' 하라." 하더라.
21 이스라엘의 자식들이 그렇게 하니 요셉이 파라오의 명대로 그들
에게 수레들을 주고 길에서 먹을 양식을 주더라.
22 그가 그들 모두에게 갈아입을 옷 한 벌씩을 각자에게 주었으나
베냐민에게는 은 삼백 개와 갈아입을 옷 다섯 벌을 주더라.
23 또 그의 아버지에게 이와 같이 보냈으니 즉 수나귀 열 마리에
이집트의 좋은 것들을 싣고 암나귀 열 마리에는 아비가 길에서
먹을 곡식과 빵과 음식을 실었더라.
24 그가 그렇게 해서 자기 형들을 보내니 그들이 출발하더라. 요셉
이 그들에게 말하기를 "보소서, 당신들은 길 가다가 다투지 마
소서." 하더라.

25 ○ 그들이 이집트에서 올라와서 카나안 땅으로 들어와 그들의
아비 야곱에게 이르러,
26 그에게 고하여 말하기를 "요셉이 아직 살아 있고 그가 온 이집
트 땅을 다스리는 치리자가 되었더이다." 했으나 야곱의 마음은
무너져 내렸으니 이는 그가 그들을 믿지 않았음이더라.
27 그들이 야곱에게 요셉이 자기들에게 했던 모든 말을 하였더니,
요셉이 자기를 태우려고 보낸 수레들을 보고서야 그들의 아비
야곱의 정신이 소생한지라,
28 이스라엘이 말하기를 "내 아들 요셉이 아직 살아 있으니 그것으
로 족하도다. 내가 죽기 전에 가서 그를 보리라." 하더라.

본문의 내용은 읽으면 금방 이해가 되는 내용으로 별 주석이 필요 없을 것 같다. 파라오는 요셉과 그의 형제들과의 재회에 대해 들었고(16절) 이에 야곱을 데려오려는 계획을 승인한다(17,18절).

21절의 『**수레들**』(wagons)은 바퀴가 넷이 아닌 바퀴 둘의 수레들인 것으로 여겨지는데, 이는 누군가가 이집트의 새겨진 그림들에서 바퀴가 둘인 수레들을 보았다는 사실에 근거한다. 그렇다면 그 새겨진 그림들에 "부추"가 없다는 이유로 이집트에 부추가 없었다고 추정해야만 하는가? 만약 이러한 논리가 올바른 논리라고 한다면 〈칠십인역〉은 B.C. 200년에는 결코 존재할 수 없다. 왜냐하면 그 어떤 주석에서든 〈칠십인역〉이 인용될 때는 항상 오리겐, 유세비우스, 발렌티우스, 혹은 마르시온이 사도 요한이 죽은 후 60-400년 사이에 만들어 낸 그 필사본에서 인용하기 때문이다.

『**또한 너희의 물건들을 중히 여기지 말라.**』(20절)라는 말은 카나안 땅에 혹시 뭔가를 남겨 두고 오게 될지라도 걱정하지 말라는 뜻이다. 이집트로 내려오면 모두 보상해 주겠다는 약속이 뒤이어 나온다. 베냐민이 다시 다섯이라는 숫자와 연관되어 나오는 것을 주목하기 바란다(창 45:22, cf. 창 5:5).

『**보소서, 당신들은 길 가다가 다투지 마소서**』(24절). 요셉은 형들에게 싸우지 말라고 충고하고 있다. 요셉은 그의 형제들을 잘 알고 있다. 11명의 어른들과 그들의 가족들이 250-280마일의 여행길에서 신경을 곤두세우고서 인내를 시험받으리라는 것은 너무도 빤한 일이었다.

『**그들이 이집트에서 올라와서 카나안 땅으로 들어와**』(25절). 요셉의 형제들은 고향으로 돌아왔다. 오는 도중 약간의 "다툼"이 있었는지 모르지만 모두가 한마음으로 아버지의 장막 안으로 들어갔다.

"아버지, 요셉이 살아 있어요. 그를 봤어요!"

아버지는 "뭐... 뭐... 뭐라고. 지금 너 뭐라고 했냐?"

"아버지, 요셉이 살아 있습니다. 이집트에 가보니 요셉이 총리가 되어 있더라고요."

"뭐라고...?"

"아버지, 잘 들으세요. 요셉이 살아서 이집트에서 높은 자리에 있더라니까요."

야곱은 멍하니 벽을 쳐다보더니 열한 명의 자식들이 자기를 바라보고 있는 것을 보게 된다. 그들은 흥분해 있었다. 베냐민도 시므온도 다 함께 있었다. 아니 유다가 어떻게 저 두 녀석을 데려올 수 있었을까? 그렇다면 하나님께서 요셉도 돌려주시려는가? 정말 그러시려고 하는가?

야곱은 바람에 나부끼는 나뭇잎처럼 파르르 떨고 있다.

"요셉이 살아서 이집트에 있다고? 22년이 지난 이 상황에 너희들은 요셉이 아직 살아 있다는 거냐?"

모두 그렇다는 표식으로 고개를 끄덕거렸다. 야곱이 비틀거리자 자식들이 부축한다.

"아버지, 그뿐만이 아니에요. 요셉은 아버지가 이집트로 내려가서 그와 같이 살기를 원합니다. 거기에는 식량이 많이 있어요. 요셉이 아버지께 많은 것을 수레에 실어 보냈어요. 그리고..." 어쩌면 베냐민이 이렇게 말했을 것이다.

야곱은 머리를 저으며 비틀거린다. 아마 기절할 것 같다. 부축을 받고 비틀거리며 바깥으로 나간 야곱은 요셉이 보낸 수레를 보고서야 제정신이 번쩍 들었다(27절). 그러니까 자식들의 말은 믿지 않았지만 눈으로 실제 보니까 정신이 든 것이다. 옥수수, 콩, 밀, 보리... 『**내 아들 요셉이 아직 살아 있으니 그것으로 족하도다. 내가 죽기 전에 가서 그를 보리라**』(28절). [이름이 이스라엘로 바뀌든 야곱으로 남아 있든 우리의 옛사람은 죽을 때까지 그대로 남아 있음을 잊지 말라.]

창세기 46장

46:1 이스라엘이 그가 소유한 모든 것과 더불어 이동하여 떠나 브엘
세바에 와서 자기 아버지 이삭의 하나님께 희생제를 드렸더니,
2 하나님께서 밤의 환상들 중에 이스라엘에게 일러 말씀하시기를
"야곱아, 야곱아." 하시니, 야곱이 말씀드리기를 "내가 여기 있나
이다." 하더라.
3 주께서 말씀하시기를 "나는 하나님이라. 네 아비의 하나님이라.
이집트로 내려가기를 두려워 말라. 내가 그곳에서 너로 큰 민족
을 이루게 할 것임이라.
4 내가 너와 함께 이집트로 내려갈 것이며 또 내가 반드시 너를
다시 데리고 올라오리라. 요셉이 그의 손으로 네 눈을 감기리
라." 하시더라.

5 야곱이 브엘세바에서 일어서니, 이스라엘의 아들들이 파라오가
야곱을 태우러 보낸 수레들에다 자기들의 아비 야곱과 자기들의
어린아이들과 자기들의 아내들을 태워 가더라.
6 또 그들이 자기들의 가축들과 그들이 카나안 땅에서 얻은 자기
들의 재물들을 가지고 야곱과 그의 모든 자손들이 함께 이집트
로 들어오니,
7 그의 아들들과 그와 함께한 그의 아들들의 아들들과 그의 딸들
과 그의 아들들의 딸들과 그의 모든 씨를 그와 더불어 이집트로
데려왔더라.
8 ○ 이것이 야곱과 그의 아들들, 곧 이집트로 들어온 이스라엘의
자녀들의 이름이라. 야곱의 맏아들은 르우벤이며,
9 르우벤의 아들들은 하녹과 팔루와 헤스론과 칼미라.
10 ○ 시므온의 아들들은 여무엘과 야민과 오핫과 야킨과 소할과
카나안 여인의 아들 샤울이라.
11 ○ 레위의 아들들은 게르손과 코핫과 므라리라.
12 ○ 유다의 아들들은 엘과 오난과 셀라와 파레스와 세라니라. 그
러나 엘과 오난은 카나안 땅에서 죽었고, 또 파레스의 아들들은
헤스론과 하물이라.
13 ○ 잇사칼의 아들들은 톨라와 푸와와 욥과 심론이라.
14 ○ 스불룬의 아들들은 세렛과 엘론과 얄르엘이니,
15 이들은 레아가 파단아람에서 야곱에게 낳은 아들들이며, 그의
딸 디나도 있더라. 그의 아들들과 그의 딸들의 모든 혼들은 삼
십삼 명이더라.

16 ○ 갓의 아들들은 시프온과 학기와 수니와 에스본과 에리와 아
로디와 아렐리라.
17 ○ 아셀의 아들들은 임나와 이수아와 이수이와 브리아와 그들의
누이 세라며, 브리아의 아들들은 헤벨과 말키엘이니,
18 이들은 라반이 그의 딸 레아에게 준 실파의 아들들이니, 이들은
그녀가 야곱에게 낳은 자들이며, 열여섯 혼들이더라.
19 야곱의 아내 라헬의 아들들은 요셉과 베냐민이라.
20 ○ 또 이집트에서 요셉에게 므낫세와 에프라임이 태어났는데
이들은 온의 제사장 포티베라의 딸 아스낫이 그에게 낳은 것
이라.
21 ○ 베냐민의 아들들은 벨라와 베켈과 아스벨과 게라와 나아만과
에히와 로스와 뭅핌과 훕핌과 아릇이니,
22 이들은 야곱에게 태어난 라헬의 아들들이며, 모든 혼들은 십사
명이더라.
23 ○ 단의 아들들은 후심이라.
24 ○ 또 납탈리의 아들들은 야스엘과 구니와 예셀과 실렘이라.
25 이들은 라반이 그의 딸 라헬에게 준 빌하의 아들들이며, 그녀가
이들을 야곱에게 낳았으니, 모든 혼들은 일곱이더라.
26 야곱과 함께 이집트로 들어온 모든 혼들은, 야곱의 아들들의 아
내들을 제외하고는, 모두 야곱의 허리에서 낳았으며, 모든 혼들
은 육십육 명이더라.
27 이집트에서 요셉에게 태어난 그의 아들들은 두 명이니, 이집트
로 들어온 야곱 집안의 모든 혼들은 칠십 명이더라.

비록 야곱이 요셉이 살아 있음을 확신하는 데에 약간의 육신적인 요소("수레들을 보고서야")가 필요하긴 했지만 그는 "나이가 들면서" 영적으로 크게 진전했다. 야곱은 이번에는(1절) 하나님을 먼저 찾았고 그 어떤 인간적인 "계획들"을 세우기 전에 희생제를 먼저 드렸다. 야곱은(이삭과 마찬가지로) 자기의 임종 시기에 대해 착각하고 있었다. 그는 130세 때(창 47:9), 얼마 안 있어 죽을 것으로 생각했지만 실은 17년을 더 살고서 그의 백성에게로 돌아가게 된다(창 49:33). 민수기 12:6에 따르면 주님께서는 야곱에게 나타나셨고(창 46:2) 그를 두 번 부르셨다(하나님께서는 사울, 사무엘, 모세, 아브라함과 마찬가지로). 주님께서는 이집트로의 여행에 대해 야곱에게 확신을 주셨다. 아브라함과 롯이 이집트인들과 문제가 있었고 이삭도 이집트로 내려가지 말라는 경고를 받은 것을(창 26:2) 감안해 볼 때 이집트로 내려가도 되는지 확신이 필요했을 것이다. 『**내가 너와 함께 이집트로 내려갈 것이며**』(4절)란 비유적 표현은 이 세상에서(요 17장) 주님께서 우리와 함께하시는 한(요일 4:4) 우리가 안전하다는 것을 시사해 준다. 거듭나지 못한 사람들은 이 진리에 대해 주님께서는 "모든 사람과" 함께하시므로 모든 사람이 안전하다고 생각한다. 그러나 이런 착각에 대해 성경은 분명히 반박하고 있다(롬 1,2,3장, 요 8장, 마 23장, 엡 2장, 잠 14:12).

드디어 야곱과 그의 집안 모두가 이집트로 내려가게 된다(5-7절). 이로써 하나님께서 아브라함이 잠들고 있는 사이에 주셨던 예언(창 15:13)이 이루어진 것이다. 7절에 보면 야곱은 아들, 손자, 딸들을 합쳐 66명을 대동하고 떠났다. 여기에 야곱, 요셉, 에프라임, 므낫세(26,27절)까지 합치면 총 70명이 된다.

〈칠십인역〉은 사도행전 7:14에 나오는 75명에 맞추기 위해 역대기상 7:14에서 다섯 사람의 이름을 가져다가 창세기 46:20에다 덧붙였다. 이것은 우리가 앞서도 언급했던 바로 그 행위이다. 즉 예수 그리스도 사후 100-300년 사이에 살았던 사람들이 신약성경을 눈 앞에 놓고 구약성경을 신약성경에 맞추어 뜯어고친 것이다. 그런데도 〈칠십인역〉이 신약성경 이전에 존재했다는 전설이 역사적 사실인 것처럼 여겨지고 있다. 이 이론을 만들어 낸 사람이 누구든지 간에, 그는 그리스도인 학자들이 다음의 사실을 믿게 하려고 그 짓을 한 것이었다. 즉 신약의 그리스도인들이 "히브리어 구약성경에 대한 하나의 권위로서의 외경을 포함하고 있는 북아프리카 필사본을 사용했다"는 것을 믿게 하려고 그런 이론을 조작해 내었던 것이다. 밥 존스 대학교, 테네시 템플, 달라스, 포트워스, 샌프란시스코, 비올라, 휘튼, 무디, 풀러 그리고 필라델피아 성경학교 등의 교수진들은 이 함정에 걸려들고 말았다. 소위 〈칠십인역, Septuagint〉이라고 부르는 것을 약간이라도 검토해 본 사람이라면(〈국제표준성경백과사전〉, 제4권, p.2722-2732) 〈칠십인역〉은 바티칸 사본으로 A.D. 360년경에 완성된 것으로 오리겐의 6란성경(Hexapla)의 제5란과 동일하다는 것을 알 수 있다. 오리겐은 사도 요한이 죽은 후 100년 이상이 지난 후에 살았던 사람이다.

하나님의 말씀에 덧붙인(잠 30:6) 사람이 누구였든지 간에 그는 자신의 "바로 그 책상 위에" 사도행전의 신약 필사본을 놓고서 "수정" 작업을 벌인 것이다. 이들은 창세기 46장에 다섯 사람의 이름을 덧붙여서 사도행전 7장의 스테판의 발언과 일치시켰다. 그러나 이러한 첨가는(〈칠십인역〉에 나오는 다른 첨가 부분들과 마찬가지로) 전적으로 불필요하다.

하나님께서는 하나님의 말씀을 고쳐서 하나님을 도와주려고 하는 어리석은 자들의 도움이 전혀 필요 없으시다.

1. 여기에 열거된 명단은(창 35:22-26에서와 마찬가지로) 우선적으로 나이순으로 되어 있다. 유다의 손자인 헤스론과 하물은 카나안이 아닌 이집트에서 태어난 것이 분명하다(창 35:24에도 파단아람에서 태어나지 않은 베냐민의 명단이 들어 있음을 기억할 것). 따라서 사도행전 7:14과 일치시키기 위해 다섯 명을 첨가시키는 일은 불필요한 일일 뿐 아니라 문제를 더 복잡하게 만드는 것이 된다.

2. 『**야곱의 허리에서 낳았으며**』(26절)라는 표현으로 보아 66명에 한 사실을 지칭하며, 70명은 또 다른 어떤 사실을(27절) 그리고 75명은 온 친족(행 7:14)을 의미한다.

3. 66명은 『**야곱과 함께 이집트로 들어온 모든 혼들**』(26절)이다.

4. 70명은 요셉, 야곱, 므낫세, 에프라임을 66명에 덧붙일 때 나오는 수이다. 물론 이 경우 디나는 제외된다(15절). 디나와 세라 혹은 디나와 야곱이 66명과 70명의 명단에서 빠져야 하므로 스테판이 말한 75명은 학자들의 도움 없이도 아무런 하자 없이 해결된다.

5. 창세기 46장에 나와 있는 이름을 모두 다 합치면 66명, 70명, 혹은 75명도 아닌 총 77명이 나온다. 따라서 〈칠십인역〉의 제자들과 그것을 지지하는 자들이 벌이는 "해석학적 - 문법적 - 역사적 - 과학적" 방법론은 전혀 무용지물이 되고 마는 셈이다. 우리가 야곱의 네 아내를 66명에다 더한다 할지라도 70명을 만들어 낼 수는 없다. 왜냐하면 네 아내 중 두 사람은 요셉이 헤브론을 떠나기 전에 죽어서 장사되었기 때문이다(창 35:19; 49:31).

스테판이 말한 75명은 창세기 46장으로 돌아가 그것을 필사한 것이 아니다(그런데도 학자들은 신약 그리스도인들이 〈칠십인역〉을 사용해서 그대로 옮겼다고 주장한다). 반대로 스테판은 70명을 창세기 46:27에서 찾아낸 거기에, 엘(1명), 오난(2명), 디나(창 46:15, 3명), 에프라임(창 46:20, 4명), 그리고 므낫세(창 46:20, 5명)를 더하여 75명이라고 기록한 것이다. 야곱의 아내는 아무도 이집트로 내려오지 않았다. 그러나 스테판은 "온 친족"을 다 포함시켰다. 스테판이 말한 75명은 손자가 59명(17절의 세라도 포함됨), 아들이 12명(요셉 포함), 그리고 야곱의 4명의 아내를 다 합쳐 나오는 수이다.

이와 같은 설명에도 불구하고 문제는 완전히 해결되지 않는다. 왜냐하면 엘과 오난은 카나안 땅에서 죽었는데, 이들은 66명과 70명의 명단에 포함되어 있기 때문이다(12절). 이들을 제외시킨다면 실파와 빌하를 더하고 그들이 여전히 살아 있었을 것으로 추정할 수가 있다. 그러나 다섯 명의 가공인물을 덧붙이는 행위는(〈칠십인역〉이 이 문제의 해결책으로 제시한 바로 그것) 그 어떤 문제도 해결하지 못한다. 우리는 엘과 오난을 제외하고 실제로 이집트로 내려온 사람이 66명이라고 생각해 볼 수도 있다.

간단하게 다시 정리를 해 본다면 (〈칠십인역〉의 오류를 다루면서 이렇게 길게 지면을 할애하는 것은 수치이다)

1. 75명이라는 수는 12명의 아들에 4명의 아내들 그리고 59명의 후손들을 합친 수이다. 이 후손 중에는 에프라임, 므낫세, 디나, 세라, 엘, 그리고 오난이 포함된다.

2. 70명이라는 수는 야곱의 4명의 아내와 디나를 75명에서 빼면 나

오는 수이다.

3. 66명이라는 수는 엘과 오난은 카나안 땅에서 죽었고 에프라임과 므낫세는 여행을 하지 않았으므로 70명에서 4명을 빼면 나오는 수이다.

4. 그러나 〈칠십인역〉대로 성경을 뜯어고치면 66, 70, 75명 대신 71, 75, 80명이 된다.

한마디로 말해 〈칠십인역〉과 〈킹제임스성경〉과 모순되는 곳이 나올 때는 〈칠십인역〉을 내던지면 정확하다.

이제부터는 이들 명단에 나오는 이름의 뜻을 살펴보자.

(우리는 이미 이스라엘의 열두 아들과 4명의 아내, 그리고 므낫세와 에프라임에 대해서는 살펴보았다.)

1. 하녹: 르우벤의 아들로, 그 뜻은 "시작되다" 혹은 "바쳐지다"이다. 이 이름은 카인의 맏아들의 이름이기도 하다.
2. 팔루: 르우벤의 아들 "빼어나다"란 뜻
3. 헤스론: 르우벤의 아들로 "둘러싸다" 혹은 "번성하는 자"란 뜻
4. 칼미: 르우벤의 아들로 "포도 농사꾼" 혹은 "고귀한 자"란 뜻
5. 여무엘: 시므온의 아들로 "하나님의 날"이란 뜻(대상 4:24)
6. 야민: 시므온의 아들로 "오른손"이란 뜻
7. 오핫: 시므온의 아들로 "함께 연합하다"란 뜻
8. 야킨: 시므온의 아들로 "하나님께서 힘 주시는 자"란 뜻
9. 소할: 시므온의 아들로 "창백함"이란 뜻
10. 사울: 시므온의 아들로 "청함받다"란 뜻
11. 게르손: 레위의 아들로 "추방"이란 뜻
12. 코핫: 레위의 아들로 "모임"이란 뜻

13. 므라리: 레위의 아들로 "쓰다" 혹은 "흐르다"란 뜻
14. 엘, 15. 오난, 16. 셀라, 17. 파레스, 18. 세라(창 38:3,4,11,29,30).
19. 헤스론: 파레스의 아들(9절과 동일).
20. 하물: 파레스의 아들로 "자비를 경험한 자"라는 뜻
21. 톨라: 잇사갈의 아들로 "주홍 벌레"라는 뜻(계 20:11-14 주석 참고).
22. 푸와: 잇사갈의 아들로 "입"이라고 하는 뜻
23. 욥: 잇사갈의 아들로 "박해받는 자"라는 뜻(창 36:33). 〈칠십인역〉은 여기에다 역대기상 7:1에서 야숩을 끄집어내어 첨가시켰다.
24. 심론: 잇사갈의 아들로 "경계하다"라는 뜻
25. 세렛: 스불룬의 아들로 "두려움"이란 뜻
26. 엘론: 스불룬의 아들로 "상수리나무"란 뜻
27. 얄르엘: 스불룬의 아들로 "하나님께서 아프게 하신 자"란 뜻
28. 시프온: 갓의 아들로 "기대"라는 뜻
29. 학기: 갓의 아들로 "축제답다"란 뜻
30. 수니: 갓의 아들로 "조용하다"이란 뜻
31. 에스본: 갓의 아들로 "애쓰다"란 뜻
32. 에리: 갓의 아들로 "지키다"란 뜻
33. 아로디: 갓의 아들로 "들나귀" 혹은 "방랑자"란 뜻
34. 아렐리: 갓의 아들로 "하나님의 사자" 혹은 "영웅의 이름"이란 뜻
35. 임나: 아셀의 아들로 "번영"이란 뜻
36. 이수아: 아셀의 아들로 "균일하다" 혹은 "평평하다"란 뜻
37. 이수이: 아셀의 아들로 "균일하다"란 뜻
38. 브랴: 아셀의 아들로 "선물" 혹은 "불행하다"란 뜻

39. 세라: 아셀의 딸로 "풍부함" 혹은 "흘러넘치다"란 뜻

40. 헤벨: 브랴의 아들로 "교제"란 뜻

41. 말키엘: 브랴의 아들로 "나의 왕은 하나님이시라"라는 뜻

42. 벨라: 베냐민의 아들로 "삼키다"란 뜻

43. 베켈: 베냐민의 아들로 "젊은 낙타"란 뜻

44. 아스벨: 베냐민의 아들로 "하나님의 의견" 혹은 "짧다"란 뜻

45. 게라: 베냐민의 아들로 "투사"라는 뜻. 〈강단의 주석〉은 에훗(판 3:15에 나오는 이스라엘의 재판관)이 바로 이 게라의 후손이라는 현저한 사실을 아무런 언급 없이 지나쳐 버린다. 또한 다윗을 저주했던 시므이 역시 이 게라의 후손이라는 사실도 전혀 언급하지 않고 있다. 히브리어 학자들이라고 자처하는 자들이 에스본과 아로디(창 46:16)의 이름 간의 차이점은 주목하면서도(민 26:16과 비교한다) 이처럼 중요한 사실을 간과해 버리는 것은 어쩌면 전혀 이상한 일이 아닌지도 모른다. 소위 학자들이라고 하는 사람들은 하루살이는 걸러 내고 낙타는 삼켜 버리는 짓을 지난 1,900년 동안 해 오고 있기 때문이다.

46. 나아만: 베냐민의 아들로 "즐거움"이란 뜻

47. 에히: 베냐민의 아들로 "형제답다" 혹은 "함께 연합하다"란 뜻

48. 로스: 베냐민의 아들로 "머리"란 뜻

49. 뭅빔: 베냐민의 아들로 "장식한 자"란 뜻

50. 훕빔: 베냐민의 아들로 "덮는 것들"이란 뜻

51. 아릇: 베냐민의 아들로 "도망자" 혹은 "방랑자"란 뜻

[베냐민은 많은 자식을 두었다. 만약 그들 중 몇이 이집트에서 태어난 것이 아니라면 23세도 되기 전에 10명의 자식을 둔 것이다. 대상 8:1-3

에는 다섯 명이 열거되어 있는데, 일흔다섯 명의 자식은 어쩌면 카나안인 첩들에게서 얻은 자녀들인지도 모른다. 이스라엘의 아들들은 대체로 아내를 한 명 이상을 둔다(대상 7:14,15; 4:18, 창 46:10).]

52. 후심: 단의 아들로 "서두르는 자들"이란 뜻
53. 야스엘: 납탈리의 아들로 "하나님에 의해 정해지다"란 뜻
54. 구니: 납탈리의 아들로 "침울하다" 혹은 "물들이다"란 뜻
55. 예셀: 납탈리의 아들로 "형상" 혹은 "형태"란 뜻
56. 실렘: 납탈리의 아들로 "보응" 혹은 "복수자"라는 뜻

독자 여러분은 이 명단에 디나(1)와 4명의 아내(4), 그리고 야곱의 열두 아들(12), 그리고 요셉의 두 아들(2)을 합치면 75명이 된다는 사실을 인정할 것이다. 이것이 1611년판 권위역본에 보존되어 있는 무오한 진리인 것이다. 바로 이것이 사도행전 7:14에서 스테판이 인용한 그 숫자이다.

46:28 ○ 야곱이 유다를 자기 앞서 요셉에게 보내어, 자기를 고센으로 인도하게 하니, 그들이 고센 땅으로 들어왔더라.

29 요셉이 자기 병거를 갖추고, 그의 아버지 이스라엘을 만나려고 고센으로 올라와서, 야곱에게 모습을 나타내니, 그가 야곱의 목을 안고 그의 목에 기대어 한참을 울더라.

30 이스라엘이 요셉에게 말하기를 "네가 아직 살아 있어 내가 네 얼굴을 보았으니 내가 죽어도 되겠구나." 하니,

31 요셉이 그의 형제들과 그의 아버지 집에 말하기를 "내가 올라가

서 파라오에게 보이고, 그에게 말하기를 '카나안 땅에 있던 내
형제들과 내 아버지의 집이 내게로 왔는데
32 그 사람들은 목자들이니, 그들의 직업이 가축을 기르는 것이어
서, 그들은 그들의 양떼와 그들의 소떼와 그들의 모든 소유를
이끌고 왔나이다.' 하리니,
33 파라오가 당신들을 불러서 '너희 직업이 무엇이냐?' 물으면,
34 당신들은 말하기를 '당신의 종들의 직업은 어렸을 때부터 지금
까지 가축을 치는 것이요, 우리와 우리의 조상들도 그러하나이
다.' 하소서. 그리하면 당신들은 고센 땅에서 거하게 되리니, 이
는 모든 목자가 이집트인들에게는 가증함이 되기 때문이니이
다." 하더라.

야곱의 행렬이 고센 땅으로 들어오자, 아버지를 만난 요셉은 그의 목을 부여안았으며, 물론 그 둘은 어린아이처럼 눈물을 흘렸다(창 46:29). 하나님께서는 욥에게 행하신 바로 그것을 야곱에게 해 주셨다(야곱과 욥이 고난 끝에 복을 받은 것은, 이스라엘 백성이 대환란을 끝내고 복을 받는 것을 예표하고 있다). 야곱은 "죽었던" 요셉을 되돌려 받았고 시므온은 감옥에서 풀려났으며, 베냐민도 안전하였고 여생을 잘 보낼 수 있는 훌륭한 거처도 얻게 되었다(소안은 멤피스("타니스")의 동편에 있는 성읍임). 실로 모든 일이 합력하여 선을 이룬 것이다(롬 8:28).

『**요셉이 그의 손으로 네 눈을 감기리라.**』(창 46:4)라고 하신 말씀은 요셉이 아버지의 임종 시에 곁에 있어 숨을 거둘 때 눈을 잘 감기게 해 줄 것이라는 뜻이다(Robert, 〈Oriental Illustrations〉, p.52 참고). 자식의 얼굴을 보게 된 야곱은 이제 주님께 돌아갈 준비가 다 된 것이다. **『네가 아직 살아 있어 내가 네 얼굴을 보았으니 내가 죽어도 되겠구나』**(창 46:30).

요셉은 길에서 유다를 만나 아버지가 오고 계심을 듣고 고센으로 가서(28,29절) 아버지를 만난 후 대열을 떠나 다시 온(혹은 타니스)으로 돌아가 파라오에게 자기 친족들의 도착 소식을 전한다(창 47:1). 그전에 요셉은 형제들에게 그들이 직업에 대해 솔직하게 말하라고 충고했다(목동 혹은 가축 치는 사람). 이것은 창세기 43:32에 언급된 이유들 때문이다. 헤로도투스는(ii. 47,164) 목동은 이집트 전역에서 멸시를 받았다고 확인했다(Wilkinson, 〈Egyptians〉, London, 1837 참고). 그에 따르면 이집트 화가들이 목동이나 "카우보이"를 그릴 때는 종종 절름발이, 기형, 혹은 누더기를 걸친 모습으로 그렸다고 한다. 목동들에 대한 혐오는 아마 B.C. 2085-1825년까지 이집트를 지배했던 힉소스(혹은 "목동 왕들") 왕조 시대로부터 유래된 것 같다. 그러나 히슬롭의 연구에 따르면(〈The Two Babylons〉, Loizeaux Bros., N.Y., 1916) 히브리인들은 양을 희생제물로 바치며 "신성한 소"에 대해서 전혀 존경을 하지 않기 때문에 이집트인들은 목동을 가증하게 생각했다고 한다. 이집트인들은 "어린양의 피"를 도저히 참을 수가 없었던 것이다(창 3:21 주석 참고). 이집트인들에게는 양뿐만 아니라 모든 목동도 가증스럽게 여겨졌다(창 46:34). 이집트는 세상을 예표하며 이 세상에게는 선한 목자(요 10:1-28)가 아무런 소용이 없었고 앞으로도 그럴 것이다.

그런데 하나님의 어린양은 이 세상의 죄를 제거하시는 분이시다!(고센은 "가까이 당기는"이라는 뜻)

창세기 47장

47:1 요셉이 와서 파라오에게 고하여 말하기를 "내 아비와 내 형제들
과 그들의 양떼와 소떼와 그들의 모든 소유가 카나안 땅에서 왔
는데, 보소서, 그들이 고센 땅에 있나이다." 하고
2 그가 그의 형제 중 몇 사람 즉 다섯 명을 데리고 가서 파라오에
게 보이니,
3 파라오가 요셉의 형들에게 묻기를 "너희 직업이 무엇이냐?" 하
니, 그들이 파라오에게 말하기를 "당신의 종들은 목자들이온데,
우리와 우리의 조상들도 그러하니이다." 하고
4 그들이 파라오에게 또 말하기를 "카나안 땅에 기근이 심하여 당
신의 종들은 그들의 양떼를 먹일 초장이 없기에 우리가 이 땅에
기거하러 왔나이다. 그러므로 우리가 당신께 청하오니, 이제 당

신의 종들이 고센 땅에 거하게 하소서." 하더라.

5 파라오가 요셉에게 일러 말하기를 "네 아비와 형제들이 네게
왔고

6 이집트 땅이 네 앞에 있으니, 이 땅의 가장 좋은 곳에 네 아비와
형제들이 거하게 하되 고센 땅에 그들로 거하게 하라. 그리고
만일 그들 가운데 활동력 있는 자들이 있는 것을 네가 알면 그
들로 내 가축을 돌보는 관리자로 삼으라." 하더라.

7 요셉이 자기 아비 야곱을 인도하여 파라오 앞에 서게 하니 야곱
이 파라오에게 축복해 주더라.

8 파라오가 야곱에게 묻기를 "당신의 연세가 얼마나 되느뇨?" 하니,

9 야곱이 파라오에게 말하기를 "내 순례길 세월이 일백삼십 년이
니이다. 내 생애의 세월이 짧고 험악하였으나 내 조상들의 순례
의 날들, 곧 그들의 생애의 세월에는 미치지 못하였나이다." 하고,

10 야곱이 파라오에게 축복해 주고 파라오 앞에서 나오니라.

요셉은 파라오 앞에 다섯 형제를 소개했다(1절). 독자 여러분들은 요셉의 생애 가운데 "다섯"이라고 하는 숫자가 얼마나 두드러지게 나타나고 있는가를 주목해야 할 것이다(창 47:2,24; 45:22 그리고 창 5:5 주석 참고. "5"는 "죽음의 수"라는 사실을 잊지 말라). 그들은 파라오로부터 고센에 살도록 허락을 받았으며(4,5,6절) 더 나아가 파라오는 요셉을 전적으로 신뢰했기에, 요셉에게 자기의 가축 돌보는 자들을 훈련시키는 것을 도와 달라고 요청을 했다(6절). 이것은 요셉의 형제들에게는 대단한 행운이 아닐 수 없었다. 왜냐하면 카나안 땅의 목초지는 2년간의 가뭄과 그간 가축들이 풀을 다 뜯어 먹어 버려서 마치 테니스 코트처럼(4절) 되어 버렸을 것이기 때문이다.

자, 드디어 야곱은 하나님께서 원하시는 바 하나님의 통치자(이스라엘)가 되었다. 그는 이집트의 파라오 앞에서도 굽실거리거나 위축되지 않았다. 그는 에서 앞에서처럼(창 33장) 굴지 않았고 뇌물로 호의를 얻으려고도 하지 않았으며(창 32장) 파라오의 환심을 사기 위해 어떤 사전 계획도 세우지 않았다. 야곱은 똑바로 선 채로 파라오를 만났고 이스라엘 민족의 선지자적 목자장의 역할을 그대로 수행하였다. 그는 자신의 생애를 간략히 간증하고서 왕의 머리에 손을 얹고 축복을 해주었다(10절). 실로(창 30:37과 32:7에서의 야곱으로부터) 이렇게 변화되기까지는 오랜 세월이 걸렸다. 세월과 은총은 옛 "찬탈자"를 놀랍게 변화시켰다. 그의 머리는 아마 옛날부터 계신 분처럼(단 7:9) 하얗게 되었을 것이다. 나이가 먹어 주름살이 패였고 기력은 쇠했어도 하나님의 은혜는 그의 육신적 모습들을 영광의 표식으로 변모시켰고 그의 이마의 주름살은 "하나님께서 내 자아와 마귀의 역사에도 불구하고 나를 빚어 내셨도다. 이제 그분께서 내 인생 여정의 나머지를 인도하사 나를 본고향으로 인도하시리라"고 고백하는 것 같다(롬 8:34-39).

야곱의 간증에는 디모데후서 4:1-8과 베드로후서 1:12-16에서와 같은 승리자의 영광은 없었지만 솔직한 간증이 아닐 수 없다. 사실 바울을 셋째 하늘로 데리고 갔던 것보다(고후 12:1-5), 야곱이 속임수 없이 솔직하게 말하도록 하기 위해서 더 많은 은혜가 필요했을 것이다.

『내 생애의 세월이 짧고 험악하였으나』(9절). 옳은 말이다. 아들 하나는 아비의 첩과 간음을 저질렀고, 두 아들은 수많은 사람을 살해하였고 가뭄과 서리 가운데서 양을 돌본 이십 여 년의 세월하며, 때로는 며칠 동안 밤잠을 자지 못했고, 한 아내는 아이를 낳다가 죽었고, 집을 떠난 후 어머니 얼굴을 보지 못했으며, 아들 하나는 노예로 팔리어 갔고, 또 아들 하나는 투옥되었고, 이제 전 가족이 기근을 피해 피난을 오게 된 인생이 아닌가? 『**내 생애의 세월이 짧고 험악하였으나**』 야곱의 간증은 어떤 그리스도인의 간증인데, 그는 하나님께서 그를 위해 그의 인생을 계획하시도록 해드리기보다는 자기 인생을 스스로 계획했던 것이다. 하나님께서 마귀에게 사로잡힌 아내 외에(요한 웨슬리의 경우) 그리스도인 남자에게 주신 가장 형편없는 대적은 약아빠지고, 교활하며, 재빠르게 계산기를 두드리고, 야비할 정도로 자기 것만을 챙기는 "자기보존의 마음"이다(잠 3:5,6).

『**내 조상들의 순례의 날들, 곧 그들의 생애의 세월에는 미치지 못하였나이다**』(9절). 이 말 역시 사실이다. 야곱은 이제 130세이고(10×13!), 147세에 죽는다. [창세기 47:9의 시점에 요셉은 37-39세였고 유다는 43세, 첫째인 르우벤은 46세였을 것이다. 세상의 유형인 이집트로 내려간 후 결혼 연령은 70-80세에서 20-30세로 낮추어졌고 수명도 147-180세에서 70-110세로 줄어들게 되었다.]

47:11 ○ 요셉이 파라오가 명령한 대로 그의 아비와 형제들을 정착시켰고, 이집트 땅에서 그들에게 소유를 주었으니 가장 좋은 땅 라

메세스의 땅을 주었더라.
12 요셉이 그의 아비와 그의 형제들과 그의 아비의 집안을 그들의
가족대로 양식으로 부양하였더라.
13 ○ 기근이 너무 심하니 온 땅에 양식이 없더라. 그러므로 이집
트 땅과 카나안의 온 땅이 기근으로 인하여 시들어지더라.
14 요셉은 이집트 땅과 카나안 땅에 있는 모든 돈을 모아들이니,
이는 그들이 곡식을 사감이라. 그리하여 요셉이 파라오의 집으
로 그 돈을 가져왔고,
15 이집트 땅과 카나안 땅에 있는 돈이 바닥나니 모든 이집트인들
이 요셉에게 와서 말하기를 "돈이 바닥났으니 우리에게 양식을
주소서. 우리가 어찌 당신 면전에서 죽어야 되리이까?" 하더라.
16 요셉이 말하기를 "너희의 가축을 달라. 돈이 바닥났으면 너희의
가축과 바꾸어 주리라." 하니,
17 그들이 요셉에게 그들의 가축을 가져오고 요셉이 말들과 양떼와
소떼와 나귀들을 양식과 교환해 주어, 그 해에 요셉이 그들의
모든 가축과 바꾸어서 그들의 양식을 공급해 주더라.
18 그 해가 끝나니 그들은 그 다음 해에도 그에게 와서 말하기를
"우리가 나의 주께 숨기지 않으리이다. 우리의 돈도 다 썼고 우
리의 가축떼도 나의 주께서 가지셨으니 우리의 몸과 땅 외에는
내 주의 목전에 내놓을 것이 없나이다.
19 우리, 곧 우리와 우리의 땅이 어찌 당신의 목전에서 죽으리이까?
우리와 우리의 땅을 사시고 양식을 주소서. 우리와 우리의 땅이
파라오에게 종이 되리니 우리에게 씨앗을 주소서. 그래야 우리

가 살고 죽지 않으며 그 땅도 황폐되지 않으리이다." 하더라.

20 요셉이 이집트의 온 땅을 파라오를 위하여 샀더라. 이는 기근이 그들을 압도함으로 이집트인들이 각자 자기 땅을 팔아서 그 땅이 파라오의 것이 됨이라.

21 요셉이 백성들을 이집트의 이쪽 지경 끝에서 저쪽 지경 끝에까지 성읍들로 옮겼으나,

22 다만 제사장들의 땅은 사지 않았으니 이는 제사장들이 파라오에게서 분깃을 받음이라. 그리하여 파라오가 그들에게 준 그들의 분깃을 먹으므로, 그들은 그들의 땅을 팔지 않았더라.

23 그리하여 요셉이 백성들에게 말하기를 "보라, 내가 오늘 파라오를 위하여 너희와 너희 땅을 샀노라. 자, 여기에 너희를 위한 씨앗이 있으니, 너희는 그 땅에 뿌릴지니라.

24 추수 때가 되면 너희는 오분의 일을 파라오에게 주고, 네 부분은 너희 것으로 하여 들의 씨앗으로 삼고, 너희의 식량과 너희 집안의 식량과 너희 어린 것들의 식량으로 삼으라." 하니,

25 그들이 말하기를 "당신께서 우리의 생명을 구원하셨으니 우리가 내 주의 목전에서 은혜를 얻고 파라오의 종들이 되겠나이다." 하더라.

26 요셉이 그것을 이집트 땅에 관한 법으로 제정하였더니, 오늘까지 이르러 파라오는 오분의 일을 가지나 제사장들의 토지만은 파라오의 것이 되지 않으니라.

11절과 12절은 따로 주석이 필요 없다. 기근은 계속되었다(13절). 기근이 아직 4년이나 남았는데, 온 땅의 돈이 고갈되고 말았다(1929-1939년 사이의 미국 대공황 때도 마찬가지였다). 기근이 시작된 지 만 3년이 되자 사람들은 빵을 살 돈이 다 떨어져 버렸다(15절). 요셉은 식량을 주는 대가로 가축을 받기로 했다(16,17절). 이렇게 해서 제4년째 기근은 넘어갔다. 18절은 제5년째 기근을 묘사하고 있다. 이제, 백성들은 심한 곤경에 처하게 되었다. 그들의 음식도 돈도 가축도 다 없어진 것이다. 이로써 이집트는 정부가 그들의 모든 재산과 생명을 완전히 통제할 수 있는 사회주의 복지국가의 상태가 저절로 되어 버렸다. 다행히도 이 세대는 요셉 같은 독재자(주 예수 그리스도를 예표함)를 모시고 있었던 것이다. 그러나 만약 교황 바오로, 케네디, 히틀러, 카스트로, 프랑코, 샤를마뉴, 나폴레옹, 드골, 무솔리니, 혹은 루이 14세(모두가 동일한 교회 소속이다!) 등이 당시의 독재자였더라면 수천 명의 백성들이 이시스에게 향품을 바치지 않았다고 처형당했을 것이며, 오시리스 대신 하나님께로 회심하라고 했다고 해서 처형당했을 것이고, 헬리오폴리스에서 성체성사를 거행하는 대신 은혜로 구원받는다고 가르치는 전도지를 나누어 줬다고 처형당했을 것이다. 상황이 이 정도가 되면(창 47:18) 대부분의 사람들은 살아남기 위해 무슨 일이든 하려고 할 것이다. 바로 이것이 대환란 때 이 지상에서 전개될 상황인 것이다. 미국과 유럽의 미래는 로마카톨릭 복지국가이다.

『**그 다음 해**』(18절)란 13절 이후 두 번째 해로 19-26절의 장면은 여섯 번째 기근이 시작되었음을 보여 준다. 부패한 〈칠십인역〉은 21절, 곧 『**요셉이 백성들을 이집트의 이쪽 지경 끝에서 저쪽 지경 끝에까지**

성읍들로 옮겼으나』를 "그들을 노예로서 섬기도록 만들었더라"고 변개시켜 버렸다. 카톨릭의 벌게이트 성경과 사마리아 오경에도 역시 발견되는 이 부패한 본문은 47장의 나머지 부분을 읽어 보지 못한 어떤 사람에 의해 변개되었을 것이다. 성읍으로의 이주는 그들을 노예로 부려먹으려는 것이 아니라 그들이 식량을 얻을 수 있는 곳으로 데려온 것이다. 24절의 상황은 아무리 봐도 노예의 상태는 아니다(20%의 세금은 노예에게 부과되는 세율이 아니다. 1975년 현재 미국인은 평균 20%의 세율로 세금을 낸다. 그러나 B.C. 1700 당시의 노예의 세율은 100%였다). 오늘날 팔레스타인에서 적용되는 터키의 법도 동일하다. 영주가 가축과 씨앗을 제공하면 소출의 20%는 주인의 몫이 되는 것이다. 더군다나 20%의 세율은 기근이 끝난 후 오랫동안 지속되었다(26절). 휘발유세, 특소세, 사치세, 소득세, 부가가치세, 숨겨진 세금들, 연방과 주(州) 세금들 등을 모두 합치면, 이 20%의 세율은 평균적인 미국인이 루스벨트 대통령 이래로 계속 지불해 오고 있는 세금이다. 1970-1990년 사이에 미국인들은 이보다 훨씬 더 많은 세금을 낼 것이다.

47:27 ○ 이스라엘이 이집트 땅 고센 지방에서 거하며 거기서 소유를 얻고 증가하며 심히 번성하더라.

28 야곱이 이집트 땅에 십칠 년을 살았으므로 야곱의 전체 연수는 일백사십칠 년이더라.

29 이스라엘이 죽을 때가 가까우니 그가 그의 아들 요셉을 불러 그에게 말하기를 "이제 내가 네 목전에서 은혜를 입었으면, 내가

네게 부탁하노니, 네 손을 내 넓적다리 아래 넣으라. 그리고 내게 친절하고 진실하게 행하여, 내가 네게 청하노니, 나를 이집트 땅에다 장사하지 말라.

30 내가 나의 조상들과 더불어 누우리니, 너는 나를 이집트에서 옮겨서 그들의 묘지에다 장사하라." 하니, 그가 말하기를 "내가 아버지가 말씀하신 대로 행하리이다." 하더라.

31 야곱이 말하기를 "나에게 맹세하라." 하니, 요셉이 그에게 맹세하더라. 이스라엘이 침상의 머리에서 절하더라.

독자들은 27절에 나오는 『**심히 번성하더라.**』(27절)라는 표현을 주목하기 바란다. 특히 출애굽기 12:37을 읽을 때 이 구절을 염두에 두기 바란다. 야곱의 임종이 다가왔고(28절) 이에 야곱은 요셉을 불러 자기를 이집트가 아닌 카나안 땅에 장사할 것을 맹세시킨다.

우리는 이 맹세의 방법과 창세기 24:1-4에서 아브라함이 엘리에셀에게 맹세시킨 방법이 유사한 것을 보게 된다. 요셉은 야곱에게 맹세했고(30절) 그 맹세를 지켰다(창 50:1-3).

31절은 히브리서 11:21과 상관이 있는 구절인 것처럼 오랫동안 여겨져 왔다. 이러한 오류는 초기 북아프리카 "라틴" 주석가들에 의해 저질러졌다. 일단 이러한 오류가 저질러지자 로마의 교황들은 1,500년 동안 우상들과 동상들을 "예배보조 수단"으로 사용하는 것을 정당화하기 위해 이 구절을 이용해 왔다. 그들의 주장은 야곱이 "그의 지팡이를 위해서 경배했다" 혹은 "그의 지팡이에 의지하여 경배했다" 혹은 "그의 지팡이 머리에 경배했다" 혹은 "그의 지팡이 머리를 향해 경배했다"(히

11:21)는 것이다. 이러한 해석은 기타 다른 카톨릭 교리들처럼(히 10:12을 참고) 성경을 "카톨릭 책"으로 만들고자 하는 사사로운 해석의 산물이다. 그러나 "카톨릭" 성서와 성경과는 많은 차이가 있다.

이러한 혼란을 가중시키려는 사탄의 목적은 더멜로우(기타 여러 주석가들)가 성령께서 "미타"(침상)와 "마테"(지팡이)를 혼동하셨음에 틀림없다고 주장함으로써 성취되었다. 히브리서 11:21의 기록자는 창세기 47:31 근처 어디에서도 침상에 관해 언급하고 있지 않은데도 말이다. 히브리서에는 "침상"이 없고 창세기에는 지팡이가 없는 것이다. 이것은 마치 로마서 6:1-3에 물이 나오지 않는데도 물을 집어넣어 영적 침례를 물 침례로 만들어 버리거나 요한복음 3:3-6에 침례란 단어가 없는데, 육적 출생을 의미하는 물을 물 침례로 둔갑시키기 위해 침례를 첨가시키는 행위와 하나도 다를 바가 없다. 히브리서 11:21의 지팡이는 야곱이 그의 두 손자를 축복할 때(히 11:21과 창 48:1-14을 비교하라.) 야곱이 의지한 것이었다. 야곱은 창세기 47:31에서 그 누구에게 "경배"하거나 "축복"하지 않았다. 오직 사사로운 해석자만이 이 구절을 그런 식으로 해석할 뿐이다. 한마디로 히브리서 11:21과 창세기 47:31은 전혀 상관이 없는 구절들이다. 더군다나 야곱이 그의 "지팡이"를 사용한 것은(히 11:21) 의지하기 위한 것이었을 뿐 경배와는 아무런 상관이 없다. 창세기 47:31에서 야곱은 지팡이를 사용하지 않았다. 만약 야곱이 지팡이를 경배와 관련해 사용했을지도 모른다고 의심하는 자들에 대해 어떻게 생각하시는지를 호세아 4:12에서 찾아 확인해 보기 바란다. 예수회는 야곱이 나뭇조각을 의지하여 예배했으므로, 카톨릭교도들이 동상이나 형상들 앞에 무릎 꿇고 그것들을 통해 하나님께 나아가는 것도 정당하다고 가르친다.

그들은 이리하여 마리아 동상 앞에서 경배하는 것을 "확고한 교리"로 확립시킨 것이다. 결론적으로 히브리서 11:21과 창세기 47:31을 억지로 연결시키려는 것은 사사로운 해석이요, 호세아 4:12을 볼 때 전적으로 잘못된 해석이다. 히브리서 11:21은 창세기 48:1-14과 연관되는 것이다.

이 상황에서 우리가 확실히 해둘 것은 창세기 46:20에서와 마찬가지로 이들 〈칠십인역〉의 필사자는 신약성경이 완성된 후에 책상 위에 히브리서를 올려놓고 구약성경을 뜯어고치는 작업을 했다는 것이다. 히브리서 11:21에서 지팡이라는 단어를 보는 순간 그는 재빨리 창세기 47:31을 놓고 "오, 여기 또 오류가 있구먼!" 하면서 침상을 지팡이로 바꾸어 버렸다. 그들 생각에는 히브리어의 저자가 "마테"와 "미타"를 착각했다고 결론을 내린 것이다. 몹쓸 사람들이 이런 식으로 살아 계신 하나님의 말씀을 자기 구미에 맞도록 뜯어고쳤던 것이다. 그러니까 구약의 〈칠십인역〉이 B.C. 250년 전에 히브리어 원본에서 헬라어로 번역되었고 이 위대한(?) 번역에 근거해 신약의 기자들이 신약을 기록했다는 허위적 가설은 완전한 날조인 것이다. 오히려 〈칠십인역〉은 신약이 완성된 후 신약을 책상 위에 놓고 구약성경을 신약에 맞추어 "개정"해 버린 것이다. 이러한 사기극에 말려 들어간 위대하신 학자님들은 우리의 상상을 초월할 만큼 많다. 로버트슨, 게라, 드라이버, 델리취, 케일, 게세니우스, 레센 뮬러, 알포드, 웨스트, 웨스트코트, 홀트, 트레겔레스, 그리스바흐, 라흐만, 티쉔돌프, 메이첸, 와필드, 그리고 루이스빌, 밥 존스, 테네시 템플, 스프링필드, 달라스, 포트워스, 하바드, 웨스트민스터, 프린스턴, 유니온, 로체스터 그리고 비올라 신학대학 교수들!!

『**속지 말라, 하나님은 우롱당하지 아니하시느니라**』(갈 6:7).

창세기 48장

48:1 이 일들 후에 누군가가 요셉에게 말하기를 “보라, 네 아버지가
아프시다.” 하니, 그가 그의 두 아들 므낫세와 에프라임을 자기
와 함께 데리고 가더라.
2 누군가가 야곱에게 말하기를 “보소서, 당신의 아들 요셉이 당신
에게 왔나이다.” 하니, 이스라엘이 힘을 내어 침상에 앉더라.
3 야곱이 요셉에게 말하기를 “전능하신 하나님께서 카나안 땅 루스
에서 내게 나타나시어 나에게 복 주시며,
4 내게 말씀하시기를 ‘보라, 내가 너를 다산하고 번성케 하며, 내
가 네게서 많은 백성을 이루어, 이 땅을 네 뒤에 올 네 씨에게
주어서 영원한 소유가 되게 하리라.’ 하셨느니라.
5 ○ 이제 내가 이집트로 와서 네게 이르기 전에 이집트 땅에서 네

게 태어난 너의 두 아들 에프라임과 므낫세는 내 것이라. 르우
벤과 시므온처럼 그들은 내 것이 될 것이라.
6 그들 후에 네가 낳을 너의 후손은 네 것이 될 것이며 그들의 유
업은 그들의 형제의 이름을 따라 부르리라.
7 나로 말하면, 내가 파단에서 올 때에 라헬이 도중에 카나안 땅
에서 내 곁에서 죽었으며 에프랏에 오기까지는 얼마 남지 않아
서 내가 그녀를 거기 에프랏 길에다 장사했는데 그곳은 베들레
헴이라." 하더라.
8 이스라엘이 요셉의 아들들을 보고 말하기를 "이들은 누구냐?"
하니,
9 요셉이 그의 아비에게 말하기를 "그들은 하나님께서 이곳에서
내게 주신 아들들이니이다." 하니 야곱이 말하기를 "내가 네게
청하노니 그들을 내게로 데려오라. 내가 그들에게 축복해 주리
라." 하더라.
10 이제 이스라엘의 눈이 나이로 인하여 어두워지므로 보지 못하더
라. 요셉이 그들을 야곱에게로 가까이 데려오니 야곱이 그들에
게 입맞추고 그들을 안아 주며,
11 이스라엘이 요셉에게 말하기를 "내가 네 얼굴을 보리라고는 생
각지 못하였는데, 보라, 하나님께서 네 씨까지도 내게 보이셨도
다." 하더라.
12 요셉이 그의 무릎 사이에서 그들을 데리고 나오자, 그가 자기의
얼굴을 땅에다 대고 절하더라.
13 요셉이 그들 둘을 데려가서 에프라임은 그의 오른손으로 이스라

엘의 왼손을 향하게 하고, 므낫세는 그의 왼손으로 이스라엘의 오른손을 향하게 하여 그에게 가까이 데리고 가니,

14 이스라엘이 그의 오른손을 펴서 둘째인 에프라임의 머리 위에 얹고 그의 왼손은 므낫세의 머리 위에 얹으며 의식적으로 그의 손을 가게 하더라. 이는 므낫세가 맏아들임이더라.

우리는 이제 창세기의 끝부분으로 향하고 있다. 우리는 이미 여러 장에 걸쳐서 1611년판 권위역본은 일점일획도 손댈 필요 없이 완전히 신뢰할 수 있음을 여러 번 지적한 바 있다. 47장에 걸쳐 권위역본 본문의 수정은 그 어떤 추가 조명을 주거나 의미를 분명하게 해 주거나, 진리의 지식을 늘려 주거나, 성도를 세워 주거나, 성경 말씀을 존귀하게 여기도록 해 주지 못한다는 사실을 우리는 이미 입증한 바 있다. 그런데도 오늘날 근본주의자들과 보수주의자들이란 사람들이 앞장서서 〈킹제임스성경〉을 무너뜨리고 그리스도인들을 옛 로마카톨릭의 노예로 만들려고 혈안이 되어 있는 것이다. 그러나 우리는 인내로 우리의 믿음의 경주를 해 나갈 것이다. 『**인내로 우리 앞에 놓인 경주를 하자. 그리고 우리 믿음의 창시자요 완성자이신 예수를 바라보자**』(히 12:1,2).

이제 야곱은 병이 들었고(1절), 49장으로 미루어 볼 때 이번 병은 "죽음으로" 이어지는 노약증세인 것 같다. 그래서 야곱은 지팡이를 써서 "힘을 내어 침상에 앉았던 것"이다(2절). 바로 이것이 히브리서 11:21의 문맥이다. 문맥을 보면(12절) 야곱이 "경배"한 것을 찾아볼 수 있다. 이것을 두고 히브리서 기자는 11:21에서 야곱이 경배했다고 말하고 있는 것이다. 이 분명하고도 정확한 관련 구절들을 숨기기 위해 〈칠십인역〉

의 저자는 "경배"한다는 동사의 인칭을 3인칭 단수에서 3인칭 복수로 바꾸어 버렸다("카이 프로스쿠나산 아우토").

야곱은 전능하신("엘샤다이")이란 용어를 사용하고 있으며(3절) 하나님의 약속의 주변을 맴도는 대신 하나님의 "약속 위에 굳게" 서 있다(4절). 야곱은 에프라임과 므낫세를 자기 것으로 간주한다(5절). 이 두 손자는 르우벤과 시므온을 대신하는 것이다(창 34:25; 35:22). 이것은 장자권, 즉 "두 몫"(double portion)으로 역대기상 5:1,2에 이에 대해 언급하고 있다. 야곱은 에프라임과 므낫세가 유업을 받을 것이라고 예언하고 있는 것이다(6절). 야곱은 갑자기 요셉의 어머니를 회상한다. 그는 "자손"과 "유업"에 대해 언급하면서 "사랑하는 아름다운 아내" 라헬을 기억하지 않을 수 없었다. 야곱은 요셉을 바라보며 『**라헬이 도중에 카나안 땅에서 내 곁에서 죽었으며 에프랏에 오기까지는 얼마 남지 않아서**』(7절). 아이를 낳다가 죽은 아내를 가진 적이 있는 사람이라면 그 어떤 성경학자들보다 이 구절을 더 실감나게 읽고 잘 이해할 수 있을 것이다. 야곱은 『**내가 그녀를 거기 에프랏 길에다 장사했는데**』(7절)라고 하면서 옛 아내를 회상했던 것이다.

바로 이 순간 에프라임과 므낫세가 들어왔다. 그들은 25세나 26세쯤 되었을 것이다. 야곱은 이들에 대해서 여러 번 들은 바 있었지만 눈이 어두웠으므로(10절) 그들이 누구인지를 물었다(8절). 요셉이 설명하였고 이에 야곱은 그들을 축복할 테니 데려오라고 했다(9절). 야곱은 손자들에게 입을 맞추고 안아 주었다. 이것은 이삭이 그에게 입맞추고 안아 주었던 그대로였다(창 27:22,27). 13-19절로 볼 때 야곱은 에프라임과 므낫세를 만지며 창세기 27장의 장면을 떠올렸을 것이 분명하다. 사실 자기주장을 납득시키려는 "완고한" 고집이 아니라면 야곱의 행동(13,17절)은 쉽게 이해가 안 간다. 야곱은 이삭처럼 눈이 어두웠고 이삭처럼 참된 복이 누구에게로 갈지 알고 있었다. 만약 야곱이 창세기 25:23을 순종하고 있지 않다면 두 세대 이후 그가 지금하고 있는 행동은 그가 창세기 27장의 거래에 대해 실제로 어떻게 느끼고 있는가를 보여 주고 있는 셈이다.

요셉은 아들들을 야곱에게로 데려왔다. 야곱은 침상에 앉아 있었다. 야곱은 그들을 안아 주었고 그들은 "야곱의 무릎 사이에서" 뒤로 물러섰다. 이때 야곱은 그의 지팡이를 의지해서 얼굴을 땅 쪽으로 향하고 경배를 드렸다(히 11:21, 창 48:12). 이때 야곱이 무슨 기도를 했을까는 11절을 보면 분명해진다. 그는 요셉의 씨를 보게 해 주신 하나님께 감사를 드렸던 것이다.

이제 요셉은 아이들을 물러나게 한 후 야곱의 기도가 끝나자 야곱의 발밑에 두 아들을 무릎 꿇게 하였다. 그들은 장자인 므낫세의 머리에 이스라엘의 오른손이 가고 둘째인 에프라임의 머리에 야곱의 왼손이 가도록 앉아 있었다. 그런데 야곱은 손을 어긋나게 하여(14절) 의식적으로 오른손을 둘째인 에프라임 위에 놓고 왼손을 첫째인 므낫세 위에 올려놓았다. 야곱의 의도적이고 의식적인 태도를 어떻게 설명할 것인가? 물론 하나님께서 야곱을 인도했다고 말할 수 있겠지만 그러나 그 어디에도 하나님께서 족장에게 주신 복을 둘째에게 내리라고 그 누구를 인도한 흔적이 없다. 창세기 25:23에서 야곱마저도 이 족장의 복을 받지는 못했다. 그 당시의 복의 내용은 야곱이 형을 지배한다는 것일 뿐 방법이나 이유는 설명되어 있지 않다.

48:15 ○ 그가 요셉을 축복하며 말하기를 "나의 조상 아브라함과 이삭
이 그 앞에서 행하신 하나님, 나의 온 생애 동안 오늘까지 나를
양육하신 그 하나님,
16 모든 악에서 나를 구속하신 그 천사가 이 아이들을 축복하시며
내 이름과 내 조상 아브라함과 이삭의 이름이 그들 위에 불리게
하시고 그들로 땅 가운데서 번성하게 하소서." 하더라.
17 요셉이 그의 아비가 오른손을 에프라임의 머리 위에 얹는 것을
보니 그것이 그를 불쾌하게 한지라, 그가 그의 아비의 손을 들
어 에프라임의 머리에서 므낫세의 머리로 옮기려고 하더라.
18 요셉이 그의 아비에게 말하기를 "내 아버지여, 그리 마옵소서.
이 아이는 장자이오니 아버지의 오른손을 그에게 얹어 주소서."
하였으나,
19 그의 아비가 거절하며 말하기를 "나도 안다. 내 아들아, 나도 안
다. 그도 역시 한 백성이 될 것이며 그도 역시 크게 될 것이다.
그러나 진실로 그의 아우가 그보다 더 크게 되고 그의 씨가 수
많은 민족들을 이룰 것이라." 하고
20 야곱이 그 날 그들에게 축복해 주며 말하기를 "이스라엘이 네
안에서 축복하며 말하기를 '하나님께서 너를 에프라임 같고 또
므낫세 같게 하시기를 원하노라.'고 하리라." 하고, 그가 에프라
임을 므낫세 앞에 세웠더라.
21 또 이스라엘이 요셉에게 말하기를 "보라, 나는 죽으나 하나님께
서 너희와 함께하시어서 너희를 다시 너희 조상의 땅으로 데리
고 가시리라.

22 내가 너에게 네 형제들보다 한 분깃을 더 주었나니, 이는 내가 내 칼로 또 활로 아모리인의 손에서 빼앗은 것이니라." 하더라.

15절에서 야곱은 하나님께서 창세기 28:20에서 자기가 하나님께 요청했던 그것을 수행하셨음을 인정하고 있다. 이 천사(16절)는 여기서 성경 그 어디에서보다도 "수호천사"와 유사한 모습으로 묘사되어 있다(계 1:20 주석 참고). 요셉은 이스라엘의 손이 어긋나 있는 것을 보고(17절) 바로잡으려고 했으나(18절) 이스라엘은 이를 거절했다. 손이 어긋나 있는 것에 대해 허버트 암스트롱과 가너 테드 및 영국-이스라엘파는 이것이 바로 영국 국기의 모습이며 미국 국기의 표식이라고 해석한다. 그들에게는 이것이 에프라임(혹은 므낫세, 아니면 둘 다) 영국과 미국에 관련된 것으로 추정한다. 그러나 이런 철학적 억측을 따르고자 하는 자들에게 하나님께서는 호세아 선지자를 통해 이를 바로잡아 주신다. 호세아를 읽어 보면 에프라임이 누구인지 금방 알 수 있다.

야곱은 계속해서 그의 자세를 유지한 채 에프라임이 므낫세를 능가할 것이라고 예언한다. 민수기의 지파들 명단에 보면 에프라임은 첫 번째 명단에서는 므낫세 지파보다 8,300명이 더 많았지만 두 번째 조사에서는 므낫세가 에프라임보다 20,200명이 더 많았다(민 1:33,35과 26:34,37). 그러나 카나안 정복 이후에는(여호수아서, 재판관기) 에프라임이 단연코 리더였다. 므낫세 "반" 지파는 카나안 땅 바깥쪽에 거주했고(민 32장) 성막은 에프라임 땅 실로에 세워졌었다. 이와 같은 사실과 여호수아가 에프라임 출신이라는 사실로(민 13:8) 에프라임은 가장 뛰어난 지파가 되었고, 이에 배교의 시대에는 에프라임은 북왕국 10지파를 대표하는 이름으로 사용되었다(호세아서 참고).

야곱은 후일 사람들이 축복 기도를 할 때 20절에 나와 있는 방식으로 할 것임을 예언한다. 우리는 룻기 4:11,12에서 이와 같은 방식이 사용되었음을 확인할 수 있다. 야곱은 마지막으로 하나님께서 이스라엘 민족을 이집트에서 끄집어내셔서 그들의 조상의 땅으로 데리고 가실 것을 예언했다. 이것은 족장들의 구전된 축복이 아버지로부터 아들에게 전수되었음을 보여 준다. 왜냐하면 할아버지로부터(창 5:14) 입으로 "구전" 되지 않았다면 이 사실을 알 방법이 없기 때문이다. 창세기 46:4에 나온 것은 하나님께서 야곱 개인에게 하신 약속이었다. 바로 이 때문에 야곱은 창세기 47:29,30의 내용을 요셉에게 말해 두었던 것이다. 그러나 창세기 48:21에서 요셉에게 한 야곱의 예언은 자기 개인에 대한 것이 아니라 요셉과 그의 후손에 관한 것이었다.

창세기 48:22의 마지막 구절은 수수께끼 같은 구절이다. 어쩌면 여기서 말하는 분깃은 땅에 대한 것이 아니고 전리품에 대한 것이라는 설명이 가장 합당할지도 모른다. 주석가들은 이 구절에 대해, 이것은 세켐에서의 살육과 관계있다고(창 34장) 장황한 설명을 늘어놓기도 하고, 창세기 33:19의 매장지와 관련된다고 주장하기도 한다. 그러나 이 두 가지 경우 모두 본문에 합당한 설명이 못 된다. 창세기 33:19은 싸운 것이 아니고 평화적인 거래였고 창세기 34장 사건은 너무도 수치스러운 비열한 행동이었기에 야곱이 그 사건을 자랑하며 내세우지는 않았을 것이다(창 49:5,6에 보면 야곱은 이 사건에 대해 그 어떤 책임도 없음을 표명하고 있다).

야곱은 "활과 칼"로 그 누구에게서 땅을 빼앗은 적이 없다. 땅을 빼앗았다고 해도 하나님께서 그것을 소유토록 허락하지 않았을 것이다(히 11:9-13). 구원받은 성도가 이 땅에서 소유할 수 있는 유일한 부동산은 한 평 남짓한 무덤일 뿐이다. 우리는 "하늘에 썩지 않고 더럽지 않고 쇠잔하지 않은 유업"을 갖고 있으며 재림 때까지는 "성읍"을 소유하지 않는다(눅 19장). 칼빈, 로젠 뮬러, 머피, 부쉬, 워즈워드, 로손, 랍비 솔로몬, 리라, 윌렛, 케일, 아인스워스, 칼리쉬, 랑게, 그리고 기타 학자들은 마치 사전에 짜기라도 했는지 히브리어 성구사전, 칼데아어 어근 등을 모두 포기한 채 나침반을 잃어버린 사람들처럼 이리저리 헤맨다. 분깃(portion)에 해당하는 히브리어는 "세켐"(Shekem)인데, 이 단어가 "세켐"(Schechem)과 유사하기 때문에 그들은 이것을 마을로 간주해 버린다. 그러나 이것은 이 단어의 의미가 "어깨"라는 사실을 간과해 버린 것이다. 『**내가 너에게 네 형제들보다 한 분깃을 더 주었나니**』(22절)라는 말은 해석에 주의해야 한다. 권위역본에서 "분깃"이라는 단어는 "어깨"로 17회 번역되었는데, 이는 "분깃"이란 단어가 어깨로 메고 갈 수 있는 전리품을 분명히 지칭하는 것임을 보여 준다. 말하자면 창세기 48:22을 여호수아 때의 유업의 분배와 혼동하는 것은 분명 잘못이다. 야곱의 후손 중 그 누구도 야곱이 죽은 후 215년이 지나기까지는 "땅의 분깃"을 받으리라는 약속을 받은 적이 없기 때문이다. 더군다나 야곱이 예언적으로 선언한 곳에는 요셉을 위한 "땅의 분깃"에 대한 언급이 전혀 없다(창 49:22-26에 나오는 정확한 예언들을 읽어 보라). 전체 예언 중 땅의 소유와 관련된 것은 창세기 49:13,15로 이 구절들 그 어디에서도 그 어떤 지파가 땅을 소유할 것이라든가 그 어떤 지파에게 땅이 주어졌다는 언급은 없다. 따라서 창세기 48:22을 "지파에서 분배된 유업의 분깃"과 혼동하는 것은 잘못이다. 모든 주석가들이 주장하는 것처럼 창세기 48:22의 "분깃"이 땅을 의미한다면 다른 열한 분깃은 어디에 나온단 말인가? 22절은 분명히 『**내가 너에게 네 형제들보다 한 분깃을 더 주었나니**』라고 말하고 있지 않은가? 요셉만 땅을 소유하도록 정해졌다는 말인가? 그렇지 않다면 다른 형제들은 어떤 땅을 받기로 되어 있다는 말인가? 따라서 창세기 48:22의 가장 적절한 해석은, 야곱이 땅이 아닌 "동산"을 분깃으로 간직해 왔다는 것이다[눅 15:12에 "재산의 몫"(portion of goods)이라는 표현이 나오는 것에 주목하라]. 이 재산은 아마도 "아모리인들"로부터 칼과 활로 빼앗은 것일 것이다. 비록 창세기 32장에서 38장까지에는 구체적인 사건들의 기록은 없지만 적어도 한 차례 이상 야곱은 아모리인들로부터 "칼과 활로" 재산을 빼앗았을 것이다.

창세기 49장

49:1 야곱이 자기 아들들을 불러 말하기를 "너희는 다 함께 모이라.
마지막 날들에 너희에게 닥칠 일을 내가 너희에게 말하리라.
2 너희는 다 함께 모여서 들으라. 너희 야곱의 아들들아, 너희 아비
이스라엘에게 경청하라.
3 ○ 르우벤아, 너는 나의 장자요 나의 능력이며 내 힘의 시작이요,
위엄이 탁월하고 능력이 탁월하나,
4 물처럼 불안정해서 너는 탁월하지 못하리니, 이는 네가 아비의
침상에 올라가서 그것을 더럽혔음이라. 그가 나의 침상에 올라
갔었도다.
5 ○ 시므온과 레위는 형제 간이요 잔인한 도구가 그들의 거처 안에
있도다.

6 ○ 오 내 혼아, 너는 그들의 비밀에 들어오지 말며 그들의 모임
에 참여하지 말지어다. 내 명예야, 너는 그들과 결합하지 말지어
다. 이는 그들이 자기들의 분노로 사람을 죽이고 그들의 완고함
으로 벽을 파 내려갔음이라.
7 그들의 분노가 저주를 받으리니 이는 그것이 혹독함이며, 그들의
진노가 저주를 받으리니 이는 그것이 잔인함이라. 내가 그들을
야곱 가운데서 나누며, 이스라엘 가운데서 흩으리라.
8 ○ 유다야, 너는 네 형제들이 찬양할 자라. 네 손이 네 원수들의
목을 잡을 것이요 네 아비의 아들들이 네 앞에서 절하리라.
9 유다는 사자의 새끼로다. 내 아들아, 네가 먹이를 놓고 올라갔구
나. 그는 몸을 구부리고 웅크림이 사자 같고, 늙은 사자 같으니,
누가 그를 성나게 하리요?
10 홀이 유다에게서 떠나지 않을 것이며 실로가 오실 때까지 입법
자가 그의 발 사이에서 떠나지 아니하리니, 그에게 백성의 모임
이 있을지어다.
11 그의 어린 나귀를 포도나무에 매고 그의 나귀 새끼를 선별한 포
도나무에 매며, 그의 옷들을 포도주로 빨고 그의 의복을 포도의
피로 빨았도다.
12 그의 눈은 포도주로 붉을 것이며 그의 이는 젖으로 하얗게 되
리라.

수명이 다한 늙은 족장 야곱은 이제 죽을 준비를 한다. 그는 열두 아들을 불러 족장의 예언할 수 있는 권리를 행사한다(창 20:7). 마지막 날

들(1절)은 분명히 예수 그리스도의 초림과 재림을 다 언급하는 것이다(창 49:11 주석 참고). 칼빈은 이 표현이 "출애굽으로부터 그리스도의 통치기간 전체를 의미한다"고 해석하는 오류를 범했다. 칼빈을 알고 있는 사람은 칼빈이 뜻한 것은 "출애굽으로부터 사도행전 2장까지"였음을 인정한다. 왜냐하면 칼빈은 모든 후천년주의자들과 무천년주의자들과 마찬가지로 주 예수 그리스도께서 다윗의 보좌에 앉아 지상에서 통치하실 천년 통치에 관한 500여 구절을 거부하고 모두 영적으로 해석해 버렸기 때문이다(계 11:15 주석 참고). 칼빈은 카이퍼, 댑니, 스트롱, 핫지, 메이첸, 워필드, 벌콥, 로버트슨 등과 같이 "그리스도의 통치"가 두 번에 걸친 세계대전, 한국 전쟁, 베트남 전쟁, 남북 전쟁, 장미 전쟁, 백년 전쟁, 미국 혁명, 프랑스 혁명, 나폴레옹 전쟁, 칭기즈 칸, 샤를마뉴, 히로시마, 성 바돌로매 날의 대학살 등을 포함하고 있다고 착각했던 것이다. 성경에 묘사된 그리스도의 통치에 관한 구절들을 읽어 본 사람이라면 어떻게 이런 "독특"한 해석을 할 수 있는지 모르겠다. 만약 예수 그리스도께서 사도행전 2장 이래로 다윗의 보좌에 앉아 다스리고 계신데도 이런 일들이 벌어졌다면 예수 그리스도는 존슨이나 드골 대통령보다도 형편없는 정치가가 되고 만다(이에 관해 자세히 알고 싶은 사람은 〈하나님의 나라와 천국〉을 읽어 보라). 반대로 예수 그리스도께서 철장으로 이 세상의 나라들을 다스리는 그 때가 되면 당신은 주택, 세금, 전쟁, 사회보장, 청소년 범죄, 인종문제, 환경문제, 그 어떤 문제에 대해서도 전혀 걱정할 필요가 없을 것이다. 이런 일들은 사탄이 장악하고 다스리게 될 대환란 기간에 초유의 관심거리가 될 것이다.

『**마지막 날들**』(1절)은 항상 대환란의 마지막 부분과 천년왕국이 시작되는 그 시점을 언급하는 말이다. 사도행전 7장까지는 초림 직후 마지막 날들이 전개되고 있었으나 사도행전 7장에서 이 마지막 날들은 유대인의 왕국 거부로 중단되고 1990년 이후로 연기되고 말았다(이러한 성경적 사실을 보수주의자들과 자유주의자들은 "이단" 교리라고 부른다. 그러나 우리 성경대로 믿는 사람들은 "두고 보자."라고 대답할 수밖에 없다. 과연 그런지 두고 보자). [초림과 더불어 시작된 마지막 날들과 왕국 수립이 연기되어 미래의 대환란과 천년왕국 수립으로 연결되는 문제는 마태복음 주석서에서 자세히 다루었으므로 참고하기 바란다.]

창세기 49장의 임종 장면은 이 세상의 그 어떤 유명인사의 임종보다 훨씬 중요하고 월등하다(샤를마뉴, 워싱턴, 링컨, 교황, 알렉산더 대왕, 베토벤 등등). 이 세상의 유명인사들(그리스도인이든 아니든 간에)의 임종 장면은 통곡과 애도와 유언과 후회의 말과 혹은 권면의 말(최선의 경우)로 이루어진다. 아마 역사상 가장 인상 깊은 몇 안 되는 임종 장면 중 하나가 바로 야곱의 임종 장면이 아닐 수 없다. 마태복음 27장의 예수 그리스도의 임종 장면과 어쩌면 사도 바울의 임종을 제외하고는 가장 인상 깊은 장면일 것 같다. 물론 모세의 임종 역시(신 32-34장) 위대한 예언을 담고 있긴 하지만 창세기 49장의 야곱의 예언은 주 예수 그리스도의 초림과 재림, 적그리스도에 관한 사실, 12지파의 미래, 통치하게 될 지파, 초림과 재림의 성격, 초림과 재림시의 메시아의 칭호 등을 담고 있는 위대한 유언이 아닐 수 없다. 다시 말해 늙은 야곱은 3,680년 후에 이루어질 역사의 세세한 사항들을 조용히 예언하고 있는 것이다. 이에 비하면 노스트라다무스와 진 딕슨 그리고 에드가 케이시나 마더 십슨 등은 벤치나 지키며 후보 노릇이나 하는 것이 나을 것이다. 이 야곱의 예언을 충분히 감상하려면 20세기에 나온 예언서와 예언의 역사책들을 사서 확인해야 할 것이다. 지상에서 출판된 모든 예언서들(1920년 이래 출간된)은 창세기 3,49장, 신명기 18,32장, 재판관기 5장, 시편 89편, 사무엘하 23:2-7, 마태복음 24장, 누가복음 13장, 요한복음 16,17장, 요한계시록 13,20,11장, 이사야 53,66장, 스카랴 14장, 혹은 사도행전 3장에 나오는 예언들에 관해 단 한마디도 언급하지 못했다. 창세기 49장에 언급된 18구절에는 20세기에 출판된 "예언서"들 중 그 어떤 것이든 세 권을 모두 합친 예언보다 더 많은 자세한 예언들(아직 성취를 기다리고 있는 것)을 담고 있다. 이 예언들은 모두 최소한 성취되기 1,900년 전에 기록된 것임을 주목하라.

『**르우벤아, 너는 나의 장자요 나의 능력이며... 너는 탁월하지 못하리니**』(3,4절). 르우벤 지파에서는 그 어떤 통치자도 선지자도 재판관도 제사장도 그리고 그 어떤 왕도 나온 적이 없다. 민수기 1:21을 보면 르우벤 지파는 인구가 감소하였음을 보여 준다. 민수기 26:7에 보면 민수기 1:21보다 2,770명이 줄어든 43,730명으로 계수되어 있다. 우리는 또한 르우벤의 아들들 중 "탁월"해 보려고 시도했던 경우마저(민 16:1-25) 재앙을 불러온 것을 알 수 있다. 르우벤은 갓 지파와 므낫세 반 지파와 함께 요단강 동편에 유업을 갖고 있었고(창 3:24 주석 참고) 열왕기하 10:33에 보면 이 지파는 "유업을 상실하게 된" 초기 지파들 중 하나였다.

르우벤이 받을 물질적인 복은 요셉에게로 넘어갔고(창 49:22,25,26), 제사장의 복은 시므온으로 그 다음은 레위에게 넘어갔으나 레위는 이 복들을 상실했다가(창 49:5), 다시 되돌려 받게 된다(민 25:11,12). 또한 왕으로서 누릴 영예는 유다에게로 넘어간다(창 49:10). 이로써 르우벤에게는 아무것도 남은 것이 없게 되었다. 성령께서는 오늘날 이 세상에서는 잘 가르치고 있지 않은 교훈을 우리에게 르우벤의 경우를 들어 설명하고 계신다. 그것은 다름 아닌 “사람이 무엇을 심든지 그대로 거둘 것”이라는 것이다. 르우벤은 젊은 시절에는 방탕을 심었고(창 35:22) 이에 그 열매를 거두고 만 것이다. 그러나 할리우드가 만든 영화나 TV 드라마에서는 전혀 엉뚱한 결과가 나온다. 그러나 자신이 정하신 법대로 우주의 질서를 통치하고 계신, 의로우시고 거룩한 하나님께서 계시는 한 인간은 자신이 심은 대로 반드시 거두었고, 거두고 있으며, 거두게 될 것이다(바로 이 때문에 불가지론자, 로마카톨릭교도, 무신론자, 사회주의자, 합리주의자, 공산주의자, 회의론자 등은 그리스도를 거부하는 죄인들인 것이다. 이들은 자신들의 죄를 다루실 거룩하신 하나님이 아닌 그 어떤 다른 것을 붙들고 있다. 그들은 자신들을 처벌한 그 어떤 권위도 존재하지 않는다는 근거에서 자신들의 부도덕한 행위에 대해 스스로 안심하고 있는 것이다). 르우벤은 체험을 통해 하나님께서 “죽지” 않으셨음을 배웠다.

롯은 르우벤처럼 가축과 목축으로 얻게 되는 이익들을 사랑했다(판 5:15, 창 13:10). 르우벤의 인생관은 “돈을 벌 수 있을 때 최대한으로 벌어라.”는 주의였다. 이 점에서 보자면 르우벤은 같은 형제들인 시므온과 레위보다는 에서와 롯을 더 닮았다고 할 수 있다. 르우벤은 이스라엘의 능력이요 힘이며 위엄이었으나(3절), 이스라엘의 불안정이요 나약함이요 수치요 부패함으로 전락하고 말았다. 르우벤은 『**물처럼 불안정해서**』(4절) 오늘날의 신세대처럼 너무도 매가리가 없는 자였다. 아마 학교를 걸어서 다니라고 하면 차 없이는 못 다니겠다고 투정을 부리는 오늘날 아이들과 비슷했을 것이다. 『**르우벤... 탁월하지 못하리니**』

『**시므온과 레위는 형제 간이요... 그들이 자기들의 분노로... 그들의 분노가 저주를 받으리니... 내가 그들을 야곱 가운데서 나누며**』(5-7절). 처음 세 가지 예언은 부정적이다. 르우벤과 시므온과 레위는 "인간의 본성은 선하다" "판단받지 않으려거든 판단하지 말라" 혹은 "마음이 순결한 자는 복이 있나니"와 같은 자유주의적인 설교를 들은 것이 아니다. 그들에게는 그들의 마음을 파헤치는 강력한 설교가 주어졌다. 『**잔인한 도구**』(5절)은 분명 창세기 34:25에 나오는 칼에 대한 언급이다. 자기 방어 수단으로 거처 안에 갖고 있는 무기와 살인을 목적으로 숨겨 놓은 무기는 같을 수 없다. (미국 의회는 이 두 가지 차이를 모르고 있는지 정당방위를 위한 무기까지 전부 압수해 버리려고 한다. 그렇게 되면 강도들만 신나는 세상이 될 것이다. 지금 미국은 그렇게 되어 가고 있다. 옛날 미국에서는 총은 마음대로 살 수 있었으나, 술 판매는 금지되었고, 영적 수준은 매우 높았다. 오늘날은 총은 살 수 없어도 술은 마음대로 살 수 있게 되었고, 그 결과 영적 수준은 바닥에 와 있다.)

야곱은 이들의 범죄와 아무런 관계가 없음을 분명히 했고(6절), 따라서 만약 어떤 주석가들이 창세기 48:22이 야곱이 세겜을 공격한 것을(창 34장) 자랑한 것으로 해석한다는 것은 어불성설이다. 모든 주석가들은 이 두 구절의 관계를 전혀 보지 못했고, 이에 그 누구도 창세기 49:7이나 창세기 48:22에 대해 합당한 설명을 못하고 있다. 『**그들의 완고함으로 벽을 파 내려갔도다**』(6절). 이 구절은 사도 바울이 죽은 후

100여 년 이상이 지난 후에 쓰여진(어쩌면 300여 년 이후일지도 모른다) 〈칠십인역〉에서 왜곡되고 말았다. 〈칠십인역〉에는 이 구절이 "소의 발목 힘줄을 끊었다"(개역한글판성경도 동일)라고 되어 있다. 그러나 "소"(히브리어로는 "쇼르")에 해당되는 단어는 권위역본에는 "슈르"로서 번역되었다(그러니까 히브리어 철자 와우의 위가 아닌 중간에 점이 찍힌 것으로 본 것임). 또한 히브리어 "아콰르"는 "파다" 혹은 "힘줄을 끊다"로 다 번역될 수 있다. 따라서 이 문제는 히브리어 어휘집으로 해결될 수 없다. 권위역본과 같이 번역된 것은 시리아 필사본, 아라비아 필사본, 요나단의 탈굼, 온켈로스의 탈굼, 벌게이트, 그리고 심지어는 에비온파였던 사퀼라와 심마쿠스도 있다. 이 상황에서 우리는 〈킹제임스성경〉의 본문을 택할 것인지 〈칠십인역〉을 택할 것인지를 선택해야 한다.

1. 창세기 그 어디에서도 "소의 힘줄을 끊은 사건"이 나오지 않는다(예를 들어 보라).

2. 성경에 처음으로 그와 같은 표현이 나오는 것은 200년 이상이 지난 후인 여호수아 11:6에서이며 말(혹은 소)의 힘줄을 끊는 것은 "완고함"과는 아무런 관계도 없다. 그것은 아모리인들의 동물들이 태양신에 바쳐진 것들이기에 이들을 없애기 위한 조처였다(대상 18:4, 수 11:9, 삼하 8:4).

3. 시므온과 레위는 그 누구의 소의 "힘줄을 끊을" 생각을 한 적이 없다. 오히려 그들은 소들을 빼앗아 차지하고자 했고 실제로 그렇게 했다(창 34:28,29).

4. 성령께서 오류 없이 보존하신 정확한 성경에 따르면 소들은 양, 나귀, 그리고 아내들과 더불어(창 34:28,29) 포로로 잡혀갔다. 여인들과

양의 힘줄을 끊는 것을 본 적이 있는가? 없다면 어째서 소는 힘줄을 끊어서 데려갔단 말인가?

5. 창세기 34장에 해당하는 올바른 표현은 "벽을 파 내려갔다"가 정확하다. 우리는 시편 7:15, 35:7, 에스겔 12:5, 욥기 24:16 그리고 열왕기하 19:24의 문맥을 공부함으로써 이것이 분명하다는 사실을 알 수 있다.

바로 이것이 〈킹제임스성경〉이 "원어"(!) 성경이 해결할 수 없는 문제를 깨끗이 해결해 줄 수 있는 예들 중 하나이다. 위에 인용된 구절들에 따르면 "벽을 파 내려간다"는 말은 분명 다른 사람의 재산에 대해 폭력적인 행동으로 가로챈다는 뜻이며 간음도 이에 포함된다. 바로 이것이 시므온과 레위가 저지른 죄이며 그들은 결코 소의 힘줄을 끊는 짓을 한 적이 없다.

『**내가 그들을 야곱 가운데서 나누며, 이스라엘 가운데서 흩으리라**』(7절). 우리는 이 구절에서 야곱이 갑자기 하나님의 목소리를 내는 것처럼 예언하고 있는 모습에 주목하게 된다. 인간 야곱으로서는 7절의 예언을 수행할 능력이 전혀 없다. 그 일을 하실 분은 하나님이시며 실제로 그 일을 수행하셨다. 시므온은 열두 지파 중 가장 작은 지파가 되었고(민 26:14) 신명기 33장에서 모세에 의해 주어진 복에서도 전적으로 간과되어 있다. 이 지파는 결코 참된 유업을 받은 적이 없다. 그저 유다 지파 근처의 약간의 분깃 안에 몇 개의 성읍만을 받았을 뿐이다(수 19:1-9). 레위는 아무런 유업을 받지 못했고, 다만 민수기 25:1-18에서 피느하스가 보인 행동으로 인해 신명기 33:8에서 복의 대열에 합류할 수 있었다. 레위인들은 복의 회복에도 불구하고 이스라엘 전역으로 흩어졌고(판

17:7-9; 19:1,2) 이로써 야곱의 예언은 그대로 이루어진 셈이다.

시므온은 결코 회복된 적이 없으며, 그 지파는 모세가 신명기 33장에서 제시한 복을 놓치게 된다.

『**유다야, 너는 네 형제들이 찬양할 자라... 홀이 유다에게서 떠나지 않을 것이며... 실로가 오실 때까지**』(8-10절).

이 구절은 분명 주 예수 그리스도에 관한 구절이며 따라서 성경 변개자들이 이 구절을 가만히 둘 리가 없다. 이제껏 이와 유사한 구절들은 여지없이 학자들의 손에서 변개되고 말았다. 만약 본문이 기록된 그대로를 의미한다면 죽어가고 있던 한 시리아인이었던 야곱이(그리스도의 탄생 1,680년 전에) 그분의 칭호, 사역, 부르심, 및 그분의 교통수단, 그분을 예표하는 동물, 그분의 재림까지를 전부 예언했다는 뜻이 된다. 이에 탈굼, 사마리아 오경, 〈칠십인역〉 등이 등장해서 본문을 어떻게든 뜯어고쳐 주 예수 그리스도를 가려 보려고 애를 쓰고 있다(그러면서도 자기들은 성경에 "중립적인" 태도로 접근하고 있다고 능청을 떤다).

1. "홀"을 "원수의 지팡이"(Marshall's baton)로 변개시켰음(푸르스트, 케일, 게세니우스, 칼리쉬, 블리크, 튜크 등).

2. 실로를 사람 대신 도시로 만들어 버림(이이크혼, 튜크, 블리크, 델리취 등).

3. 실로를 "유다에게 오는 평화"로 고침(호프만, 쿠르츠, 게세니우스).

4. 실로를 "유다의 자손"으로 고침(칼빈, 킴치, 아인즈워스 등).

5. 실로를 "실로암" 혹은 "실로아"로 고침(벌게이트, 페레리우스, 고로

티우스 등).

한마디로 하나님의 말씀을 절대로 안 믿겠다는 태도이다.

모팻의 번역본을 필두로 RV(1885), ASV(1901), RSV(1952) 등은 동일하게 부패되어 있는 바 우리는 하나님께서 보존해 주신 그 성경을 고수해야만 빛을 얻을 수 있다.

유다란 이름은 "찬양"이라는 뜻이다. 따라서 그의 형제들은 그를 찬양하게 될 것이다(창 29:35과 왕상 1:38-40을 비교하라). 그의 손은 원수들의 목을 잡았으며(삼하 8장) 그의 형제들은 분명 그에게 절을 했다(창 49:8과 삼하 9:6을 비교). 유다는 "사자의 새끼"였으며(암 3:8) 육신적으로(롬 1:2-4) 그의 자손 중 하나는 "유다 지파의 사자"라고 불린다(계 5:5). 칼렙, 다윗, 그리고 솔로몬은 이 지파 출신의 "사자들"이었고 다윗은 특히나 먹이로부터 돌아온 후에는(9절) 우리에 사자처럼 웅크리고 있었다. 따라서 그 누구도 그를 감히 건드릴 생각을 못했다(삼하 10:19). [현대의 역사가들이 어떤 식으로 생각하든 간에 목동들의 장수다움은 롬멜, 리, 작슨, 스튜어트, 알렉산더, 나폴레옹 등의 용맹과 비교될 수 있다.]

10절은 영국-이스라엘파라고 불리는 이단 그룹이 야곱의 돌(베개)을 웨스트민스터로 옮기고서, 유다로부터 그리스도의 초림까지의 왕위를 영국 왕들이 이어왔다고 주장하는 근거 구절이다. 이들처럼 머리가 단순한 사람도 드물 것이다. 이들은 유대인들이 포로로 잡혀간 이래로(B.C. 598) 코니야로부터(렘 22장) 예수 그리스도에 이르기까지 "다윗의 왕좌"에 아무런 정치적 통치자가 없었으므로 유다 지파로부터 그 어떤 왕조가 있지 않고서는 창세기 49:10의 예언이 불발된 것이라고 생각했다.

그래서 이들은 예레미야가 유다 왕국으로부터 야곱의 돌을 몰래 이집트로 가져갔고(렘 40-50장) 그 후 왕가의 피를 받은 공주와 함께 영국으로 건너왔다고 주장한다. 그러나 이들의 주장대로 한다면 유다로부터 시작해서 야곱이 죽은 지 580년이 되는 유다 왕국의 수립 때까지는 홀이 유다로부터 떠나고 말았는데, 이는 어떻게 메울 것인가? 따라서 우리는 10절의 예언은 야곱이 예언하는 그 순간부터 홀이 유다에게서 떠나지 않는다는 말이 아니고 "홀이 유다 지파인 다윗에게 일단 오게 되면 실로가 오시기까지 그 어떤 지파에게도 왕권이 넘어가지 않을 것"임을 의미한다는 것을 알 수 있다. 그 어떤 다른 해석도 역사적 사실에 부합되지 않으며 성경의 다른 부분과도 일치하지 않는다.

"홀"은 민수기 24:17의 홀이며, 창세기 49장의 사자 역시 민수기 23:24의 사자이다. 홀은 결코 "치리자의 지팡이"(개역한글판 참고)가 아니며 그 누가 그렇다고 주장해도(교황이 저주로 맹세하건 모든 학자들이 입을 모아 떠들건) 홀은 홀일 뿐이다(계 12:5; 19:15). 실로께서 초림 때 오셔서 받은 홀은 "갈대홀"이었다. 이때 그분은 "입법자"로서 그 어떤 것도 강제로 집행할 수 없었다. 그러나 그분께서 두 번째로 오시면 "율법이 예루살렘으로부터 나가게" 될 것이다(사 2,11장). 그런데도 그분이 입법자가 아니고 그저 치리자의 지팡이만 들고 있을 것이라고 착각하는 자들에게는 화가 있을 것이다. 당신은 들려질 때면 모든 사람이 죽고 즉시 지옥불로 던져지게 하는 그런 지팡이를 본 적이 있는가? 역사상 그 어떤 원수가 혹은 치리자가 "의"의 지팡이를 갖고 있은 적이 있었는가?(히 1:8)

우리는 이 시점에서 모세오경에 게시된 예수 그리스도의 칭호를 점검해 보자.

1. 반석(신 32장)
2. 씨(창 3장)
3. 홀(창 49장)
4. 별(민 24장)
5. 목자(창 49장)
6. 돌(창 49장)
7. 실로 "평화를 가져오는 분"(창 49장)

이처럼 성경을 기록하신 성령께서는 하나님의 아들이신 그분께 영광을 돌리고 있다. 아무리 학자들이 "중립적"인 접근으로 예수 그리스도의 영광을 지워 버리려 해도 1611년판 권위역본 성경은 모든 영광을 그분께 돌리고 있는 것이다.

실로는 "안식을 가져오는 분" 혹은 "평화의 사람"(혹은 "평화로운 분") 이란 뜻으로 분명 사람을 지칭하는 것이지 일부 학자들의 말대로 성읍을 의미하는 것이 아니다. 그 다음 구절들로 볼 때 분명하다고 하겠다. **『그에게 백성의 모임이 있을지어다. 그의 어린 나귀를 포도나무에 매고... 그의 옷들을 포도주로 빨고...』**(10,11절). 본문에 분명히 "그"(He) 라고 되어 있는 것으로 볼 때 이것을 "성읍"으로 착각한다는 것은 너무한 감이 있다. 실로라고 하는 성읍이 어린 나귀를 매고, 옷을 빨고, 이를 닦는다는 것이 과연 가능한 일인지 생각해 볼 일이다.

미가 5:5은 이 문제에 관해 제기될 수 있는 모든 문제를 바로잡을 수 있는 구절이다. 미가 5장의 문맥은 초림과 재림이고 정중앙 부분에 "유다 지파의 사자"가 등장한다(미 5:2,3,4,5,8,15). 여기에 나오는 화평은 사람이다(미 5:5). 이 해석이 올바른 해석임을 입증하기 위해 성령께서는 바울을 통하여 성경에 이렇게 기록하셨다. 『**그는 우리의 화평이시니**』(엡 2:14). 이제 분명한가? 모든 것이 이해되었는가? "그분"이 우리의 화평이시다. 그분은 "화평의 왕"(히 7:2)이시다. 그분이 없이는 "화평이 없다"(사 57:21). 그분이 탄생하실 때 주어진 화평의 약속들은 "지극히 높은 곳에 하나님께 영광"이 있기까지 무한정 연기되고 말았다(눅 2:14). 따라서 서방 국가들에 대해서는 전쟁과, 전쟁의 소문 그리고 궁극적으로는 완전한 멸망이 예고되어 있는 것이다(렘 30:11). (회의론자들, 불가지론자들, 무신론자들, 비트족들, 카톨릭, 공산주의자들에게는 이 교리가 너무 강한지 모르겠다. 그렇다면 당신들에게는 스펭글러가 쓴 "서구의 몰락"이라는 책을 권한다. 이 책은 예레미야 30:11과 동일한 내용을 사람들에게 충격을 덜 주기 위해 완곡하게 표현해 놓았기 때문이다.)

『**그에게 백성의 모임이 있을지어다**』(10절). 이 예언은 첫째, 십자가 사건에서 성취되었고(요 12:32), 둘째, 교회의 부르심에서 성취되었으며(행 15:14), 셋째, 이스라엘의 회복에서 성취될 것이고(겔 40-48장, 롬 11:24-28), 넷째, 이방 민족들의 회심에서 성취될 것이다(행 15:17, 사 11:1-11; 2:1-5). 따라서 본문은 성경을 진지하게 공부하는 사람에게는 아무런 문제가 되지 않는다. 주석가들이 "어려운 본문"이라고 하면서 슬쩍 넘어가려고 하는 구절은 주로 주 예수 그리스도를 영광스럽게 하는 구절들이거나 아니면 죽어 버린 정통학자들의 "과학적" 전통에 어긋나는 구절들이다.

11절에는 초림과 재림이 분명히 묘사되어 있다. "나귀 새끼"는 분명

스카랴 9:9과 마태복음 21:5의 사건을 언급하고 있다. 그런데도 〈강단의 주석〉은 이 예언의 성취를 슬쩍 넘어가고 다루지 않는다. 그러나 이 예언의 성취는 사복음서 중 세 개의 복음서에서 발견된다. 〈강단의 주석〉의 주석가들은 교묘한 술책과 위대한 "자비 정신"으로("부드러운 그리스도인의 사랑의 정신으로") 이 예언의 성취를 무시해 버림으로써 정통주의학자들과 자유주의 학자들의 체면을 살려준 셈이다. 그 주석의 제1권 526페이지에는 이 포도나무가 시리아 포도나무였을 것이라는 언급만 할 뿐 예언에는 침묵을 지키고 있다.

성경을 세심히 공부하는 학생이라면 11절에서 창세기 49:24에서와 같이 초림과 재림을 발견할 수 있을 것이다(초림과 재림은 사 61:2에서도 발견됨). 나귀 새끼 등에 옷을 펼쳐 얹고서 그 위에 타고 오시는 선지자(마 21장)와 피에 적신 옷을 입고 준마를 타고 오시는 분(계 19장)이 다 묘사되어 있다. 초림하신 예수에만 관심을 쏟는 사람들은 재림하시는 분에 대해 관심이 없을지 모르지만, 우리 성경대로 믿는 사람들은 초림과 재림에 모두 관심이 있다(계 14,19장과 사 53장을 유의해서 공부하라. 이들 구절들과 창세기 3:15의 주석을 비교하고, 로마카톨릭과 교회협의회의 사적인 해석은 무시해 버리라).

(창 49:12은 시 78:65, 계 14:19,20; 19:15, 사 7:20-22, 그리고 솔 5:1,12과 관련되는 구절이다.)

예수님께서 초림하셨을 때 그분은 선지자로서 오셨다. 따라서 그분은 문자적이고 물리적이며 눈에 보이는 통치를 거부하고 대신 채찍질 당하시고, 매 맞으시고, 조롱당하시고, 모욕을 당하시며, 가시면류관을 쓰시고 십자가에 못박히셨다. 선지자의 역할을 수행하시는 동안 인간들의 악행에 그분은 "입을 열지 않으셨고" "모욕을 모욕으로 갚지 않으셨고" "자기에게 저질러진 죄인들의 모순된 행동들을" 견뎌 내셨다(히 12:3). 그러나 그분께서 재림하실 때에는 그분은 자기를 거부하는 자들을 내리치실 것이며(계 14장), 예루살렘에 군사독재 정권을 세울 것이다(계 20:1-4과 그 주석 참고). 만일 누군가가 그분을 흘겨보는 눈으로 쳐다본다면(또는 그분을 쳐다보라는 명령을 받았음에도 그것을 거절한다면, 슥 14장), 그는 유언장을 쓸 겨를도 없이 곧바로 불못에 내던져지게 될 것이다. 이것은 일부 주석가들이 말하는 "인류에 대한 증오심"이 결코 아니다. 이것은 100% 확률을 가진 책에 예언된 정확한 인류의 미래이다. 그 어떤 다른 해석도 예수 그리스도의 권위를 거부하고 실제 몸을 입고 나타나시는 예수 그리스도 없이 자기들끼리 이 땅에 천국을 세워 보겠다는 사람들의 사사로운 해석일 뿐 성경과는 아무런 상관이 없다. (〈하나님의 나라와 천국〉에 자세한 내용이 나와 있다.)

49:13 ○ 스불룬은 바다의 항구에 거하며 그는 배들의 항구가 되리라. 그의 지경은 시돈까지로다.

14 ○ 잇사칼은 두 짐 사이에 구부리고 앉아 있는 강한 나귀로다.

15 그는 쉼을 좋게 여기고 땅을 보고 기쁘게 여기며, 그의 어깨를 낮춰 짐을 지고 조공에 종이 되었도다.

16 ○ 단은 이스라엘 지파의 하나로서 자기 백성을 심판하리라.

17 단은 길가에 뱀이 되고 작은 길에 독사가 되어 말의 뒷굽을 물어서 말 탄 자를 뒤로 떨어지게 하리로다.

18 오 주여, 내가 주의 구원을 기다렸나이다.

19 ○ 갓은, 군대가 그를 압도하겠으나 마지막에는 그가 압도하리라.

20 ○ 아셀에서 나온 그의 음식은 기름지겠고 그가 왕의 진찬을 바
치리라.

21 ○ 납탈리는 풀린 암사슴이라. 아름다운 말들을 하는도다.

22 ○ 요셉은 열매가 많은 큰 가지니, 곧 샘 곁에 열매가 많은 큰
가지라. 그 가지가 담을 넘어 뻗치는도다.

23 활 쏘는 자들이 그를 몹시 괴롭히고 그에게 활을 쏘며 그를 미
워하였으나,

24 요셉의 활이 더욱 강하고 그의 손의 팔이 야곱의 능하신 하나님
의 손을 통해 강해졌으니, (거기에서 목자, 곧 이스라엘의 돌이
나오도다.)

25 곧 네 아비의 하나님으로 말미암나니 그분이 너를 도우실 것이
요, 전능하신 분으로 말미암나니 그분이 너를 하늘 위의 복과 아
래에 놓여 있는 깊음의 복과 젖가슴의 복과 태의 복으로 너에게
복 주시리라.

26 네 아비의 복들이 내 선조들의 복들보다 더 나아서 영원한 산들
의 정상의 한계에까지 이르렀도다. 복들이 그의 형제들에게서
분리된 요셉의 머리 위에 있으리니 그의 정수리 위에 있으리라.

27 ○ 베냐민은 늑대같이 먹이를 찾아 나서리니 그가 아침에 먹이
를 삼키고 밤에는 약탈물을 나누리라." 하더라.

이번에는 스불론의 차례이다(13절). 〈칠십인역〉의 본문은 "파르 호르

몬 플로이온"으로 거부되어야 마땅하다(이제껏 많은 예를 통해 입증된 사실이므로 특별한 설명을 할 필요가 없을 것 같다). 스불론은 열 번째 아들이지만(창 30:20) 이곳에서는 네 번째로 등장한다. 이것은 매우 의미가 깊다. 왜냐하면 이것은 스불론이 열두 형제들 사이에서 많은 사랑을 받고 있음을 보여 주기 때문이다. 유다를 제외한 모든 사도들이 스불론과 납탈리 지역에서 나왔다. 스불론의 유업이 때로는 육지 쪽으로 그려진 지도가 있는 경우도 있으나(보통 납탈리, 잇사칼, 그리고 아셀 지파의 유업에 둘러싸여 있음) 본문(창 49:13)과 신명기 33:18로 미루어 볼 때 스불론의 분깃은 갈릴리 땅에서부터 페니키아 해변까지이다. 따라서 칼멜산 근처의 그 어떤 항구(악코와 아크집)를 포함할 수도 있고 키손 강가를 포함할 수도 있다. "바다의 항구"와 "배들의 항구"는 다른 지파들에 둘러싸여 있는 내륙지방에 어울리는 묘사가 아니다. 적어도 스불론은 스위스 같은 의미에서의 내륙국은 아니다.

스불론의 경계는 "시돈"(13절)이라고 되어 있다. 따라서 프란츠 델리취가 스불론을 킨네롯 지방과 지중해 사이에 잇는 지역으로 한정하고 항구를 갖고 있지 않는 식으로 주장하는 것은 잘못이다(〈국제표준성경백과사전〉, 제5권, p.3135). 다른 학자들도 델리취의 주장을 받아들여 스불론의 땅을 내륙지방으로 생각한다. 델리취에 따르면 "바다의 항구"와 "배들의 항구"라는 표현은 "배가 머무를 자리를 발견할 수 있는 먼 항구들에 접근할 수 있다"는 뜻이라고 한다. 물론 우리는 델리취의 히브리어 실력이 뛰어나다는 것을 무시하는 것은 아니다. 그러나 이번 경우는 "공항" 혹은 "공항터미널"이란 표현은 그 공항에 데려다 줄 수 있는 버스 티켓을 살 수 있는 정류장을 의미한다고 억지 주장을 펴는 것이 아니고 무엇인가? 외국어 실력이 뛰어난 것과 정직성과 상식을 갖추는 것과는 완전히 별개임이 입증되고 만 것이다.

요세푸스는 "항구"를 갈릴리 호수에 있는 것으로 해석했다(〈유대고대사〉. 제1권, p.22). 어쩌면 이번 경우는 앞의 경우보다는 좀 나을지 모르지만 만약 이것이 사실이라고 할지라도 스불룬의 영토는 시돈에 이르기까지 북쪽으로 더 확장되어야만 한다(창 49:32).

잇사갈은 르우벤과 롯과 유사한 인물로 묘사되어 있다(14절). 잇사갈은 "좋은 시절"에 번성하기 위해(15절) 땅에 정착했다. 그는 짐을 잘 지기는 하지만(14절), 때론 돈을 벌기 위해 타협하려고 한다(15절). 조공은 "형제들"에게뿐만 아니라 외국의 침입자들에게도 바쳤다(수 16:10, 신 20:11, 왕상 9:21 등). 잇사갈은 지리적으로 볼 때 스불룬 옆에 자리하고 있다.

단(16절)은 그의 미래에 대한 불길한 예언과 더불어 등장한다. 그는 뿔을 지니고(창 3:1과 그 주석 참고), 점이 박힌(계 13:1-3과 〈짐승의 표〉 참고) 독사(17절)이다. 이것은 근동 지방에서 볼 수 있는 "뿔뱀(cerastes)"이라고 하는 독사이다. 단은 신명기 33장에서는 사자로 비유되고 있으며(신 3:22), 바산의 황소(뿔을 갖고 있다!)와 연관된다(시 22편). (우리는 단 지파에 대해 계 11:7과 13:1-3 주석에서 자세히 다룬 바 있다.) 단 지파는 대환란 동안 인장으로 표시받지 않은 상태로(계 7장) 지내게 되는데, 그들은 긴 제의를 입은 "아버지들"과 더불어 배교에 들어가 버린 첫 지파였다(판 17,18장). 이들은 예배 보조기구로 형상들(우상들)을 사용하였다. 이세벨과 아합은 이 지파와 관련이 있고(왕상 16-19장) 본문에서는 말의 뒷굽을 무는 자로 나온다(창 49:17과 창 3:15을 비교하라).

단은 페니키아 종교와 알파벳을 받아들여 페니키아인이 되어 버린다. 오늘날 단의 "종교"는 스페인, 이탈리아, 브라질, 아르헨티나, 베네수엘라, 콜롬비아, 쿠바, 그리고 우루과이 등의 공식 종교가 되었고, 1990년 현재 UN의 공식 종교가 되어 버렸다.

『**오 주여, 내가 주의 구원을 기다렸나이다**』(18절). 이 말은 우리를 곧바로 대환란으로 이끌어 간다(마 24:13). 칼빈, 케일, 칼리쉬, 머피, 로젠뮬러, 튜크, 헹스텐베르크, 랑게와 같은 죽어 버린 정통 언어학자들의 주석은 일고의 가치도 없다.

갓은 야곱의 유언에서는 매우 짧은 부분을 차지한다. "갓은 처음에는 매우 어렵겠으나 나중에는 잘 풀려 나갈 것이다"(모든 "현대 번역본"들은 이와 비슷하게 번역을 했다). 역대기상 12:8에 따르면 갓 지파 사람들이 어떤 특성을 갖고 있는지 알 수 있다. 역대기상 5:20-22에서는 "군대를 압도"하는 모습이 나온다. 그러나 신명기 33:21에 나오는 내용은 그 어디에서도 찾아보기가 힘들다. 따라서 어쩌면 신명기 33:20의 "그"(He)는 갓이 아닌 예수 그리스도를 언급하는 것일지도 모른다.

『**아셀에서 나온 그의 음식은 기름지겠고 그가 왕의 진찬을 바치리라**』(20절). 아셀과 관련된 또 다른 예언은 신명기 33:24,25이다. 『**아셀에 관하여 그가 말하였으니, 아셀은 자손으로 더불어 복을 받으며 그의 형제들에게 기쁨이 되며, 그의 발은 기름에 잠길지로다. 네 신은 철과 놋이 될 것이요, 네 날들처럼 네 힘도 그렇게 될 것이라.**』

이것은 야곱의 예언과는 거의 적용이 안 된다. 결국 주석가들은 성경에서 이 예언의 적용을 포기한 채 아무런 언급 없이 지나가고 만다. 윌리엄즈(스튜던트 주석, p.42)는 아무런 언급 없이 지나갔고, 벌링거(Companion Bible, p.70)는 〈킹제임스성경〉이 틀렸을 것이라는 정도만 암시하고 넘어갔다. 더멜로우는 신명기 33:24,25에 대해서는 주석을 했으나(p.45), 창세기 49:20에 대해서는 땅이 무척 기름져야만 되겠다고 말하고 말았다.

본문의 내용을 종합하면,

1. 아셀은 부유하고 번성해야 한다.

2. 그는 고기파이, 낙농식품 및 왕을 위한 비싼 식품을 생산해야 한다.

3. 그는 다른 지파들이 그를 질시할 만한 충분한 이유에도 불구하고 열두 지파의 하나로 받아들여져야만 한다.

4. 그는 석유매장지에 접근할 수 있어야 한다.

5. 그는 원수들을 정복하고 짓밟을 수 있어야 한다.

6. 그는 죽을 때까지 건강해야 하며 세월이 지남에 따라 이 지파는 번성해야만 한다(계 20장).

아셀 지파는 지도에서 보통 칼멜(키손강 입구)에서부터 북쪽으로 시돈에 이르는 팔레스타인 해안 지방에 표시된다. 그러나 이것은 오류라는 사실을 13절을 설명하면서 밝힌 바 있다. 아셀 지파는 솔로몬의 시대 이후 "바로잡힌" 몇 지파 중의 하나였다(대하 30:11). 그러나 이들은 전 지파가 아니었고 남은 자들이었다. 아셀 지파 역시 다른 지파들과 마찬가지로 카나안 족속을 몰아내는 데에 실패했다(판 1:31). 아셀은 천년왕국의 유업에 참여하며(겔 48:2,3,34) 대환란 기간 중 보호를 받는다

(계 7:6). 아셀 지파의 후손 중 하나였던 파누엘의 딸 안나라는 여선지자는 성전에서 예수 그리스도를 하나님께 드리는 의식을 직접 목격했다(눅 2:22,36). 이 모든 관련 구절을 다 찾아보고 나서도 창세기 49:20의 성취는 찾아볼 수 없다. 결국 유일한 해결책은 이 예언은 미래에 이루어질 것이라는 것이다. 우리는 기록된 그대로의 말씀이 현재 이해가 안 되면 미래적인 적용이 맞을 것이라는 기본 원칙을 늘 고수해 왔다. 문법적인 분석과 어원적인 연구로 성경을 뜯어고치는 일은 결코 하지 않는다. 창세기 49:20에 대해 취할 수 있는 최상의 방책은(억지로 과거의 사건에 갖다 맞추려고 하는 것보다는) 한 스코틀랜드 설교자가 아모스 4:3에 대해 취했던 태도가 될 것이다. 그는 이 구절에 대해 "여러분, 우리는 본문에 대해 확고한 입장을 취하고 담대하게 받아들입시다. 그러고 나서 우리는 다음 구절로 넘어가도록 합시다."라고 말했다.

『**납탈리는 풀린 암사슴이라. 아름다운 말들을 하는도다**』(21절). 변개된 〈칠십인역〉에는 "납탈리는 커다란 테레빈스"라고 되어 있다. 신명기 33:23에 따르면 납탈리는 "서쪽과 남쪽"을 소유한다고 되어 있다. 그러나 거의 모든 성경 지도에는 납탈리가 중부 끝에서 북쪽 지역으로 표시되어 있다. 심지어 천년왕국에서도 납탈리의 분깃은 갈릴리 지방에서 북쪽으로 50마일 정도의 팔레스타인 땅 북쪽 끝에 해당된다. 따라서 신명기 33:23의 "남서쪽"은 갈릴리 지방의 남서쪽 부분을 지칭하는 것 같다(왕하 15:29). 아니면 갈릴리 호수의 남서 해안을 지칭할 수도 있다(수 21:32, 판 4:6,10). 한마디로 팔레스타인의 남서쪽을 언급하는 것은 아니다. 더 나아가 "남서쪽"이 갈릴리의 남서쪽이라고 한다면 스불룬의

"배들의 항구"는 지중해에 위치해야만 한다(창 49:13과 그 주석 참고). 왜냐하면 갈릴리의 남쪽 해안과 서쪽 해안이 스불룬 지파로 그 어떤 해안도 차지하지 못하도록 가로막을 것이기 때문이다(이 지역의 모든 지도를 참고하라).

〈칠십인역〉이 주장하는 "테레빈스"는 무시해도 좋다. 납탈리의 "아름다운 말들"은 재판관기 4:10과 5:12에 나와 있고 이것은 분명 예수 그리스도의 초림과 재림을 언급하는 것이다. 그러나 납탈리에 의해 발설된 "아름다운 말들 중의 아름다운 말"은 마태복음 4:13-17에서 발견된다. 왜냐하면 주 예수 그리스도께서 지상 사역을 시작한 곳이 바로(마 4:17) 납탈리 지경이기 때문이다. 요나는 바로 이 지역 출신이며(왕하 14:25), 요나의 고향 가드헤펠이 스불룬 지역이든 납탈리 지역이든 간에 "악하고 음란한 세대"에게 주어진 유일한 표적이 갈릴리 지역으로부터 나온 선지자(요 7:52, 마 12:39,40)의 표적이라는 사실은 매우 의미심장하다고 하겠다. 이 선지자는 곧바로 주 예수 그리스도께 적용될 수 있기에 성경 학도들은 더 나아가 "산 위의 노루처럼" 오시는 "아침의 들사슴"은 다름 아닌(솔 2:7; 3:5, 합 3:19) 주 예수 그리스도이심을 알아야 할 것이다.

〈칠십인역〉의 "테레빈 나무"는 압살롬이 매달린 상수리나무, "신들"이 그 밑에 묻힌 나무들(창 35:4), 드보라가 묻힌 나무(창 35:6-8), 예수 그리스도께서 못박힌 나무(!), 타락한 천사들로 비유된 나무들(암 2:9), 그리고 우상으로 사용된 나무들이 상수리나무였기에 납탈리는 커다란 테레빈 나무라고 해야 하며 이는 납탈리가 큰 "복"을 받았음을 보여 준다는 가정 아래서나 수용될 수 있을 것이다. 성경에서 이 나무가 부정적인 상황에서 쓰이고 있음을 반복해서 보여 주고 있는데도 그 반대의 의미를 붙들어 성경을 번역해 놓은 〈칠십인역〉에 그래도 권위를 두려는 자들에게 화 있을지라.

본문은 분명히 "풀린 암사슴"이지 "커다란 테레빈 나무"가 아니다. 성경대로 믿는 사람들은 기록된 말씀을 그대로 믿으며, 그 어떤 성경 변개도 용납하지 않는다.

『요셉은 열매가 많은 큰 가지니... (거기에서 목자, 곧 이스라엘의 돌이 나오도다.)... 네 아비의 복들이... 복들이 그의 형제들에게서 분리된 요셉의 머리 위에 있으리니 그의 정수리 위에 있으리라』(22,24,26절). 요셉의 머리 위에는 너무도 많은 복과 명예가 놓여 있어서 메시아가 유다 대신 요셉으로부터 나올지도 모른다고 생각하는 사람도 있을 것 같다(요 1:45).

요셉이 "열매가 많은 가지"가 된다는 데에는 아무런 의심할 바가 없다(신 33:17). 샘 곁에 열매가 많은 큰 가지는 그리스도 안에 거하며 성령으로 열매를 맺으시도록(요 15:1-5, 갈 5:22) 자신을 내어 드리는 열매 맺는 성도를 영적으로 예표하고 있다. 그와 같은 성도는 "담을 넘을" 뿐 아니라 산들도 넘을 수 있다. (주석서들에서 발견되는 것들보다는 C. T. 스터드, 데이비드 리빙스턴, 메리 슬레서, 조나단 고포스, 허드슨 테일러, 로버트 모팻, 윌리엄 캐리 등의 삶에서 훨씬 풍성한 실례들을 찾아볼 수 있다.) 영국-이스라엘주의자들은 이 가지들(에프라임과 므낫세)을 영어를 사용하는 민족이라고 주장한다. **『활 쏘는 자들』**(23절)은 재판관기 5:14, 시편 60:7, 스카랴 10:7에 나오는 여호수아가 이끄는 정복 상황을 언급하는 것일 수도 있지만, 이 예언은 대환란 시대까지 적용될 수 있다. 대환란 시대에는 진짜 "활 쏘는 자"가 등장한다(계 6:1,2). 영적으로 이 구절을 적용해 본다면 열매 맺는 성도는 박해를 받을 것이며(딤후 3:12), 미움을 받을 것이나(창 49:23과 요 16:1-4을 비교할 것) 그는 하나님의 도움을 받을 것이고(창 49:25), 하나님의 복을 받을 것이며(창 49:25), 영적인 전투를 위한 힘을 얻을 것이다(창 49:24).

24절은 나약한 사람이 활을 쏘는 것을 도와주는 다른 사람에 대한 언급이다. 이와 관련된 구절은 열왕기하 13:15,16이라고 할 수 있다. 야곱의 막강한 하나님, 곧 아브라함의 하나님께서는(창 49:24,25) 초림 때에는 목자가 되실 것이나(요 10:1-28) 재림 때에는 부서뜨리는 돌이 되셔서(단 2장) 로마카톨릭 복지국가를 산산조각을 내실 것이다(오늘날 이런 내용을 설교하는 설교자들은 누가복음 23:1-4, 사도행전 5:28, 21:28 그리고 23:5과 같은 일을 당할 것이며 "국가의 적," "인류의 적," "미신과 편견을 퍼뜨리는 자들" 그리고 "세계 평화를 위협하는 자들"이라는 비난을 면치 못할 것이다. 사도행전 18:13과 16:20,21을 주목하라).

부패한 〈칠십인역〉은 이번 경우에도 신명기 33:15을 문맥과 상관없이 뽑아내어 창세기 49:26 안으로 삽입시켜 버렸다. 그 이유는 물론 민수기 33:16 끝부분과 창세기 49:26의 유사점 때문이다. 모든 학자들이 이번에도 이런 변개를 쌍수를 들고 환영한 것은 물론이다. [자세한 내용은 필자의 〈필사본 증거, Manuscript Evidence〉(1970)를 참고하라.]

야곱으로부터 나온 목자(24절)는 "선한 목자"로 양들을 위해 자기 생명을 내어놓는 분이다(벧전 5:4, 히 13:20). 반면 야곱으로부터 오시는 돌은 마태복음 21:44의 돌로서, 그 돌은 긴 제의를 입은 "아버지들"(신부님들)을 가루로 만들어 버릴 것이다(문맥을 잘 읽어 보라). 요셉은 좋은 날씨(25절), 좋은 수확(25절), 건강한 후손(25절), 그리고 적들에 대한 승리를 복으로 받았다.

26절의 의미는 자못 분명하다. 야곱이 요셉에게 주고자 하는 복은 아브라함과 이삭이 야곱에게 주었던 복보다 더 낫다는 말이다.

『복들이 그의 형제들에게서 분리된 요셉의 머리 위에 있으리니 그의 정수리 위에 있으리라』(26절). 독자는 결국 "성공하게" 된 그 소년이 이전에 "종들의 종"이 되었고(창 37:28), 유혹에 저항했으며(창 39장), 감옥에서 살았고(창 40장), 자신의 주장을 내세우기보다는 하나님께서 자기를 드높이기를 기다렸으며(창 40장), 하나님의 말씀을 다른 것과 타협하기를 거부했고(창 41장), 다른 사람들을 마음으로부터 용서했으며(창 45:15), 통치자로 군림할 때 백성들을 이용해 사익을 취하기를 거부한 사람이었음을 면밀히 주목해야 한다(창 47:13-26). 이런 수준 높은 도덕을 놓고 요즘 세상 학자들은 "빅토리아 여왕의 중기 통치 기간"처럼 "극보수적"이라고 매도한다. [르우벤, 롯, 에서, 카인은 소위 말하는 "신세대"(혹은 "X"세대)의 사고방식을 지닌 자들로 오늘날 사회학자들에게 환영받는 인물들이다. 실로 해 아래는 새 것이 없는 법이다.]

『베냐민은 늑대같이 먹이를 찾아 나서리니 그가 아침에 먹이를 삼키고 저녁에는 약탈물을 나누리라』(27절). 에훗, 타소 출신 사울, 사울왕 등이 모두 이 지파 출신이다. 이스라엘의 전쟁사를 살펴보면(판 20장) 베냐민은 독일이 다른 유럽 국가들에 비해서 싸움에 월등한 것처럼 다른 11지파들보다 월등한 것을 알 수 있다. 단 한 지파가(판 20:13,14) 두 번에 걸친 큰 전쟁에서(판 20:21,25) 11지파를 혼내 주었다. 그것도 26,700명이 400,000명을 상대했으니 18분의 1의 병력을 가지고 싸움을 한 것이다. 따라서 "먹이를 찾아 나선 늑대"라고 표현한 야곱은 전혀 과장을 하고 있는 것이 아니다. 역사상 이와 유사한 사건은 독일이 제1차 세계대전 때 미국, 러시아, 이탈리아, 프랑스, 영국과 전쟁을 한 것이다. 물론 오스트리아와 터키가 "후방"에서 약간 도움을 주기는 했지만 독일은 자기보다 20배 이상이나 되는 국가를 포함한 세 나라와 서부전선에서 싸웠던 것이다. 이와 동시에 동부전선에서는 자기들보다 60배나 큰 러시아와 싸웠다. 베냐민 지파 용사들의 투쟁 정신은 재판관기 20:16과 역대기상 12:1,2에 분명히 제시되어 있다. 이 지파 출신의 사도 바울은 그리스도인의 삶을 "전쟁," "싸움," "완전무장," "군사생활" 등으로 묘사했다(딤전 1:18; 6:12, 엡 6장, 딤후 2,4장). 바울은 그 누구나 알다시피 한 번도 전쟁에 참가해 본 적이 없으며 군인 집안 출신도 아니다. 그러나 그는 군인 지파 출신이요 로마서와 갈라디아서의 한 줄 한 줄에는 그 조상들로부터 물려받은 군인 정신이 배어 있다. 바울은 베냐민 지파로서 "약탈물을 나눌 것이다." 그는 "해외 파병 시"의 업적에 대해 그리스도의 심판석에서 엄청난 상을 휩쓸 것이다(고전 3장, 고후 5:1,2).

49:28 ○ **이들 모두는 이스라엘의 열두 지파들이라. 이것이 그들의 아비가 그들에게 말한 것이며, 그들에게 축복한 것이라. 각인을 각자의 축복에 따라 야곱이 축복하였더라.**

29 그가 그들에게 명하고, 그들에게 말하기를 "내가 내 백성들에게
로 합쳐지려 하니, 나를 헷인 에프론의 들에 있는 굴에 내 조상
들과 함께 장사하라.
30 이 굴은 카나안 땅, 마므레 앞 막펠라 들에 있는 것으로 아브라
함이 헷인 에프론의 들과 함께 매장지의 소유로 산 것이라.
31 아브라함과 그의 아내 사라가 거기에 장사되었고 이삭과 그의
아내 리브카도 거기에 장사되었으며, 내가 레아를 그곳에 장사
하였느니라.
32 들과 거기에 있는 굴은 헷의 자녀들로부터 산 것이니라." 하
더라.
33 야곱이 자기 아들들에게 명령하기를 마치고 그의 발을 침상으
로 모으고 숨을 거두니 그의 백성들에게로 합쳐졌더라.

28절 말씀은 29절과 마찬가지로 설명이 필요 없다. 야곱은 카나안 땅으로 돌아가 그곳에서 첫째 아내 레아 곁에 묻어 달라고 요청한다(31절). 이것은 야곱의 생애에서 하나님께 대한 완전한 순복을 보여 주는 최종적인 결단들 중 하나이다. 그는 분명코 "몸매가 아름답고 얼굴도 예쁜 마음의 여왕"(라헬) 곁에 묻히고 싶었을 것이다. 그러나 그는 결국 "장자의 권리"(창 29:26)를 인정한다. 실로 147년 동안의 쓰라린 투쟁 끝에 내려진 결단이 아닐 수 없다. 그는 막펠라들에 있는 동굴에 매장된다(30절; 창세기 23:17 주석 참고).

『**야곱이... 숨을 거두니 그의 백성들에게로 합쳐졌더라**』(33절). 이 구절은 성령께서 "여호와의 증인들"의 어리석음을 보여 주시기 위해 기록하셨는지 모른다. 본문을 그대로 읽기만 해도 독자들은 야곱이 그 어떤 "무덤"에 묻히기 전 적어도 70일 전에 그의 백성에게로 합쳐진 것을 알 수 있다(창 50:3). 더 나아가 모세는 "그의 백성에게로 합쳐졌다가"(신 32:50) 무덤에서 일으켜졌다(유 1:9, 왕하 22:20과 대하 34:28을 비교할 것). 물론 지옥에 대해 생각하기를 싫어하거나 지옥 얘기를 회피하고 싶은 죄인들의 심정을 이해하지 못하는 것은 아니다. 그렇다고 지옥이 없고 그것이 무덤인 것처럼 하나님의 말씀을 뜯어고쳐서 죄인들의 마음을 가라앉히는 행위는 도저히 용납할 수가 없다. 우리는 하나님의 말씀을 있는 그대로 받아들일 뿐 죄인들의 기분을 맞춰 주려고 애쓰는 사람들이 아니다. 야곱은 B.C. 1689년경 147세의 나이로 죽는다. 이때 요셉은 약 56세, 그리고 베냐민은 약 39세였을 것이다.

창세기 50장

50:1 요셉이 그의 아비의 얼굴에 엎드려 그 위에서 울며 그에게 입맞
추더라.
2 요셉이 그의 신하 의사들에게 명하여 그의 아비에게 향 재료
를 넣게 하였더니 그 의사들이 이스라엘에게 향 재료를 넣었
는데
3 그를 위해 사십 일이 걸렸으니 향료를 넣는데 그 날들이 그렇게
걸렸더라. 또 이집트인들이 그를 위하여 칠십 일을 곡하였더라.
4 곡하는 날들이 지나자 요셉이 파라오의 집에 고하여 말하기를
"내가 지금 당신들의 눈에 호의를 입었으면, 내가 당신들에게 청
하오니 파라오의 귀에 고하여 말하되
5 '내 아버지께서 나로 맹세하게 하여 말하기를, 보라, 내가 죽거

든 카나안 땅에 내가 파 놓은 내 무덤에다 장사하라 하셨으므
로, 간구하오니 이제 나로 올라가서 내 아버지를 장사하게 하소
서. 그리고 나서 내가 다시 오리이다.' 하라." 하니,
6 파라오가 말하기를 "그가 네게 맹세케 했던 대로 올라가서 네
아비를 장사하라." 하더라.
7 ○ 요셉이 자기 아비를 장사하러 올라가는데 그와 함께 파라오의
모든 신하들과 파라오 집의 장로들과 이집트 땅의 모든 장로들과
8 요셉의 온 집과 그의 형제들과 그의 아비의 집이 올라가더라. 다
만, 그들의 어린 것들과 그들의 양떼와 소떼만 고센 땅에 남겨
두었더라.
9 병거들과 기병대가 그와 함께 올라가니 굉장히 큰 무리더라.
10 그들이 요단 건너편 아탓의 타작마당에 이르러 거기에서 몹시
비통하게 애곡하였으며 요셉이 그의 아비를 위하여 칠 일 동안
을 곡하더라.
11 그 땅의 거민들인 카나안인들이 아탓 마당의 애곡을 보고 말하
기를 "이것은 이집트인들의 슬픈 애곡이라." 하더라. 그 때문에
그곳의 이름을 아벨미스라임이라 하였으니 그곳은 요단 건너편
이더라.
12 야곱의 아들들이 야곱이 그들에게 명령한 대로 그에게 행하였
으니,
13 그의 아들들이 그를 카나안 땅으로 운반하여 마므레 앞 막펠라
들의 굴에다 장사하였으니, 이는 아브라함이 헷인 에프론에게서
들과 함께 사서 매장지로 삼은 것이더라.

본 50장은 주석을 필요로 하는 구절이 별로 없다. 창세기는 분명 암울하고 부정적인 상황으로 끝이 나고 있다. 다윈이 "원숭이, 인간, 달..."로 이어지는 상향곡선을 제시하는 것과 달리, 성경은 내리 하향곡선을 제시한다. "그리스도, 카인, 관..." 혹은 "하나님, 탐욕, 무덤"으로 이어지는 것이 인류의 역사이다. 다윈의 무덤이야말로 다윈이 모든 것은 위로 향해 진화한다는 것이 허구임을 스스로 입증하는 증거이다. 요셉이 아버지의 시체에 입을 맞추었을 때 그는 "내가 거기서 나는 것을 먹는 날에는 반드시 죽으리라"는 하나님의 말씀을 상기하지 않을 수 없었을 것이다.

이집트의 의사들이 향을 가지고 방부처리를 했다(2절). 방부처리의 자세한 과정은 테오도루스 시켈로스, 헤로도투스, 윌킨슨, 롤링슨 등의 책에 자세히 나와 있다(뇌수제거 방법, 내장제거 방법, 나트륨 방부처리 등등).

70일 동안의 곡이 끝나고 요셉은 파라오로부터 야곱을 묻기 위해 카나안으로 올라갈 허락을 받는다(4,5,6절). 5절의 "무덤"(히브리어 "베케리"는 "나의 무덤"이란 뜻)은 스올 혹은 하데스와 아무런 상관이 없음을 주목하기 바란다. "무덤"은 땅 속에 파여 있는 구멍이거나 동굴 안에 있는 파인 부분일 뿐이다.

거대한 장례 행렬이 이집트를 떠나 카나안을 향했다(7,8절). 모세와 출애굽할 때와는 달리(출 10:10,24) 이스라엘 백성들은 이번에는 그들의 가축과 아이들은 이집트에 남겨 두었다(창 50:8).

『**요단 건너편 아탓**』(10절)이란 표현은 논쟁을 불러일으킨다. 아벨미스라임(11절) 역시 요단 건너편이라고 되어 있으며 이 표현이 사용된 10번의 경우(수 13:8; 18:7, 판 5:17 등) 항상 요단강의 동편을 의미한다. 따라서 하버믹, 게라, 랑게, 머피, 로젠뮬러, 케일, 쿠르츠, 클레리쿠스, 헹스텐베르그 및 기타 학자들은 아탓과 아벨미스라임이 모두 요단강 동편, 즉 모압 평지나 느보산 근처라고 주장한다. 그러나 이 주장은 두 가지 이유에서 잘못된 것일 가능성이 높다.

1. 카나안인들이 "애곡"을 보았다고 했는데, 성경에서 "카나안인들"은 거의 항상 요단강 서쪽 지역에 살고 있는 이방인들을 가리키고 있다. 요단 동편은 암몬인, 모압인, 그리고 시리아인들이 살고 있었다.

2. 모세는 창세기 50장의 저자이기도 한데, 요단 건너편이란 표현을 그 동편(신 3:20)뿐만 아니라 서편(신 3:25)에 놓여 있는 땅을 언급할 때 사용했다.

장례 행렬은 민수기 33:5-48에 나오는 출애굽 여정을 따라서(물론 시내산까지의 여행과 40년간의 방황은 제외됨) 동쪽으로부터 카나안으로 들어왔거나(그렇게 되면 야곱이 요단을 건넌 것처럼 건넜을 것이다.) 아니면 해변 길을 따라 올라갔거나 혹은 술 광야를 통과하는 길을 택했을 것이다. 어쨌든 간에 야곱의 장례 행렬은 목적지에 도달했고(13절), 그는 막펠라 들의 굴에 장사되었다.

50:14 ○ 요셉이 자기 아비를 장사한 후에, 그와 그의 형제들과 그의 아비를 장사하기 위하여 그와 함께 갔던 모든 사람들이 이집트로 돌아왔더라.

15 ○ 요셉의 형들이 자신들의 아비가 죽었음을 보고 말하기를 "요
셉이 혹시 우리를 미워하여 우리가 그에게 행한 모든 악을 반드
시 갚지 않겠느냐." 하고
16 요셉에게 심부름꾼을 보내며 말하기를 "당신의 아버지가 돌아가
시기 전에 명령하여 말씀하시기를
17 '너희는 요셉에게 이렇게 말할지니라. 네 형들이 네게 악을 행하
였으나, 내가 이제 네게 청하노니 그들의 허물과 그들의 죄를
용서하라.' 하셨나니, 이제 우리가 당신께 청하오니 당신 아버지
의 하나님의 종들의 허물을 용서하소서." 하니, 그들이 요셉에게
말할 때 그가 울더라.
18 그의 형들이 또한 가서 요셉의 면전에 엎드려 말하기를 "보소
서, 우리는 당신의 종들이니이다." 하니,
19 요셉이 그들에게 말하기를 "두려워 마소서, 내가 하나님의 자리
에 있나이까?
20 당신들은 나에 대하여 악을 계획했을지라도 하나님께서는 그것
을 선으로 계획하시어서 오늘과 같이 많은 백성을 살도록 구원
하시려 하셨으니,
21 그러므로 이제 당신들은 두려워 마소서. 내가 당신들과 당신들
의 어린 것들을 양육하리이다." 하고, 그가 그들을 위로하며 그
들에게 다정하게 말하더라.
22 ○ 요셉, 곧 그와 그의 아비의 집이 이집트에 거하니 요셉이 일
백십 세를 살았더라.
23 요셉이 에프라임의 자손 삼 대를 보았으며 므낫세의 아들 마킬

의 자손들도 요셉의 슬하에서 양육되었더라.

24 요셉이 그의 형제들에게 말하기를 "나는 죽으나 하나님께서 반
드시 당신들을 찾아오시고, 당신들을 이 땅에서 아브라함과 이
삭과 야곱에게 맹세하신 그 땅으로 인도하시리라." 하고

25 요셉이 이스라엘 자손들에게 맹세시켜 말하기를 "하나님께서 반
드시 너희를 찾아오시리니, 너희는 여기서 내 뼈들을 옮겨 가야
하리라." 하였더라.

26 그리하여 요셉이 일백십 세가 되어 죽으니 그들이 그에게 향 재
료를 넣고, 그를 이집트에서 관에 넣었더라.

요셉은 이제 이집트로 돌아왔다. 요셉의 형제들은 돌아오는 길에 요셉을 살피며 심중을 헤아리려고 애를 쓴다(15절). 그들은 결국 야곱이 죽었으므로 요셉이 자기들에게 보복을 할 것이라는 확신을 갖게 된다. 이에 형제들은 아버지의 유언을 빙자하여(그러나 그런 유언은 창세기 48,49장에 전혀 기록되어 있지 않았다.) 사자를 보내어 요셉에게 사면을 요청한다. 실상은 야곱이 요셉에게 형들을 벌하지 말도록 요청했다고 형제들은 아버지의 뜻을 전달하게 된다(17절).

그러나 앞서 언급한 것처럼(창 45:14; 49:26) 요셉은 이미 에베소서 4:32의 말씀에 순종한 지 오래다. 따라서 요셉은 형들의 가련한 요청을 들었을 때 형들의 깨닫지 못함과 불신에 울 수밖에 없었다. 그는 이미 그들을 용서했기 때문이다.

형들은 야곱이 에서와의 문제를 해결했던 그 모습 그대로 요셉과의 문제를 해결 본 것이다(창 33:18-20). 창세기 50:16의 요청이 전달된 직후 요셉의 형들은 요셉을 찾아와 엎드려 절을 올린다(18절). 요셉이 형들에게 한 말은 예수님께서 다락방에 있던 제자들에게 하신 말씀 그대로였다(눅 24장, 요 20장). 『**두려워 마소서**』(창 50:19).

요셉은 모든 사건을 로마서 8:28과 시편 76:10에 근거해 설명한 후 "그들을 위로하며 그들에게 다정하게" 말했다(21절). 이로써 우리는 예수 그리스도의 예표로서의 요셉에 대한 마지막 상고를 하기에 이른 것이다. 우리는 창세기 45:15에서 요셉이 형제들에게 자기 자신을 "계시"할 때 이 예표적 진리들에 관해 마지막으로 언급한 바 있었다. 그 이후에도 많은 사건들이 일어났고 우리는 계속해서 예표적 진리들을 발견해 낼 수 있다.

1. 요셉은 예수 그리스도처럼 "형제들"을 메시지와 함께 보냈다(마 28장, 창 45:24,25).

2. 요셉은 예수 그리스도처럼 서로 사랑하라고 격려했다(요 15장, 창 45:24).

3. 참된 증인은 요셉의 형제들이 요셉의 모든 말들을 전달한 것처럼 그리스도의 모든 말씀들을 증거한다(창 45:27, 행 20:27).

4. 요셉은 그리스도처럼 위대한 잔치에 오도록 교통편을 제공한다(창 45:27).

5. 요셉은 그리스도처럼 그의 백성을 맞이하러 나온다. 휴거를 생각해 보라(창 46:29, 살전 4장).

6. 요셉의 백성은 그리스도의 백성처럼 세상에게는 가증스러운 자들이다(창 46:34, 요 16:1-6).

7. 요셉은 예수님처럼 부지런한 사람에게 보상한다(창 47:6).

8. 요셉은 예수님처럼 그의 백성을 왕에게 소개한다(창 47:7).

9. 요셉은 예수님처럼 땅의 유업을 준다(창 47:11, 계 5:10, 눅 19장).

10. 요셉은 예수님처럼 생명을 부양해 준다(창 47:12, 요 6장).

11. 요셉은 예수님처럼 씨 뿌리는 자들에게 씨를 공급한다(창 47:23, 고후 9:10).

12. 요셉은 예수님처럼 유업을 준다(창 47:24).

13. 요셉은 예수님처럼 생명들을 구원한다(창 47:25).

14. 요셉은 예수님처럼 열매를 맺는다(창 49:22).

15. 요셉은 예수님처럼 "활 쏘는 자들"의 화살에 맞았다(창 49:23, 시 64:3,4).

16. 요셉은 예수님처럼 그의 형제들로부터 분리되었다(창 49:26).

17. 요셉은 예수님처럼 도움을 받았고, 또 복을 받았다(창 49:25, 행 2:26,27,31).

18. 요셉은 예수님처럼 이집트로 돌아갔다(창 50:14, 계 19,20장).

19. 요셉은 예수님처럼 울었다(창 50:17, 요 11:35).

20. 요셉은 예수님처럼 값없이 용서했다(창 50:17, 눅 23:34).

21. 요셉은 예수님처럼(사람들이 악을 꾀했음에도 불구하고) 하나님에 의해 선한 목적에 쓰임을 받았다(창 50:20, 행 2:23).

22. 요셉은 예수님처럼 그의 백성을 위로했고, 다정스럽게 말했다(창 50:21).

23. 요셉은 예수 그리스도처럼 이집트에서 자기 뼈를 가지고 올라갔다(창 50:25). 만약 예수 그리스도의 뼈가 단 하나라도 이 세상(이집트)에 남아 있었더라면, 전체 성경은 그 말씀이 기록되어 있는 종이보다도 가

치가 없다고 할 것이다. 그런데도 당신은 "모든 종교는 다 똑같다."라고 주장할 셈인가?

이 세상의 그 어떤 종교 창시자나 지도자의 뼈가 발견된다 하더라도 그 종교의 가르침이나 추종자나 사상이나 이상이나 "경전"이나 혹은 그 사람의 계명마저도 하나도 손상되지 않는다. 그러나 예수 그리스도의 뼈가 하나라도 발견되면 전 신약성경은 아무짝에도 소용없는 휴지가 되어 버린다. 어떤 사람들은 "그렇지 않다."라고 주장하는데, 그것은 그 사람이 기독교가 자기의 종교와 다를 바 없는 하나의 종교에 불과하다고 생각하고 있기 때문이다. 이 세상의 그 누구보다 지적으로 뛰어났고 영적으로 분별력을 갖추었던 바울은 예수 그리스도께서 육체적으로 부활하시지 않았더라면 기독교의 모든 설교와 소망과 메시지와 삶은 전부 헛된 것이라고 단언했다(고전 15:9-24).

드디어 창세기는 "이집트에서 관에 넣었더라."는 말로 끝을 맺는다. 요셉은 110세까지 살았고 증손자까지 보았다(23절). 그는 그의 손자들에게 하나님께서 찾아오시면 그때 자기의 뼈를 옮겨 갈 것을 확약시켰다. 그리고 이 약속은 출애굽기 13:19에서 성취되었다. 『**그리하여 요셉이 일백십 세가 되어 죽으니 그들이 그에게 향 재료를 넣고, 그를 이집트에서 관에 넣었더라**』(26절).

하나님으로 시작된 창세기(창 1:1)는 이집트의 관으로 끝난다. 이것이 하나님의 역사철학이다. 인간의 역사철학은 "태초에 먼지 구름이 있었더라"로 시작되었다가 인간이 자기 스스로 신이 되고 창조주가 되는 것으로 끝난다. 20세기에 발간된 책들의 제목들을 보면 "인간과 그의 우주," "인간의 역사," "인간, 벌거벗은 원숭이," "인간, 운명의 전달자,"

"인간과 통제된 진화" 등등이다. 그러나 이러한 책들은 한결같이 창세기가 끝나는 그대로, 즉 『**이집트에서 관에**』(in a coffin in Egypt)로 끝나 버린다.

창세기 다음 책(출애굽기), 곧 구속의 책이 없다면, 이 땅의 무덤들은 그들의 뼈들이 먼지와 재로 변하면서 영원토록 침묵을 지키고 말 것이다. 이집트는 바로 이 사실을 보여 준다. 수원지로 나일강을 갖고 있는 이집트의 주민들은 그 눈을 위가 아닌(신 11:10) 아래쪽으로 돌려 복을 구한다. 이집트에서는 시체들이 영원을 땅에서 보낼 것처럼 잘 보존되어 왔다(미라). "이집트"는 이 세상을 예표한다. 야곱은 그곳에서 벗어나고 싶어 했고, 실제로 벗어났다. 요셉은 그곳에 머물고 싶어 하지 않았으며, 실제로 벗어났다. 이스라엘 백성은 다음 책인 출애굽기에서 벗어나는데, 신약의 거듭난 성도들은 『**천사장의 음성**』과 『**하나님의 나팔 소리**』에 벗어나게 된다(살전 4장). 그때까지 그의 미래는 "이 지상의 모든 남녀와 아이들의 미래와 마찬가지로" 『**이집트에서 관에 넣었더라.**』가 될 것이다.

피터 럭크만의 주석서

창세기 II

1996년 11월 10일 초판1쇄
2025년 12월 12일 개정판2쇄

지은이 피터 S. 럭크만
옮긴이 편 집 부
펴낸이 말씀보존학회
펴낸곳 말씀보존학회

서울특별시 강서우체국 사서함 제90호
전화 (02) 2665-3743 / 팩스 (02) 2665-3302
인터넷 / www.biblemaster.co.kr
출판등록 제409-2022-000036호

값 25,000원